国家工科机械基础课程教学基地系列教材

机 械 原 理

主 编 李树军
副主编 刘 杰
　　　　王 丹
　　　　李翠玲

科学出版社
北　京

内 容 简 介

本书在满足教育部高等学校机械原理课程教学基本要求的基础上,为适应现代教学手段的应用和兼顾不同层次学校的教学特点和教学方法,突出适用于计算机辅助分析的解析法,保留部分直观实用的图解法。本书增加了机构的结构组成原理及设计的内容,注重培养学生的创新意识和设计能力。

全书共13章。第1章绪论;第2章机构的组成原理及结构分析;第3~4章机构的运动和力分析;第5~9章基本机构及其设计;第10~12章机械的平衡、摩擦及动力学;第13章机械运动方案设计。

本书可作为高等工科院校机械类专业机械原理课程教材,也可供相关专业的师生及工程技术人员参考。

图书在版编目(CIP)数据

机械原理/李树军主编. —北京:科学出版社,2009
(国家工科机械基础课程教学基地系列教材)
ISBN 978-7-03-024681-3

Ⅰ.机… Ⅱ.李… Ⅲ.机构学-高等学校-教材 Ⅳ.TH111

中国版本图书馆 CIP 数据核字(2009)第 138676 号

责任编辑:朱晓颖 毛 莹/责任校对:陈玉凤
责任印制:赵 博/封面设计:陈 敬

科学出版社 出版
北京东黄城根北街16号
邮政编码:100717
http://www.sciencep.com

北京中石油彩色印刷有限责任公司印刷
科学出版社发行 各地新华书店经销
*
2009年8月第 一 版 开本:720×1000 1/16
2025年4月第十三次印刷 印张:19
字数:368 000
定价:69.00元
(如有印装质量问题,我社负责调换)

国家工科机械基础课程教学基地系列教材
编写委员会

顾　　问：闻邦椿
主　　编：谢里阳
执行主编：陈良玉
委　　员：（以姓氏笔画为序）
　　　　　马星国　王玉良　王世杰　王淑仁　巩云鹏
　　　　　巩亚东　刘　杰　孙志礼　李为民　李树军
　　　　　李景春　宋锦春　柳洪义　黄秋波

序

装备制造业是我国国民经济中的重要基础工业。机械装备为各类产品的物化提供平台和载体，机械装备的技术水平是衡量社会生产力水平的重要标志，机械科学、机械工程技术和机械工业的发展水平对经济建设和社会发展的作用都至关重要。

目前，世界机械工业产值达到了总工业产值的 1/3 以上。我国制造业增加值在国内生产总值所占的比重高达 40%，我国的财政收入一半也来自制造业。随着我国加入 WTO，经济越来越融入到全球经济体系中，我国的制造业在世界制造业中的地位也越来越重要，并正从制造大国迈向制造强国。至少在 21 世纪的前 20 年，制造业将仍然是我国国民经济增长的主要来源，因此需要大批综合素质高、能力强的机械类专业人才。

另外，我国高等教育已从精英型教育阶段进入了大众型教育阶段，实现了高等教育的历史性的跨越式发展，技术的进步和社会的发展也对高等院校机械工程教育的人才培养提出了新的要求。

为此，科学出版社组织我国机械工程领域的中国科学院院士、教育部教学指导委员会成员、教学名师以及经验丰富的专家教授组成编委会，共同组织编写了这套"国家工科机械基础课程教学基地系列教材"，以适应我国高等机械工程教育事业的发展，更好地实现机械工程类专业人才的培养目标，在规模上、素质上更好地满足我国机械科学技术和机械工业发展的需要，为建设创新型国家做出贡献。

本套教材主要有以下几方面的特点：

1. 适应多层次的需要。本套教材依据教育部相关教学指导委员会制定的最新专业规范和机械基础课程最新的教学基本要求，同时吸取不同层次学校教师的意见，进行了教材内容的编排与优化，能够满足各类型高校学生的培养目标。

2. 结构体系完备。各门课程的知识点之间相互衔接，以便学生完整掌握学科基本概念、基本理论，了解学科整体发展趋势。本套教材除主教材外，还配套有辅导书、多媒体课件、习题集及网络课程等。

3. 作者经验丰富。参加本套教材编写的人员不少来自相关国家重点学科、国家机械教学基地的院校，有些还是国家级、省部级教学成果奖参加人，国家级、省级精品课程建设负责人以及相关院校的骨干教师代表。

4. 理论与实际相结合，加强实践教学。在达到掌握基本理论、基本知识、基本技能的教学要求前提下，注重例题、设计实践和实验教学，着力于学生分析问题能力、创新能力和实际动手能力的培养。

另外，为了保证本套教材的质量，编委会聘请国内知名的同行专家对教材进行了审定。

我们还将根据机械科学与工程学科发展的战略要求，对本套教材不断补充、更新，以保持本套教材的系统性、先进性和适用性。

我们热忱欢迎全国同行以及关注机械科学与工程教育、教学及教材建设的广大有识之士对我们的工作提出宝贵意见和建议，共同为我国机械工程教育的发展而努力。

中国科学院院士

2006 年 5 月

前　　言

本书由五所高等学校联合编写,在满足教育部高等学校机械原理课程教学基本要求的基础上,为适应现代教学手段的应用和兼顾不同层次学校的教学特点和教学方法,对当前各校使用的教材内容进行了精选和整合,既考虑了传统经典内容和方法,又考虑到近年来的教学改革成果及学科发展的新动向,以求达到实用性和系统性的统一。本书以解析法分析为主线,增加了机构的结构组成原理及设计的内容,注重培养学生的创新意识和设计能力。本书有如下特点:

(1) 加强适用于计算机辅助分析的解析法,解析法与图解法融合互补。各章以解析法分析为主线,部分章节保留直观实用的图解法,形成两种方法的有机融合和互补。既适应现代计算机辅助教学手段的应用,又兼顾不同层次学校的教学特点和教学方法,为教材的使用者提供了更宽的选择余地。

(2) 注重计算机辅助分析与设计。将适用于计算机辅助分析的解析法和程序设计与应用紧密结合,培养学生应用现代设计方法、计算数学及有关知识与方法的能力,使学生能利用所学知识进行机构的分析与设计,提高学生的理论分析和设计能力及计算应用技能。

(3) 注重立体化教材建设。本书配套出版有《机械原理课程设计》(王淑仁主编,科学出版社)和《机械原理学习指导与习题解答》(王丹主编,科学出版社),并可提供免费电子课件,方便教学参考和使用。

本书由东北大学李树军(第1章,3.1节,3.3节),东北大学李翠玲(第2章,5.1节,5.2节,5.6节,第6章,第8章部分内容,第10章部分内容),沈阳工业大学刘杰(3.2节,第12章),东北大学王丹(第4章,5.3节,5.4节,5.5节),东北大学王淑仁(第7章),辽宁石油化工大学王晓华(第8章部分内容),沈阳理工大学李金泉(第9章),辽宁工业大学熊晓航(第10章部分内容),沈阳理工大学邵伟平(第11章),沈阳理工大学赵满平(第13章)共同编写。全书由李树军任主编,刘杰、王丹、李翠玲任副主编,各章文稿由李翠玲统一编排处理。

由于编者水平有限,书中难免存在不妥之处,恳望广大读者批评指正。

编　者
2009年4月

目 录

序
前言
第1章 绪论 ··· 1
  1.1 机械 ·· 1
  1.2 机械原理 ·· 3
  1.3 机械设计过程概述 ···································· 3
  1.4 机械原理课程学习导引 ································ 8
第2章 机构的组成原理及结构分析 ······························ 9
  2.1 机构的组成 ·· 9
  2.2 机构运动简图 ······································· 13
  2.3 平面机构的自由度 ··································· 17
  2.4 平面机构的组成原理与结构分析 ······················· 25
  2.5 空间机构自由度简介 ································· 33
第3章 平面机构的运动分析 ··································· 36
  3.1 简单机构速度分析的速度瞬心法 ······················· 36
  3.2 机构速度和加速度分析的矢量方程图解法 ··············· 40
  3.3 机构运动分析的解析法 ······························· 50
第4章 平面机构的动态静力分析 ······························· 61
  4.1 机构力分析的目的和方法 ····························· 61
  4.2 机构动态静力分析的基本原理 ························· 63
  4.3 Ⅱ级机构的动态静力分析 ····························· 65
第5章 平面连杆机构及其设计 ································· 72
  5.1 平面连杆机构的特点及类型 ··························· 72
  5.2 平面四杆机构的设计基础 ····························· 79
  5.3 连杆机构的设计概论 ································· 84
  5.4 连杆机构设计(图解方法) ···························· 86
  5.5 连杆机构设计(解析方法) ···························· 98
  5.6 多杆机构 ·· 107
第6章 凸轮机构及其设计 ···································· 110
  6.1 概述 ·· 110

6.2 从动件的运动规律 …………………………………………………………… 114
6.3 凸轮轮廓曲线的设计 …………………………………………………………… 119
6.4 凸轮机构基本参数的设计 ……………………………………………………… 126

第7章 齿轮机构及其设计 …………………………………………………… 133
7.1 齿轮机构的应用和分类 ………………………………………………………… 133
7.2 齿廓啮合基本定律 ……………………………………………………………… 135
7.3 渐开线直齿圆柱齿轮 …………………………………………………………… 136
7.4 渐开线齿轮的啮合传动 ………………………………………………………… 140
7.5 渐开线齿轮齿廓的切制及变位原理 …………………………………………… 146
7.6 渐开线直齿圆柱齿轮设计 ……………………………………………………… 152
7.7 其他类型齿轮传动 ……………………………………………………………… 159
7.8 其他齿廓齿轮传动简介 ………………………………………………………… 168

第8章 轮系及其设计 ………………………………………………………… 171
8.1 轮系及其分类 …………………………………………………………………… 171
8.2 定轴轮系的传动比 ……………………………………………………………… 173
8.3 周转轮系的传动比 ……………………………………………………………… 176
8.4 复合轮系的传动比 ……………………………………………………………… 179
8.5 轮系的功用 ……………………………………………………………………… 182
8.6 行星轮系各轮齿数和行星轮数的选择 ………………………………………… 185
8.7 其他行星传动简介 ……………………………………………………………… 188

第9章 其他常用机构 ………………………………………………………… 192
9.1 万向联轴节 ……………………………………………………………………… 192
9.2 间歇运动机构 …………………………………………………………………… 194
9.3 螺旋机构 ………………………………………………………………………… 207
9.4 摩擦传动机构 …………………………………………………………………… 210
9.5 液压、气动机构 ………………………………………………………………… 212

第10章 平衡 …………………………………………………………………… 215
10.1 平衡的目的和分类 …………………………………………………………… 215
10.2 刚性转子的平衡 ……………………………………………………………… 216
10.3 挠性转子的平衡简介 ………………………………………………………… 224
10.4 平面机构的平衡 ……………………………………………………………… 225

第11章 机械的运转及其速度波动的调节 ………………………………… 228
11.1 概述 …………………………………………………………………………… 228
11.2 机械系统的动力学模型 ……………………………………………………… 232
11.3 机械系统运动方程式求解 …………………………………………………… 237

11.4 稳定运转状态下机械的周期性速度波动及其调节 ··················· 240
11.5 机械的非周期性速度波动及其调节 ··················· 247

第12章 机械中的摩擦和机械效率 ··················· 249
12.1 摩擦现象及其规律 ··················· 249
12.2 移动副中的摩擦 ··················· 249
12.3 转动副中的摩擦 ··················· 254
12.4 考虑摩擦时机构的力分析 ··················· 256
12.5 机械效率 ··················· 257
12.6 机械的自锁 ··················· 260

第13章 机械系统运动方案设计 ··················· 263
13.1 概述 ··················· 263
13.2 执行机构的运动及相互协调配合 ··················· 264
13.3 原动机、传动机构的选择及应用 ··················· 267
13.4 执行机构的选型及变异 ··················· 271
13.5 机构的组合 ··················· 274

附录 ··················· 284
附录Ⅰ 机构运动分析C语言主程序 ··················· 284
附录Ⅱ 机构动态静力分析C语言主程序 ··················· 286
附录Ⅲ 渐开线函数($inv\alpha_K = tan\alpha_K - \alpha_K$)表 ··················· 290

参考文献 ··················· 292

第1章 绪 论

1.1 机 械

1.1.1 机械

机械是人类重要的生产工具,机械的不断改进和新机械的发明与应用,显著地加速了生产力的发展,推动了生产方式的变革,促进了人类文明和进步。在人类历史上,简单机械的发明与应用可以追溯到几千年以前,古代的中国、埃及和希腊为了满足从事建筑、运输和起重的需要,都曾发明和应用了杠杆、斜面、绞盘等简单机械。在现代,机械的应用已遍及生产、流通、生活和服务等各个领域。

我们通常所说的"机械"是从许多具体机械中抽象出来的一个概念。人们把轧钢机、起重机、机床、水泵等都称为机械,那就意味着这些功用各异的不同设备之间必然存在某些本质上共同的特定因素,即形成了机械的概念。1997 年 Erdman 和 Sandor 将机械装置定义为 "a mechanical device that has the purpose of transferring motion and/or force from a source to an output"。

通常机械原理课程所讲述的机械的定义为:**机械是由许多抗力物体(刚体或构件)组成的系统,其各部分之间有确定的相对运动,在生产过程中利用机械能做有用功或者实现机械能与其他形式能量之间的转换。**

图 1.1 所示的内燃机,它由曲轴 4、连杆 3、活塞 10、凸轮轴 7、推杆 8、气阀 17 和机架 2 等组成。其工作过程是,进气阀打开,活塞下移,将一定浓度的混合气吸入气缸,而后进气阀关闭,活塞上升压缩油、气混合物,待活塞接近上止点时,火花塞点火,使油气混合物迅速燃烧、膨胀推动活塞下移,经过连杆使曲轴转动,向外部输出机械能,之后排气阀打开,活塞上移将废气排出气缸。可见,在整个工作过程中,活塞、

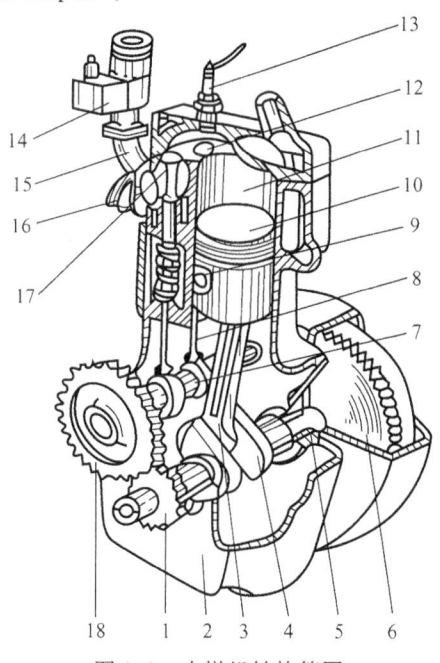

图 1.1 内燃机结构简图

连杆、曲轴等构件在做有规则的相对运动的同时,实现了热能与机械能之间的转换。而用于切削加工的机械,如牛头刨床,也是由许多个构件组成的,滑枕带动刨刀沿着机架上的导轨做往复运动,刨削金属,克服切削阻力而做功。

1.1.2 机械系统

机械的概念与其他科学概念一样,是一个历史的范畴,它随着机械的发明与应用而产生,也随着机械品种的增多和日新月异的进化而发展。

图1.2 用于加工作业的并联平动机器人

图1.2所示为一种用于加工作业的并联平动机器人(东北大学)。其末端执行器可以按事先设置的程序,完成工件的加工、磨削及部件装配等复杂操作。这类机械可以根据工况的变化重新设置控制程序,改变其作业流程。通过对其工况自行检(监)测,它具有信息反馈和处理机能,并可据此控制和修正本身的动作。对这类机、电、液(气)、控制一体化的机械来说,上述的机械定义就显得不够完善了。

Hall 早在 1953 年引用 Franke 对机械定义时指出,"Franke's definition also includes such things as ①electrical systems, ②fluid dynamic system, and ③mechanical systems, in which the relative motions of the parts are dependent on the inertia, friction, gravity, and spring forces"。

广义地说,现代机械应是机、电、液(气)、控制一体化的系统。因此机械不仅由前述的抗力物体,即刚体或刚性构件组成,而且也包含柔性构件、传感装置及控制系统。一般机械系统组成如图1.3所示。

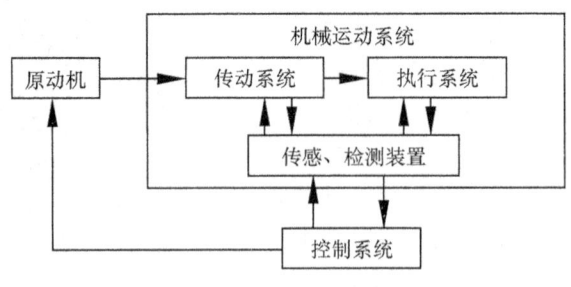

图1.3 机械系统的组成

1.2 机械原理

1.2.1 机械原理

现代机械种类繁多,功用各异。按机械的功能和应用领域来划分,则有冶金机械、矿山机械、工程运输机械、金属切削机床等。如果抛开各种具体机械的特定功能,从总体功能考查各种机械,它们存在一些需要研究的共性问题:怎样才能把许多构件组合并以一定的方式连接起来使之有确定的相对运动?构件间的不同类型的连接对机械的性能有何影响?如何实现将一种运动形式变换成另一种运动形式(如图1.1中的活塞的移动变成曲轴的转动)完成不同的工艺目的?使之运转的外力在机械的各个构件之间是怎样传递的,它们对机械的运转会产生什么影响?如何使机械在工作过程中耗费较少的能量获得更大的效益?这些都是设计和分析各种具体机械过程中的共性问题,对这类问题的系统研究就形成了机械科学中的一个重要分支——机械原理。机械原理课程所研究的主要是图1.3中的执行系统和传动系统部分的内容。

1.2.2 机构

机械原理课程所研究的对象不是特定的机械,而是研究能够组成各类机械的可以实现各种运动变换功能的系统(当然在运动变换的同时也传递力和功率),通常称这种由许多构件所组成的用以实现各种运动变换功能的系统为机构。机构和机械在具体问题中实际上是一种事物,只不过从不同角度去研究它有不同的称呼而已。如图1.1所示内燃机,它是一种动力机械,热能通过它转变为机械能;从机械原理角度去看,它是由机架、曲柄、连杆、滑块、凸轮和推杆组成的机构,能实现往复移动和连续转动之间的运动变换。又如1.3节中图1.6所示的缝纫机机构,从功能上看,它是一种缝纫机械,而从机械原理角度去研究,它是由把旋转运动变换为往复直线移动或往复摆动的曲柄滑块机构、曲柄摇杆机构和凸轮机构等组成的机构传动系统。

1.3 机械设计过程概述

在学习机械原理课程之前,如果能对整个机械设计过程以及在设计过程中需要解决哪些问题有一个概括的了解,明了机械原理知识在机械设计过程中的作用,将会对机械原理课程的学习有所裨益。机械产品的一般设计过程可用图1.4所示的框图表述。

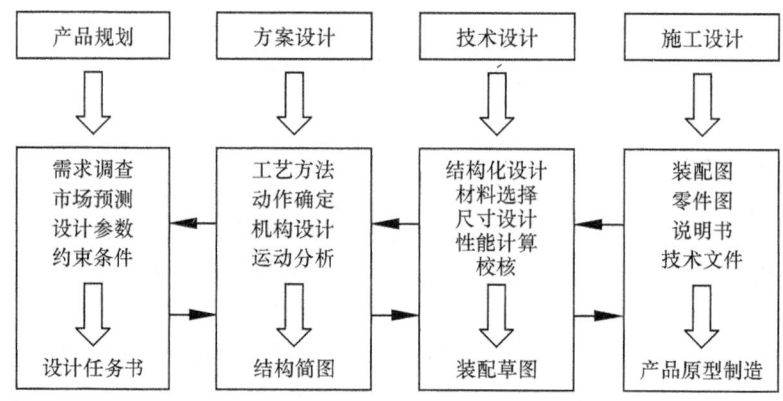

图 1.4　机械产品的一般设计过程框图

1.3.1　产品规划

拟定设计任务书就是确定所设计机械的工艺目的和各种功能指标。这是一项需要从技术、经济、市场、国家有关产业政策、环境保护法规以及考虑区域文化背景等多方面研究论证的复杂任务,需要进行需求调查、市场分析及预测,综合各方面因素,确定工艺目的和设计参数,最后下达设计任务书。

1.3.2　方案设计

1. 工艺方法、工艺动作的确定

工艺目的确定之后,应研究用什么样的方法去达到工艺目的。例如,设计一台破碎石料的机械,破碎石料是工艺目的。石料可以被压碎(压力)、搓碎(剪切力)、击碎(冲击力),在具体工艺指标下,用哪一种破碎方法较好这是值得研究的。因此,颚式破碎机、圆锥旋转破碎机等应运而生。若设计一台缝纫机,按图 1.5(a)所示的传统手工缝纫的穿针引线的结线方法把布料缝合起来将是十分困难的。19 世纪 40 年代,美国人哈威通过观察织布工手中的梭子,将手针倒置并采取增设底线的方法,首先研究出了新的结线方法,

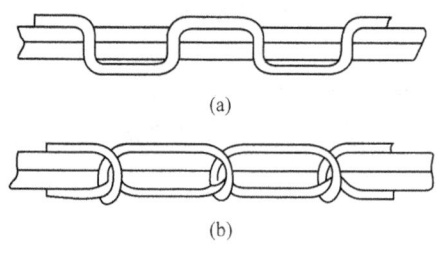

图 1.5　手工结线和机械结线示意图
(a)手工结线方式;(b)机械结线方式

如图 1.5(b)所示,于是实用的缝纫机产品问世。

为了实现选定的工艺方法,要求所设计的机械能完成确定的工艺动作,这需要通过设计机械系统的传动机构或执行机构来实现。例如,按图 1.5(b)所示结线方

法设计的家用缝纫机,可能至少需要四种工艺动作:机针带着上线刺布做上下往复运动;为了使上线绕过底线,摆梭勾线往复摆动;挑线杆完成挑线动作;送布牙板完成步进式送布动作。当同时需要两个以上的工艺动作时,还应使各个工艺动作之间相互协调。

可见,实现一种工艺目的可有不同的方法,但从节省能量、提高工效和用机械方法是否易于实现的角度分析,各种方法有很大差别。研究合理、可行的工艺方法和对应的工艺动作,是机械设计过程中的重要问题,也是机构创新的重要环节。

2. 机构设计

由于多数机械是由动力机驱动的,而常用的动力机,如电动机、液压油缸等,它们一般只能给出如匀速转动、直动等最简单的运动形式,但是实际工况要求的工艺动作却是多种多样的。因此,将动力机给出的简单运动变换为工艺动作要求的运动形式,要靠各种机构来实现。例如,颚式破碎机要求其破碎颚板模仿上下颚咀嚼食物时的动作,在牙齿间既产生压力,又产生剪切力。因此需要设计一机构,将电动机的匀速转动运动,转换成颚板的平面任意运动。若设计上述结线方式的缝纫机,需要设计:机针带着上线刺布做上下往复运动的走针机构;使上线绕过底线,摆梭勾线往复摆动的摆梭机构;挑线杆完成挑线动作的挑线机构;送布牙板完成步进式送布动作的送布机构,并使各动作间相互协调。图1.6为一种实现该功能的缝纫机机构结构示意图,其中包括曲柄滑块机构、曲柄摇杆机构、凸轮机构及带传动等。

机构设计环节不仅包括机构形式的选择与设计,还包括构件尺寸的初步选择、动力机的选择等。这一步工作的结果是满足运动变换要求的机构结构(运动)简图。

3. 运动学分析与综合

经过以上各阶段的工作,得到了以机构运动简图表示的机构。这个机构及初步设计的相应的尺寸参数能否满足所提出的工艺动作要求,需要通过运动分析来验证。机构的运动分析,就是令机构的主动件按给定的运动参数运动,求出输出动件的对应运动参数和运动规律,根据运动分析的结果判定机构能实现的运动与工艺动作的符合程度。

例如,筛分机械中的筛筐,运动形式可以是往复直动,又如设计成曲柄滑块机构(类似图1.1由曲轴4、连杆3、活塞10组成的机构)。但如果机构类型或结构参数选择不当,将导致其往复运动中速度和加速度的变化规律不当,有可能出现物料与筛筐始终是一起运动的情况,从而达不到筛分的目的。如果分析结果表明机构实际所能实现的运动变换不能满足工艺动作要求,则需要修改机构尺寸或者重新选择机构类型。

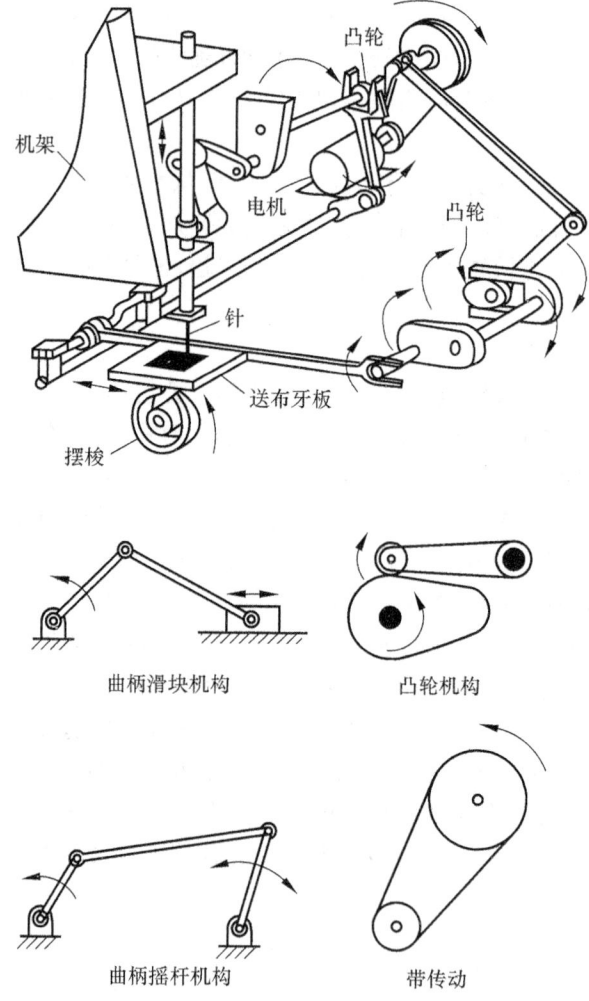

图 1.6 缝纫机机构结构简图

按给定的运动变换要求确定机构中与运动性能有关的尺寸参数的工作称机构的运动学综合(kinematic syntheses of mechanisms)。可见,机构设计、机构的运动分析和机构的运动学综合通常为反复交互的过程。在以计算机辅助设计为手段的现代设计方法中,机构综合和分析工作常常是交织在一起的。运动学分析工作已成为设计工作中不可分割的一部分,并为机械系统的动力学分析建立基础。

1.3.3 技术设计

1. 零部件的结构设计

主要包括机械的各个零部件结构尺寸的初步设计。在经过分析、验证了所选择的机构形式和尺寸参数能满足工艺动作要求的前提下,需要把机构简图转化为机械的结构图(装配图和零件图)。在这一环节里,要考虑材料的选择,零部件承载情况,加工、装配的可能性和方便性,以及保证它们正常工作所需要的调整、润滑措施等问题。

2. 机械的受力分析及动力学分析

在机械的零部件结构形状和尺寸初步确定了的前提下,就可估算出各个构件的动力学参数,即质量、质心位置及转动惯量。利用运动分析结果就可以计算出在运转过程中构件的惯性力和惯性力偶,然后可以进行包括动载荷在内的受力分析。受力分析不仅可以确定机械中各个零部件在工作过程中所承受的载荷大小及其变化规律,为零部件承载能力验算提供依据,还可以计算出为了驱动机械正常运转所需动力机的容量大小。同时,通过受力分析可以检验所设计机构的合理性。

现代机械对其运转质量的要求不断提高,因此需要对其进行动力学分析与设计,其内容主要包括:求机械在外力作用下的真实运动规律,探求提高机械运转的平稳性和如何避免和减轻机械运转过程中的振动途径等。这一环节对于大型、高速重载机械或精密机械是十分重要的。

动力学分析是在机械的结构设计基本完成和动力机已选定的前提下进行的。根据动力学分析的结果可能会导致某些零部件结构形状和尺寸的修改,有时甚至导致机构形式的重新选择。

在此基础上,对所设计的零部件进行承载能力验算,如果验算结果不满足工作需要,则应修改结构参数或结构形式。

1.3.4 施工设计

上述各环节均满足设计要求后,完成机械装配图和零件图,并进行产品样机的制造(产品原型制造)。

1.3.5 机械原理研究的主要内容

机械原理知识主要用于完成其中方案设计和技术设计中的受力分析及动力学分析内容。主要研究内容包括:

(1) 机械系统的组成原理。
(2) 实现各种运动变换功能机构的设计。
(3) 机构的运动学及动力学分析。
(4) 机械系统运动方案的设计。

机械原理是研究机械系统的组成原理、设计实现各种运动变换功能的机构系统、分析机械中力和功率传递规律的设计理论和方法的科学。

1.4　机械原理课程学习导引

机械原理是一门技术基础课程。它不同于以阐述某些领域的自然规律为其主要任务的物理、理论力学等基础理论课；同时，也不同于以阐述某些领域中应用的具有特定的工艺目的专门机械的结构、工作原理及设计方法为主要任务的冶金机械、矿山机械等专业课程。机械原理则是以基础理论课中阐述的自然规律为基础，研究解决工程和机械设计实际中的共同性问题的理论和方法。因此，机械原理课程是基础理论课程和专业课程间的过渡课程，在学习过程中有承上启下的作用。

机械原理研究的问题与生活和生产实际有着非常广泛和密切的联系。在学习过程中应特别致力于用学到的理论与方法去分析实际生活与生产实践中的各种问题。大家可能都注意到，各种运输车辆和建筑物的门、窗有多种不同的启闭形式，它们是如何工作的？在平时使用时（特别在擦洗窗户时）是否感到有些启闭机构功能不合理或使用不便？如何改进？如果我们能从日常接触到的问题中归纳出机械原理问题并力求用学到的知识去解释它、解决它，那将会把书本知识学活、会用，在这个过程中逐渐培养创新意识、提高自己分析和解决问题的能力。

做习题、作业是课程学习中的重要环节，它可以帮助同学巩固所学的知识，提高分析问题的能力。机械原理中有些习题可能不同于从前那些条件是已知的、答案是唯一的习题，有些条件可能要自己去确定，而答案也许是多种多样的。实际工程问题的解答固然有"对"与"错"，而在更多的情况下是"合理"与"不合理"，而应用机械原理知识解决问题就是寻求"更优"的过程。

实验也是学习中的重要环节，通过实验，不但可以验证理论，而且在现有理论尚不足以确切说明问题的地方，实验则是解决问题的重要手段。特别应注意在实验过程中培养动手能力，提高自己的技能。同时，结合本课程的"课程设计"环节和提供的计算机辅助分析软件，训练自己分析问题和解决问题的综合能力，为工程设计打下坚实基础。

第 2 章　机构的组成原理及结构分析

2.1　机构的组成

2.1.1　零件与构件

如图 1.1 所示的内燃机是由气缸、活塞、连杆头、连杆体、曲轴、齿轮、凸轮轴等一系列的零件组成。任何机器都是由若干个需要单独制造加工的单元体——**零件**按一定方式组合而成的。

但是从机器实现预期运动和功能的角度来看,这些零件在机器中的作用是不同的。其中有的零件可以作为一个独立的运动单元体——**构件**来参与机构的运动,如内燃机中的曲轴;而有些零件则由于结构和工艺上的需要与其他一些零件刚性地固连在一起,从而组成构件作为整体参与机构的运动。如图 2.1 所示的内燃机中的连杆就是由连杆体 1、连杆头 2、轴瓦 3、4 和 5、螺栓 6、螺母 7 以及开口销 8 等零件刚性地固连在一起,在内燃机中作为一个运动单元体而运动。机械原理研究机构的运动学、动力学问

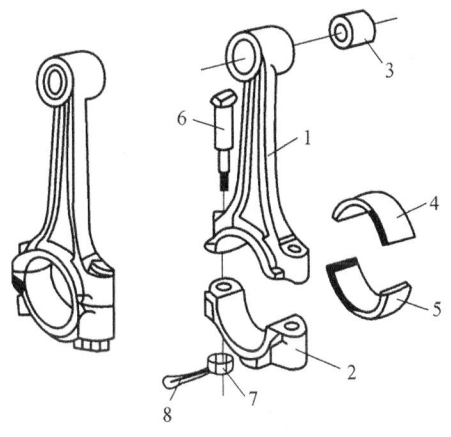

图 2.1　构件与零件

题,而不研究机械零件的加工、制造问题。因此,我们将构件作为机械原理研究的基本单元体,即从运动的观点来看,任何机器都是由若干个构件组合而成的。

2.1.2　运动副及其分类

1. 运动副

机械原理研究的主要对象是机构,而机构是由许多构件组成的。构件组成机构时需要以一定的方式与其他构件相连接。这种连接既保证两个构件直接接触,又使两个构件能产生一定的相对运动。我们把这种由两个构件直接接触而组成的可动连接称为**运动副**。

组成运动副的两构件间的接触形式可以有点、线、面三种。两构件上能够参加

接触而构成运动副的部分(或表面)称为运动副元素。如图2.2所示,图(a):轴2在轴孔1内旋转;图(b):滑块1沿导路2移动;图(c):两齿轮轮齿的啮合;图(d):凸轮与推杆的接触。这些都构成了运动副,它们的运动副元素分别为圆柱面与圆孔面、导路与滑块的接触平面、轮齿的齿廓曲面、凸轮轮廓曲面与推杆的尖顶。

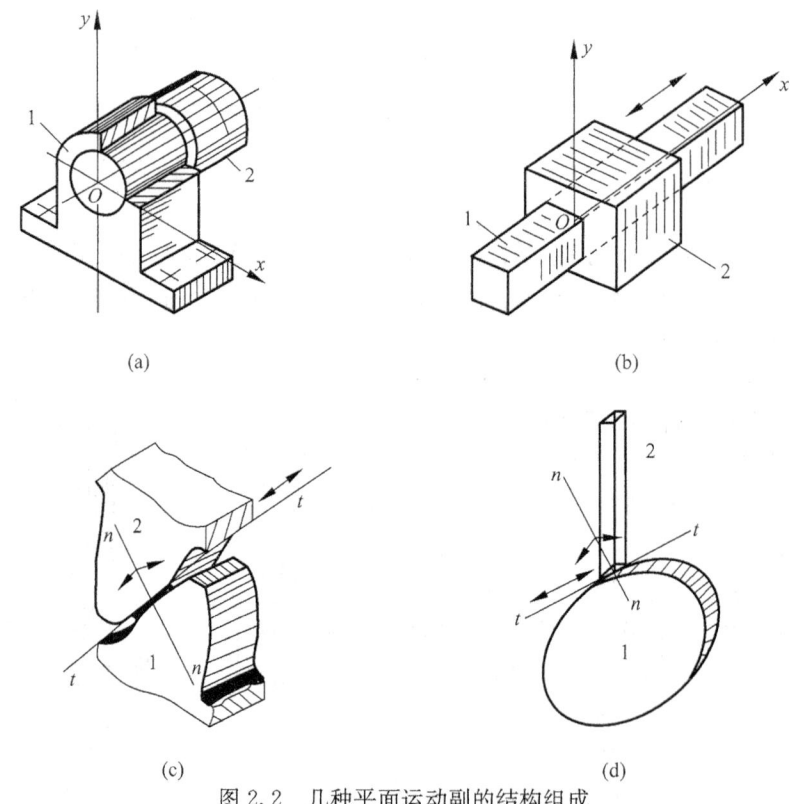

图 2.2　几种平面运动副的结构组成
(a) 转动副;(b) 移动副;(c) 齿轮副;(d) 凸轮副

2. 运动副的分类

两构件构成运动副之后,它们之间能产生哪种相对运动,与两运动副元素的几何形状和它们的接触情况有关,而与运动副的具体结构无关。常见的运动副分类方法有以下几种。

1) 按运动副的接触形式分类

两构件通过面接触的形式构成的运动副称为低副,如图2.2(a)、(b)所示,轴在轴承孔中转动及滑块沿导路移动均构成低副;两构件通过点、线接触的形式组成的运动副称为高副,如图2.2(c)、(d)所示。

2) 按两构件相对运动的形式分类

构成运动副的两构件之间的相对运动若为平面运动则称为平面运动副,若为空间运动则称为空间运动副。在平面运动副中,两构件之间只做相对转动的运动副称为转动副或回转副(见图2.2(a)),两构件之间只做相对移动的运动副称为移动副(见图2.2(b))。

3)按接触部分的几何形状分类

空间运动副通常根据构成运动副的两构件在接触部分的几何形状来分类,可以分为球面高副、柱面副、球面副、球销副、圆柱副及螺旋副等,如图2.3所示。

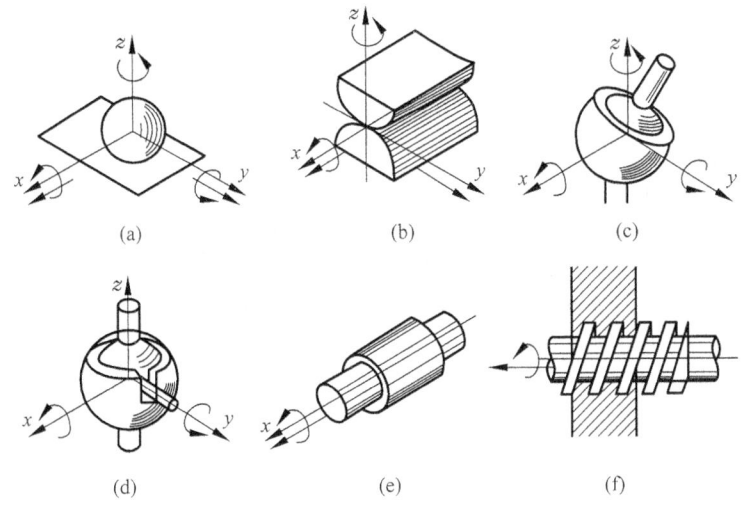

图 2.3 几种常见的空间运动副

(a)球面高副;(b)柱面副;(c)球面副;(d)球销副;(e)圆柱副;(f)螺旋副

3. 运动副符号

为了能够方便地表达机构的组成及其运动情况,国家标准规定了各类运动副的代表符号。表2.1所示为常用运动副的类型及其表示符号。

表 2.1 常用运动副的类型及其表示符号(GB4460—84)

类 型	运动副名称	运动副基本符号		自由度数目
		两运动构件组成的运动副	两构件之一为固定时的运动副	
平面运动副	转动副			1

续表

类 型	运动副名称	运动副基本符号		自由度数目
		两运动构件组成的运动副	两构件之一为固定时的运动副	
平面运动副	移动副	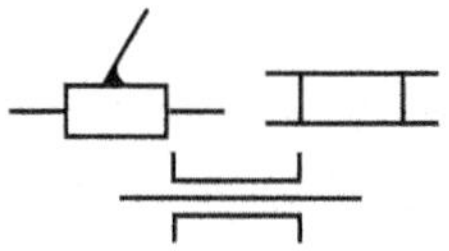	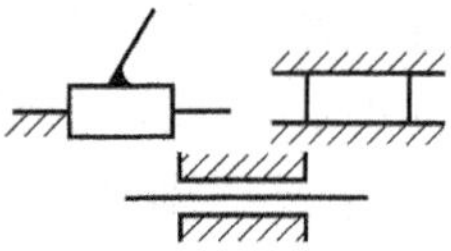	1
	平面高副	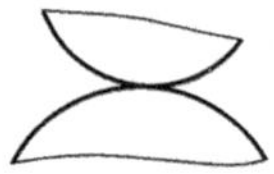		2
空间运动副	螺旋副	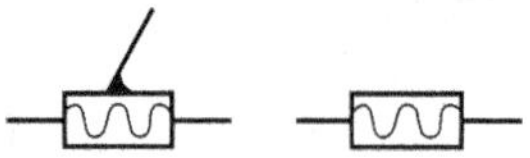	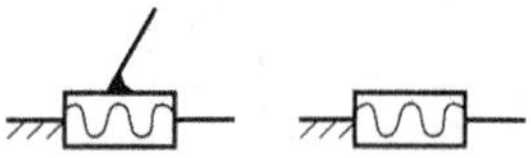	1
	圆柱副			2
	球销副			2
	球面副		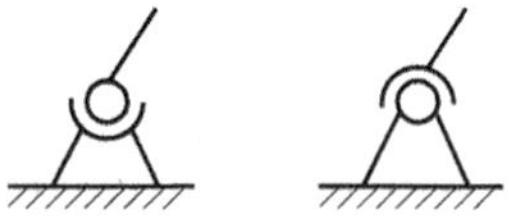	3
	球面高副		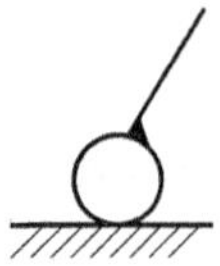	5

2.1.3 运动链与机构

1. 运动链

两个以上构件通过运动副的连接而构成的系统称为运动链。如果组成运动链的各构件构成了首末封闭的系统,则称为闭式运动链(简称闭链),如图 2.4(a)、(b)所示;如果各构件未构成首末封闭的系统,则称为开式运动链(简称开链)如图 2.4(c)所示。

根据组成运动链的各构件之间的相对运动是平面运动还是空间运动,我们也将运动链分成平面运动链和空间运动链,分别如图 2.4、图 2.5 所示。

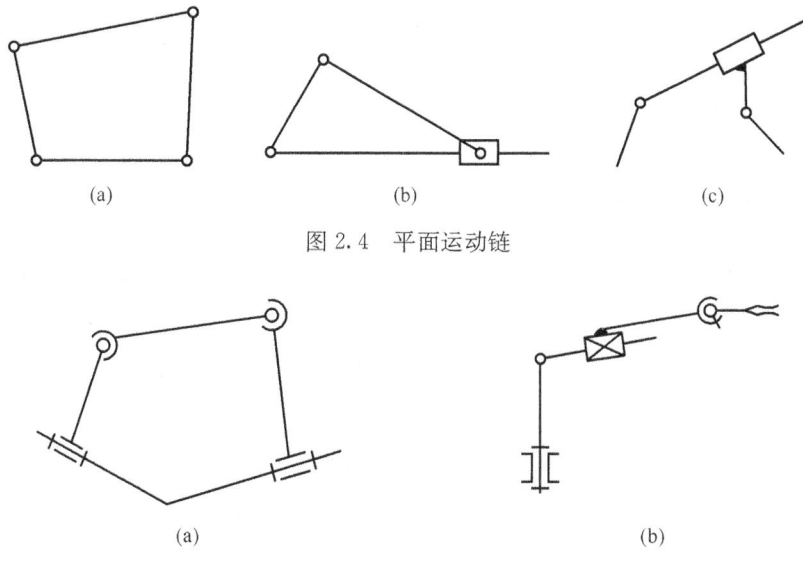

图 2.4 平面运动链

图 2.5 空间运动链

在构件数目相同的情况下,开链的自由度要多于闭链。一般机械中多采用闭链,而随着生产中机械手和机器人的应用日益普遍,机器中开链也日益增多。

2. 机构

在运动链中,将某一构件加以固定,而让另一个(或少数几个)构件按给定运动规律相对于该固定构件运动,若其余构件随之做确定的相对运动,则该运动链成为机构。

机构中的固定构件称为机架。按给定运动规律相对机架独立运动的构件称为主动件,而其余活动构件称为从动件。从动件的运动规律取决于主动件的运动规律及机构的结构。因此,机构是由机架、主动件和从动件所组成的构件系统。

根据组成机构的各构件之间的相对运动为平面运动还是空间运动,可以把机构分为平面机构和空间机构两大类。其中,所有构件都在同一平面或相互平行的平面内运动的机构称为平面机构,否则称为空间机构。平面机构在各类机械设备中得到了极为广泛的应用。

2.2 机构运动简图

2.2.1 机构运动简图

从机构的组成来看,任何机构都是由构件通过运动副的连接而构成的。由于强度、制造、工艺等方面的需要,机构中各构件的结构及形状往往都是不同的。而从机构运动的角度来看,机构中各构件的运动取决于主动件的运动规律、机构所含有的运动副的种类和数目以及机构的运动尺寸(各运动副之间的相对位置关系),而与构件的外形、断面尺寸、运动副的具体结构等无关。因此,在对现有机械进行分析,或进行新机械的运动方案设计时,可以不考虑上述对机构运动无关的因素,只采用国家标准规定的简单线条和运动副的代表符号,并按一定比例尺画出机构中各个运动副的相对位置,以表达机构的运动情况。我们将这种表达了机构中各构件间的相对运动关系的简单图形称为机构运动简图。机构运动简图所表达的机构运动特性必须与原机构完全相同,这样才可以根据运动简图对机构进行运动分析与受力分析。表 2.2、表 2.3 分别为构件与运动副相连接的表达方法及常用机构的简图符号。

表 2.2 常用构件及其与运动副相连接的表达法(GB4460—84)

名称	常用符号	名称	常用符号
轴、杆类构件		双副构件	
机架			
构件间的永久连接		三副构件	
构件与轴的连接		偏心轮	

表 2.3 常用机构的简图符号(GB4460—84)

名称	符号	名称	符号
凸轮机构	盘形凸轮／凸轮从动件	蜗轮蜗杆传动	
圆柱齿轮传动	外啮合／内啮合	带传动	
		链传动	
齿轮齿条啮合传动		电动机	
圆锥齿轮传动			

2.2.2 机构运动简图的绘制

机构运动简图的绘制步骤如下:

(1) 首先分析机构的动作原理、组成情况及运动情况,找出其主动件、机架、执行部分和传动部分。

(2) 按照机构运动传递的路线逐一分析每两个构件间相对运动的性质,以确定运动副的类型和数目。

（3）选择一合适的投影面。一般可以选择机械的多数构件的运动平面为投影面，必要时可以就机械的不同部分选择两个或两个以上的投影面，然后展到同一图面上。

（4）选择一合适的长度比例尺 μ_l（μ_l＝实际尺寸(m)/图上长度(mm)），定出各运动副之间的相对位置，并用各运动副的代表符号、常用机构运动简图符号及简单线条，绘制机构运动简图。

（5）在已画出的机构运动简图上标出机架（打上斜线）和主动件（标上箭头），并标出各构件的顺序号，及运动副的代号（大写英文字母）。

例 2.1 试绘制图 1.1 所示的内燃机的机构运动简图。

解 由第 1 章已经了解到内燃机的组成，并且知道其动作原理，即在燃气压力作用下，活塞 10 首先运动，并通过连杆 3 使曲轴 4 转动，向外输出运动；为了控制进气、排气过程，由小齿轮 1（固定于曲轴 4 上）带动大齿轮 18（固定于凸轮轴 7 上）使凸轮轴 7 转动，从而使推杆 8(9) 上下运动，实现内燃机的进气和排气。

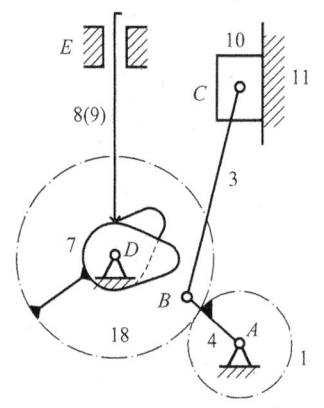

图 2.6 内燃机的机构运动简图

从内燃机中各构件之间的相对运动关系可以看出：构件 10 与 11（机架）构成移动副，构件 3 与 10、构件 3 与 4、构件 4 与 11、构件 7 与 11 均构成转动副，构件 8(9) 与 11 构成移动副，而构件 1 与 18、构件 7 与 8(9) 构成平面高副。

选择与齿轮（1 和 18）啮合平面相平行的平面作为投影面；再选一适当长度比例尺 μ_l，即可作出该内燃机的机构运动简图，如图 2.6 所示。

例 2.2 试绘制图 2.7(a) 所示的活塞泵的机构运动简图。

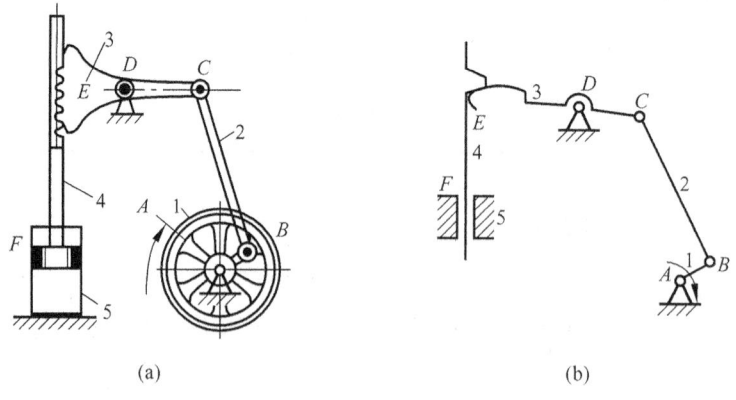

图 2.7 活塞泵及其机构运动简图

解 该机构主要由机架5(泵壳)、曲柄1(圆盘)、连杆2、摆杆3、活塞4组成。曲柄1为主动件,摆杆3在连杆2的拖动下绕D点转动,活塞4在摆杆3上的齿轮驱动下做上下往复移动,从而抽吸或排出气体或液体。

从机构中各构件之间的相对运动关系可以看出:构件1与构件5、构件2与构件1、构件3与构件2、构件3与构件5之间为相对转动,组成转动副;构件4与构件5之间为相对移动,组成移动副;构件3与构件4之间组成平面高副。

由于视图面就是该机构各构件的运动平面,故选其为运动简图的投影面;选取适当比例尺 μ_l,从构件1与构件5连接的运动副A开始,按照机构运动传递的路线及相对位置关系依次画出各运动副,并以简单的线条连接同一构件上的运动副即可作出机构运动简图,如图2.7(b)所示。

需要注意的是,在绘制机构运动简图时,为了准确地反映构件间原有的相对运动,表示转动副的小圆,其圆心必须与相对回转轴线重合;表示移动副的滑块、导杆或导槽,其导路必须与相对移动方向一致;表示平面高副的曲线,其曲率中心必须与构件实际廓线曲率中心一致。只有保证机构与原机械具有完全相同的运动特性,才可以根据运动简图对机械进行运动分析和力分析。

如果只是为了表明机械的结构状况,而不需要借助简图来求解机构的运动参数,也可以不严格地按比例来绘制简图,通常把这样的简图称为机构示意图。

2.3 平面机构的自由度

2.3.1 平面运动中构件的自由度

由理论力学可知,任何一个做平面运动的构件均可分解为沿 x 轴、y 轴方向的移动和绕垂直于 xOy 平面的轴(即 z 轴)的转动,共三个独立运动。任一时刻,该构件的位置都可由三个独立参数来表示,即构件上任意一点 A 坐标 (X_A, Y_A) 及构件上过 A 点的一条直线与 x 轴的夹角 θ,如图2.8所示。我们把构件所具有的独立运动的数目称为自由度。显然,一个不受任何约束的平面运动构件具有三个自由度。

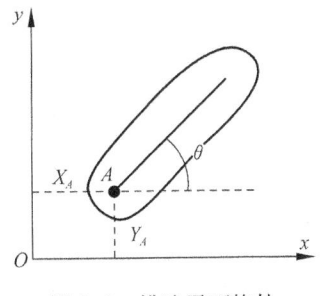

图 2.8 描述平面构件自由度的坐标系

2.3.2 运动副的约束特点

当两构件组成运动副后,其中一个构件的运动就要受到其他构件的限制,自由度将减少,这种对构件独立运动所加的限制称为约束,约束数目等于被其限制的自由度。组成运动副两构件间约束的特点和数目完全取决于该运动副的形式。下面将讨论各种平面运动副的约束特点。

1. 转动副引入的约束

如图 2.9(a)所示,构件 1 与构件 2 构成转动副。则构件 2 相对构件 1 沿 x、y 两个方向的移动被限制,使构件 2 只能相对构件 1 转动。故组成一个转动副相当于引入了两个约束条件,即丧失了两个自由度。

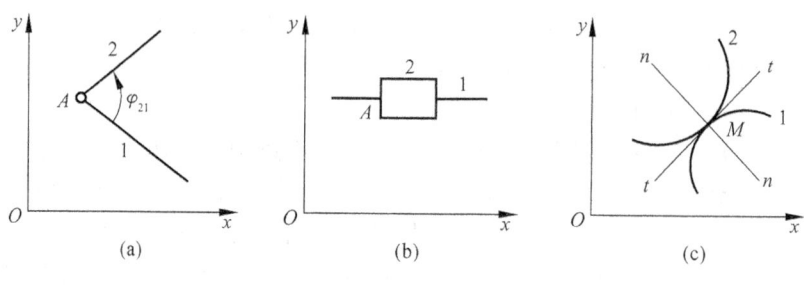

图 2.9 运动副的约束特点

2. 移动副引入的约束

图 2.9(b)所示构件 1 与构件 2 构成移动副,构件 2 相对构件 1 沿 y 方向的移动和绕 z 轴的转动被限制,使构件 2 相对构件 1 只能沿 x 方向移动。因此,组成一个移动副也引入两个约束,即丧失了两个自由度。

3. 平面高副引入的约束

图 2.9(c)中的构件 1 与构件 2 以平面高副相连接,构件 1 相对构件 2 沿接触点 M 的公法线 n-n 方向的移动被限制,则构件 1 相对构件 2 可以沿接触点的公切线 t-t 方向移动及绕接触点 M 做瞬时转动。所以一个平面高副只引入了一个约束,即丧失了一个自由度。

因此,平面低副(转动副和移动副)共引入两个约束,平面高副只引入一个约束。

2.3.3 平面机构的自由度计算

机构的自由度是指机构具有确定相对运动时所需要的独立运动的数目。机构是由构件通过运动副的连接而构成的,因此机构自由度的多少就取决于其中所含有的构件的数目、运动副的种类和数目。

设一个平面机构共有 n 个活动构件(因为机架固定不动,所以未计算在内),有 p_L 个低副、p_H 个高副。当各活动构件尚未用运动副连接起来时,它们总共有 $3n$

个自由度；用运动副连接起来之后，p_L 个低副引入 $2p_L$ 个约束，p_H 个高副引入 p_H 个约束。所以机构的自由度应等于总自由度数目减去总约束数目，即

$$F = 3n - 2p_L - p_H \tag{2-1}$$

式(2-1)是平面机构自由度的计算公式。

例 2.3 计算图 2.6 所示内燃机的自由度。

解 通过前述绘制内燃机的机构运动简图可知，此机构共有 6 个活动构件：活塞、连杆、曲轴、凸轮轴、推杆 8(9)；7 个低副；转动副 $A、B、C、D$ 和分别由构件 1 与 2、构件 8(9) 与 1 组成的 3 个移动副；另有 3 个高副由齿轮 5 与 6、凸轮 7 与推杆 8(9) 组成。所以由式(2-1)可计算出内燃机的自由度为

$$F = 3n - 2p_L - p_H = 3 \times 6 - 2 \times 7 - 3 = 1$$

2.3.4 机构具有确定运动的条件

机构是由构件通过运动副连接而成的。机构的一个主要特征就是机构的各部分之间具有确定的相对运动。为了说明机构实现确定运动的条件，我们先分析下面的几个例子。

例 2.4 计算图 2.10 所示的机构或运动链的自由度。

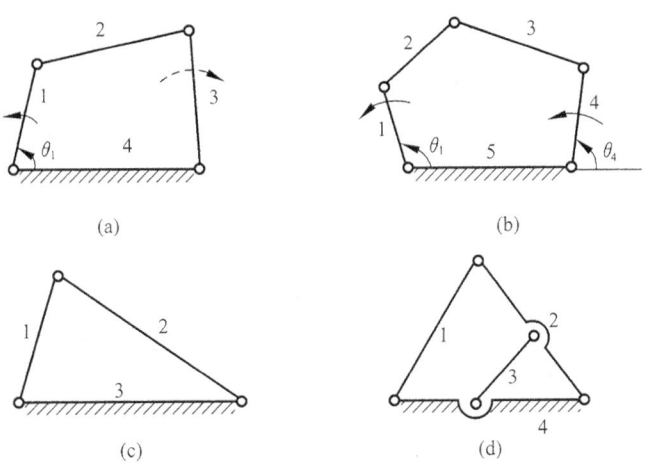

图 2.10 机构的结构简图

解 图 2.10(a)为一平面铰链四杆机构，其中 $n=3，p_L=4，p_H=0$，根据式(2-1)可得

$$F = 3n - 2p_L - p_H = 3 \times 3 - 2 \times 4 - 0 = 1$$

该机构的自由度为 1，有 1 个独立运动。由图可知，只要给定构件 1 转角 θ_1 后，构件 2、3 的位置便随之而定，即该机构需要一个主动件，运动就确定了。若给该机构

两个主动件,设再取构件3也为主动件(见图中虚线),则机构内部的运动关系将发生矛盾,或者机构不动,或者其中最薄弱的构件被破坏。

图 2.10(b)为一平面铰链五杆机构,其中 $n=4$, $p_L=5$, $p_H=0$,根据式(2-1)可得

$$F = 3n - 2p_L - p_H = 3 \times 4 - 2 \times 5 - 0 = 2$$

该机构的自由度为2,若只取构件1为主动件,给出构件1的转角 θ_1 后,构件2、3、4的位置是不能确定的。若同时取构件4为主动件,给定两个独立运动参数 θ_1、θ_4,这时其余构件可有确定的运动。

如图 2.10(c)三个构件铰接在一起,则由式(2-1)可得

$$F = 3n - 2p_L - p_H = 3 \times 2 - 2 \times 3 - 0 = 0$$

该运动链的自由度等于0,表明其没有独立运动,因此它是一个不能产生相对运动的构件组合,即为桁架结构。

如图 2.10(d)四个构件铰接在一起,则由式(2-1)可得

$$F = 3n - 2p_L - p_H = 3 \times 3 - 2 \times 5 - 0 = -1$$

该运动链的自由度等于-1,表明其由于约束过多,已成为超静定桁架了。

综上所述,机构的自由度 F、机构的主动件数目与机构的运动有着密切关系:

(1) 若 $F \leq 0$,运动链退化成为桁架,构件间没有相对运动。

(2) 若 $F > 0$,且主动件数目 $= F$,则机构各构件间的相对运动是确定的。

(3) 若 $F > 0$,且主动件数目 $> F$,则构件间不能运动或机构被破坏。

(4) 若 $F > 0$,且主动件数目 $< F$,则构件间的相对运动是不确定的,即机构做无规则运动。

由此得到,机构具有确定运动的条件是

机构的主动件数目 = 机构的自由度　　$(F > 0)$

2.3.5　计算平面机构自由度时应注意的问题

在计算机构的自由度时,还可能会遇到按公式计算出的自由度数目与机构的实际自由度数目不符的情况。所以根据式(2-1)计算机构的自由度时,还应该注意以下一些问题。

1. 复合铰链

两个以上构件在同一处以转动副相连,则构成复合铰链。如图 2.11 所示,三个构件在同一点 A 以转动副相连接,而构成复合铰链。从侧视图可以清楚地看出,这是由3个构件组成的两个转动副。因此,如有 m 个构件在同一处以转动副相连时,则共有 $(m-1)$ 个转动副。在计算机构的自由度时,首先应注意机构中有无复合铰链,以确保自由度数目正确。

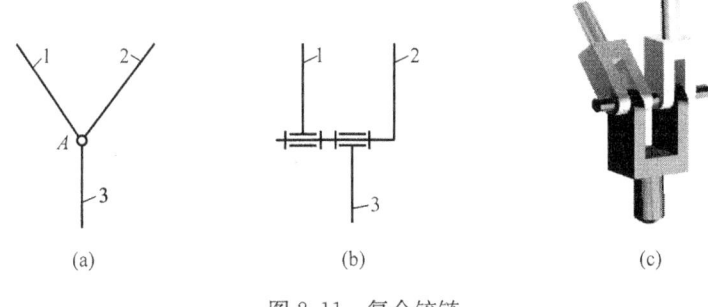

图 2.11 复合铰链

2. 局部自由度

机构中,有些构件所产生的局部运动对其他构件的运动不产生影响,我们将这种局部运动的自由度称为局部自由度。局部自由度最典型的例子就是滚子从动件凸轮机构,如图 2.12(a)所示。为了减少高副元素的磨损,在凸轮 1 与从动件 3 之间安装了一个滚子 2,当凸轮按规定的运动规律相对机架转动时,凸轮轮廓通过滚子 2 推动从动件上下往复运动。这时若按公式(2-1)计算该机构的自由度为

$$F = 3n - 2p_L - p_H = 3 \times 3 - 2 \times 3 - 1 = 2$$

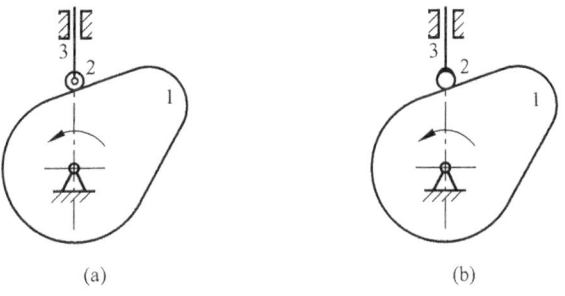

图 2.12 局部自由度

但实际上该凸轮机构只有一个独立运动,也即其自由度为 1。这是由于安装了一个滚子之后,引入了一个自由度(加入一个构件和一个转动副 $F=3\times1-2\times1=1$),这个自由度是滚子绕自身轴线转动的局部自由度,它并不影响其他构件的运动,因此在计算机构的自由度时,应将其去除。

去除局部自由度的方法通常有两种:

(1) 将滚子 2 作为一个独立构件,按式(2-1)计算机构的自由度,再从结果中减去局部自由度,则图 2.12(a)机构的自由度为

$$F = 3n - 2p_L - p_H - F' = 3 \times 3 - 2 \times 3 - 1 - 1 = 1$$

式中，F' 表示局部自由度。

(2) 假想将滚子 2 与从动件 3 焊在一起，视为一个构件（见图 2.12(b)），预先除掉局部自由度，再按式(2-1)进行计算，即

$$F = 3n - 2p_L - p_H = 3 \times 2 - 2 \times 2 - 1 = 1$$

3. 虚约束

机构的运动不仅与构件数、运动副类型和数目有关，而且与转动副间的距离、移动副的导路方向、高副元素的曲率中心等几何条件有关，但式(2-1)并没有考虑这些几何条件的影响。在一些特定的几何条件下，某些运动副所引入的约束可能与其他运动副所起的限制作用是一致的。这种不起独立限制作用的重复约束称为虚约束。如图 2.13(a)所示平行四边形机构，构件 1 与构件 3 做定轴转动，而构件 2 做平移运动。构件 2 上各点的轨迹均为圆心在 AD 线上，半径为 AB 的圆周。该机构的自由度 $F = 3n - 2p_L - p_H = 3 \times 3 - 2 \times 4 = 1$。现若在构件 2 上任取一点 E，以转动副与构件 5 相连，同时构件 5 的另一端以转动副与机架 4 在 F 点相连，使 EF 与 AB 平行且长度相等（见图 2.13(b)）。显然，这样做该机构的运动并没有发生变化。但此时，机构的自由度数目发生了变化：$F = 3n - 2p_L - p_H = 3 \times 4 - 2 \times 6 = 0$（这说明该机构是不能运动的），这与实际情况不符。产生这种情况的原因：在机构中加入一个构件和两个低副，相当于自由度增加 $F = 3 \times 1 - 2 \times 2 = -1$，即引入了一个约束，而此约束对机构的运动并不起实际的约束作用，故为虚约束。在计算机构的自由度时，应将产生虚约束的构件和运动副除掉。

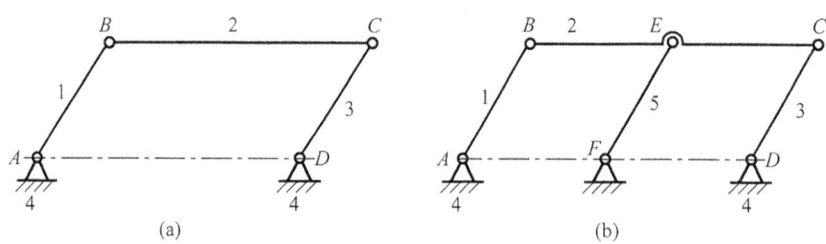

图 2.13 可产生虚约束的机构

机构中的虚约束常发生在下列情况中。

1) 连接构件与被连接构件上连接点的轨迹重合

如上例（见图 2.13(b)）中，连杆 2 上 E 点的轨迹为以 AD 线上点 F 为圆心，定长 AB 为半径的圆周，并且满足 $EF /\!/ AB$，且 $EF = AB$；同时若在 F 点将构件 5 与机架以转动副相连接，使构件 5 上 E' 点满足 $E'F /\!/ AB$，且 $E'F = AB$，则 E' 点与 E

点的轨迹重合。此时用转动副将构件 2 上 E 点与构件 5 上 E' 点连接起来,将产生虚约束。又如图 2.14 所示的椭圆仪机构中,$\angle CAD=90°$,$\overline{BC}=\overline{BD}=\overline{AB}$。在机构运动过程中,构件 2 上除 B、C、D 外,其余各点的轨迹均为椭圆。而构件 2 上 C 点的轨迹与坐标轴 x 重合,此时 C 点处的连接(一个滑块、一个移动副及一个转动副)将引入一个虚约束。

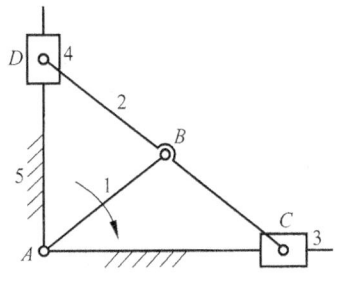

图 2.14 轨迹重合产生的虚约束

2)两构件上某两点间距离在运动过程中始终保持不变

如图 2.15 所示平行四边形机构,$AB \parallel CD$,且 $AB=CD$;$AE \parallel DF$,且 $AE=DF$。在机构运动过程中,构件 1 上 E 点与构件 3 上 F 点之间的距离始终保持不变,若用构件 5 及两个转动副将 E、F 两点连接起来,也将引入一个虚约束。图 2.13 所示机构中,连杆 2 上 E 点与机架 4 上 F 点之间也属于此种情况。

3)两构件间构成多个转动副,且轴线互相重合

当两构件之间在多处形成转动副,且各转动副的轴线重合,则其中只有一个转动副起实际约束作用,其余转动副均为虚约束。如图 2.16 所示齿轮机构中,转动副 A(或 A')、B(或 B')。

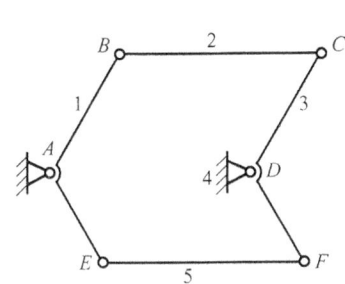

图 2.15 距离恒定产生的虚约束

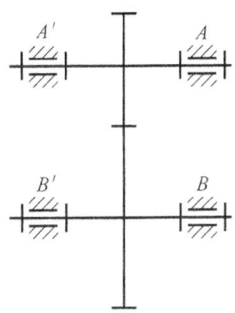

图 2.16 转动轴线重合产生的虚约束

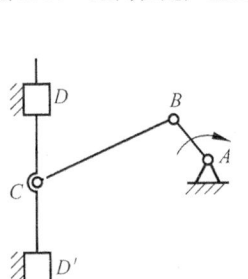

图 2.17 移动导路平行产生的虚约束

4)两构件间构成多个移动副,且导路互相平行或重合

当两构件之间在多处形成移动副,且各移动副的导路互相平行或重合,则其中只有一个移动副起实际约束作用,其余移动副均为虚约束。如图 2.17 所示机构中,移动副 D(或 D')。

5)机构中对运动不起作用的对称部分

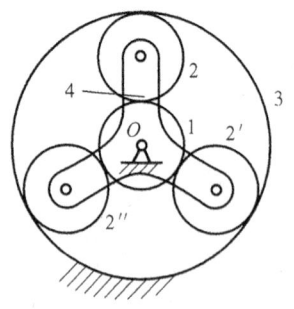

图 2.18 对称部分产生的虚约束

在图 2.18 所示的行星轮系中,若仅从运动传递的角度来说,只需要一个行星齿轮 2 就可以满足要求。但为了均担主动轴上输入的功率,减小每对齿轮中所传递的力,和为了绕转轴 O 上的离心惯性力的平衡,在基本机构 1-2-3-4 的基础上又增加了大小相同且在圆周上均匀分布的 2、2' 两个行星齿轮。每增加一个行星齿轮(包括一个构件、一个转动副和两个高副)就引入一个虚约束。

需要指出的是,机构中的虚约束都是在特定的几何条件下出现的,一旦所需要的几何条件不能满足,则原来的虚约束就成了对机构运动产生影响的有效约束。如图 2.13(b)中,若不满足 $EF/\!/AB$,则机构就不能运动了。

机构中加入虚约束是为了改善构件的受力、增加构件的刚度(见图 2.13、图 2.16、图 2.17);或是为了提高运动的可靠性(见图 2.15);或是为了使机构受力均衡和传递较大的功率(见图 2.18);或是为了某种特殊需要(见图 2.14)。在制造加工时,应严格保证精度,以保证虚约束所需要的特定几何条件成立。

例 2.5 如图 2.19(a)所示平面机构,已知 $DE=FG=HI$,且相互平行;$DF=EG$,且相互平行;$FH=GI$,且相互平行。计算此机构的自由度,若存在局部自由度、复合铰链、虚约束,请指出。

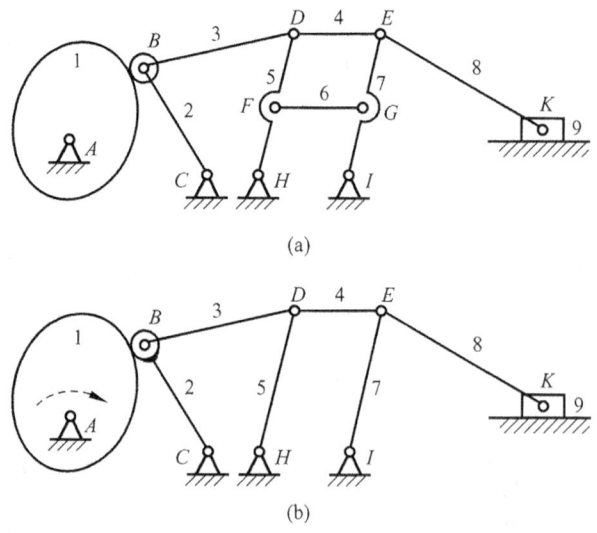

图 2.19 平面机构

解 图中 D、E 处有复合铰链;滚子绕自身几何中心 B 的转动自由度为局部自由度;由于 $DFHIGE$ 的特殊几何关系,构件 FG 的存在只是为了改善平行四边形 $DHIE$ 的受力状况,对整个机构的运动不起约束作用,故 FG 杆及其两端的转动副所引入的约束为虚约束。在计算机构自由度时,除去 FG 杆及其带入的约束、除去滚子引入的局部自由度并将其与杆 2 固连,则机构的运动简图简化为图 2.19 (b)。该机构中 $n=8, p_L=11, p_H=1$。所以机构的自由度为

$$F = 3n - 2p_L - p_H = 3 \times 8 - 2 \times 11 - 1 = 1。$$

此机构有 1 个自由度,只需 1 个主动件运动即可确定,通常选凸轮为主动件。

例 2.6 如图 2.20 所示为一冲压机构,其中大齿轮与凸轮固连在一起。试计算该机构的自由度,并判断该机构是否具有确定的运动。

解 在该机构中,E 处有复合铰链;G 处有局部自由度;K 或 L 处有虚约束。因此,除去局部自由度和虚约束,并注意到大齿轮与凸轮固连,则得活动构件数目 $n=9$,低副和高副数目分别为 $p_L=12, p_H=2$。所以机构的自由度为 $F = 3n - 2p_L - p_H = 3 \times 9 - 2 \times 12 - 2 = 1$。

由于该机构的主动件数目为 1,等于机构的自由度数,所以该机构具有确定运动。

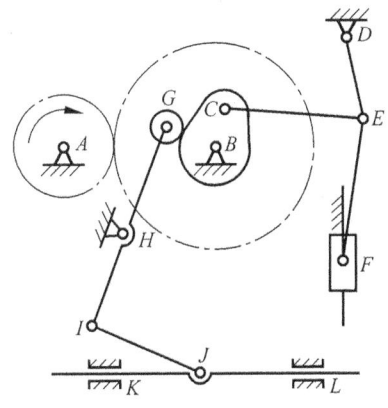

图 2.20 冲压机构

2.4 平面机构的组成原理与结构分析

2.4.1 机构的组成原理

1. 基本杆组

如前所述,任何机构都是由主动件、机架和从动件系统三部分组成的。根据机构具有确定运动的条件——机构的主动件数与机构的自由度相等,所以,从动件系统的自由度必为零。有时,它还可以继续拆分为若干个更简单的、自由度为零的构件组。我们把最简单的、不能再拆的、自由度为零的构件组称为基本杆组。

对于只含低副的平面机构,若基本杆组由 n 个构件、p_L 个低副组成,则它们应满足

$$3n - 2p_L = 0 \quad \text{或} \quad n = \frac{2}{3} p_L \tag{2-2}$$

由于构件数 n 和运动副数目 p_L 都必须是整数,所以两者有如表 2.4 的对应关系。

表 2.4

n	2	4	6	…
p_L	3	6	9	…

其中最简单的基本杆组为 $n=2, p_L=3$,即由 2 个构件和 3 个低副组成,我们

把这种基本杆组称为 II 级杆组。II 级杆组是应用最多的基本杆组,绝大多数的机构都是由 II 级杆组构成的。由于平面低副中有转动副(revolute pair,用 R 表示)和移动副(prismatic pair,用 P 表示)两种类型。因此,II 级杆组可以根据其中 R 副和 P 副的数目和排列的不同,分为 5 种不同的类型,如图 2.21 所示。

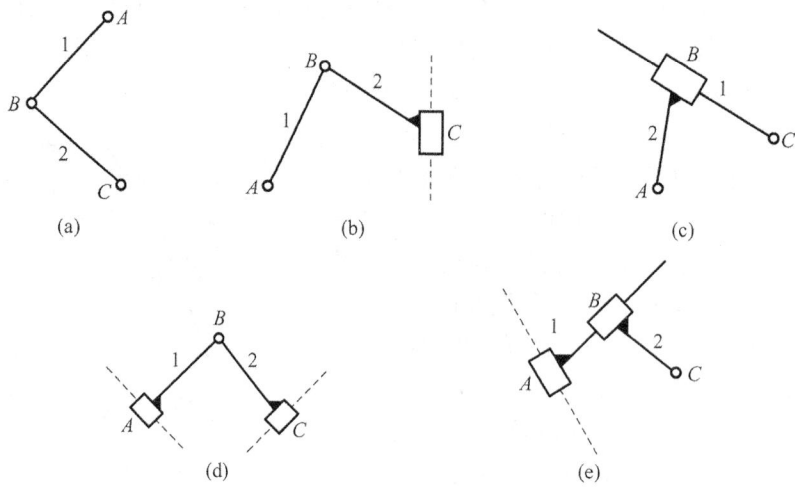

图 2.21 II 级杆组的五种结构形式
(a) RRR 杆组;(b) RRP 杆组;(c) RPR 杆组;(d) PRP 杆组;(e) RPP 杆组

在少数结构较复杂的机构中,除了 II 级杆组外,可能还有 III 级、IV 级等较高级别的基本杆组。如图 2.22 所示,即为 III 级杆组的几种结构形式,它们均由 4

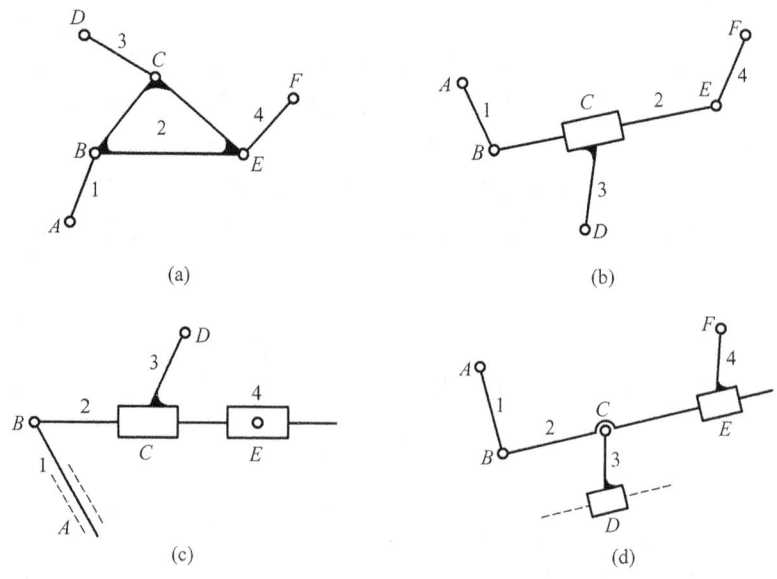

图 2.22 III 级杆组的几种结构形式

个构件和6个低副组成,其特征是中间是一个三副构件,而且每一个内副所连接的分支构件都是双副构件。

由于更高级别的基本杆组结构更复杂,而且III级以下杆组在实际中应用较多,所以本文不再介绍III级以上杆组,相关知识可参考有关文献。

2. 机构的组成原理

从上述对基本杆组的分析可知,任何机构都可以看作是由若干个基本杆组依次连接于主动件和机架上而构成的,这就是机构的组成原理。

根据这一原理,当进行新机构方案设计时,可先选定一个构件作为机架,并将数目等于该机构自由度数的 F 个主动件以运动副连接于机架上,然后再将一个个基本杆组依次连接于机架和主动件上或其他杆组上而构成。图 2.23 表示了根据机构的组成原理组成机构的过程。

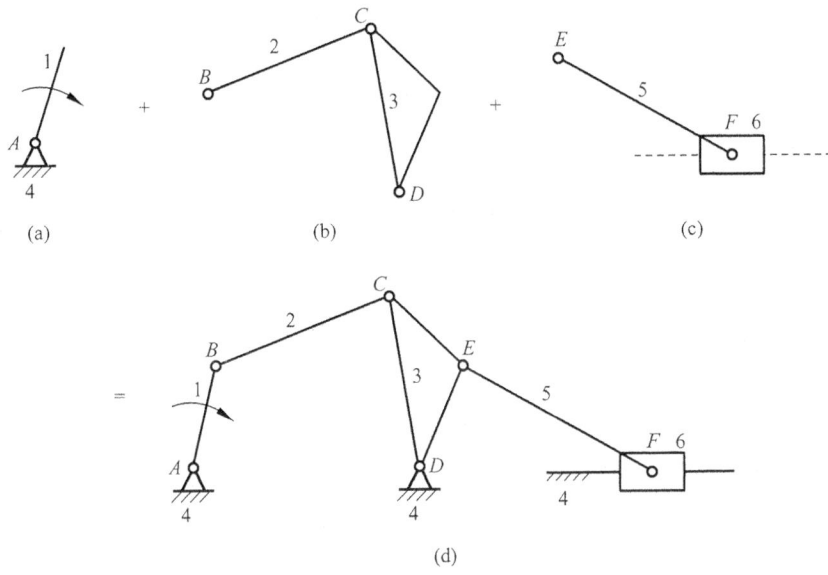

图 2.23 六杆机构组成的过程

这里应该注意:在基本杆组连接时,不能将同一杆组的每个外副全部接在一个构件上,否则将起不到增加杆组的作用。如图 2.24 所示,II 级杆组 5、6 中的转动副 E、F 都接于构件 3 上,使构件 3、5、6 组成一个刚性桁架,没有增加杆组。

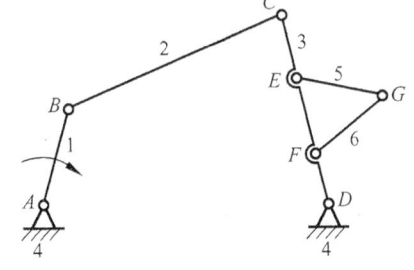

图 2.24 不起作用的杆组的连接

2.4.2 机构的结构分析

1. 结构分析

为了对已有的机构或已设计完毕的机构进行运动分析和力分析,常需要对机构先进行结构分析,即将机构分解为主动件、机架和若干个基本杆组,进而了解机构的组成,并确定机构的级别。结构分析的过程与机构的组成过程正好相反,通常也把它称为拆分杆组。

在同一机构中可以包含不同级别的基本杆组,通常以机构中包含的基本杆组的最高级别定为机构的级别。如图 2.23 所示,机构由 2 个 II 级杆组组成,则该机构为 II 级机构。若一个机构中既有 II 级杆组,又有 III 级杆组,则该机构为 III 级机构。

既然机构的级别取决于所含杆组的最高级别,而拆分出的杆组又是对机构进行运动分析和力分析的依据,因此,正确地从机构中依次拆出各杆组是十分必要的。下面为拆分杆组的一般步骤:

(1) 正确计算机构的自由度(除去机构中的虚约束和局部自由度),并指出主动件。

(2) 拆下主动件和机架。

(3) 从与主动件相连的运动副开始,向与机架相连的运动副方向搜索,找出外运动副运动参数已知的 II 级杆组或 III、IV 级杆组。

(4) 从与已拆下的前一级杆组相连的运动副开始,重复步骤(3)的过程,直至拆出全部基本杆组。

(5) 确定机构的级别。

应该说明的是,上述拆杆组的方法和步骤与机构运动分析过程中杆组的调用顺序一致,所以与前一级杆组相连的运动副的运动参数可以认为是已知的。这种拆分方法通常无需试拆过程,可一次将机构正确拆分为各基本杆组。而传统的从远离主动件处着手,则往往需要试拆过程。

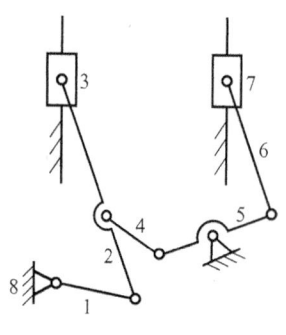

图 2.25 八杆平面机构

例 2.7 图 2.25 所示为一八杆平面机构,试计算机构的自由度,并分别以构件 1、7 为主动件对机构进行结构分析,确定机构的级别。

解 该机构中 $n=7, p_L=10$,所以机构的自由度为
$$F = 3n - 2p_L - p_H = 3 \times 7 - 2 \times 10 = 1$$
由于机构自由度为 1,所以只需给定一个主动件,机构就具有确定运动。

按上述的拆分步骤,分别以构件 1、7 为主动件将机构拆分为基本杆组,如图 2.26 所示。

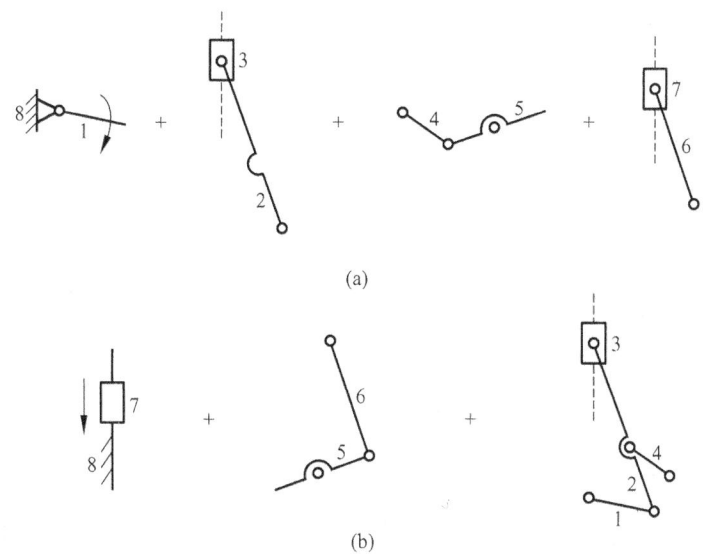

图 2.26 机构的结构分析过程
(a) 以构件 1 为主动件时；(b) 以构件 7 为主动件时

当以构件 1 为主动件时，所拆分的杆组的最高级别为 II 级杆组，则机构为 II 级机构；而当以构件 7 为主动件时，所拆分的杆组的最高级别为 III 级杆组，则机构为 III 级机构。这说明对于同一机构，选取不同构件作为主动件，可能得到不同级别的机构。因此，对于一个具体机构，必须根据实际工作情况指定主动件，并用箭头标明运动方向。

2. 机架变换与主动件的选择

运动链中，选取不同的构件作为机架，可能得到不同类型的机构。按照相对运动原理，机架变换后，机构内各构件的相对运动关系不变，而绝对运动却发生了改变。因此，可能得到不同类型甚至是不同级别的机构。同样道理，选取运动链中的不同构件作为主动件，也可以得到不同输入输出特性的机构。这类问题的研究，对机械系统运动方案的构思、选型及创新设计具有重要意义。

如图 2.27(a)所示的运动链，分别选取 6、2 构件为机架，并都以 1 构件为主动

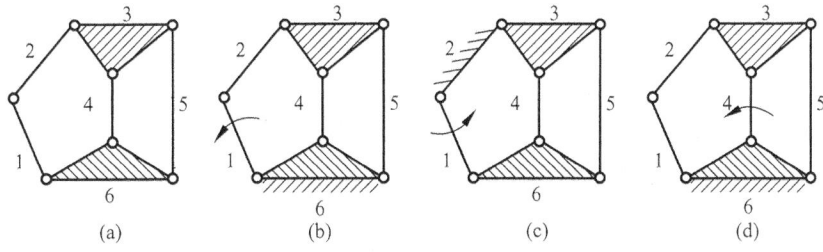

图 2.27 机架变换与主动件的选择

件,得到的对应机构如图 2.27(b)、(c)所示。通过对机构进行结构分析可知,它们分别是Ⅲ级机构和Ⅳ级机构。再针对图 2.27(b)将主动件变换为 4 构件,得到的对应机构如图 2.27(d)所示,该机构为Ⅱ级机构。

2.4.3 平面低副的同性异形演化

工程上应用的平面低副的种类较多,由此可抽象出相应的机构运动简图,其中有些虽貌似不同,但运动特性却毫无两样。如果能掌握这些同性异形的演化规则,将大大方便机构的分析与设计。另外,研究如何在相对运动不变的条件下,变更机构的构造形状,使之利于结构设计、装配或构造出新的结构形式,使机构具有新的功能,也是机构综合的重要内容之一。

1. 移动副的同性异形演化

移动副的运动特性由其相对移动的方位来确定;只要保持移动副的这个限制条件不变,就可以根据实际需要将该副的形态作相应的演化,而不影响其运动特性。

1) 组成移动副两元素的包容关系可以互换

如图 2.28(a)所示的曲柄摇块机构,构件 2 与构件 3 组成移动副,当曲柄 1 转动时,通过构件 2 使构件 3 摆动,同时它们又做相对滑动。现将组成移动副的构件 2 和构件 3 的元素对调,如图 2.28(b)所示。比较这两个机构,在其几何尺寸相同且曲柄 1 运动相同的条件下,构件 2 和构件 3 的绝对运动以及它们之间的相对运动均各相同。

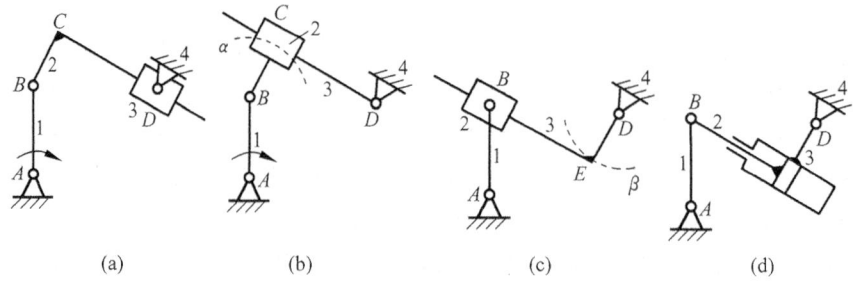

图 2.28 移动副同性异形的演化

2) 组成移动副的方位线可任意平移

在机构运动简图中,按运动副实际位置画出的方位线对机构分析可能不方便。在图 2.28(b)中,已知曲柄 1 的一系列位置,欲确定构件 3 的位置,必须以 B 点各位置为圆心、BC 为半径作一系列的圆弧 α,很不方便。为此,将运动副方位线 CD 平移至 BE,如图 2.28(c)所示,以 D 为圆心、DE 为半径作一圆弧 β,然后过 B 点作该圆的切线,即可确定构件 3 的位置。而图 2.28(d)则是图 2.28(c)的另一种表示方法,它是工程上常见的摆动液压缸机构,构件 2 和构件 3 分别为活塞和气缸。

2. 转动副的同性异形演化

运动副元素扩大是转动副构造变形的一种方法,在机构演化过程中经常用到。如图 2.29(a)中有机架 1、曲柄 2、连杆 3 三个构件和 A、B 两个转动副。当曲柄 2 太短时,结构设计和加工制造都有困难,常采用转动副扩大法,使转动副 B 变成偏心曲柄圆盘结构,如图 2.29(b)所示。经过这样改变后,既便于加工安装,又不影响其运动特性和所实现的功能。

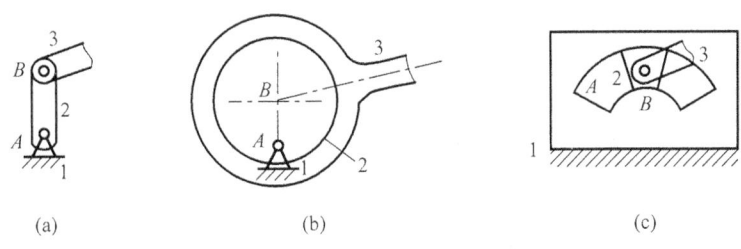

图 2.29 转动副同性异形的演化

在图 2.29(a)中,如果运动副 A 不做整周转动,而仅是摆动,还可把它做成带滑块的闭合型圆弧导槽结构,如图 2.29(c)所示。

2.4.4 平面机构中的高副低代

在前面进行平面机构的结构分析时,我们假设所分析机构中只含有低副。实际上,很多情况下,机构中可能既含有低副也含有高副。为了能将平面低副机构的结构分析方法运用于所有平面机构,可以根据一定的条件将机构中的高副虚拟地用低副加以替代,这种以低副代替高副的方法称为高副低代。

因为高副低代是一种运动学上的代替,即代替前后机构的运动应保持不变,所以高副低代应满足以下两个条件:

(1) 代替前后机构的自由度完全相同。
(2) 代替前后机构的瞬时速度和瞬时加速度完全相同。

为了满足第一个条件,必须保证代替前后的运动副引入的约束数目相同,即不能简单地用一个低副,而应该用一个包含两个低副的构件来代替一个高副。因为在平面机构中,一个构件有三个自由度,两个低副引入四个约束,所以一个包含两个低副的构件相当于引入一个约束,与一个高副引入的约束相同,因而代替前后机构的自由度不变。

为了满足第二个条件,先分析一个具体的例子。图 2.30(a)所示为一平面高副机构。构件 1 和构件 2 分别为绕点 A 和点 B 转动的圆盘,它们的半径分别为 r_1 和 r_2,几何中心分别为 O_1 和 O_2,两构件在点 C 处构成高副。在机构运动过程中,距离 AO_1、BO_2 及 O_1O_2 均保持不变。因此我们可以设想,用一个虚拟构件 4 分别在点 O_1、O_2 与构件 1、2 以转动副相连,即用图 2.30(b)所示四杆机构来代替原机构。显然这种代替前后,机构的运动并没有发生变化,即可保证代替前后机构的瞬时速度和瞬时加速度不变。

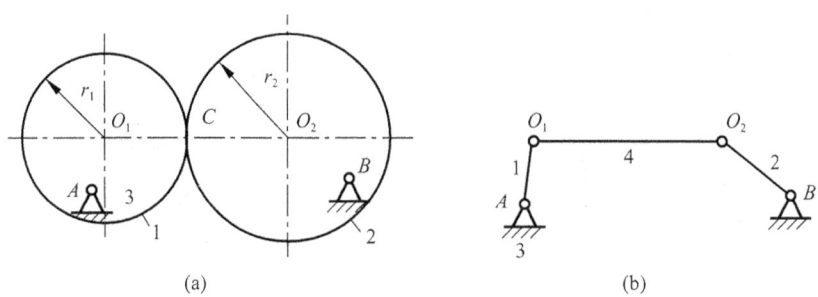

图 2.30 圆轮廓高副机构及其代替机构

上述代替方法可以推广应用于各种平面高副。例如,图 2.31(a)所示具有任意曲线轮廓的平面高副机构。可以先过接触点 C 作两高副元素的公法线 n-n,并在其上找出两高副元素在接触点 C 处的曲率中心 O_1 和 O_2,然后用一个虚拟构件 4 分别在点 O_1、O_2 与构件 1、2 以转动副相连,便可得到原机构的代替机构如图 2.31(b)所示。此机构满足上述两个代替条件。但是由于原机构的任意曲线轮廓在各点处的曲率半径不同,当机构运动时,随着接触点的改变,曲率中心 O_1 和 O_2 到点 A、B 的距离及 O_1O_2 间的距离总是在变化。所以,图 2.31(b)所示的代替机构只是原机构在图 2.31(a)位置时的瞬时代替机构,这种瞬时代替机构的各构件尺寸随机构的位置不同而改变。

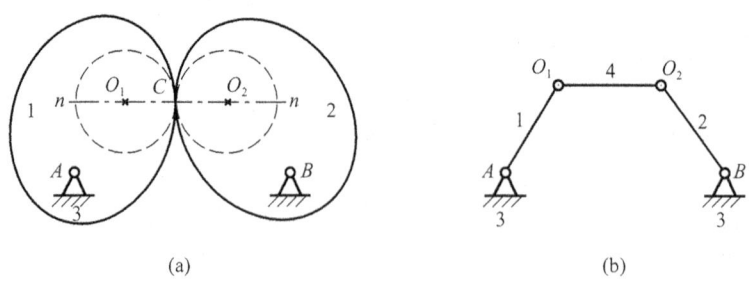

图 2.31 任意曲线轮廓高副机构及其代替机构

综上所述,高副低代的最简单方法就是用两个转动副和一个虚拟构件来代替一个高副,两个转动副分别在高副两元素接触点的曲率中心。

如果两高副元素之一为直线,如图 2.32(a)所示机构,因其曲率中心在无穷远处,所以这一端的转动副将转化为移动副,其代替机构如图 2.32(b)所示。如果两高副元素之一为一点,如图 2.33(a)所示,因其曲率半径为零,所以曲率中心与接触点重合,这一端的转动副在接触点 B 处,其代替机构如图 2.33(b)所示。

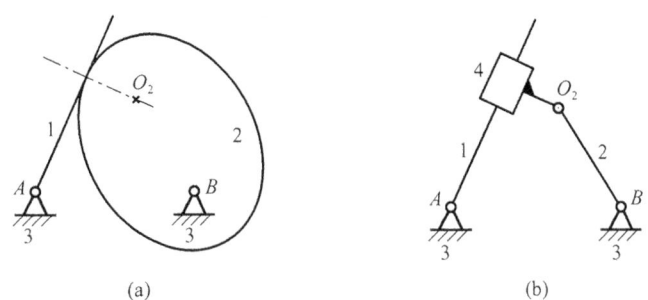

图 2.32 带有直线轮廓高副机构及其代替机构

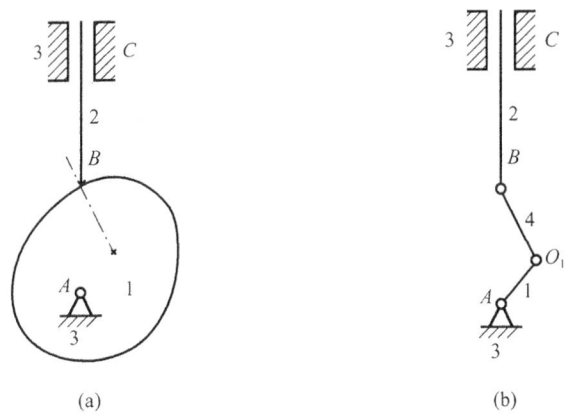

图 2.33 带有尖点轮廓高副机构及其代替机构

用上述方法对平面高副机构进行高副低代后,就可以用平面低副机构的结构分析方法对其进行分析研究了。

2.5 空间机构自由度简介

一个做空间运动的自由构件具有六个自由度,即沿 x、y、z 坐标轴的三个移动和绕 x、y、z 轴的三个转动。当两构件组成运动副之后,它们之间的相对运动受到约束。根据引入的约束数,运动副可以分为五个级别:引入一个约束的运动副称为1级副,引入两个约束的运动副称为2级副,以此类推,引入五个约束的运动副称为5级副。如图2.2、图2.3所示,不难确定,球面高副为1级副,柱面副为2级副,球面副为3级副,球销副、圆柱副、平面高副(齿轮副、凸轮副)为4级副,螺旋副、平面低副(转动副、移动副)为5级副。

设一个空间机构有 n 个活动构件,这些活动构件用运动副连接之前共有 $6n$ 个自由度,现在用 p_1 个1级副、p_2 个2级副、p_3 个3级副、p_4 个4四级副、p_5 个5五级副,将构件连接起来,则此空间机构的自由度为

$$F = 6n - 5p_5 - 4p_4 - 3p_3 - 2p_2 - p_1 = 6n - \sum_{i=1}^{5} ip_i \qquad (2\text{-}3)$$

式(2-3)为空间机构的自由度计算公式,可用于计算一般空间机构的自由度。

例 2.8 图 2.34(a)所示为用于飞机起落架中的一种空间连杆机构,试计算该机构的自由度。

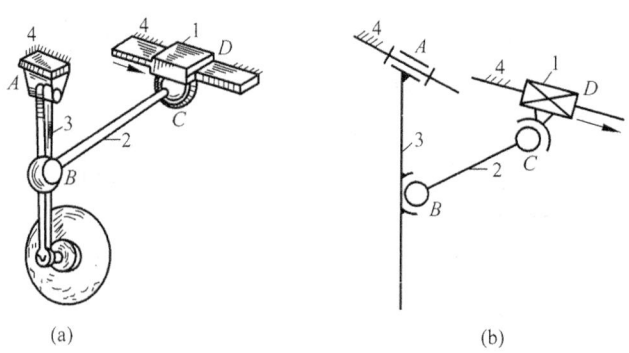

图 2.34 飞机起落架机构

解 该机构为空间四连杆机构,其机构运动简图如图 2.34(b)所示。其中含有活动构件 $n=3$,2个5级副(一个转动副 A,一个移动副 D),即 $p_5=2$;2个3级副(球面低副 B、C),即 $p_3=2$。由式(2-3)计算其自由度为

$$F = 6n - \sum_{i=1}^{5} ip_i = 6 \times 3 - 3 \times 2 - 5 \times 2 = 2$$

经分析其运动可知,构件2绕其自身轴线的转动为一个局部自由度,应在上面计算结果中去掉局部自由度($F'=1$),所以此机构的自由度为

$$F = 6n - \sum_{i=1}^{5} ip_i - F' = 6 \times 3 - 3 \times 2 - 5 \times 2 - 1 = 1$$

该空间机构需要1个主动件。当构件1为主动件时,主动件数与自由度数相等,该机构的运动是确定的。

例 2.9 计算图 2.35 所示的机械手的自由度。

解 此机构为开链,其中含有活动构件 $n=4$,3 个 5 级副(两个转动副 A、B,一个移动副 C),即 $p_5=3$;1 个 4 级副(球销副 D),即 $p_4=1$。由式(2-3)计算其自由度为

$$F = 6n - \sum_{i=1}^{5} ip_i = 6\times 4 - 4\times 1 - 5\times 3 = 5$$

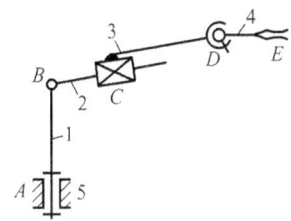

图 2.35 机械手机构简图

由此也可以看出,开链的自由度一般都比较多,目的是使其具有更好的灵活机动性。为了使该开链具有确定的运动,从而达到机械手在空间的要求点位或轨迹,必须通过主动件 1、2、3、4 分别输入五个独立运动。

第 3 章 平面机构的运动分析

机构的运动分析,就是对机构的位移、速度和加速度进行分析,即根据主动件的已知运动规律,分析该机构其他构件上某些点的位移(轨迹)、速度和加速度,以及这些构件的角位移、角速度和角加速度。

位移分析是机构运动分析的基础。通过对机构进行位移或轨迹的分析,可以确定机构中从动件的行程,考查某构件或构件上某一点能否实现预定的位置或轨迹要求,确定某些构件在运动时所需的空间及判断当机构运动时各构件之间是否会互相干涉等。

通过对机构进行速度分析,可以了解从动件的速度变化规律能否满足工作要求。例如,牛头刨床,要求刨刀在工作行程中应接近于等速运动,以保证加工表面的质量和提高刀具使用寿命,而空回程的速度应高于工作行程的速度,以提高生产率。通过对它进行速度分析,可以验证所设计的刨床机构的结构尺寸是否能满足这种要求。同时,还是对机构进行加速度分析的必要前提。

在速度分析的基础上,对机构进行加速度分析,可以确定构件上某些点的加速度及各构件的角加速度,了解和掌握机构加速度的变化规律,这是计算构件惯性力(力矩)进而对机构进行动力分析的基础。

可见,对机构进行运动分析,无论是设计新机构,还是分析现有机械的运动性能,都是十分必要的。用于机构运动分析的方法主要有图解法和解析法。

图解法的特点是形象直观,对于不复杂的平面机构来说一般也较简单,但精度不高,而且在分析机构的一系列位置时,需要反复作图。

解析法的特点是建立机构中尺寸参数和运动变量间的数学关系式并求解。不仅可以得到很高的计算精度,而且还便于把机构分析问题和机构综合问题联系起来。目前人们已编制出各种各样的通用程序,在分析各种机构时,只需写出待分析参数的数学表达式或调用相应的子程序,便可算出所需的结果。近年来计算机辅助分析(computer-aided analysis,CAA)和计算机辅助教学(computer-aided instruction,CAI)的引入,为使用解析法对机构进行运动分析提供了更便捷有效的手段和途径。

3.1 简单机构速度分析的速度瞬心法

速度瞬心的概念在分析各种机构时常用到。对于某些简单机构,如凸轮机构、齿轮机构、简单连杆机构的运动分析问题,利用速度瞬心的性质来求解直观而简便。

3.1.1 速度瞬心(简称瞬心)

(1) 绝对瞬心。由理论力学知,在某瞬时平面图形内速度等于零的点称为绝对瞬心。刚体做平面运动的任一瞬间可以看成是绕该点的转动。例如,当一轮子在地面上纯滚动时,接触点就是其绝对瞬心(见图 3.1)。

(2) 相对瞬心。当一构件相对另一运动构件做相对运动的任一瞬间,其相对运动同样可以看成是绕一重合

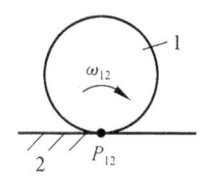

图 3.1 绝对瞬心示意图

点的转动,该点称为相对瞬心。若已知两构件上任意两重合点 A、B 的相对速度 $v_{A_1A_2}$、$v_{B_1B_2}$ 的方向线,作两相对速度的垂线得到的交点就是两构件的相对瞬心 P_{12},如图 3.2 所示。

绝对瞬心和相对瞬心统称为瞬心,可定义如下:

瞬心是做相对运动两构件的瞬时等速重合点。如果两构件之一是静止的,则其瞬心称为绝对瞬心;如果两构件都是运动的,则其瞬心称为相对瞬心。

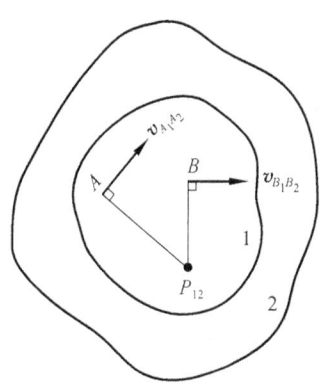

图 3.2 做相对运动二构件的瞬心示意图

3.1.2 机构中瞬心的数目

如图 3.2 所示,做相对运动的两构件,相对 2 观察 1,有瞬心 P_{12},若相对 1 观察 2,有瞬心 P_{21},由瞬心定义可知 P_{12} 与 P_{21} 是同一点,因此两构件有一个瞬心。因为每两个构件只有一个瞬心,所以,由 N 个构件组成的机构,若总的瞬心数用 N_{um} 表示,则根据排列组合的知识可知

$$N_{um} = \frac{N(N-1)}{2} \tag{3-1}$$

3.1.3 瞬心的求法

1. 用运动副直接连接的两构件的瞬心的求法——直接观察

如果两构件通过运动副直接连接在一起,则其瞬心位置可以很容易地通过直接观察来确定。

1) 组成转动副两构件的瞬心

如图 3.3(a)所示,因两构件 1、2 绕转动副中心做相对转动,故转动副的中心

即为其瞬心 P_{12}。

2) 组成移动副两构件的瞬心

如图 3.3(b)所示,因两构件 1、2 上所有重合点的速度都是沿导路方向,可以认为是绕相对速度垂直方向无穷远处一点转动,故瞬心 P_{12} 应位于垂直导路方向的无穷远处。

3) 组成纯滚动高副两构件的瞬心

如图 3.1 所示,接触点的相对速度为零,所以接触点就是瞬心 P_{12}。

4) 组成滑动兼滚动高副的两构件的瞬心

如图 3.3(c)所示,因接触点的相对速度只能是沿切线 t-t 方向,故瞬心应位于过接触点 K 的公法线 n-n 上。但由于滚动角速度及滑动速度的大小和方向未知,瞬心在法线上的位置未知。

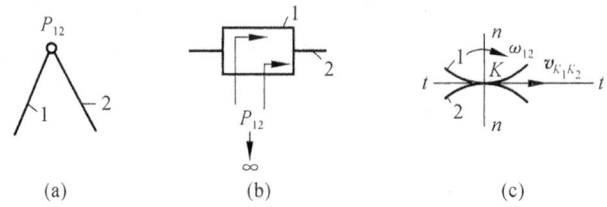

图 3.3 用运动副直接连接的两构件的瞬心

2. 非运动副直接连接的两构件的瞬心的求法——三心定理

当需要确定机构中不是直接用运动副连接的两构件的瞬心时,直接观察已不易得到,这时可以利用三心定理(Kennedy's theorem)求解。该定理可叙述为

作平面运动的三个构件共有三个瞬心,它们位于同一直线上。

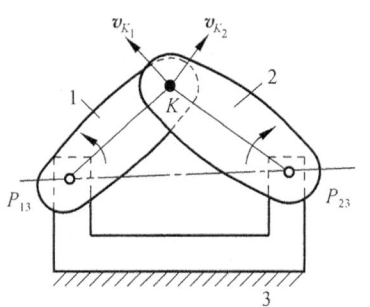

图 3.4 非运动副直接连接的两构件的瞬心

如图 3.4 所示,构件 1 和构件 2 用转动副与构件 3 连接,有两个瞬心 P_{13}、P_{23} 位于铰链中心,构件 1、2 间无运动副直接连接,根据三心定理,其瞬心 P_{12} 应在 P_{13}、P_{23} 的连线上。读者可参考图 3.4 试自行证明该定理。

3.1.4 速度瞬心法在机构速度分析中的应用

利用速度瞬心对一些简单机构进行速度分析,既直观又方便,现举例说明如下。

例 3.1 图 3.5(b)所示为一铰链四杆机构,试确定机构在图示位置时的全部瞬心。若构件的尺寸均为已知,主动件 1 以角速度 ω_1 回转,求构件 1、3 的角速度关系。

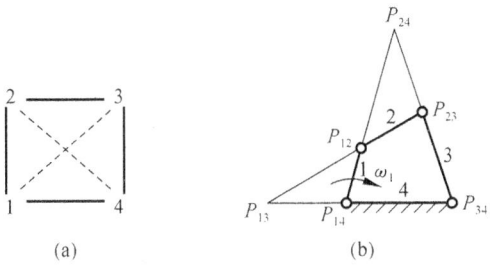

图 3.5 铰接四杆机构及其瞬心

解 由式(3.1)该机构具有的瞬心数目为

$$N_{um} = \frac{N(N-1)}{2} = \frac{4(4-1)}{2} = 6$$

如图 3.5(a)所示,数字 1、2、3、4 表示四个构件号,每两个数字间的连线表示该两构件瞬心。其中 P_{12}、P_{23}、P_{34} 和 P_{14} 为两构件直接用转动副连接的四个瞬心(在铰链中心),把已确定的瞬心连成实线。其余两个瞬心 P_{13} 和 P_{24} 为非运动副直接连接的两构件的瞬心,是待定的瞬心连成虚线。

根据三心定理,对于构件 1、2、3 来说,瞬心 P_{13} 必在 P_{12} 和 P_{23} 的连线上,而对于构件 1、4、3 来说,瞬心 P_{13} 必在 P_{14} 和 P_{34} 的连线上,因此上述两连线的交点即为瞬心 P_{13}。同理 P_{24} 应在 P_{23}、P_{34} 和 P_{12}、P_{14} 两连线的交点,如图 3.5(b)所示。

由瞬心的定义有

$$v_{P_{13}} = \omega_1 \overline{P_{14}P_{13}}\mu_l = \omega_3 \overline{P_{34}P_{13}}\mu_l$$

$$\frac{\omega_3}{\omega_1} = \frac{\overline{P_{14}P_{13}}}{\overline{P_{34}P_{13}}}$$

其中 μ_l 为长度比例尺。上式表明,两构件的角速度之比与其绝对瞬心至相对瞬心的距离成反比。如图 3.5(b)所示,P_{13} 在 P_{34}、P_{14} 的同一侧,因此 ω_3 与 ω_1 的方向相同,如果 P_{13} 在 P_{34} 和 P_{14} 之间,ω_3 与 ω_1 的方向相反。

同理可以求出

$$\frac{\omega_2}{\omega_1} = \frac{\overline{P_{14}P_{12}}}{\overline{P_{24}P_{12}}}$$

例 3.2 图 3.6(a)所示为高副机构(如齿轮机构)。已知各构件尺寸及主动件 1 以等角速度 ω_1 顺时针转动,求构件 1、2 的角速度关系。

解 组成高副的两构件其瞬心 P_{12} 应在过接触点 K 的公法线 n-n 上,同时根据三心定理,其又应在 $P_{13}P_{23}$ 的连线上,所以上述两直线的交点即为瞬心 P_{12}

$$\omega_1 \overline{P_{13}P_{12}}\mu_l = \omega_2 \overline{P_{23}P_{12}}\mu_l$$

$$\frac{\omega_1}{\omega_2} = \frac{\overline{P_{23}P_{12}}}{\overline{P_{13}P_{12}}}$$

上式表明,组成高副的两构件,其角速度与连心线被轮廓接触点公法线所分两线段成反比。

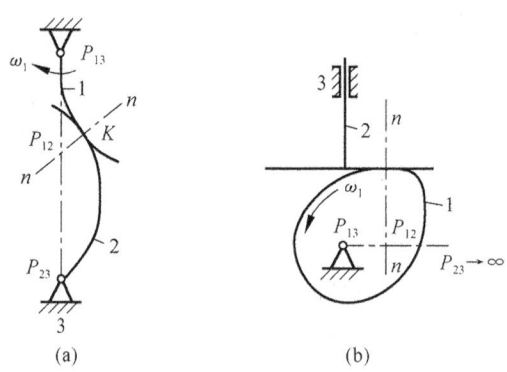

图 3.6 高副机构的瞬心

例 3.3 图 3.6(b)所示为一平底从动件凸轮机构。设结构尺寸已知,又知主动件 1 的角速度 ω_1,求从动件 2 的速度 v_2。

解 如图 3.6(b)所示,构件 1 与构件 2 的相对瞬心 P_{12} 求法同例 3.2。因 P_{12} 为两构件的瞬时等速重合点,所以从动件 2 的移动速度大小为

$$v_2 = v_{P_{12}} = \omega_1 \overline{P_{13}P_{12}} \mu_1$$

通过上述例子可见,用瞬心法对简单机构,特别是对高副机构进行速度分析是比较简便的。但如果是多杆机构,则瞬心数目多使速度分析问题复杂化,有时有些瞬心的位置位于图纸之外,致使求解产生困难,这是其缺点。另外,速度瞬心法只能求解速度,而不能求解加速度。因此,求解连杆机构的速度、加速度,主要用下面介绍的矢量多边形图解法和解析法。

3.2 机构速度和加速度分析的矢量方程图解法

在用矢量方程图解法作机构的速度和加速度分析时,首先要根据相对运动原理列出机构运动的矢量方程,然后按照一定的比例尺作出矢量多边形,最后求出未知量。矢量方程图解法利用了刚体的平面运动和点的复合运动原理。

3.2.1 矢量方程图解法的基本原理

1. 同一构件上两点间的速度和加速度关系

图 3.7 所示一个做平面运动的刚体(构件),其上任一点 B 的速度可以认为是

随刚体上任意选定点 A 的牵连平动和绕该点的相对转动的运动合成。根据刚体平面运动的原理，点 B 的速度为

$$v_B = v_A + v_{BA} \tag{3-2}$$

式中，v_B 是刚体上 B 点的绝对速度；v_A 是 A 点的绝对速度；v_{BA} 是 B 点绕 A 点的相对转动速度，其大小为 $v_{BA}=L_{BA} \cdot \omega$，方向与 A、B 连线垂直，指向与 ω 一致，如图 3.7(a) 所示。

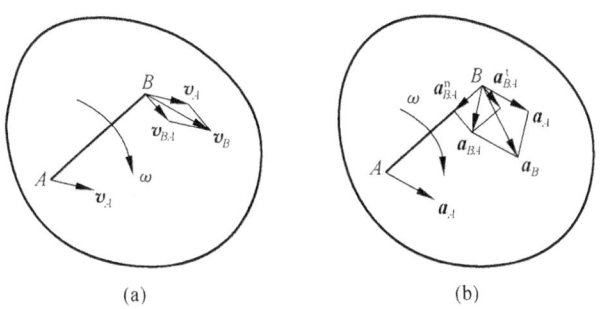

图 3.7 刚体的平面运动

点 B 的加速度为

$$a_B = a_A + a_{BA} = a_A + a_{BA}^n + a_{BA}^t \tag{3-3}$$

式中，a_B、a_A 分别是 B 点、A 点的绝对加速度；a_{BA} 是 B 点对 A 点的相对加速度，$a_{BA} = a_{BA}^n + a_{BA}^t$。其中 a_{BA}^n 是 B 点相对于 A 点的向心加速度，其大小为 $a_{BA}^n = l_{AB}\omega^2$，方向由 B 指向 A。a_{BA}^t 是 B 点相对于 A 点的切向加速度，方向垂直于 A、B 连线，指向与刚体瞬时角加速度一致，如图 3.7(b) 所示。

一个矢量方程可以求两个未知数，若式 (3-2) 和式 (3-3) 中各自的未知量为两个，便可根据矢量方程分别作矢量多边形求解。

2. 两构件重合点的速度和加速度关系

根据点的复合运动原理，动点的绝对运动是动点对动坐标系的运动和动坐标系的牵连运动的合成。牵连运动是指动坐标系上与动点瞬时重合的那一点的运动。如图 3.8 所示，构件 1 与构件 2 组成移动副，点 $B(B_1$ 和 $B_2)$ 为两构件的任一瞬时重合点。B_1、B_2 两点的速度关系为

$$v_{B_2} = v_{B_1} + v_{B_2 B_1} \tag{3-4}$$

式中，v_{B_2} 为 B_2 点绝对速度；v_{B_1} 为 B_1 点的绝对速度；$v_{B_2 B_1}$ 为 B_2 点对 B_1 点的相对速度，其方向沿移动副导轨方向。

重合点 B_1、B_2 的加速度关系为

$$a_{B_2} = a_{B_1} + a_{B_2 B_1}^k + a_{B_2 B_1}^r \tag{3-5}$$

式中，a_{B_2} 为 B_2 点的绝对加速度；a_{B_1} 为 B_1 点的绝对加速度；$a_{B_2 B_1}^k$ 是 B_2 点对 B_1 点

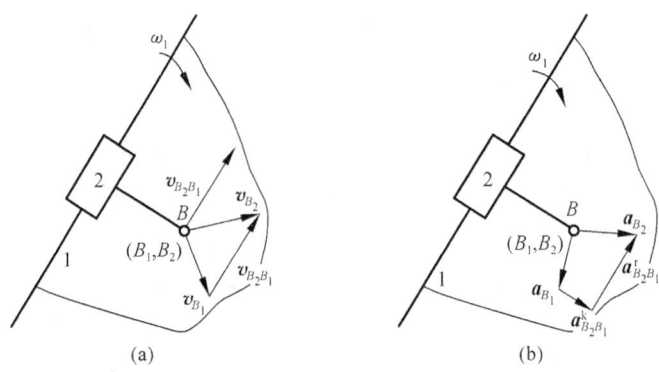

图 3.8 点的复合运动

的哥氏加速度,其大小为 $a_{B_2B_1}^k = 2\omega_1 \cdot v_{B_2B_1}$,方向是将相对速度 $v_{B_2B_1}$ 沿牵连角速度 ω_1 的方向转 90°后所指的方向,$a_{B_2B_1}^r$ 为 B_2 点对 B_1 点的相对加速度,方向沿移动副导路方向。

当式(3-4)和式(3-5)中各自的未知量为两个时,便可根据方程式分别作矢量多边形求解。

3.2.2 机构的速度和加速度分析

在机构运动分析时,主动件的运动是已知的。分析的方法是从主动件开始,依次对各构件进行分析。最后利用机构已知的运动参数和各构件间的相对运动关系,列出矢量方程式。然后绘制矢量多边形,求解矢量方程式,求出构件的运动参数,即可求得机构的全部运动参数。下面举例加以说明。

例 3.4 图 3.9(a)所示铰链四杆机构中,已知机构的位置,各构件的长度和曲柄 1 的角速度 ω_1,用矢量方程图解法求构件 2、3 的角速度 ω_2、ω_3 和角加速度 α_2、α_3,并求 E 点的速度 v_E 和加速度 a_E。

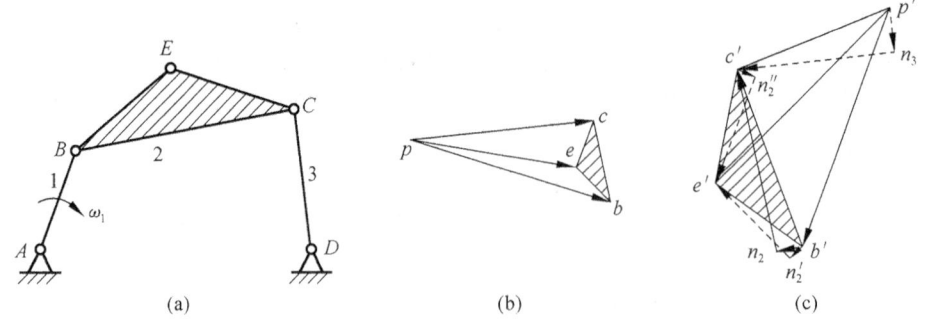

图 3.9 铰链四杆机构运动分析

解 取长度比例尺作机构运动简图如图 3.9(a)所示。

$$\mu_l = \frac{L_{AB}}{\overline{AB}} \text{m/mm}$$

式中，L_{AB} 为实际长度，$\overline{AB}$ 为图示长度。

(1) 速度分析。

由构件 1 的角速度 ω_1 可得 $v_B = L_{AB}\omega_1$，点 C 是构件 2 上的点，又是构件 3 上的点，根据同一构件上两点间的速度关系可得

$$\boldsymbol{v}_C = \boldsymbol{v}_B + \boldsymbol{v}_{CB}$$

方向： $\perp CD$ $\quad \perp AB \quad \perp BC$

大小： ? $\quad\quad \checkmark \quad\quad$?

式中，$v_C = L_{CD}\omega_3$，$v_{CB} = L_{BC}\omega_2$，此矢量方程有两个未知量 ω_2、ω_3，可以作图求解。

先选择速度比例尺

$$\mu_v = \frac{\text{真实速度大小}}{\text{图中线段长度}} (\text{m/s})/\text{mm} = \frac{v_B}{\overline{pb}} (\text{m/s})/\text{mm}$$

即图中 1mm 线段长度代表真实速度 μ_v m/s。如图 3.9(b) 所示，任取一点 p 为起点，过 p 点作与 $\boldsymbol{v}_B$ 方向一致的向量 $\overrightarrow{pb}$ 代表 $\boldsymbol{v}_B$。然后过 b 点作 $\boldsymbol{v}_{CB}$ 的方向线 bc，垂直于杆 BC。再过 p 点作方程左边的矢量 $\boldsymbol{v}_C$ 的方向线 pc，垂直于 DC，交 bc 于 c 点，则 $\overrightarrow{pc}$ 代表 $\boldsymbol{v}_C$，$\overrightarrow{bc}$ 代表 $\boldsymbol{v}_{CB}$，其大小分别为

$$v_C = \mu_v \overline{pc} \quad \text{m/s}$$

$$v_{CB} = \mu_v \overline{bc} \quad \text{m/s}$$

构件 2、3 的角速度分别为

$$\omega_2 = \frac{v_{CB}}{L_{BC}} = \frac{\mu_v \overline{bc}}{L_{BC}} \quad \text{rad/s}$$

$$\omega_3 = \frac{v_C}{L_{CD}} = \frac{\mu_v \overline{pc}}{L_{CD}} \quad \text{rad/s}$$

角速度方向的确定方法：把代表 $\boldsymbol{v}_{CB}$ 的向量 $\overrightarrow{bc}$ 平移到机构图 C 点处，根据 $\boldsymbol{v}_{CB}$ 是 C 点绕 B 点转动的速度可以确定 ω_2 的方向。本题中 ω_2 为逆时针方向，同理可根据 $\boldsymbol{v}_C$ 的方向确定 ω_3 的方向为顺时针方向。

为求构件 2 上 E 点的速度 $\boldsymbol{v}_E$，则利用 B、E 两点和 C、E 两点间的速度关系分别列出矢量方程式。

$$\boldsymbol{v}_E = \boldsymbol{v}_B + \boldsymbol{v}_{EB}$$

方向： ? $\quad\quad \checkmark \quad\quad \perp BE$

大小： ? $\quad\quad \checkmark \quad\quad$?

$$\boldsymbol{v}_E = \boldsymbol{v}_C + \boldsymbol{v}_{EC}$$

方向： ? $\quad\quad \checkmark \quad\quad \perp CE$

大小： ? $\quad\quad \checkmark \quad\quad$?

上面两式均有三个未知量,不满足矢量方程式求解条件,无法独立求解,可以将两式联立得

$$v_B + v_{EB} = v_C + v_{EC}$$

方向：　　　√　　　　⊥BE　　　　√　　　　⊥CE
大小：　　　√　　　　 ?　　　　　√　　　　　?

这样此方程式中仅有 v_{EB} 和 v_{EC} 的大小未知,方程可解。在图 3.9(b)上继续作图,过 b 点作 v_{EB} 方向线 be,垂直于 BE。再过 C 点作 v_{EC} 的方向线 ce,垂直 CE,两方向线相交于 e 点。连接 p、e 两点,则 $\overrightarrow{pe}$ 代表 v_E,$\overrightarrow{be}$ 代表 v_{EB},$\overrightarrow{ce}$ 代表 v_{EC},其大小分别为

$$v_E = \mu_v \overline{pe} \quad \text{m/s}$$
$$v_{EB} = \mu_v \overline{be} \quad \text{m/s}$$
$$v_{EC} = \mu_v \overline{ce} \quad \text{m/s}$$

图 3.9(b)中,由各速度向量组成的多边形 $pbce$ 称为速度多边形或速度图解。在速度多边形中,p 点称为速度极点,它代表机构中各构件上速度为零的点。连接极点 p 到任意点的向量,代表构件上同名点的绝对速度,方向由 p 点指向该点。连接速度多边形中除 p 点外的任意两点的向量,代表构件上相应两点间的相对速度,方向与速度向量的下脚标字母顺序相反。如 $\overrightarrow{pb}$ 代表 v_B、$\overrightarrow{bc}$ 代表 v_{CB}。

由图 3.9 还可看出,构件 2 上 B、C、E 三点组成的 △BCE 与速度多边形中的 b、c、e 三点组成的 △bce 各对应边相互垂直,因此两三角形相似,且两者的字母转向顺序也相同。将速度多边形中的 △bce 称为机构图中同一构件上相应点的 △BCE 的速度影像。根据这一特征,当已知一构件上任意两点的速度,就可以用速度影像原理,求出该构件上任意第三点的速度。例如在速度多边形中做出 $\overrightarrow{pb}$ 和 $\overrightarrow{pc}$ 后,只要连接 b、c 两点,再作 △bce 与 △BCE 相似,且使两者字母转向顺序相同。求得 e 点后,连接 p、e 两点,则 $\overrightarrow{pe}$ 代表 E 点速度 v_E。

(2) 加速度分析。

加速度分析的步骤与速度分析的步骤基本相同。B 点的加速度为

$$a_B = a_B^n = l_{AB}\omega_1^2 \quad \text{m/s}^2$$

根据同一构件两点间的加速度关系,可得矢量方程

$$a_C = a_B + a_{CB}^n + a_{CB}^t = a_C^n + a_C^t$$

方向：　　　$B \to A$　　　$C \to B$　　　⊥BC　　　$C \to D$　　　⊥CD
大小：　　　$l_{AB}\omega_1^2$　　　$l_{BC}\omega_2^2$　　　?　　　$l_{CD}\omega_3^2$　　　?

式中,a_{CB}^n、a_C^n 在完成速度分析后,均可求出,为已知量。$a_{CB}^t = l_{BC}\alpha_2$,$a_C^t = l_{CD}\alpha_3$。因 α_2、α_3 未知,故 a_{CB}^t、a_C^t 的大小未知,方程式中含有两个未知参数,可以求解。选择

第3章 平面机构的运动分析

加速度比例尺

$$\mu_a = \frac{\text{真实加速度大小}}{\text{图中线段长度}} \; (\text{m/s}^2)/\text{mm} = \frac{a_B}{\overline{p'b'}} \; (\text{m/s}^2)/\text{mm}$$

即图中 1mm 线段长度代表真实加速度 μ_a(m/s²)。如图 3.9(c)所示，任取一点 p' 作 $\overrightarrow{p'b'}$ 平行 AB，由 B 指向 A，代表 $\boldsymbol{a}_B$。接着过 b' 作平行于 BC，由 C 指向 B 的向量 $\overrightarrow{b'n_2}$，代表 $\boldsymbol{a}_{CB}^n$，其长度 $\overline{b'n_2} = \frac{a_{CB}^n}{\mu_a}$ mm。过 n_2 点作 $\boldsymbol{a}_{CB}^t$ 的方向线 n_2c' 垂直于 BC。再作方程右边的向量，过 p' 点作平行于 CD，由 C 指向 D 的向量 $\overrightarrow{p'n_3}$，代表 $\boldsymbol{a}_C^n$，其长度 $\overline{p'n_3} = \frac{a_C^n}{\mu_a}$ mm。过 n_3 点作 $\boldsymbol{a}_C^t$ 的方向线 n_3c' 垂直于 CD，交 n_2c' 于 c' 点，分别连接 p'、c' 和 b'、c'，则 $\overrightarrow{p'c'}$ 代表 $\boldsymbol{a}_C$，$\overrightarrow{b'c'}$ 代表 $\boldsymbol{a}_{CB}$，$\overrightarrow{n_2c'}$ 代表 $\boldsymbol{a}_{CB}^t$，$\overrightarrow{n_3c'}$ 代表 $\boldsymbol{a}_C^t$，它们的大小分别为

$$a_C = \mu_a \overline{p'c'} \quad \text{m/s}^2$$
$$a_{CB} = \mu_a \overline{b'c'} \quad \text{m/s}^2$$
$$a_C^t = \mu_a \overline{n_3c'} \quad \text{m/s}^2$$
$$a_{CB}^t = \mu_a \overline{n_2c'} \quad \text{m/s}^2$$

构件 2、3 的角加速度

$$\alpha_2 = \frac{a_{CB}^t}{L_{BC}} = \frac{\mu_a \overline{n_2c'}}{L_{BC}} \quad \text{rad/s}^2$$

$$\alpha_3 = \frac{a_C^t}{L_{CD}} = \frac{\mu_a \overline{n_3c'}}{L_{CD}} \quad \text{rad/s}^2$$

角加速度的方向的确定方法如下：将代表 $\boldsymbol{a}_{CB}^t$ 的向量 $\overrightarrow{n_2c'}$ 平移到机构图上 C 点，根据 C 点绕 B 点转动可得 α_2 为逆时针方向，同样可得 α_3 的方向为逆时针方向。

为求构件 2 上 E 点的加速度 $\boldsymbol{a}_E$，利用 B、E 两点和 C、E 两点间的加速度关系分别列出矢量方程式。

	$\boldsymbol{a}_E$	=	$\boldsymbol{a}_B$	+	$\boldsymbol{a}_{EB}^n$	+	$\boldsymbol{a}_{EB}^t$
方向：	?		√		$E \to B$		$\perp BE$
大小：	?		√		$l_{BE}\omega_2^2$		?

	$\boldsymbol{a}_E$	=	$\boldsymbol{a}_C$	+	$\boldsymbol{a}_{EC}^n$	+	$\boldsymbol{a}_{EC}^t$
方向：	?		√		$E \to C$		$\perp CE$
大小：	?		√		$l_{CE}\omega_2^2$		?

联立二式得

	$\boldsymbol{a}_B$	+	$\boldsymbol{a}_{EB}^n$	+	$\boldsymbol{a}_{EB}^t$	=	$\boldsymbol{a}_C$	+	$\boldsymbol{a}_{EC}^n$	+	$\boldsymbol{a}_{EC}^t$
方向：	√		$E \to B$		$\perp BE$		√		$E \to C$		$\perp CE$
大小：	√		$l_{BE}\omega_2^2$		?		√		$l_{CE}\omega_2^2$		?

此方程式中含有两个未知参数,可以求解。在图 3.9(c)上继续作图,过 b' 点作平行于 EB,由 E 指向 B 的向量 $\overrightarrow{b'n_2'}$,其长度 $b'n_2' = \dfrac{a_{EB}^n}{\mu_a}$,代表 a_{EB}^n。过 n_2' 点作 a_{EB}^t 的方向线 $n_2'e'$,垂直于 EB。再过 c' 点作平行于 EC,由 E 指向 C 的向量 $\overrightarrow{c'n_2''}$,其长度 $c'n_2'' = \dfrac{a_{EC}^n}{\mu_a}$ 代表 a_{EC}^n。过 n_2'' 点作 a_{EC}^t 的方向线 $n_2''e$ 交 $n_2'e'$ 于 e' 点。连接 p'、e',则 $\overrightarrow{p'e'}$ 代表 a_E,其大小为

$$a_E = \mu_a \overrightarrow{p'c'} \quad \text{m/s}^2$$

在图 3.9(c)中,由各加速度向量组成的多边形 $p'b'c'e'$ 称为加速度多边形或加速度图解。在加速度多边形中,p' 点称为加速度极点,代表机构中各构件上所有加速度为零的点。连接加速度极点 p' 到任意点的向量代表机构上对应点的绝对加速度。除 p' 点外,任意两点间的连线代表两点间的相对加速度,方向与加速度向量下脚标的顺序相反。如 $\overrightarrow{p'b'}$ 代表 a_B,$\overrightarrow{b'c'}$ 代表 a_{CB}。

可以证明,加速度多边形中 $\triangle b'c'e'$ 与机构图中 $\triangle BCE$ 相似,并且字母转向顺序相同,$\triangle b'c'e'$ 为 $\triangle BCE$ 加速度影像。当已知一构件上任意两点的加速度后,可以根据加速度影像原理求得该构件任意第三点的加速度,而不必列出相应矢量方程。例如,在作出 $\overrightarrow{p'b'}$ 和 $\overrightarrow{p'c'}$ 后,只要连接 b'、c' 两点,作 $\triangle b'c'e'$ 与机构图中 $\triangle BCE$ 相似,且使字母转向顺序相同。求得点 e' 后,连接 p'、e' 两点,则 $\overrightarrow{p'e'}$ 即代表 a_E。

例 3.5 如图 3.10 所示四杆机构中,已知机构的位置,各构件长度及构件 1 的等角速度 ω_1,用矢量方程图解法求导杆 3 的角速度 ω_3 和角加速度 α_3。

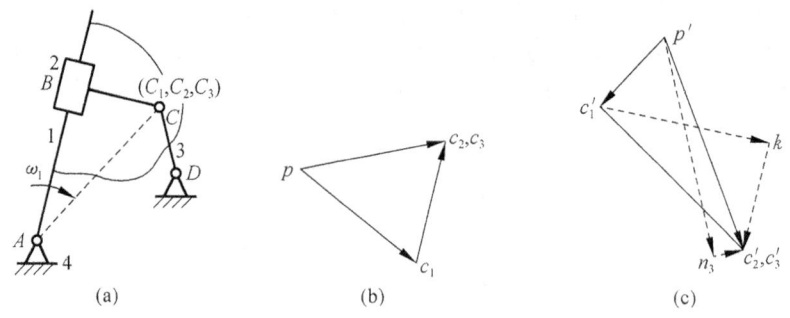

图 3.10 导杆机构运动分析

解题时应从构件 1 开始,构件 1 与构件 2 的运动关系符合两构件重合点的关系,适当选择重合点是解题的关键。因为构件 1 上各点的速度、加速度均已知,重合点的选择取决于构件 2,在构件 2 上应选择速度方向和加速度方向已知的点作为重合点。本例中重合点应选择 C 点(C_1, C_2, C_3),因构件 2 上 C 点的速度方向垂

直于 CD,向心加速度方向由 C 指向 D,且速度分析后大小可求,切向加速度方向垂直于 CD,满足上述要求。

解 首先按长度比例尺绘出机构运动简图。

(1) 速度分析。

$$v_{C_1} = L_{AC}\omega_1 \quad \text{m/s}$$

$$\boldsymbol{v}_{C_2} = \boldsymbol{v}_{C_1} + \boldsymbol{v}_{C_2C_1}$$

方向：$\perp CD$ √ $//AB$

大小：?   √   ?

式中,仅 $\boldsymbol{v}_{C_2}$ 和 $\boldsymbol{v}_{C_2C_1}$ 大小未知,可以求解。选择速度比例尺

$$\mu_v = \frac{v_{C_1}}{\overline{pc_1}} \quad \text{(m/s)/mm}$$

任选速度极点 p,过 p 作 $\overrightarrow{pc_1}$ 代表 $\boldsymbol{v}_{C_1}$,然后过 c_1 点作平行于 AB 的方向线 c_1c_2。再过 p 点作 pc_2 垂直于 CD,交 c_1c_2 于 c_2 点,则 $\overrightarrow{pc_2}$ 代表 $\boldsymbol{v}_{C_2}$,$\overrightarrow{c_1c_2}$ 代表 $\boldsymbol{v}_{C_2C_1}$,$\boldsymbol{v}_{C_2C_1}$ 和 $\boldsymbol{v}_{C_2}$ 的大小分别为

$$v_{C_2C_1} = \mu_v \overline{c_1c_2} \quad \text{m/s}$$

$$v_{C_2} = v_{C_3} = \mu_v \overline{pc_2} \quad \text{m/s}$$

构件 3 的角速度

$$\omega_3 = \frac{v_{C_3}}{L_{CD}} = \frac{\mu_v \overline{pc_2}}{L_{CD}} \quad \text{rad/s} \quad (\text{顺时针方向})$$

(2) 加速度分析。

加速度分析的步骤与速度分析的步骤基本相同。

$$a_{C_1} = L_{AC}\omega_1^2 \quad \text{m/s}^2$$

$$\boldsymbol{a}_{C_2} = \boldsymbol{a}_{C_1} + \boldsymbol{a}_{C_2C_1}^k + \boldsymbol{a}_{C_2C_1}^r = \boldsymbol{a}_{C_3}^n + \boldsymbol{a}_{C_3}^t$$

方向：$C_1 \to A$ $\perp AB$ $//AB$ $C \to D$ $\perp CD$

大小：√ $2v_{C_2C_1}\omega_1$? $l_{CD}\omega_3^2$?

式中,$\boldsymbol{a}_{C_2C_1}^k$ 的方向是将 $\boldsymbol{v}_{C_2C_1}$ 的方向沿 ω_1 的方向转 $90°$,垂直于 AB 指向右下方。选择加速度比例尺

$$\mu_a = \frac{a_{C_1}}{\overline{p'c_1'}} \quad \text{(m/s}^2\text{)/mm}$$

任选加速度极点 p',作 $\overrightarrow{p'c_1'}$ 代表 $\boldsymbol{a}_{C_1}$,过 c_1' 点作 $\overrightarrow{c_1'k}$,代表 $\boldsymbol{a}_{C_2C_1}^k$,其长度等于 $a_{C_2C_1}^k/\mu_a$。再过 k 点作平行于 AB 的方向线 kc_2。然后过 p' 点作 $\overrightarrow{p'n_3}$,代表 $\boldsymbol{a}_{C_3}^n$,其长度等于 $a_{C_3}^n/\mu_a$。过 n_3 点作垂直于 CD 的方向线 n_3c_2' 交 kc_2' 于 c_2' 点,连接 p'、c_2' 两点,则

$\overrightarrow{p'c_2}$、$\overrightarrow{kc_2'}$ 和 $\overrightarrow{n_3c_2'}$ 分别代表 a_{C_2}、$a_{C_2C_1}^{\mathrm{t}}$ 和 $a_{C_3}^{\mathrm{t}}$,它们的大小分别为

$$a_{C_2} = a_{C_3} = \mu_{\mathrm{a}} \overline{p'c_2'} \quad \mathrm{m/s^2}$$

$$a_{C_2C_1}^{\mathrm{t}} = \mu_{\mathrm{a}} \overline{kc_2'} \quad \mathrm{m/s^2}$$

$$a_{C_3}^{\mathrm{t}} = \mu_{\mathrm{a}} \overline{n_3c_2'} \quad \mathrm{m/s^2}$$

构件 3 的角加速度

$$\alpha_3 = \frac{a_{C_3}^{\mathrm{t}}}{L_{CD}} = \frac{\mu_{\mathrm{a}} \overline{n_3c_2'}}{L_{CD}} \mathrm{rad/s^2} \quad (\text{顺时针方向})$$

例 3.6 如图 3.11 所示六杆机构中,已知机构的位置,各构件长度及构件 1 的等角速度 ω_1,用矢量方程图解法求 C 点的速度 v_C 加速度 a_C。

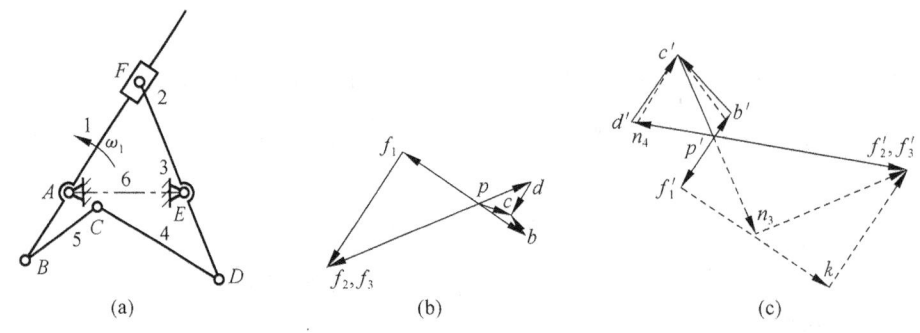

图 3.11 六杆机构运动分析

解题时应从构件 1 开始,构件 1 与构件 2 的运动关系符合两构件重合点的关系。因构件 1 上各点的速度、加速度均已知,重合点的选择取决于构件 2,在构件 2 上应选择速度方向和加速度方向已知的点作为重合点。本例中重合点应选择 F 点(F_1, F_2, F_3),因构件 2 上 F 点的速度方向垂直于 FE,向心加速度方向由 F 指向 E,且速度分析后大小可求,切向加速度方向垂直于 FE,满足上述要求。

解 首先按长度比例尺绘出机构运动简图。

(1) 速度分析。

$$v_{F_1} = L_{AF}\omega_1 \quad \mathrm{m/s}$$

$$\boldsymbol{v}_{F_2} = \boldsymbol{v}_{F_1} + \boldsymbol{v}_{F_2F_1}$$

方向: $\perp FE$ $\quad \perp FA \quad$ $//AF$

大小: ? $\quad\quad\quad \surd \quad\quad\quad$?

式中,仅 $\boldsymbol{v}_{F_2}$ 和 $\boldsymbol{v}_{F_2F_1}$ 大小未知,可以求解。选择速度比例尺

$$\mu_{\mathrm{v}} = \frac{v_{F_1}}{\overline{pf_1}} \quad (\mathrm{m/s})/\mathrm{mm}$$

任选速度极点 p,过 p 作 $\overrightarrow{pf_1}$ 代表 $\boldsymbol{v}_{F_1}$,然后过 f_1 点作平行于 AF 的方向线 f_1f_2,再

过 p 点作 pf_2 垂直于 FE，交 f_1f_2 于 f_2 点，则 $\overrightarrow{f_1f_2}$ 代表 $v_{F_2F_1}$，$\overrightarrow{pf_2}$ 代表 v_{F_2}，$v_{F_2F_1}$ 和 v_{F_2} 的大小分别为

$$v_{F_1F_2} = \mu_v \overline{f_1f_2} \quad \text{m/s}$$

$$v_{F_2} = v_{F_3} = \mu_v \overline{pf_2} \quad \text{m/s}$$

构件 3 的角速度

$$\omega_3 = \frac{v_{F_3}}{L_{FE}} = \frac{\mu_v \overline{pf_2}}{L_{FE}} \quad \text{rad/s} \quad (\text{逆时针方向})$$

用速度影像法，求 B 点和 D 点的速度。A 点和 E 点的速度等于零，在速度多边形上对应于 p 点。反向延长 pf_1 和 pf_2，按比例分别得 b 点和 d 点。连接 p、b 和 p、d，$\overrightarrow{pb}$ 代表 v_B，$\overrightarrow{pd}$ 代表 v_D。为了求 C 点的速度，可列出方程式

$$v_C = v_B + v_{CB} = v_D + v_{CD}$$

方向：　　√　　　⊥BC　　　√　　⊥CD
大小：　　√　　　 ?　　　　√　　 ?

继续作图，过 b 点作 bc 垂直于 BC，过 d 点作 dc 垂直于 DC，交 bc 于 c 点，则 $\overrightarrow{bc}$ 代表 v_{CB}，$\overrightarrow{dc}$ 代表 v_{CD}。连接 p、c，则 $\overrightarrow{pc}$ 代表 v_C，则

$$v_C = \mu_v \overline{pc} \quad \text{m/s}$$

$$\omega_4 = \frac{v_{CD}}{L_{DC}} = \frac{\mu_v \overline{dc}}{L_{DC}} \quad \text{rad/s} \quad (\text{逆时针方向})$$

$$\omega_5 = \frac{v_{CB}}{L_{BC}} = \frac{\mu_v \overline{bc}}{L_{BC}} \quad \text{rad/s} \quad (\text{逆时针方向})$$

（2）加速度分析。

加速度分析的步骤与速度分析的步骤基本相同，则有

$$a_{F_1} = L_{AF}\omega_1^2 \quad \text{m/s}^2$$

$$\boldsymbol{a}_{F_2} = \boldsymbol{a}_{F_1} + \boldsymbol{a}_{F_2F_1}^k + \boldsymbol{a}_{F_2F_1}^r = \boldsymbol{a}_{F_3}^n + \boldsymbol{a}_{F_3}^t$$

方向：　$F_1 \to A$　　⊥AF　　 //AF　　$F \to E$　　⊥EF
大小：　　√　　　$2v_{F_2F_1}\omega_1$　　?　　$l_{EF}\omega_3^2$　　?

式中，$\boldsymbol{a}_{F_2F_1}^k$ 的方向是把 $v_{F_2F_1}$ 的方向沿 ω_1 的方向转 90°，垂直于 AF 指向右下方。选择加速度比例尺

$$\mu_a = \frac{a_{F_1}}{\overline{p'f_1'}} \quad (\text{m/s}^2)/\text{mm}$$

任选加速度极点 p'，作 $\overrightarrow{p'f_1'}$ 代表 a_{F_1}，过 f_1' 点作 $\overrightarrow{f_1'k}$，代表 $\boldsymbol{a}_{F_2F_1}^k$，其长度等于 $a_{F_2F_1}^k/\mu_a$。再过 k 点作平行于 AF 的方向线 kf_2'，然后过 p' 点作 $\overrightarrow{p'n_3}$ 代表 $\boldsymbol{a}_{F_3}^n$，其长度等于

$a_{F_3}^n/\mu_a$。过 n_3 点作垂直于 EF 的方向线 n_3f_2' 交 kf_2' 于 f_2' 点,连接 p'、f_2',则 $\overrightarrow{p'f_2'}$、$\overrightarrow{kf_2'}$ 和 $\overrightarrow{n_3f_2'}$ 分别代表 a_{F_2}、$a_{F_2F_1}^t$ 和 $a_{F_3}^t$。它们的大小分别为

$$a_{F_2} = a_{F_3} = \mu_a \overline{p'f_2'} \quad \text{m/s}^2$$

$$a_{F_2F_1}^t = \mu_a \overline{kf_2'} \quad \text{m/s}^2$$

$$a_{F_3}^t = \mu_a \overline{n_3f_2'} \quad \text{m/s}^2$$

构件 3 的角加速度

$$\alpha_3 = \frac{a_{F_3}^t}{L_{EF}} = \frac{\mu_a \overline{n_3f_2'}}{L_{EF}} \quad \text{rad/s}^2 \quad (\text{顺时针方向})$$

用加速度影像法求 B 点和 D 点的加速度。A 点和 E 点的加速度等于零,在加速度多边形上对应于 p' 点。作 $p'f_1'$ 和 $p'f_2'$ 反向延长线,按比例分别得 b' 和 d' 点。连接 p'、b' 和 p'、d',则 $\overrightarrow{p'b'}$ 代表 a_B,$\overrightarrow{p'd'}$ 代表 a_D。为了求 C 点的加速度,可列出方程式

	$a_C = a_B$	$+$	a_{CB}^n	$+$	a_{CB}^t	$=$	a_D	$+$	a_{CD}^n	$+$	a_{CD}^t
方向:	√		$C \to B$		$\perp BC$		√		$C \to D$		$\perp DC$
大小:	√		$l_{BC}\omega_5^2$		?		√		$l_{CD}\omega_4^2$		?

继续作图。过 b' 点作 $\overrightarrow{b'n_5}$ 由 C 指向 B 点,代表 a_{CB}^n,其长度等于 a_{CB}^n/μ_a。过 n_5 点作方向线 n_5c',垂直于 BC。过 d' 点作 $\overrightarrow{d'n_4}$ 由 C 指向 D 点,代表 a_{CD}^n,其长度等于 a_{CD}^n/μ_a。过 n_4 点作方向线 n_4c',垂直于 DC,交 n_5c' 于 c' 点。连接 p'、c',则 $\overrightarrow{p'c'}$、$\overrightarrow{n_4c'}$ 和 $\overrightarrow{n_5c'}$ 分别代表 a_C、a_{CD}^t 和 a_{CB}^t。且有

$$a_C = \mu_a \overline{p'c'} \quad \text{m/s}^2$$

$$\alpha_4 = \frac{a_{CD}^t}{L_{DC}} = \frac{\mu_a \overline{n_4c'}}{L_{DC}} \quad \text{rad/s}^2 \quad (\text{顺时针方向})$$

$$\alpha_5 = \frac{a_{CB}^t}{L_{BC}} = \frac{\mu_a \overline{n_5c'}}{L_{BC}} \quad \text{rad/s}^2 \quad (\text{逆时针方向})$$

3.3 机构运动分析的解析法

用解析法对平面机构进行运动分析时,首先是建立机构的位置方程式,然后就位置方程对时间求一阶和二阶导数,求得速度方程和加速度方程。

根据杆组法的机构组成原理,机构是由主动件、机架和基本杆组组合而成的。因此,如果以主动件和基本杆组为基本单元,建立起各单元的运动参数之间的数学关系式,当需要对某一机构进行运动分析时,就可根据机构的组成结构和拆分的基

本杆组,应用相应单元的计算模块,求解所需要的运动参数。如果依据这些模块的计算关系式,编制出求解各种基本杆组运动参数的计算机运算子程序(或函数)模块,当对机构进行运动分析时,只需在主程序中调用相应的子程序(或函数)模块,便可迅速求得所需的结果,从而实现用有限的计算模块,求解所有对应机构的运动分析问题。由于Ⅱ级机构是最基本和最常用的平面机构,因此本章主要介绍Ⅱ级机构的运动分析的杆组法。

3.3.1 Ⅱ级杆组的运动分析

在对杆组进行运动分析时,规定 i 构件的长度用 l_i 表示,位置角 θ_i 从外运动副引 x 轴正向线按逆时针量取,N_i 点的位置用 (P_{ix}, P_{iy}) 表示,N_i 点的速度用 (v_{ix}, v_{iy}) 表示,N_i 点的加速度用 (a_{ix}, a_{iy}) 表示,i 构件的角速度和角加速度分别用 ω_i、α_i 表示,且均以逆时针方向为正。

1. RRR 杆组

1) 位置分析

如图 3.12 所示,已知 RRR 杆组的外运动副 N_1、N_2 的位置 (P_{1x}, P_{1y})、(P_{2x}, P_{2y}),求内运动副 N_3 的位置 (P_{3x}, P_{3y}),构件①和②的位置角 θ_1、θ_2。由图 3.12,有

$$d = \sqrt{(P_{2x} - P_{1x})^2 + (P_{2y} - P_{1y})^2}$$

$$\cos\beta = \frac{d^2 + l_1^2 - l_2^2}{2dl_1}$$

$$\varphi = \arctan\left(\frac{P_{2y} - P_{1y}}{P_{2x} - P_{1x}}\right)$$

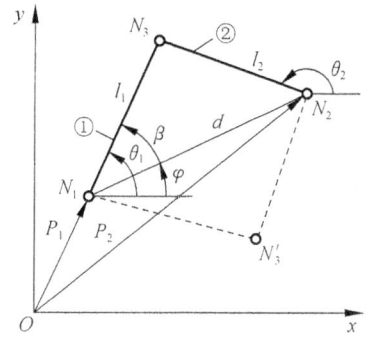

图 3.12 RRR 杆组的运动分析

所以,构件①的位置角

$$\theta_1 = \varphi \pm \beta \tag{3-6}$$

式(3-6)中的正负号,对应杆组可能处于的两种不同的装配或工作模式(assembly or working mode)。如图 3.12 所示,当为实线模式时,即 $\theta_1 = \varphi + \beta$,当为虚线模式时,$\theta_1 = \varphi - \beta$。对于实际机构,只要不出现 $d = |l_1 \pm l_2|$ 的情形,杆组只可能在一种状态下运动,不会从一种状态过渡到另一种状态。所以计算开始之前,应按实际机构的工作要求,指定杆组的工作状态:

当点号 N_1、N_2、N_3 逆时针读取时,$\theta_1 = \varphi + \beta$;当点号 N_1、N_2、N_3 顺时针读取时,$\theta_1 = \varphi - \beta$。

如果出现 $d = |l_1 \pm l_2|$ 的情形(如平行四边形机构),应根据机构的实际工作状况,实时判断并给定其工作模式。同时还应注意,在给定点 N_1、N_2 及 l_1、l_2 条件

下,可能出现 $d>(l_1+l_2)$ 或 $d<|l_1-l_2|$ 的情形,在这两种状态下实际上不可能形成 RRR 杆组,需要调整 N_1 和 N_2 点的坐标或构件长度。N_3 点的位置

$$\left.\begin{array}{l}P_{3x} = P_{1x} + l_1\cos\theta_1 \\ P_{3y} = P_{1y} + l_1\sin\theta_1\end{array}\right\} \quad (3\text{-}7)$$

构件②的位置角

$$\theta_2 = \arctan\left(\frac{P_{3y}-P_{2y}}{P_{3x}-P_{2x}}\right) \quad (3\text{-}8)$$

2) 速度分析

已知外运动副 N_1 点、N_2 点的速度 (v_{1x},v_{1y})、(v_{2x},v_{2y}),求内运动副 N_3 点的速度 (v_{3x},v_{3y}) 和构件①、②的角速度 ω_1、ω_2。

由位置分析

$$\left.\begin{array}{l}P_{3x} = P_{1x} + l_1\cos\theta_1 = P_{2x} + l_2\cos\theta_2 \\ P_{3y} = P_{1y} + l_1\sin\theta_1 = P_{2y} + l_2\sin\theta_2\end{array}\right\}$$

上式对时间求导得 N_3 点的速度表达式

$$\left.\begin{array}{l}v_{3x} = v_{1x} - l_1\omega_1\sin\theta_1 = v_{2x} - l_2\omega_2\sin\theta_2 \\ v_{3y} = v_{1y} + l_1\omega_1\cos\theta_1 = v_{2y} + l_2\omega_2\cos\theta_2\end{array}\right\} \quad (3\text{-}9)$$

由式(3-9)分离出构件①、②的角速度

$$\left.\begin{array}{l}\omega_1 = -[(v_{2x}-v_{1x})(P_{3x}-P_{2x}) + (v_{2y}-v_{1y})(P_{3y}-P_{2y})]/Q \\ \omega_2 = -[(v_{2y}-v_{1y})(P_{3y}-P_{1y}) + (v_{2x}-v_{1x})(P_{3x}-P_{1x})]/Q\end{array}\right\} \quad (3\text{-}10)$$

其中

$$Q = (P_{3y}-P_{1y})(P_{3x}-P_{2x}) - (P_{3y}-P_{2y})(P_{3x}-P_{1x})$$

将式(3-10)代入式(3-9),便可求出 N_3 点的速度 (v_{3x},v_{3y})。

3) 加速度分析

已知杆组外运动副 N_1 点、N_2 点的加速度 (a_{1x},a_{1y})、(a_{2x},a_{2y}),求解内运动副 N_3 点的加速度 (a_{3x},a_{3y}) 和构件①、②的角加速度 α_1、α_2。

将式(3-9)对时间求导得 N_3 点的加速度表达式

$$\left.\begin{array}{l}a_{3x} = a_{1x} - l_1\omega_1^2\cos\theta_1 - l_1\alpha_1\sin\theta_1 = a_{2x} - l_2\omega_2^2\cos\theta_2 - l_2\alpha_2\sin\theta_2 \\ a_{3y} = a_{1y} - l_1\omega_1^2\sin\theta_1 + l_1\alpha_1\cos\theta_1 = a_{2y} - l_2\omega_2^2\sin\theta_2 + l_2\alpha_2\cos\theta_2\end{array}\right\} \quad (3\text{-}11)$$

令

$$\left.\begin{array}{l}E = a_{2x} - a_{1x} + (v_{3y}-v_{1y})\omega_1 - (v_{3y}-v_{2y})\omega_2 \\ F = a_{2y} - a_{1y} + (v_{3x}-v_{1x})\omega_1 - (v_{3x}-v_{2x})\omega_2\end{array}\right\}$$

解出构件①、②的角加速度

$$\left.\begin{array}{l}\alpha_1 = -[E(P_{3x}-P_{2x}) + F(P_{3y}-P_{2y})]/Q \\ \alpha_2 = -[F(P_{3y}-P_{1y}) + E(P_{3x}-P_{1x})]/Q\end{array}\right\} \quad (3\text{-}12)$$

将式(3-12)代入式(3-11),便可求出 N_3 点的加速度 (a_{3x},a_{3y})。

2. RRP 杆组

1) 位置分析

如图 3.13 所示,已知 RRP 杆组的外运动副 N_1 点、导路上某一参考点 N_2 点的位置 (P_{1x}, P_{1y})、(P_{2x}, P_{2y}) 及导路的位置角 β,求内运动副 N_3 点的位置 (P_{3x}, P_{3y})、构件②相对参考点 N_2 的滑移尺寸 r_2 及构件①的位置角 θ_1。

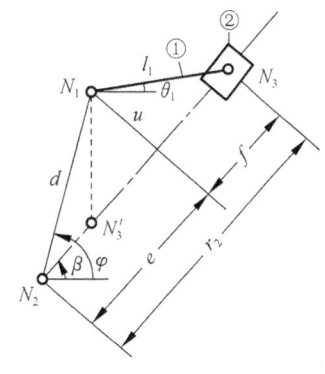

图 3.13 RRP 杆组的运动分析

根据图 3.13 的几何关系

$$r_2 = e \pm f \tag{3-13}$$

其中

$$e = d\cos(\varphi - \beta)$$
$$f = \sqrt{l_1^2 - u^2}$$
$$d = \sqrt{(P_{2x} - P_{1x})^2 + (P_{2y} - P_{1y})^2}$$
$$\varphi = \arctan\left(\frac{P_{1y} - P_{2y}}{P_{1x} - P_{2x}}\right)$$
$$u = d\sin(\varphi - \beta)$$

如果 $l_1 > |u|$,则 r_2 有两个解(图中实线和虚线位置),分别对应于 RRP 杆组的两种装配或工作模态,即当 $\angle N_1 N_3 N_2 < 90°$ 时,$r_2 = e + f$;当 $\angle N_1 N_3 N_2 > 90°$ 时,$r_2 = e - f$。

如果 $l_1 < |u|$,此时导路与以 N_1 点为圆心、l_1 为半径的圆不相交,则 r_2 无解,需要调整 N_1 点的位置或构件①的长度。

N_3 点的位置

$$\left.\begin{aligned} P_{3x} &= P_{2x} + r_2 \cos\beta \\ P_{3y} &= P_{2y} + r_2 \sin\beta \end{aligned}\right\} \tag{3-14}$$

构件①的位置角

$$\theta_1 = \arctan\left(\frac{P_{3y} - P_{1y}}{P_{3x} - P_{1x}}\right) \tag{3-15}$$

2) 速度分析

已知外运动副 N_1 点和导路上参考点 N_2 点的速度 (v_{1x}, v_{1y})、(v_{2x}, v_{2y}) 及导路的角速度 ω_β,求内运动副 N_3 点的速度 (v_{3x}, v_{3y})、滑块与导路重合点的相对速度 $\boldsymbol{v}_{r_2}$ 及构件①的角速度 ω_1。

N_3 点位置

$$\left.\begin{aligned} P_{3x} &= P_{1x} + l_1 \cos\theta_1 = P_{2x} + r_2 \cos\beta \\ P_{3y} &= P_{1y} + l_1 \sin\theta_1 = P_{2y} + r_2 \sin\beta \end{aligned}\right\}$$

上式对时间求导,解出构件①的角速度 ω_1 及相对速度 v_{r_2} 为

$$\omega_1 = (-E\sin\beta + F\cos\beta)/Q \tag{3-16}$$

$$v_{r_2} = -[E(P_{3x}-P_{1x}) + F(P_{3y}-P_{1y})]/Q \tag{3-17}$$

式中

$$E = v_{2x} - v_{1x} - r_2\omega_\beta\sin\beta$$
$$F = v_{2y} - v_{1y} + r_2\omega_\beta\cos\beta$$
$$Q = (P_{3y}-P_{1y})\sin\beta - (P_{3x}-P_{1x})\cos\beta$$

N_3 点的速度

$$\left.\begin{aligned} v_{3x} &= v_{1x} - l_1\omega_1\sin\theta_1 \\ v_{3y} &= v_{1y} + l_1\omega_1\cos\theta_1 \end{aligned}\right\} \tag{3-18}$$

3) 加速度分析

已知外运动副点 N_1 和导路上参考点 N_2 点的加速度 (a_{1x},a_{1y})、(a_{2x},a_{2y}) 及导路的角加速度 α_β,求内运动副 N_3 点的加速度 (a_{3x},a_{3y})、滑块与导路重合点的相对加速度 a_{r_2} 及构件①的角加速度 α_1。

将 N_3 点的位置方程对时间求二阶导数,解得构件①的角加速度 α_1 及相对加速度 a_{r_2}

$$\left.\begin{aligned} \alpha_1 &= (-G\sin\beta + H\cos\beta)/Q \\ a_{r_2} &= -[G(P_{3x}-P_{1x}) + H(P_{3y}-P_{1y})]/Q \end{aligned}\right\} \tag{3-19}$$

其中

$$G = a_{2x} - a_{1x} + \omega_1^2(P_{3x}-P_{1x}) - \omega_\beta^2 r_2\cos\beta - 2\omega_\beta v_{r_2}\sin\beta - \alpha_\beta(P_{3y}-P_{2y})$$
$$H = a_{2y} - a_{1y} + \omega_1^2(P_{3y}-P_{1y}) - \omega_\beta^2 r_2\sin\beta + 2\omega_\beta v_{r_2}\cos\beta - \alpha_\beta(P_{3x}-P_{2x})$$

N_3 点的加速度

$$\left.\begin{aligned} a_{3x} &= a_{1x} - l_1\omega_1^2\cos\theta_1 - l_1\alpha_1\sin\theta_1 \\ a_{3y} &= a_{1y} - l_1\omega_1^2\sin\theta_1 + l_1\alpha_1\cos\theta_1 \end{aligned}\right\} \tag{3-20}$$

3. RPR 杆组

1) 位置分析

如图 3.14 所示,已知 RPR 杆组的外运动副 N_1 和 N_2 点的位置 (P_{1x},P_{1y})、(P_{2x},P_{2y}) 及构件①的偏距 l_1,求导杆的位置角 θ 及滑移尺寸 r_2。

根据图 3.14 的几何关系

$$\theta = \varphi \pm \beta \tag{3-21}$$

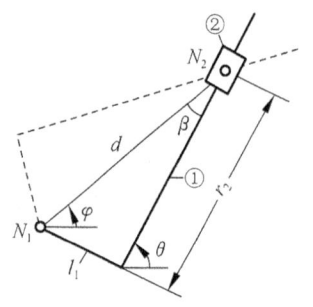

图 3.14 RPR 杆组的运动分析

其中

$$\varphi = \arctan\left(\frac{P_{2y} - P_{1y}}{P_{2x} - P_{1x}}\right)$$

$$\beta = \arctan\left(\frac{l_1}{r_2}\right)$$

$$r_2 = \sqrt{d^2 - l_1^2}$$

$$d = \sqrt{l^2 + r^2} = \sqrt{(P_{2x} - P_{1x})^2 + (P_{2y} - P_{1y})^2}$$

β 从 d 向导路量取,逆时针时,$\theta = \varphi + \beta$,反之 $\theta = \varphi - \beta$,对应于杆组的两种装配或工作模态,如图 3.14 中实线和虚线所示。

2) 速度分析

已知外运动副 N_1 点和 N_2 点的速度 (v_{1x}, v_{1y})、(v_{2x}, v_{2y}),求导杆的角速度 ω 和滑块与导杆重合点的相对速度 v_{r_2}。

$$\left.\begin{array}{l} P_{2x} = P_{1x} + l_1 \sin\theta + r_2 \cos\theta \\ P_{2y} = P_{1y} - l_1 \cos\theta + r_2 \sin\theta \end{array}\right\} \quad (3\text{-}22)$$

式(3-22)对时间求导得

$$\left.\begin{array}{l} v_{2x} = v_{1x} + l_1 \omega \cos\theta + v_{r_2} \cos\theta - r_2 \omega \sin\theta \\ v_{2y} = v_{1y} + l_1 \omega \sin\theta + v_{r_2} \sin\theta + r_2 \omega \cos\theta \end{array}\right\} \quad (3\text{-}23)$$

解得

$$\omega = -(E\sin\theta - F\cos\theta)/Q \quad (3\text{-}24)$$

$$v_{r_2} = [E(P_{2x} - P_{1x}) + F(P_{2y} - P_{1y})]/Q \quad (3\text{-}25)$$

其中

$$E = v_{2x} - v_{1x}$$
$$F = v_{2y} - v_{1y}$$
$$Q = (P_{2x} - P_{1x})\cos\theta - (P_{2y} - P_{1y})\sin\theta$$

3) 加速度分析

已知外运动副 N_1 点和 N_2 点的加速度 (a_{1x}, a_{1y})、(a_{2x}, a_{2y}),求导杆的角加速度 α 和滑块与导路重合点的相对加速度 a_{r_2}。

将式(3-23)对时间求导得

$$\left.\begin{array}{l} \alpha = -(G\sin\theta - H\cos\theta)/Q \\ a_{r_2} = [G(P_{2x} - P_{1x}) + H(P_{2y} - P_{1y})]/Q \end{array}\right\} \quad (3\text{-}26)$$

其中

$$G = a_{2x} - a_{1x} + \omega^2(P_{2x} - P_{1x}) + 2\omega v_{r_2} \sin\theta$$
$$H = a_{2y} - a_{1y} + \omega^2(P_{2y} - P_{1y}) - 2\omega v_{r_2} \cos\theta$$

对于 PRP 杆组和 RPP 杆组以及更复杂杆组的运动分析,可参见有关文献。

3.3.2 主动件上的点及刚体上任一点的运动参数分析

1. 主动件上的点的运动参数分析

图 3.15(a)所示为用转动件连接在机架上的主动件。N_1 点在 xOy 坐标系中的位置 (P_{1x}, P_{1y}) 为已知常数。设杆的长度为 l 且与 x 轴正向夹角为 θ、角速度 ω、角加速度 α,求构件上 N_2 点的位置、速度和加速度。

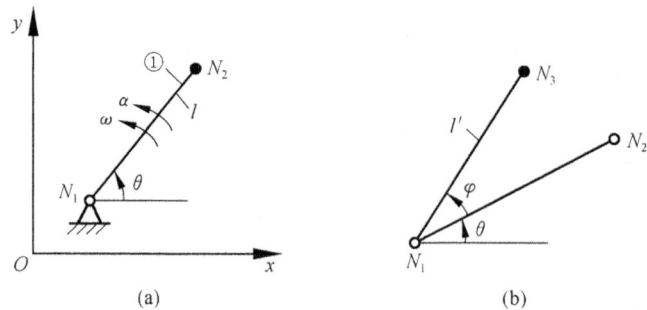

图 3.15 主动件上的点及刚体上任一点的运动参数分析
(a) 主动件的运动分析;(b) 刚体上任一点的运动参数

构件上 N_2 点的位置为

$$\left.\begin{array}{l} P_{2x} = P_{1x} + l\cos\theta \\ P_{2y} = P_{1y} + l\sin\theta \end{array}\right\} \tag{3-27}$$

式(3-27)对时间求导,得 N_2 点的速度方程式为

$$\left.\begin{array}{l} v_{2x} = -\omega l\sin\theta \\ v_{2y} = +\omega l\cos\theta \end{array}\right\} \tag{3-28}$$

式(3-28)对时间求导,得 N_2 点的加速度方程式为

$$\left.\begin{array}{l} a_{2x} = -\omega^2 l\cos\theta - \alpha l\sin\theta \\ a_{2y} = -\omega^2 l\sin\theta + \alpha l\cos\theta \end{array}\right\} \tag{3-29}$$

2. 刚体上任一点的运动参数分析

平面机构中做任意运动的构件,可抽象为做平面运动的刚体(做平面定轴转动或平移运动的构件可以看成是其特例)。其上任意一点 N_3 的运动参数(见图 3.15(b))。

1) 位置参数

已知参考点 N_1 的位置和刚体的位置角 θ,按给定的 l'、φ 值,求刚体上 N_3 点的位置:

$$\left.\begin{array}{l} P_{3x} = P_{1x} + l'\cos(\theta + \varphi) \\ P_{3y} = P_{1y} + l'\sin(\theta + \varphi) \end{array}\right\} \tag{3-30}$$

2) 速度参数

已知参考点 N_1 的速度和刚体的角速度 ω,求 N_3 点的速度:

$$\left.\begin{array}{l} v_{3x} = v_{1x} - l'\omega\sin(\theta+\varphi) \\ v_{3y} = v_{1y} + l'\omega\cos(\theta+\varphi) \end{array}\right\} \quad (3\text{-}31)$$

3) 加速度参数

已知参考点 N_1 的加速度和刚体的角加速度 α,求 N_3 点的加速度:

$$\left.\begin{array}{l} a_{3x} = a_{1x} - l'\omega^2\cos(\theta+\varphi) - l'\alpha\sin(\theta+\varphi) \\ a_{3y} = a_{1y} - l'\omega_1^2\sin(\theta+\varphi) + l'\alpha\cos(\theta+\varphi) \end{array}\right\} \quad (3\text{-}32)$$

3.3.3 II 级机构的运动分析

1. 分析步骤

应用杆组法对机构进行运动分析,首先将待分析机构拆分为主动件和基本杆组,其次按下述步骤进行分析:

(1) 对主动件进行运动分析,求出其与其他构件连接点处的运动参数。

(2) 从与主动件连接的构件开始,找出外运动副运动参数为已知的杆组并对其分析,求出有关运动参数;若杆组中还有其他待求点(如质心,与其他构件的连接点等),应用求解刚体上任一点参数公式,求出各点运动参数。

(3) 从与前一杆组连接的杆组开始,顺次分析对应的杆组及刚体上任一点的运动参数,直至求出机构全部运动参数。

2. 分析举例

例 3.7 在图 3.16 中所示的机构中,已知 $l_{13}=1000$mm,$l_{24}=1200$mm,$l_{34}=700$mm,$l_{56}=2000$mm,$l_{37}=350$mm,$l_{25}=500$mm,$l_{28}=700$mm,$l_{59}=800$mm,$\gamma_1=-30°$,$\gamma_2=-10°$,$P[1,1]=0$,$P[1,2]=0$,$P[2,1]=150$mm,$P[2,2]=260$mm,等角速度 $\omega_1=10\text{s}^{-1}$,逆时针转动,求构件①在 $\theta=60°$ 时,构件⑤即点 F 的位置、速度和加速度。

解 该机构是由主动件和机架连接一 RRR 杆组,再连接一 RRP 杆组而成。分析过程如下:

(1) 对主动件 AB 进行运动分析,A 相当于图 3.15(a)中的 N_1 点,B 相当于 N_2 点,由式(3-27)~式(3-29)求 B 点的运动参数。

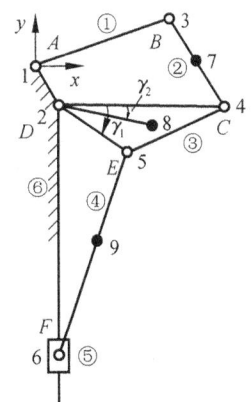

图 3.16 插床机构运动简图

(2) 对由 B、C、D 和②、③构件组成的 RRR 杆组进行运动分析,若取 B 为图 3.12 中的 N_1 点,则 D 相当于 N_2 点,C 则为 N_3 点;图 3.16 中的②、③构件分

别相当于图 3.12 中的①、②构件。点号 N_1、N_2、N_3 逆时针读取，$\theta_1=\varphi+\beta$。由式(3-7)～式(3-12)求出②、③构件及 C 点的运动参数。

(3) 应用求解刚体上任一点参数公式，即以 D 为参考点，由式(3-30)～式(3-32)求 E 点的运动参数(式中 $\varphi=-30°$，$l'_3=l_{25}$)。

(4) 对由 D、E、F 组成的 RRP 杆组进行运动分析，若取 E 为图 3.13 中的 N_1 点，D 为 N_2 点(参考点)，则 F 相当于 N_3 点；图 3.16 中的④、⑤构件分别相当于图 3.13 中的①、②构件，$\beta=-90°$。由于 $\angle N_1N_3N_2<90°$，式(3-13)取正号。由式(3-13)～式(3-20)求出 F 点的运动参数。

求出的 F 点的位置、速度、加速度分别为 -2.124m、4.180m/s、-20.768m/s^2。

3.3.4 计算机辅助机构运动分析

由例 3.7 我们看到，用解析法计算机构各点的运动参数虽然可以得到较精确的结果，但用传统人工的方法完成这一过程将花费较多的时间和较大的精力。而且通常对机构进行运动分析时需要对其整个运动周期进行分析并改变机构参数反复计算。如果将上述机构运动分析计算公式写成相对应的计算机运算程序，在对机构进行运动分析时，只要顺序调用对应的程序模块，并以机构的实际变量替代模块中的虚拟变量，即可便捷、准确地实现对任意机构的运动分析。这种通过编程、应用计算机辅助分析求解的方法，即本节介绍的计算机辅助机构运动分析(computer-aided kinematic analysis)。

为表明机构中各构件的连接关系及各杆组中虚实变量的替代和数据的传递，应用杆组法建立的程序模块对机构进行运动分析时，需要将各构件和节点(运动副或参考点)进行编号，例如，将图 3.16 所示机构中的各构件依次用①～⑥表示，A～F 各节点用 1～6 表示，构件②、③、④的质心用 7～9 表示，其运动分析过程和虚实变量对应关系如下所述。

(1) 调单杆运动分析模块，求 B 点的运动参数如表 3.1 所示。

表 3.1

虚拟变量	N_1	N_2	l	构件	θ	ω	α	p	v	a
实际变量	1	3	l_1	①	θ_1	ω_1	α_1	p	v	a

(2) 调 RRR 杆组运动分析模块，求构件②、③的运动参数如表 3.2 所示。

表 3.2

虚拟变量	N_1	N_2	N_3	构件 1	构件 2	l_1	l_2	装配模态	θ	ω	α	p	v	a
实际变量	3	2	4	②	③	l_{34}	l_{24}	$M=1$	θ	ω	α	p	v	a

(3) 调用单杆运动分析模块，求构件③上 5、8 点的运动参数和②构件上 7 点

的运动参数如表 3.3 所示。

表 3.3

虚拟变量	N_1	N_3	l'	构件	φ	θ	ω	α	p	v	a
实际变量	2	5	l_{25}	③	-30	θ_3	ω_3	α_3	p	v	a
实际变量	2	8	l_{28}	③	-10	θ_3	ω_3	α_3	p	v	a
实际变量	3	7	l_{37}	②	0	θ_2	ω_2	α_2	p	v	a

（4）调用 RRP 杆组运动分析模块，求 F 点运动参数如表 3.4 所示。

表 3.4

虚拟变量	N_1	N_2	N_3	l_1	构件 1	构件 2	β	装配模态	θ	ω	α	p	v	a
实际变量	5	2	6	l_4	④	⑤	-90	$M=1$	θ	ω	α	p	v	a

（5）调用单杆运动分析模块，求构件④上 9 点的运动参数如表 3.5 所示。

表 3.5

虚拟变量	N_1	N_3	l'	构件	φ	θ	ω	α	p	v	a
实际变量	5	9	l_{59}	④	0	θ_4	ω_4	α_4	p	v	a

其中，装配模态 $M=1$ 取对应公式中的正号，$M=0$ 取对应公式中的负号。

按一定的步长，改变 θ_1，使其在 $0°\sim360°$ 连续变化，重复(1)～(4)，便可求出机构各点在整个运动循环内的运动参数，程序运行结果如下：

The Kinematic Parameters of Point 6

No	THETA1	S6	V6	A6
	deg	m	m/s	m/s/s
1	0.000	-2.606	4.084	32.953
2	15.000	-2.490	4.688	13.775
3	30.000	-2.364	4.838	-1.695
4	45.000	-2.240	4.634	-13.238
5	60.000	-2.124	4.180	-20.768
6	75.000	-2.022	3.578	-24.671
7	90.000	-1.937	2.913	-25.748
8	105.000	-1.870	2.246	-24.986
9	120.000	-1.819	1.612	-23.364
10	135.000	-1.785	1.023	-21.738
11	150.000	-1.765	0.468	-20.828
12	165.000	-1.760	-0.080	-21.253
13	180.000	-1.770	-0.662	-23.609
14	195.000	-1.796	-1.338	-28.542
15	210.000	-1.841	-2.184	-36.623

No	THETA1	S6	V6	A6
	deg	m	m/s	m/s/s
16	225.000	−1.912	−3.282	−47.551
17	240.000	−2.016	−4.668	−57.541
18	255.000	−2.158	−6.182	−54.238
19	270.000	−2.335	−7.206	−16.848
20	285.000	−2.522	−6.742	55.098
21	300.000	−2.672	−4.473	110.136
22	315.000	−2.750	−1.473	111.029
23	330.000	−2.753	1.101	84.076
24	345.000	−2.699	2.928	56.173
25	360.000	−2.606	4.084	32.953

附录Ⅰ给出了用 C 语言编写的主程序。有关杆组的程序模块及其详细说明，可参阅文献(王淑仁等，2006)及其他有关资料。

为了表明在机构整个运动循环中某构件或构件中某点的运动变化规律，可将其在整个运动循环中的一系列位置的位移、速度和加速度或角位移、角速度和角加速度，相对于时间或主动件位移的关系作成曲线，这些曲线图称为机构的运动线图。用解析法对机构进行运动分析时，利用计算机的绘图功能，可以很方便地绘出机构的运动线图。图 3.17 就是图 3.16 所示机构 F 点的运动线图。其中 s、v、a 为 F 点的位移、速度、加速度在 y 方向的分量。

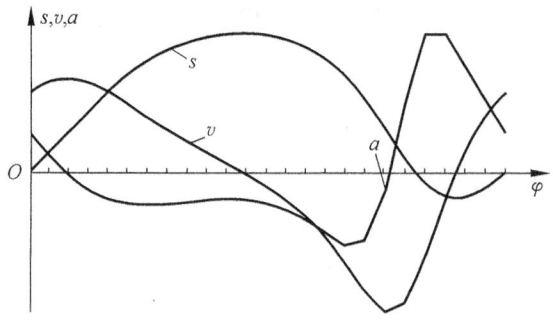

图 3.17　图 3.16 所示机构 F 点的运动线图

第4章 平面机构的动态静力分析

4.1 机构力分析的目的和方法

4.1.1 机构力分析的意义和目的

在机械的运动过程中,各构件始终受到各种力的作用。这些力的大小和变化规律不仅影响机械的运动性能,而且是决定构件的结构尺寸和形状以及选择动力机功率的重要依据。设计新机械时,为使机械具有良好的机械性能,必须对机械进行力的分析,以了解各构件的受力情况,才能计算各零件的强度、机械效率、机械所需的驱动力和它所能克服的工作阻力,才能选定轴承、润滑方式、原动机和其他配件。在使用机械时,为了更好地挖掘和发挥现有机械的潜力,也需要了解机械所能克服的最大工作阻力;只有了解该机械的受力情况和薄弱环节之后,才能对其进行适当的改造。因此,机构的受力分析是研究和设计机械过程中不可缺少的重要环节之一。

机构力分析的目的:

(1) 确定运动副中的反力,即确定运动副两元素接触处彼此间的作用力。这些力的大小和性质是决定构件中各个零件的强度、决定机构中的摩擦力和机械效率,以及计算运动副中的磨损和确定轴承的形式等必要的资料。

(2) 确定为了维持主动件按给定的运动规律运动时需加于机械上的平衡力(或平衡力矩)。平衡力(或平衡力矩)是指与作用在机械上的已知外力以及当机械按给定规律运动时其各构件的惯性力相平衡的未知外力(或力矩),一般指作用在主动件上的驱动力或从动件上的生产阻力。

机械平衡力(或平衡力矩)的确定对设计新的机械及合理地使用现有机械、充分挖掘机械的生产潜力都是十分必要的。例如,设计新的机械时根据机械的生产负荷确定所需动力机的功率,或根据动力机的功率确定机械所能克服的最大生产负荷等问题,都需要求出机械的平衡力(或平衡力矩)。

4.1.2 作用在机械上的力

作用在机械上的力,常见的有驱动力、阻力、重力、运动构件受到的空气和润滑油等液体的介质阻力、构件在变速运动时产生的惯性力,以及由上述诸力在运动副处引起的作用力,即运动副反力。

驱动力是驱使机械运动的力。例如,推动内燃机活塞的燃气压力和加在主动构件上的力矩等都是驱动力,它做正功,又称输入功或总功。

阻力是指阻止机械运动的力,它做负功。阻力分为有效阻力(生产阻力)和有害阻力。有效阻力(生产阻力)是指机械在生产过程中为了改变工件的外形、位置或状态等所受到的阻力。例如,机床中工件作用于刀具上的切削阻力,起重机提升重物的力等均为生产阻力。生产阻力所做的功称为输出功或有用功。而有害阻力所做的功为损耗功或无用功,如有些摩擦力和机械运动时受到的空气或润滑油的介质阻力都是有害阻力。介质阻力一般很小,常常可以忽略不计。如果需要考虑,则可以采用测量、计算等方法定出,为已知力。

重力作用在构件的重心上,其大小为 mg(m 为构件的质量,g 为重力加速度),方向垂直向下。在机械设计的初始阶段,由于构件的结构尺寸尚未最后确定,重心位置和构件质量 m 只能估算。作机构的力分析时,重力为已知力。重力在重心上升时做负功,是生产阻力;在重心下降时做正功,是驱动力。在一个运动循环中重力所做的功为零。

惯性力是由于构件做变速运动而产生的,是虚拟地加于构件上的一种力。对做平面运动且具有平行于运动平面的对称面的构件,其全部惯性力可以简化为一个加于构件质心 S 的惯性力 $\boldsymbol{F}_I$ 和一个惯性力偶 T_I,即

$$\boldsymbol{F}_I = -m\boldsymbol{a}_S \quad \text{或} \quad \boldsymbol{F}_{Ix} = -m\boldsymbol{a}_{Sx}, \quad \boldsymbol{F}_{Iy} = -m\boldsymbol{a}_{Sy} \tag{4-1}$$

$$T_I = -J_S\alpha \tag{4-2}$$

式中,m 为构件的质量,可按结构图算出或按实物称量。在机械设计的初始阶段,可以估算,单位 kg;J_S 为构件对质心的转动惯量,可按结构图算出或用实验法测定。在机械设计的初始阶段可以估算,单位 kg·m²;a_S 为构件质心 S 的加速度矢量;a_{Sx}、a_{Sy} 为 a_S 在 x 轴和 y 轴上的分量;α 为构件的角加速度。

在一个运动循环中惯性力及惯性力偶所做的功为零。

运动副反力是组成运动副的两构件间的作用力。对整个机构而言,运动副反力是内力,而对一个构件来说是外力。运动副反力可分解为沿运动副两元素接触处的法向分力和切向分力。法向分力一般常称为正压力。由于此正压力的存在,使运动副中产生摩擦来阻止运动副两元素间产生相对运动,此摩擦力即为运动副反力的切向分力。作机构的力分析时,运动副反力为待求力。

4.1.3 机构力分析的方法

当已知机构的尺寸、质量分配、运动及某些外力时,对机构进行受力分析,一般都根据达朗贝尔原理,将惯性力作为假想的外力加在构件上,机构及各构件被认为处于平衡状态,因而可用静力学的方法进行受力分析,这种分析方法称为机构的动

态静力分析。

对已有机构进行动态静力分析时,首先根据各构件的结构尺寸和质量分布情况,用计算法或实验法求出各构件质心的加速度和角加速度。然后确定各构件的惯性力和惯性力矩。有了这些力以后,即可着手进行机构的动态静力分析,求出各运动副中的反力和作用在机构上的平衡力(或平衡力矩)。

如果是进行新机构的设计,那么在进行机构的动态静力分析之前,机构各构件的结构尺寸、质量和转动惯量等参数一般都尚未确定,在这种情况下,一般先根据设计的条件和经验,初步给出各构件的结构尺寸,并定出它们的质量和转动惯量等参数,进而据此进行动态静力分析。并根据所求出的各力对各构件进行强度验算;再根据验算的结果对构件的结构尺寸进行修正;然后,再视需要,重复上述动态静力分析、强度验算和修正尺寸的过程,直至合理地定出整个构件的结构尺寸为止。

以往工程上多采用基于作用力的多边形的图解计算法作机构的力分析。但这种方法工作量极大。随着电子计算机的广泛应用,现今主要采用解析法。本章只介绍一种常用的进行机构动态静力分析的解析法。

4.2 机构动态静力分析的基本原理

运动分析完成之后,机构各构件的惯性力就确定了。则可以根据机械所受的已知外力(包括惯性力)来确定其各运动副中的反力和需加于该机构上的平衡力(或平衡力矩)。但这里需要注意这样的问题:因为运动副反力的未知要素与运动副的类型有关;另外运动副中的反力对于整个机构来说是内力,所以不能就整个机构进行分析计算,必须将机构分解为若干个静定杆组,然后逐个进行分析,求出各运动副中的反力和所需加的平衡力或平衡力矩。

4.2.1 平面机构运动副中的反力的未知要素

力的三要素是指力的大小、方向和作用点。对于不同的运动副,其反力的未知要素也不同。

(1) 转动副。如图 4.1(a)所示,当不考虑摩擦时,转动副中的反力是沿着圆周径向分布的,所以总反力 R 通过转动副中心,即反力 R 的作用点为已知,而其大小和方向未知。

(2) 移动副。如图 4.1(b)所示,当不考虑摩擦时,反力作用线垂直于导路,所以总反力 R 必定垂直于导路的方向,即反力 R 的方向为已知,而其大小和作用点未知。

(3) 平面高副。如图 4.1(c)所示,当不考虑摩擦时,总反力 R 应通过接触点 C 并沿高副接触点的法线方向,即反力 R 的作用点和方向均为已知,仅大小未知。

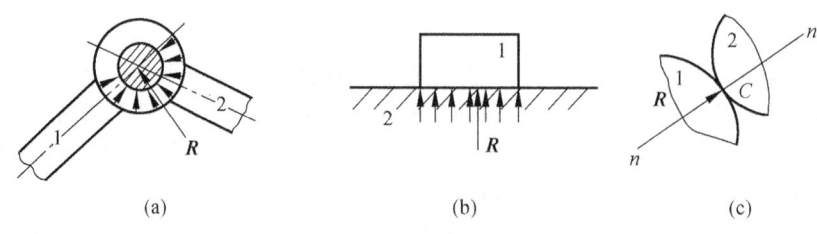

图 4.1 平面运动副的反力

综上所述,平面机构中的每个低副中的反力含有两个未知要素,而每个高副中的反力只含有一个未知要素。所以,如果一个构件上的外力已知,只有一个高副和一个低副的反力未知,或者一个构件上有一个低副和一个未知平衡力矩(或一个已知作用点和方向的未知平衡力),则作用在构件上所有外力(包括运动副反力)未知数共三个,故可由这个构件的三个力平衡方程式解出。如果一个构件有两个低副,则运动副中反力的未知要素共四个,而一个构件只能列出三个独立的平衡方程式,不能直接求解。因此,这时就有必要将这个构件和与其相连的一个或几个构件组成的杆组作为对象,当这个杆组为静定时,才能联立求解。那么,什么条件的杆组才是静定的呢?

4.2.2 杆组的静定条件

杆组的静定条件就是该杆组中所有的外力(包括运动副中的反力)都可以用静力学方法确定出来的条件。或者说该杆组所能列出的独立的力平衡方程数等于杆组中所有力的未知要素的数目。

如果杆组中有 n 个构件,p_L 个低副和 p_H 个高副,因为对每个做平面运动的构件都可以列出三个独立的力平衡方程,所以,该构件组可列出 $3n$ 个独立的力平衡方程式。而每一个低副中的反力含有两个未知要素;每一个高副中的反力含有一个未知要素,所以共有 $(2p_L+p_H)$ 个未知要素。于是,当作用在该杆组各构件上的外力均为已知时,该杆组的静定条件应为

$$3n = 2p_L + p_H \tag{4-3}$$

如果杆组中仅有低副,则静定条件为

$$3n = 2p_L \tag{4-4}$$

这与平面机构的结构分析中得到的基本杆组应符合的条件完全相同。因此,在不考虑摩擦时,基本杆组即为静定杆组。当生产阻力已知时,可以直接使用运动分析中所拆得的基本杆组作为静定杆组进行机构的动态静力分析,求出各运动副中的反力及需加在主动件上的平衡力(或平衡力矩)。当驱动力已知时,可利用虚位移原理先求出生产阻力,然后拆分基本杆组,进行动态静力分析,求出各运动副中的反力。

4.3 II级机构的动态静力分析

II级机构,不管其杆数如何增多,都可归纳为一些II级杆组的动态静力分析。

如图4.2所示,作用在杆组上的外力(生产阻力、惯性力等)以 F_{ix}、F_{iy} 表示,i 为外力作用点的点号,外力偶矩(生产阻力矩、惯性力矩)以 T_j 表示,j 为构件号。运动副反力以 R_{ix}、R_{iy} 表示,i 为运动副点号。所有外力及力偶矩在杆组示力体图中均以正向标志。另外,为了简化公式,令 $P_{ikx} = P_{ix} - P_{kx}$,$P_{iky} = P_{iy} - P_{ky}$,$i,k$ 为杆组中的两个点号,P_{ix}、P_{iy}、P_{kx}、P_{ky} 分别为 N_i、N_k 点的位置坐标分量。内运动副反力约定为杆组中①构件对②构件的作用力。下面在不考虑摩擦的条件下,对常见的II级杆组及主动件进行动态静力分析。

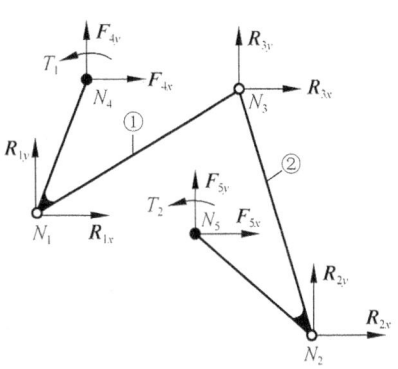

图4.2 RRR杆组的受力分析

4.3.1 RRR杆组的动态静力分析

如图4.2所示,已知作用在①构件上的 N_4 点的外力 F_{4x}、F_{4y},作用在②构件上的 N_5 点的外力 F_{5x}、F_{5y},作用在①构件上的力矩 T_1,及作用在②构件上的力矩 T_2。求运动副反力 R_{1x}、R_{1y},R_{2x}、R_{2y},R_{3x}、R_{3y}。以 T_{ik} 表示 N_i 点作用力对 N_k 点的力矩,则

$$\left. \begin{array}{l} T_{41} = P_{41x}F_{4y} - P_{41y}F_{4x} \\ T_{51} = P_{51x}F_{5y} - P_{51y}F_{5x} \\ T_{53} = P_{53x}F_{5y} - P_{53y}F_{5x} \end{array} \right\} \quad (4\text{-}5)$$

整个杆组平衡,对 N_1 点取矩:

$$P_{21x}R_{2y} - P_{21y}R_{2x} = -(T_{41} + T_{51} + T_1 + T_2) = A \quad (4\text{-}6)$$

构件②平衡,对 N_3 点取矩:

$$P_{23x}R_{2y} - P_{23y}R_{2x} = -(T_{53} + T_2) = B \quad (4\text{-}7)$$

令

$$C = P_{23x}P_{21y} - P_{23y}P_{21x}$$

由式(4-6)和式(4-7)联立,可以解出

$$\left. \begin{array}{l} R_{2x} = (-AP_{23x} + BP_{21x})/C \\ R_{2y} = (-AP_{23y} + BP_{21y})/C \end{array} \right\} \quad (4\text{-}8)$$

对整个杆组写出力平衡方程,可得

$$R_{1x} = -(R_{2x} + F_{4x} + F_{5x})$$
$$R_{1y} = -(R_{2y} + F_{4y} + F_{5y})$$
(4-9)

对构件②写出力平衡方程,可得

$$R_{3x} = -(R_{2x} + F_{5x})$$
$$R_{3y} = -(R_{2y} + F_{5y})$$
(4-10)

4.3.2 RRP 杆组的动态静力分析

如图 4.3 所示,已知作用在①构件上的 N_4 点的外力 $\boldsymbol{F}_{4x}$、$\boldsymbol{F}_{4y}$,作用在②构件上的 N_5 点的外力 $\boldsymbol{F}_{5x}$、$\boldsymbol{F}_{5y}$,作用在①构件上的力矩 T_1,及作用在②构件上的力矩 T_2。求运动副反力 $\boldsymbol{R}_{1x}$、$\boldsymbol{R}_{1y}$、$\boldsymbol{R}_{kx}$、$\boldsymbol{R}_{ky}$、$\boldsymbol{R}_{3x}$、$\boldsymbol{R}_{3y}$ 及移动副反力的作用点 P_{kx}、P_{ky}。构件①平衡,对 N_3 点取矩:

$$R_{13x}R_{1y} - P_{13y}R_{1x} = -(T_{43} + T_1) = A \quad (4\text{-}11)$$

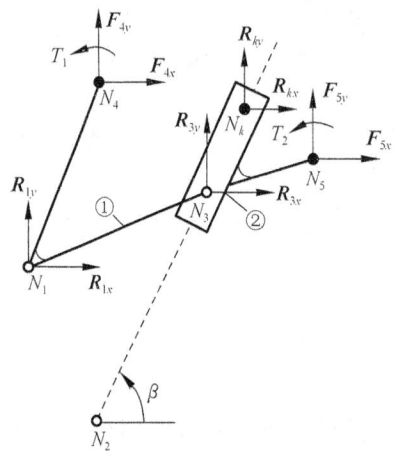

图 4.3 RRP 杆组的受力分析

忽略摩擦,则移动副中沿导路方向的反力为零。整个杆组平衡,力在导路方向的投影方程为

$$R_{1y}\sin\beta + R_{1x}\cos\beta = -[(F_{4x} + F_{5x})\cos\beta + (F_{4y} + F_{5y})\sin\beta]$$
$$= B \quad (4\text{-}12)$$

令

$$C = P_{13x}\cos\beta + P_{13y}\sin\beta$$

由式(4-11)和式(4-12)联立方程,可得

$$R_{1x} = (-A\sin\beta + BP_{13x})/C$$
$$R_{1y} = (A\cos\beta + BP_{13y})/C$$
(4-13)

对构件①力平衡方程,可得

$$R_{3x} = R_{1x} + F_{4x}$$
$$R_{3y} = R_{1y} + F_{4y}$$
(4-14)

构件②移动副中受到导路的作用力 $\boldsymbol{R}_{kx}$、$\boldsymbol{R}_{ky}$,则由构件②平衡,写出力平衡方程,可得

$$R_{kx} = -(R_{3x} + F_{5x})$$
$$R_{ky} = -(R_{3y} + F_{5y})$$
(4-15)

对 N_3 点取矩:

$$P_{k3x}R_{ky} - P_{k3y}R_{kx} = -(T_{53} + T_2) = D \quad (4\text{-}16)$$

此外
$$P_{k3y} - P_{k3x}\tan\beta = 0 \quad (4-17)$$

由式(4-16)和式(4-17)联立,可解得
$$\left.\begin{array}{l} P_{k3x} = D/(R_{ky} - R_{kx}\tan\beta) \\ P_{k3y} = P_{k3x}\tan\beta \end{array}\right\} \quad (4-18)$$

因此
$$\left.\begin{array}{l} P_{kx} = P_{3x} + P_{k3x} \\ P_{ky} = P_{3y} + P_{k3y} \end{array}\right\} \quad (4-19)$$

4.3.3 RPR 杆组的动态静力分析

如图 4.4 所示,已知作用在①构件上的 N_4 点的外力 $\boldsymbol{F}_{4x}$、$\boldsymbol{F}_{4y}$,作用在②构件上的 N_5 点的外力 $\boldsymbol{F}_{5x}$、$\boldsymbol{F}_{5y}$,及作用在①构件上的力矩 T_1,及作用在②构件上的力矩 T_2。求运动副反力 $\boldsymbol{R}_{1x}$、$\boldsymbol{R}_{1y}$、$\boldsymbol{R}_{2x}$、$\boldsymbol{R}_{2y}$、$\boldsymbol{R}_{kx}$、$\boldsymbol{R}_{ky}$ 及移动副反力的作用点 P_{kx}、P_{ky}。整个杆组平衡,对 N_1 点取矩:
$$\begin{array}{l} P_{21x}R_{2y} - P_{21y}R_{2x} = -(T_{41} + T_{51} + T_1 + T_2) \\ \qquad = A \end{array} \quad (4-20)$$

构件②平衡,忽略摩擦,则移动副中构件①对构件②的反力垂直于导路方向,写出构件②在导路方向上力的投影方程:
$$\begin{array}{l} R_{2y}\sin\theta + R_{2x}\cos\theta = -(F_{5x}\cos\theta + F_{5y}\sin\theta) \\ \qquad = B \end{array} \quad (4-21)$$

令
$$C = P_{21x}\cos\theta + P_{21y}\sin\theta$$

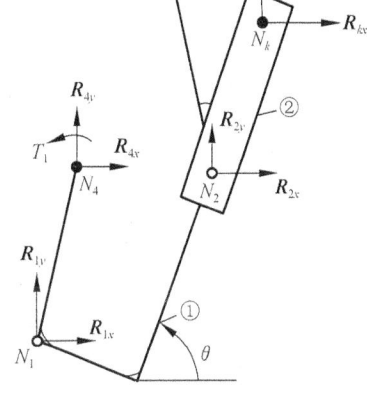

图 4.4 RPR 杆组的受力

由式(4-20)和式(4-21)联立,可解得
$$\left.\begin{array}{l} R_{2x} = (-A\sin\theta + BP_{21x})/C \\ R_{2y} = (A\cos\theta + BP_{21y})/C \end{array}\right\} \quad (4-22)$$

整个杆组平衡,写出力平衡方程,可得
$$\left.\begin{array}{l} R_{1x} = -(R_{2x} + F_{4x} + F_{5x}) \\ R_{1y} = -(R_{2y} + F_{4y} + F_{5y}) \end{array}\right\} \quad (4-23)$$

构件②平衡,写出平衡方程,可得
$$\left.\begin{array}{l} R_{kx} = -(R_{2x} + F_{5x}) \\ R_{ky} = -(R_{2y} + F_{5y}) \end{array}\right\} \quad (4-24)$$

对 N_2 点取矩:
$$P_{k2x}R_{ky} - P_{k2y}R_{kx} = -(T_{52} + T_2) = D \quad (4-25)$$

此外

$$P_{k2y} - P_{k2x}\tan\theta = 0 \tag{4-26}$$

由式(4-25)和式(4-26)联立,可解得

$$\left.\begin{aligned} P_{k2x} &= D/(R_{ky} - R_{kx}\tan\theta) \\ P_{k2y} &= P_{k2x}\tan\theta \end{aligned}\right\} \tag{4-27}$$

因此

$$\left.\begin{aligned} P_{kx} &= P_{2x} + P_{k2x} \\ P_{ky} &= P_{2y} + P_{k2y} \end{aligned}\right\} \tag{4-28}$$

4.3.4 主动件的动态静力分析

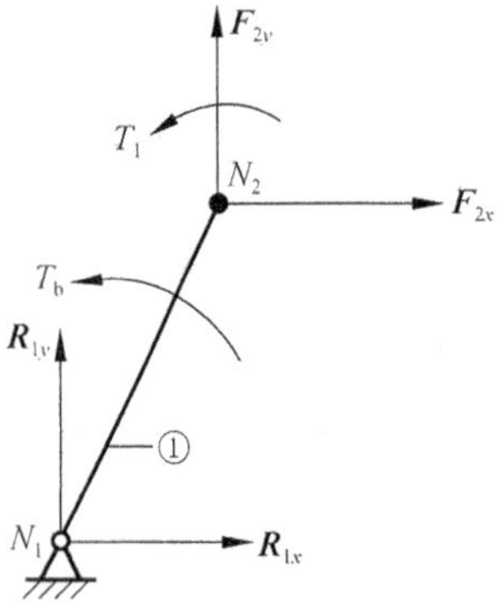

图 4.5 作用有一驱动力偶的主动件的受力分析

(1) 主动件以转动副与机架连接,且其上作用一驱动力偶矩。例如,电动机通过联轴器驱动主动件。如图 4.5 所示,已知作用在主动件上的力矩 T_1 及作用在 N_2 点的力 $\boldsymbol{F}_{2x}$、$\boldsymbol{F}_{2y}$,求平衡力矩 T_b 和运动副反力 $\boldsymbol{R}_{1x}$、$\boldsymbol{R}_{1y}$。构件①平衡,对 N_1 点取矩:

$$T_b = -(T_{21} + T_1) \tag{4-29}$$

写出力平衡方程,可得

$$\left.\begin{aligned} R_{1x} &= -F_{2x} \\ R_{1y} &= -F_{2y} \end{aligned}\right\} \tag{4-30}$$

(2) 主动件以转动副与机架连接,且其上作用一作用点和方向已知的驱动力。例如,驱动力加在与主动件固连的齿轮上。如图 4.6 所示,已知作用在主动件上的力矩 T_1 及作用在 N_2 点的力 $\boldsymbol{F}_{2x}$、$\boldsymbol{F}_{2y}$,求平衡力 $\boldsymbol{F}_{bx}$、$\boldsymbol{F}_{by}$ 和运动副反力 $\boldsymbol{R}_{1x}$、$\boldsymbol{R}_{1y}$。构件①平衡,对 N_1 点取矩:

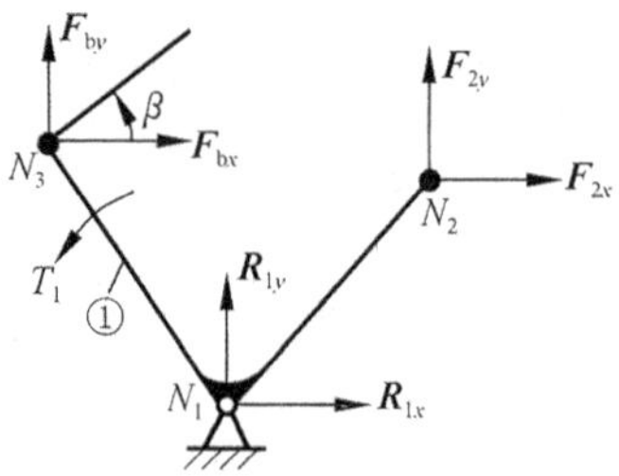

图 4.6 作用有一驱动力的主动件的受力分析

$$P_{31x}F_{by} - P_{31y}F_{bx} = -(T_{21} + T_1) = A \tag{4-31}$$

$$F_{by} = F_{bx}\tan\beta \tag{4-32}$$

由式(4-31)和式(4-32)联立,可解得

$$\left.\begin{aligned} F_{bx} &= A/(P_{31x}\tan\beta - P_{31y}) \\ F_{by} &= A\tan\beta/(P_{31x}\tan\beta - P_{31y}) \end{aligned}\right\} \tag{4-33}$$

写出力平衡方程,可得

$$\left.\begin{aligned} R_{1x} &= -(F_{2x} + F_{bx}) \\ R_{1y} &= -(F_{2y} + F_{by}) \end{aligned}\right\} \tag{4-34}$$

式中，β 为平衡力 F_b 作用线的方向角。

4.3.5 平衡力的简易求法

在工程实际中，有时我们只想知道为了维持机械按给定运动规律时应加于机械上的平衡力，而并不要求知道各运动副中的反力。例如，已知机械的功率（即已知机械的驱动力），需要确定机械所能克服的最大生产阻力，或者已知机械的生产阻力，需要确定机械所需的驱动力，便都是这种情况。这时，如仍按一般动态静力分析的过程和方法，通过求出各运动副中的反力，最后再求出所需的平衡力，就显得过于繁琐了。下面介绍一种平衡力的简易求法。

如前所述，根据达朗贝尔原理，当将各构件的惯性力视为外力加于相应的构件上以后，即可认为该机构处于力平衡状态。因此，根据虚位移原理可以写出下面的关系式：

$$\sum (F_i \cdot ds_i + T_i d\theta_i) = 0 \quad (4-35)$$

式中，F_i 为作用于第 i 个构件上的力，包括外力和惯性力；T_i 为作用于第 i 个构件上的力矩，包括外力矩和惯性力矩；ds_i 为 F_i 作用点的微分位移；$d\theta_i$ 为第 i 个构件的微分转角。

用微分时间 dt 除上式，因 $v_i = \dfrac{ds_i}{dt}$，$\omega_i = \dfrac{d\theta_i}{dt}$，所以可得下式：

$$\sum (F_i \cdot v_i + T_i \omega_i) = 0 \quad (4-36)$$

把平衡力矩单独分离出来，则有

$$T_b = -\frac{1}{\omega_1} \sum (F_i \cdot v_i + T_i \omega_i) = -\frac{1}{\omega_1} \sum (F_{ix} v_{ix} + F_{iy} v_{iy} + T_i \omega_i) \quad (4-37)$$

式中，ω_1 为平衡力矩 T_b 作用的构件的角加速度。

平衡力的简易求法也可以用来检验按一般动态静力分析方法所计算的平衡力数据的可靠性。

4.3.6 平面机构动态静力分析的步骤

平面机构动态静力分析的步骤大致如下：
（1）将机构按主动件及杆组进行分解。
（2）从主动件开始，依次对各杆组进行运动分析。
（3）计算各构件的惯性力及惯性力矩。
（4）从外力已知的杆组开始，依次对各杆组进行动态静力分析，求出各运动副中的反力。
（5）对平衡力（或平衡力矩）作用的构件进行动态静力分析，求出应作用在该构件上的平衡力（或平衡力矩）及运动副中的反力。

(6) 当驱动力或驱动力矩已知时,先利用虚位移原理求出生产阻力,再按步骤(4)、步骤(5)进行分析。

若将前述各类杆组动态静力分析公式编制成相应程序模块,并依上述分析步骤顺次调用,便可实现计算机辅助机构动态静力分析。

例 4.1 如图 3.16 所示插床机构,其构件 1 的质心位于 1 点,其余各构件的质心均位于其几何中心。各构件的质量(单位 kg)和转动惯量(单位 kg·m²)见表 4.1。当滑块向下运动时,生产阻力 $F_r=1000$N,竖直作用于滑块上;当滑块向上运动时,生产阻力 $F_r=0$。求 1 和 2 点运动副反力的大小及应加在主动件 1 上的平衡力矩及其变化规律。

表 4.1 构件的质量与转动惯量值

构件号	①	②	③	④	⑤
质心位置号	1	7	8	9	5
质量 m/kg	50.0	14.0	35.0	40.0	120.0
绕质心轴的转动惯量/(kg·m²)	1.3	0.55	0.7	10.5	—

解 在运动分析的基础上,从外力已知的杆组开始,依次对各杆组进行动态静力分析,求出各运动副中的反力及平衡力矩。分析过程如下:

(1) 对有已知外力的 RRP 杆组进行分析,求得 E 点、F 点的运动副反力及滑块力的作用点。

(2) 对 RPR 杆组进行分析,求得 B 点、D 点的运动副反力。

(3) 对主动件 AB 进行分析,求得 1 点的运动副反力及平衡力矩。

程序的运行结果如下:

The Kineto-static Analysis of a Six-bar Linkase

NO	THET A1 (deg.)	FR1 (N)	BT1 (deg.)	FR2 (N)	BT2 (deg.)	TB (N.m)	TB1 (N.m)
0	0	3184.1	122.6	6391.1	110.3	2190.98	2190.98
1	15	2254.1	132.9	3940.0	128.1	1518.11	1518.11
2	30	1169.7	147.3	3104.8	163.6	614.48	614.48
3	45	344.5	−169.7	3567.4	−164.4	−150.54	−150.54
4	60	435.3	−61.7	4277.7	−145.6	−615.66	−615.66
5	75	712.1	−36.7	4684.7	−133.1	−788.79	−788.79
6	90	824.6	−22.0	4704.8	−123.0	−764.36	−764.36
7	105	844.9	−9.0	4435.3	−113.6	−644.96	−644.96
8	120	833.1	3.5	4030.9	−104.6	−500.27	−500.27

NO	THETA1 (deg.)	FR1 (N)	BT1 (deg.)	FR2 (N)	BT2 (deg.)	TB (N.m)	TB1 (N.m)
9	135	815.2	15.1	3646.8	−95.7	−360.00	−360.00
10	150	787.1	25.2	3413.1	−87.1	−221.89	−221.89
11	165	704.5	32.2	5392.9	−82.9	−42.97	−42.97
12	180	461.7	22.3	5588.5	−76.5	315.46	315.46
13	195	507.6	−36.1	6052.5	−71.0	868.89	868.89
14	210	1381.5	−54.0	6700.5	−67.1	1798.58	1798.58
15	225	2994.1	−45.1	7317.6	−66.2	3340.92	3340.92
16	240	5238.8	−28.1	7607.7	−69.6	5481.21	5481.21
17	255	6767.8	−5.6	6876.0	−69.8	6803.96	6803.96
18	270	3929.3	28.0	4832.4	1.6	3470.32	3470.32
19	285	4715.4	−160.0	19556.5	65.6	−4824.21	−4824.21
20	300	8382.0	−129.4	31901.7	83.3	−8091.55	−8091.55
21	315	3838.1	−116.1	27060.6	94.9	−3978.58	−3978.58
22	330	1373.7	123.2	18453.8	101.0	193.54	193.54
23	345	3256.9	114.3	10785.2	104.4	2045.58	2045.58
24	360	3184.1	122.6	6391.1	110.3	2190.98	2190.98

运行显示的平衡力矩线图如图4.7所示。

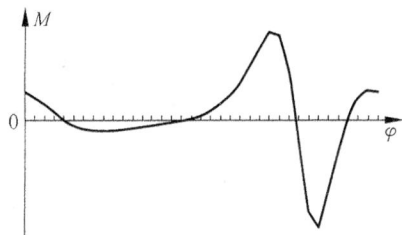

图4.7 插床机构平衡力矩曲线

附录II给出了用C语言编写的主程序。有关杆组的程序模块及其详细说明，可参阅文献(王淑仁等,2006)及其他有关资料。

第5章 平面连杆机构及其设计

5.1 平面连杆机构的特点及类型

5.1.1 平面连杆机构的特点

平面连杆机构是由若干个刚性构件用低副(转动副、移动副)连接而成的低副机构。它是一种应用十分广泛的机构,如人造卫星太阳能板的展开机构、机械手的传动机构、折叠伞的收放机构以及汽车门的开闭机构等,都是连杆机构。

图5.1所示为一雷达天线的机构简图。当主动件(曲柄1)匀速连续转动时,可带动摇杆3往复摆动以调整雷达天线的仰角。

图5.2所示为一鹤式起重机,为避免悬挂的重物G做不必要的升降而消耗能量,连杆上吊钩滑轮中心E点应沿近似水平的直线EE'移动。

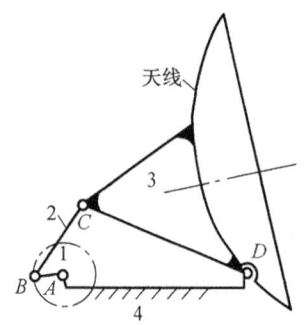
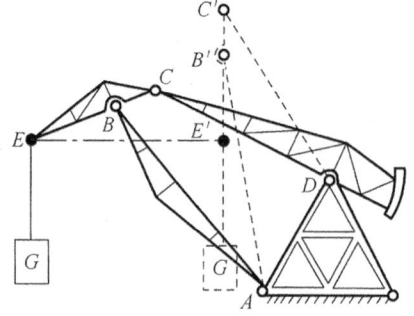

图5.1 雷达天线的机构简图　　图5.2 鹤式起重机的机构简图

从上述两个例子可见,连杆机构有如下特点:

(1) 可以实现多种形式的运动变换,如把连续转动变换为往复运动或使构件上指定点按预期轨迹运动等。

(2) 形成低副的两构件之间是面接触,压强较小,故承载能力好;而且接触面之间易于储油,便于润滑,因而磨损也较轻;此外,低副元素的几何形状一般比较简单,便于加工制造,易获得较高的精度。

(3) 由于两构件之间的接触主要靠运动副元素自身的几何封闭来实现(而凸轮机构则一般需要靠弹簧之类的元件保证运动副的闭锁),故连接可靠。

由于连杆机构有上述优点,所以广泛应用于各种(动力、重型、轻工)机械和仪表中。

但是，与其他机构相比，连杆机构也存在如下一些缺点：

（1）在连杆机构中，主动件的运动必须经过中间构件传递给从动件，故连杆机构一般具有较长的传动链（即较多的构件和较多的运动副），所以各构件的尺寸误差和运动副中的间隙将使连杆机构产生较大的积累误差，同时也会使机械效率降低。

（2）在连杆机构的运动过程中，大多数的构件都在做变速运动，所产生的惯性力难以用一般的平衡方法加以消除，因而会增加机构的动载荷，使得连杆机构一般不宜用于高速传动。

根据连杆机构中各构件间的相对运动为平面运动还是空间运动，连杆机构可分为平面连杆机构和空间连杆机构两大类，在一般机械中应用最多的是平面连杆机构。

平面连杆机构中结构最简单、应用最广泛的机构是平面四杆机构，其他平面连杆机构都是在它的基础上扩充而成的，所以本章重点讨论平面四杆机构的有关基本知识和设计问题。

5.1.2 平面四杆机构的类型

1. 平面四杆机构的基本形式

如图5.3所示，所有运动副均为转动副的平面四杆机构称为铰接四杆机构，它是平面四杆机构的基本形式，其他形式的四杆机构均可认为是它的演化形式。在此机构中，AD为机架，与机架相连接的两个构件AB和CD称为连架杆，连接两个连架杆的构件BC称为连杆。而在连架杆中，能绕固定轴线

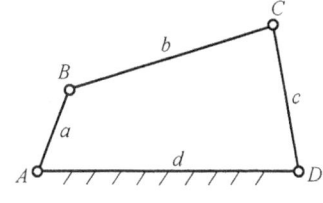

图5.3 铰接四杆机构

做整周转动者称之为曲柄，不能做整周转动而只能在一定角度范围内摆动者称为摇杆。

在铰接四杆机构中，按连架杆能否做整周转动，可将铰接四杆机构分为3种基本形式。

1）曲柄摇杆机构

在铰接四杆机构中，若两连架杆中一个为曲柄，另一个为摇杆，则此四杆机构称为曲柄摇杆机构。在该机构中，当曲柄为主动件，摇杆为从动件时，可将曲柄的连续转动转换成摇杆的往复摆动。此种机构广泛地应用在各种机械中，如图5.1所示的雷达天线俯仰机构就是这种机构。

在曲柄摇杆机构中也有以摇杆为主动件的，如图5.4所示的缝纫机踏板机构

就是一种将主动摇杆 CD 的往复摆动转换成从动曲柄 AB 的整周转动的机构。

2) 双曲柄机构

在铰接四杆机构中,若两连架杆均为曲柄,则称为双曲柄机构。这种机构的传动特点是当主动曲柄连续等速转动时,从动曲柄一般做变速转动。图 5.5 所示为惯性筛机构,它利用双曲柄机构 ABCD 中的从动曲柄 3 的变速回转,使筛子 6 具有较大的惯性力,从而达到筛分物料的目的。

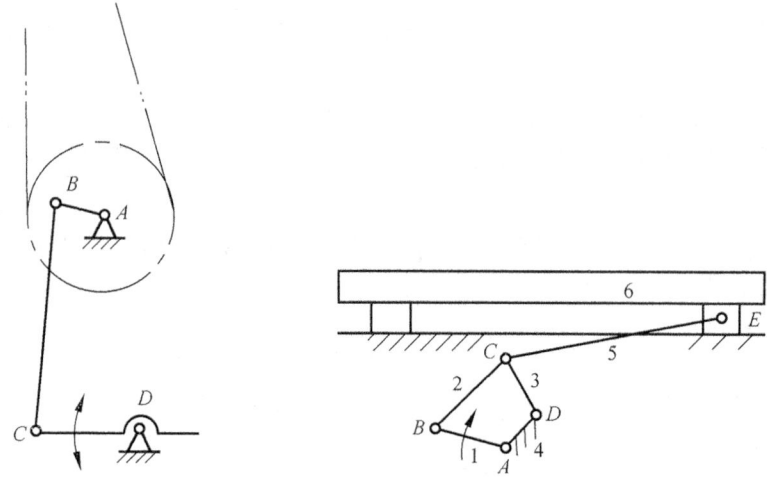

图 5.4　缝纫机踏板机构　　　　图 5.5　惯性筛机构

双曲柄机构的特例是平行四边形机构如图 5.6 所示。若其相对两杆平行且相等,则称为平行四边形机构,如图 5.6(a)所示,这种机构在运动过程中,两个曲柄

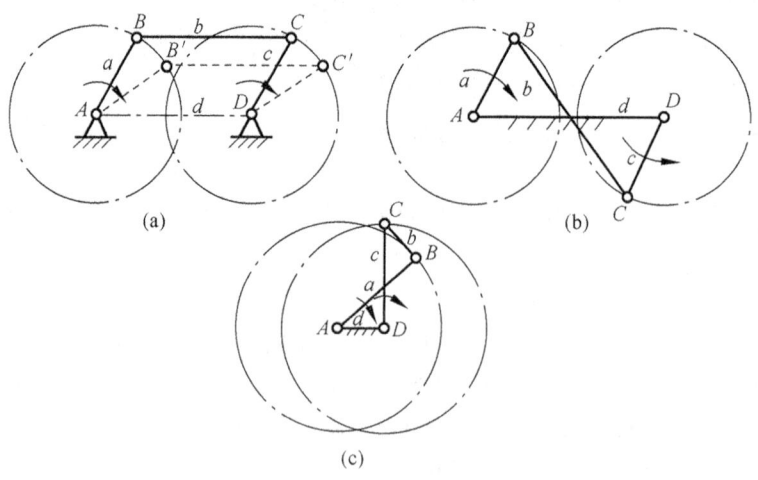

图 5.6　平行四边形机构

不但转向相同而且转速相等,其连杆做平移运动。如图5.7所示的蒸汽机车多个驱动轮的联动机构就是应用平行四边形机构来传递动力的。若双曲柄机构中的对边相等但不平行时,则称为反平行四边形机构,若$a<b$(见图5.6(b)),则两个曲柄转向相反;若$a>b$(见图5.6(c)),则两个曲柄转向相同,但两个曲柄的转速是不等的。如图5.8所示的汽车车门机构就是反平行四边形机构的应用实例,运动时主、从动曲柄做反向转动,使两扇车门同时敞开或关闭。

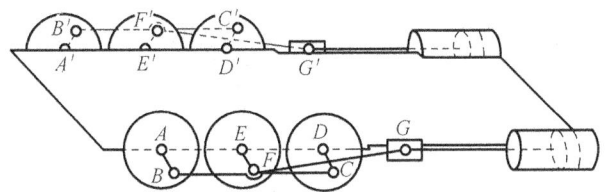

图5.7 机车车轮的联动机构

平行四边形和反平行四边形机构都会有重叠共线位置,此时有瞬时运动不确定性。为解决此问题,可以在从动曲柄上加装一个惯性较大的轮子,利用惯性维持从动曲柄转向不变。也可以通过加虚约束,使机构保持平行四边形,从而避免机构运动的不确定性问题。

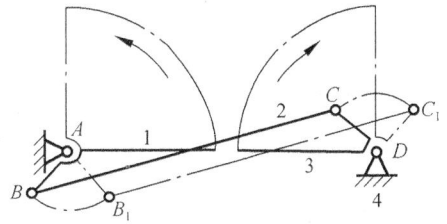

图5.8 车门开启和关闭机构

3) 双摇杆机构

在铰接四杆机构中,若两连架杆均为摇杆,则称为双摇杆机构。图5.2所示的鹤式起重机中的四杆机构$ABCD$即为双摇杆机构,当主动摇杆AB摆动时,从动摇杆CD也随之摆动,使悬挂在E点上的重物在近似水平直线上运动,避免重物平移时因不必要的升降而消耗能量。

2. 平面四杆机构的演化形式

除了上述三种基本形式之外,在机械中还广泛地应用着其他形式的四杆机构。不过这些形式的四杆机构,可以认为是由四杆机构的基本形式演化而来的。四杆机构的演化,不仅是为了满足运动方面的要求,还往往是为了改善受力状况以及满足结构设计上的需要等。各种演化机构的外形虽然各不相同,但它们的性质以及分析和设计方法却常常是相同或类似的,这为连杆机构的研究提供了方便。此外,掌握这些演化方法也有利于对连杆机构进行创新设计。

1) 改变构件的形状和相对尺寸

如图5.9(a)所示为一曲柄摇杆机构,其铰链C的运动轨迹为弧线$\overset{\frown}{mm}$。如果将摇杆 CD 尺寸逐渐加大,则 C 点圆弧轨迹的曲率半径将逐渐加大,当摇杆尺寸趋于无穷大时,C 点轨迹成为直线。实际上不存在无限长的构件,为了约束 C 点沿直线运动,可把摇杆 CD 做成滑块,使其沿固定的直线导路运动,则转动副 D 将演化为移动副,原机构也就演化为曲柄滑块机构(见图 5.9(b)或(c))。滑块移动导路到曲柄回转中心 A 之间的距离 e 称为偏距,若 e≠0,称为偏置曲柄滑块机构,如图 5.9(b)所示;若 e=0,称为对心曲柄滑块机构,如图 5.9(c)所示。

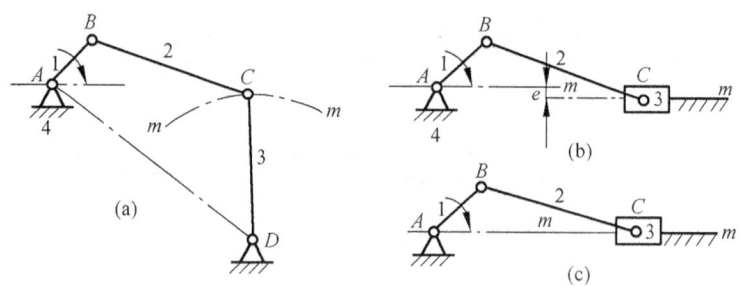

图 5.9 曲柄滑块机构的形成

曲柄滑块机构是实现连续转动和往复移动之间运动变换的典型机构。它在冲床、内燃机、往复式抽水机、空气压缩机等机械中得到广泛应用。

在图 5.10(a)所示的对心曲柄滑块机构中,连杆 2 上的 B 点相对于转动副 C 的运动轨迹为圆弧 $\overset{\frown}{nn}$,如果设想连杆 2 的长度变为无限长,圆弧 $\overset{\frown}{nn}$ 将变成直线,因此,为了约束 B 点沿直线运动,将连杆 BC 做成滑块,使其沿固定的直线导路运动,则转动副 C 将演化为移动副,该曲柄滑块机构就演化成具有两个移动副的四杆机构,如图 5.10(b)所示。由于在该机构中从动件位移 s 和主动件转角 φ 的关系为 $s = l_1 \sin\varphi$,故称其为正弦机构。这种机构多用于仪表、解算装置中。此外,由于它的传力性能好,亦常见于小型冲压床中,如图 5.10(c)所示。

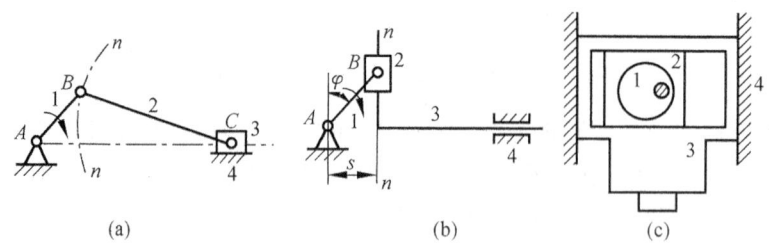

图 5.10 正弦机构的演化及其应用

2)选取不同构件为机架

在第 2 章里,我们提到选取机构中的不同构件作为机架,会得到不同类型的机构。因此,对于如图 5.11(a)所示的曲柄滑块机构,若改选构件 AB 为机架,如

图 5.11(b)所示,此时构件 4 绕轴 A 转动,而构件 3 则以构件 4 为导路沿其相对移动,构件 4 被称为导杆,此机构称为导杆机构。

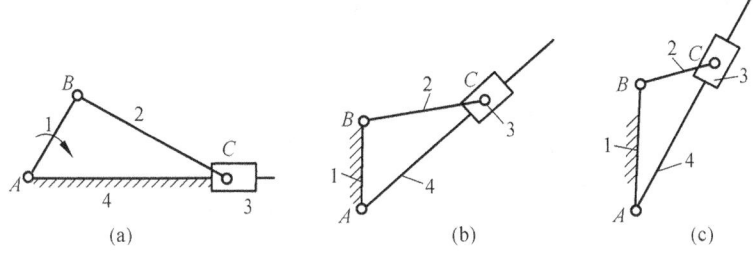

图 5.11 导杆机构及其演化

若导杆能做整周转动,则称其为回转导杆机构,其尺寸条件是 $l_2>l_1$,如图 5.11(b)所示。当曲柄 BC 整周转动时,导杆也整周转动,二者转动周期相等。但如果曲柄 2 的角速度 ω_2 是常数,导杆的角速度 ω_4 却是变化的,即回转导杆机构也是一种把等速转动变换为变速转动的典型机构。

若导杆只能在某一角度范围内往复摆动,则称其为摆动导杆机构,其尺寸条件是 $l_2<l_1$,如图 5.11(c)所示。它又是一种把连续转动变换为往复摆动的典型机构。图 5.12 所示牛头刨床的导杆机构即为一例。它还可用作回转式液压泵、插床等机器的主体机构。

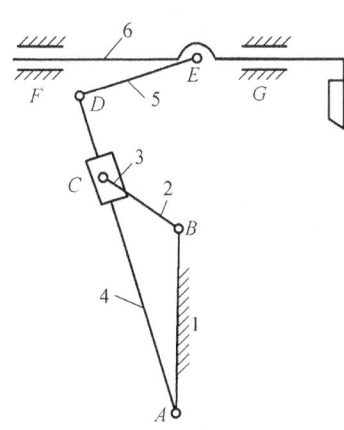

图 5.12 牛头刨床机构

若将图 5.11(a)所示的曲柄滑块机构改选构件 2 为机架,如图 5.13 所示,则构件 AB 仍为曲柄,而构件 3 只能绕点 C 摇摆,此机构称为曲柄摇块机构。它应用于自卸卡车车厢的倾翻机构,如图 5.14 所示。

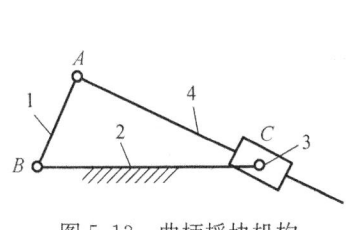

图 5.13 曲柄摇块机构

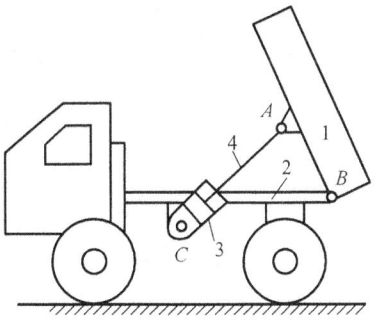

图 5.14 自卸卡车车厢的倾翻机构

若将图 5.11(a)所示的曲柄滑块机构改选构件 3 为机架,如图 5.15(a)所示,该机构则演化成移动导杆机构或称直动滑杆机构;图 5.15(b)所示的手动唧筒就是其应用实例。

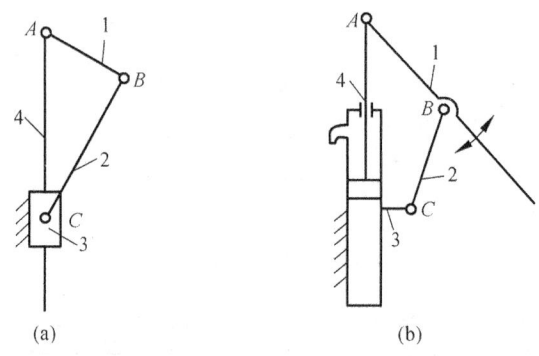

图 5.15　直动滑杆机构及其应用

用同样的方法,还可以将正弦机构做进一步的演化。图 5.16(a)所示也是正弦机构的一种画法,若选取构件 3 为机架,则得到如图 5.16(b)所示的双滑块机构,该机构的典型应用就是图 5.16(c)所示的椭圆仪机构。

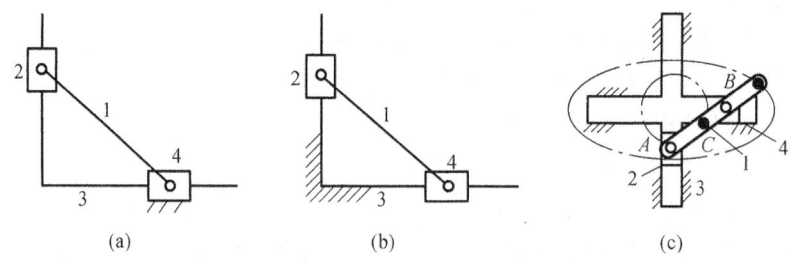

图 5.16　双滑块机构的演化及其应用

若将图 5.16(a)所示的正弦机构改选构件 1 为机架,则得到如图 5.17(a)所示的双转块机构。这种机构的典型应用为十字滑槽联轴节,如图 5.17(b)所示。用这种联轴节所连接的两根轴,如安装有少许偏心,甚至在传动过程中偏心大小还随时变化,也可以把一根轴的转动传递到另一根轴,且角速度不产生变化。

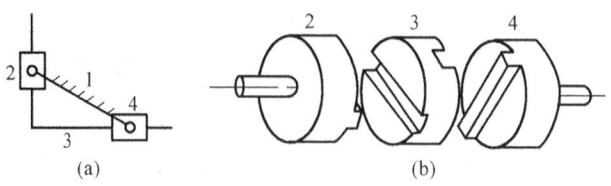

图 5.17　双转块机构及其应用

5.2 平面四杆机构的设计基础

5.2.1 平面四杆机构有曲柄的条件

由前述可知,铰接四杆机构三种基本形式的区别在于机构中是否存在曲柄和有几个曲柄;通过观察铰接四杆机构各杆的相对运动会发现,机构中能否有曲柄主要与四个构件的相对长度有关。下面将以铰接四杆机构为例来分析曲柄存在的条件。

设铰接四杆机构 $ABCD$ 如图 5.18 所示,四个杆长分别为 a、b、c、d。如果构件 AB 能绕 A 点整周转动,B 点轨迹应为以 A 点为圆心,a 为半径的圆周。B 点在此圆周上任一点 B_i 时,以 B_i 为圆心、b 为半径的圆弧应与以 D 为圆心、c 为半径的圆弧有交点 C_i,即构件 BC、CD 有确定的位置,也说明 AB 杆能绕 A 点转到任一位置。在 AB 转动过程中,B、D 两点间距离在变化,当 B

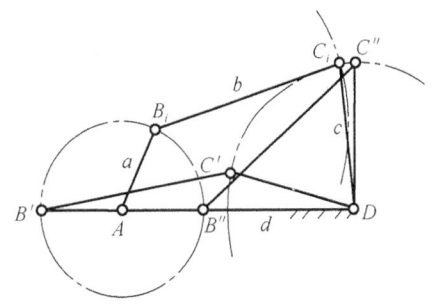

图 5.18 四杆机构有曲柄的条件

转至 B' 和 B'' 时分别为距离最长和最短的位置(即 AB 与 AD 延伸共线和重叠共线的两个位置),则存在两个三角形,即 $\triangle B'C'D$ 和 $\triangle B''C''D$,由三角形边长关系可得

$$a+d \leqslant b+c \tag{5-1}$$

$$|c-b| \leqslant |d-a| \tag{5-2}$$

式(5-2)可能有多种情形,我们先就 $a<d$ 这种情形讨论,将式(5-2)写成

$$a+b \leqslant c+d \tag{5-3}$$

$$a+c \leqslant b+d \tag{5-4}$$

将式(5-1)、式(5-3)、式(5-4)分别两两相加,则得

$$a \leqslant b, \quad a \leqslant c, \quad a \leqslant d \tag{5-5}$$

即 AB 杆为最短杆。若 $a>d$,则按上述同样的推导会得出 AD 杆为最短杆。

分析上述各式,可得出铰接四杆机构有曲柄的条件如下:

(1) 最短杆与最长杆长度之和小于或等于其余两杆长度之和,此条件通常称为"杆长条件"。

(2) 连架杆与机架之中必有一个是最短杆。

上述条件表明:铰接四杆机构是否有曲柄不仅要满足杆长条件,还要看哪个构件是最短杆。若连架杆为最短杆,则得到曲柄摇杆机构,如图 5.19(a)、(b)所示。若机架为最短杆,则得到双曲柄机构如图 5.19(c)所示。若连杆为最短杆,则得到双摇杆机构,如图 5.19(d)所示。

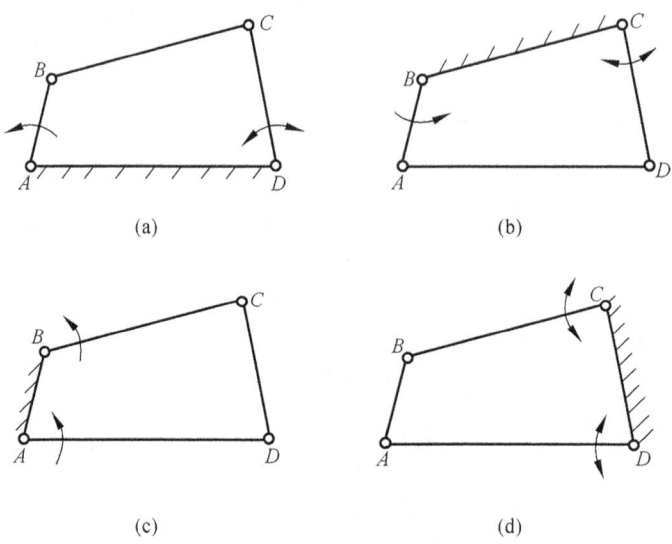

图 5.19 选不同构件作机架的四杆机构

如果铰接四杆机构各杆的长度不满足杆长条件,则不论取哪一个构件为机架,都只能得到双摇杆机构。

由于曲柄滑块机构和导杆机构等都是由铰接四杆机构演化而来的,所以应用类似方法,也可以分析这些四杆机构有曲柄的条件。

5.2.2 急回特性

在图 5.20 所示的曲柄摇杆机构中,当主动件(曲柄 AB)匀速连续转动时,从动件(摇杆 CD)做往复运动,如果从动件往复行程所需时间不等,则称机构有急回特性。在某些实际机械设计中希望机构有这种急回特性,如插床机构、牛头刨床机构。

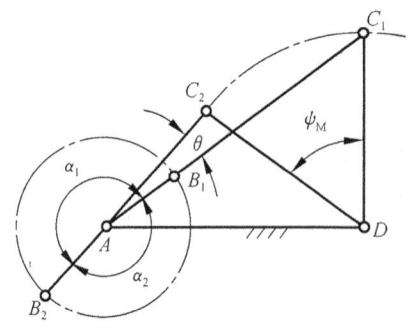

图 5.20 曲柄摇杆机构的极限位置

如图 5.20 所示,在主动曲柄 AB 转动一周过程中,有两次与连杆共线(延伸共线和重叠共线),这时摇杆分别处于两极限位置 C_1D 和 C_2D,且摇杆摆动范围为 ψ_M,此时曲柄两位置所夹的锐角 θ 称极位夹角。

由图 5.20 可见,曲柄 AB 由 AB_1 逆时针转到 AB_2 时(转角为 α_1),同时摇杆从 C_1D 摆到 C_2D,摆角为 ψ_M,所需时间为 t_1;当曲柄从 AB_2 继续转到 AB_1 时(转角为 α_2),摇杆从

C_2D 摆回到 C_1D,摆角仍然是 ψ_M,所需时间为 t_2。如果曲柄以等角速度 ω 转动,则摇杆往复行程所需时间之比为

$$K = \frac{t_1}{t_2} = \frac{\alpha_1/\omega}{\alpha_2/\omega} = \frac{\alpha_1}{\alpha_2} = \frac{\pi+\theta}{\pi-\theta} \quad (5-6)$$

K 称为急回系数。如已给定 K,即可求得极位夹角

$$\theta = \frac{K-1}{K+1}\pi \quad (5-7)$$

为了提高机械的工作效率,应在慢速运动的行程工作(正行程),快速运动的行程返回(反行程),因此 K 也称为行程速比系数。式(5-7)表明,急回系数 K 与极位夹角 θ 有关,即 θ 角越大,K 值越大,机构的急回特性越显著;由式(5-6)可知,显然 $K \geqslant 1$。

对于如图 5.21 所示的对心曲柄滑块机构,由于极位夹角 $\theta=0$,故 $K=1$,即该机构无急回特性。而对于如图 5.22 所示的偏置曲柄滑块机构,因其极位夹角 $\theta \neq 0$,故 $K>1$,即该机构有急回特性。

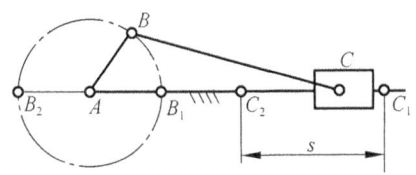

图 5.21 对心曲柄滑块机构　　图 5.22 偏置曲柄滑块机构

在图 5.23 所示的导杆机构中,当曲柄 AB 两次转到与导杆垂直时,导杆就摆到两极限位置,此时曲柄 AB 的两个位置之间所夹的锐角,即为极位夹角 θ,且 $\theta>0$,所以机构也具有急回特性。

四杆机构的这种急回作用,在一些机械中可以用来节省空回程的时间,以节省动力和提高劳动生产率。

5.2.3 压力角、传动角与死点

机械在工作过程中要克服一定的工艺阻力,因此机构

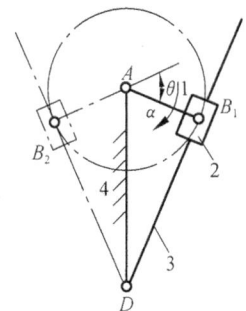

图 5.23 导杆机构

在实现运动变换的同时要传递力,传力性能的好坏是设计机构时要考虑的重要问题之一。

在图 5.24 所示的四杆机构中,由主动件 AB 输入运动和动力,通过连杆 BC 推动从动件 CD 克服工艺阻力而运动。若不考虑各运动副中的摩擦力及构件重力和惯性力的影响,连杆 BC 则为二力构件,那么由连杆传递、驱动从动件运动的力 F 将沿着 BC 方向。力 F 可分解为两个分力:沿着力 F 作用点 C 的速度 v_C 方向的

分力 F_1 和垂直于 v_C 方向的分力 F_2。设力 F 方向与力 F 作用点 C 的速度 v_C 方向之间所夹的锐角为 α，则

$$\begin{cases} F_1 = F\cos\alpha \\ F_2 = F\sin\alpha \end{cases}$$

其中，F_1 是使从动件运动的有效分力，此分力越大对从动件的运动越有利；而 F_2 只能增加运动副的正压力而增大摩擦，故其越小对从动件越有利，则我们称角 α 为压力角，显然压力角越小传力性能越好，因此压力角可以作为机构传力性能好坏的一项指标。

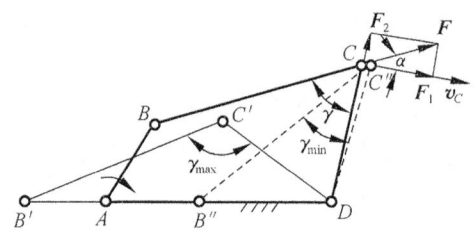

图 5.24　四杆机构的压力角与传动角

机构在运动过程中，压力角的大小是变化的，为了保证机构具有良好的传力性能，压力角不应超过一定的许用值，即 $\alpha_{max} \leqslant [\alpha]$。对于低副机构，压力角的许用值 $[\alpha]$ 为 $40°\sim 50°$。

为了验明机构在每个位置的压力角大小，要画出 F 和 F_1 的方向线，显得很不方便。而图 5.24 中的 γ 角是连杆 BC 与从动件 CD 之间的夹角，能更直观地判明机构的传力性能，称 γ 为传动角。由图 5.24 可见

$$\gamma = 90° \pm \alpha$$

显然，传动角的最优值为 $90°$，γ 越接近 $90°$，机构的传力性能越好。同样为了保证传力性能，应使 $[\gamma_{min}] \leqslant \gamma \leqslant [\gamma_{max}]$，通常取 $[\gamma_{min}]$ 为 $50°\sim 40°$，$[\gamma_{max}]$ 为 $130°\sim 140°$。

曲柄摇杆机构中如果曲柄为主动件，则机构实际的最大和最小传动角 γ_{max} 和 γ_{min} 分别出现在曲柄和机架延伸共线和重叠共线两个位置上，如图 5.24 所示，其值可以通过三角函数关系式很容易算出。

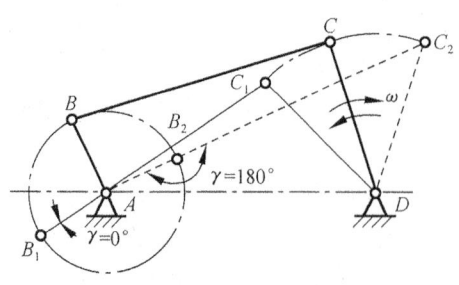

图 5.25　曲柄摇杆机构的死点位置

在图 5.25 所示的曲柄摇杆机构中，当以摇杆 CD 作为主动件时，在摇杆作一个来回摆动的循环过程中，其连杆 BC 与从动曲柄 AB 两次共线（图中两个虚

线位置),这时机构的传动角 $\gamma=0°$ 或 $\gamma=180°$,主动件 CD 通过连杆作用于从动件 AB 上的力恰好通过其回转中心,所以在主动件上无论施加多大的驱动力(或力矩),都不能驱动从动件曲柄转动,机构的这种位置称为死点位置。例如,家用缝纫机,把脚踏板的往复摆动变为曲轴的连续转动就应用了摇杆为主动件的曲柄摇杆机构(见图 5.4),由于存在两个死点位置,这就是初试缝纫机的人常常蹬不动或蹬起来之后一会儿正转一会儿反转的原因。同样对于图 5.21、图 5.22 所示的曲柄滑块机构,当以滑块为主动件时,若连杆与从动曲柄共线,机构也处于死点位置。

为使机构能顺利通过死点位置而正常运转,必须采取适当的措施,如用安装飞轮加大惯性的方法,借惯性作用使机构通过死点位置(如图 5.4 所示的缝纫机踏板机构中的大带轮即兼有飞轮的作用)。无法利用惯性时应从结构上采取措施,如应用两组以上的同样机构组合使用,使各组机构的死点相互交错排列(如图 5.7 所示的机车车轮联动机构)。

另外,在工程实践中,人们也常利用死点的特性来实现特定的工作要求。如图 5.26(a)所示的工件夹紧装置中,当工件夹紧到图示位置后,**P** 力去掉,工件反力 **R** 是主动力,1 为主动件,摇杆 3 是从动件,点 B、C、D 位于一条直线上,传动角 $\gamma=0°$,因而机构处于死点位置。只要夹具有足够的强度,无论多大的工件反力都不会使夹具松开,提高了工作的可靠性。但若在手柄 2 上施加力 **P** 却可以很容易地使工件松开。如图 5.26(b)所示的飞机起落架机构,在机轮放下时,杆 BC 与 CD 成一条直线,此时机轮上虽受到很大的力,但由于机构处于死点位置,起落架不会反转(折回)这可使飞机起落和停放更加可靠。

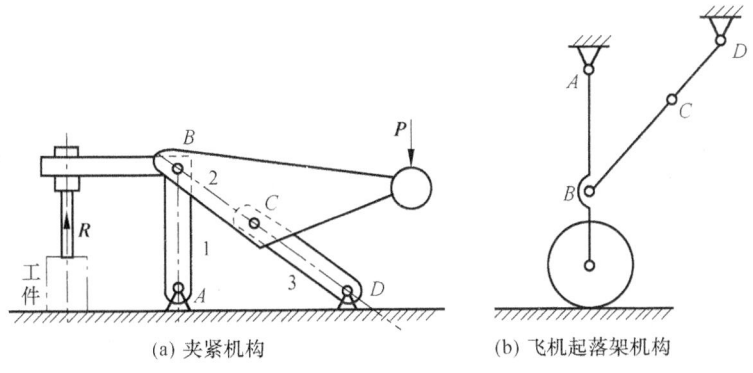

(a) 夹紧机构   (b) 飞机起落架机构

图 5.26   利用死点位置的机构

5.2.4 连杆曲线

平面连杆机构中的连杆做平面复杂运动,其中任一点在运动过程中的轨迹称为连杆曲线。连杆曲线的形状取决于机构中各构件的相对尺寸和描迹点在连杆平

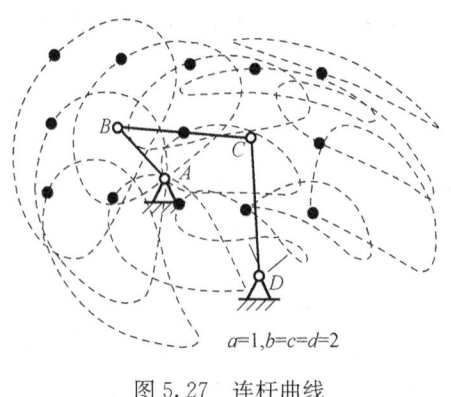

图 5.27 连杆曲线

面上的位置。铰接四杆机构的连杆曲线一般是六次代数曲线,可以有多种形状。图 5.27 是 $a=1,b=c=d=2$ 的平面四杆机构连杆上不同的描迹点所描出的一族连杆曲线。

在机械设计中,连杆曲线有重要应用,有的机械的工艺动作就是按一定形状的轨迹运动的(见图 5.2),有的机械的工艺动作需要有停歇,这常常利用带有近似圆弧或直线段的连杆曲线来实现(见 5.6 节)。

5.3 连杆机构的设计概论

连杆机构设计就是根据给定的工艺条件来设计能满足已知条件的新机构。因为不涉及与结构、工艺及承载能力等有关尺寸,通常把这种设计称连杆机构的运动学综合。

连杆机构所能实现的运动变换是多种多样的。因而在工程实际中获得了广泛的应用。概括地说,常见的工艺动作要求可归纳为刚体导引问题、函数变换问题和轨迹复演问题三种典型的运动学综合问题。

5.3.1 刚体导引问题

刚体导引就是机构能引导刚体(如连杆)通过一系列给定位置。具有这种功能的连杆机构,称之为刚体导引机构。图 5.28 所示的铸造造型机的翻转机构就是实现连杆两个位置导引的平面连杆机构。又如图 5.29 所示为导引料斗卸料的平面连杆机构。导引这个料斗的动作,就是刚体导引机构的综合问题。

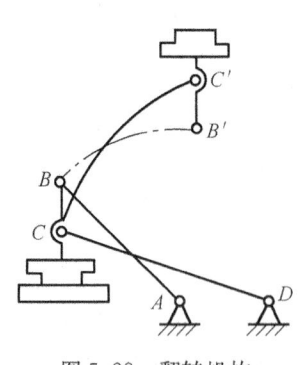

图 5.28 翻转机构

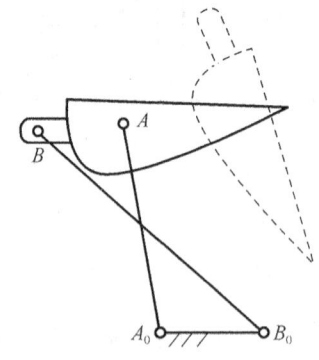

图 5.29 料斗机构

5.3.2 函数变换问题

要求机构的主动件与从动件运动之间满足一定的函数关系的运动变换称函数变换问题,如图 5.30 的机构可实现主动件与从动件间确定的函数关系。又如汽车前轮转向机构,如图 5.31 所示,工作要求两连架杆的转角满足一定的函数关系,以保证汽车顺利转弯。

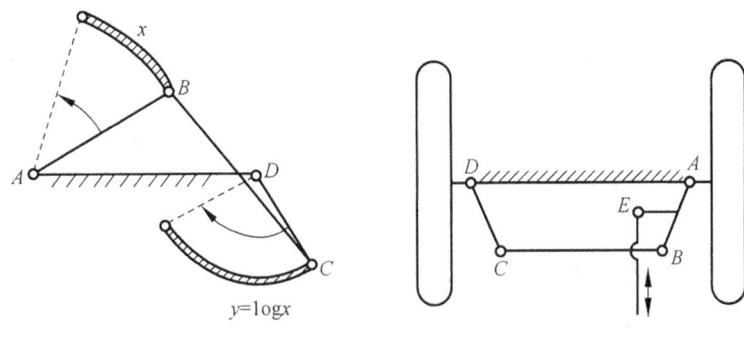

图 5.30 对数计算机构　　　　图 5.31 汽车转向机构

5.3.3 轨迹复演问题

机械的工艺动作有一些是要求执行构件某一点按一定形状的轨迹运动。图 5.32 表示一部电影片洗印设备中的抓片机构,它要求钩子端点 E 按"D"形轨迹运动。又如图 5.33 港口常用的鹤式起重机要求重物(E 点)的运动轨迹近似为直线。这种按给定轨迹形状确定连杆机构尺寸及连杆上描迹点位置就是轨迹复演机构的综合问题。

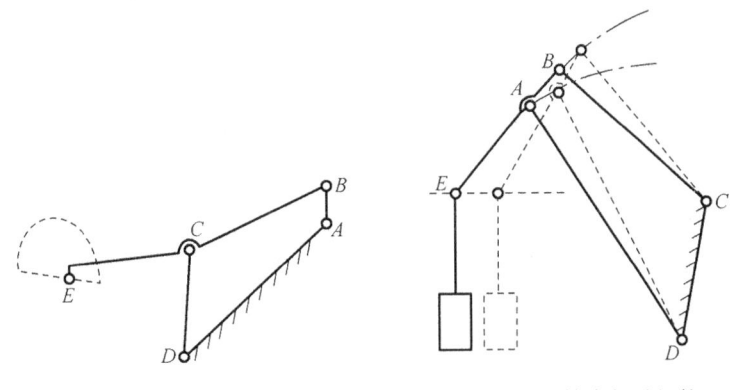

图 5.32 抓片机构　　　　图 5.33 鹤式起重机构

如果给定整条曲线的形状可查阅连杆曲线图谱,在其中可以查到能复演该曲线的连杆机构尺寸参数,或者借助于计算机用优化方法求解。带有近似圆弧段和直线段的连杆曲线,应用尤广。

机构综合的方法主要分为解析法、图解法和实验法。

解析方法就是把预期的运动变换和机构参数之间建立起数学关系,用数学方法解出要求的机构尺寸参数来。虽然这种概念早已提出,而且已成功地建立了许多数学模型,但由于受到计算条件的限制,解析方法长期以来难以在实际设计工作中广泛应用。随着计算机的出现和计算技术的进步,以计算机为手段的解析方法已成为机构综合的主要方法。

图解方法的主要缺点是对每个具体问题都需一整套繁杂的作图过程,更改一个条件,整套作图过程又得重来,精度也较差,且精确度因人而异。作图的人要通晓作图的理论依据,即对具体设计人员的机械原理知识水平有较高的要求。但图解法将解析法的理论形象化,有助于对解析法的理解。

实验法就是用作图试凑或利用图谱、表格及模型实验等求得机构运动学参数来确定机构运动简图。此种方法直观简单,但精度较低,适用于精度要求不高的设计或参数预选。

5.4 连杆机构设计(图解方法)

5.4.1 按给定连杆位置设计四杆机构

对于较简单的连杆机构设计问题,图解法有着简捷明快的特点。例如,给定连杆平面的两个或三个序列位置就可以采用图解法设计。如图 5.34(a)所示,已知给定动平面的两个序列位置,求一四杆机构可以实现这样的刚体导引。作法如图 5.34(b)所示,在动平面上可任意选定两个动铰链 M、N,作 M_1M_2 的垂直平分线 m_{12};作 N_1N_2 的垂直平分线 n_{12},在 m_{12} 上任选 M_0 作定铰链,在 n_{12} 上任选 N_0 作定铰链。$M_0M_1N_1N_0$ 就是所求机构的第一个位置,由于 M_0、M_1、N_1、N_0 选择的任意性,这种问题的解是无穷多的。又如图 5.35(a)所示,已知给定动平面的三个序列

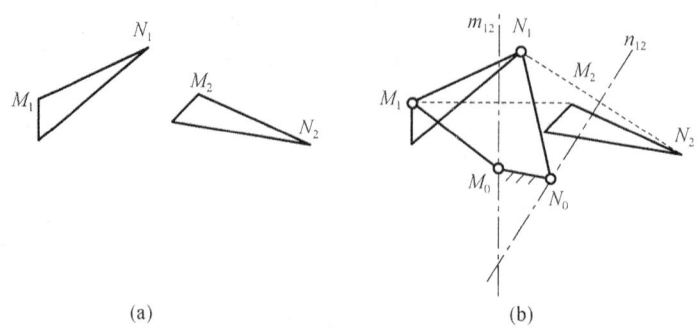

图 5.34 设计导引刚体到达两个位置的四杆机构

位置，求一四杆机构可以实现这样的刚体导引。作法如图 5.35(b) 所示，在动平面上可任意选定两个动铰链 A、B 位置，由 A_1、A_2、A_3 求得圆心 A_0，由 B_1、B_2、B_3 求得圆心 B_0，$A_0 A_1 B_1 B_0$ 就是所求机构的第一个位置，由于 A、B 选择的任意性，这种问题的解也是无穷多的。

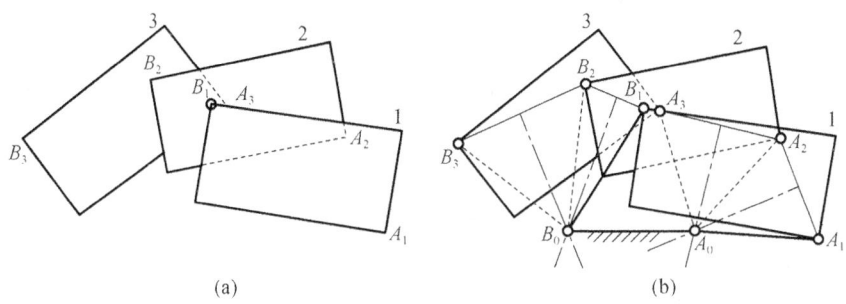

图 5.35　设计导引刚体到达三个位置的四杆机构

但实际设计问题中可能会有诸多约束，如按机械的结构要求，固定铰链 A_0、B_0 的位置已定，需要求出动平面上两个活动铰链 A、B 的位置，求解就没有这样简单了。这类问题可用机构反转法或半角转动法来解决。

1. 机构反转法

机构反转法是利用相对运动原理。当运动链确定后，各构件的相对运动就确定了，不随选择的机架不同而改变。把原机构中的连杆或连架杆当作"机架"，就要反转机构，使得本来运动的构件变为不动的。

若已知连杆平面的两个位置 $M_1 N_1$、$M_2 N_2$ 及固定铰链 A、D，求四杆机构能实现这样的刚体导引，如图 5.36(a) 所示。即求两个动铰链。设想把连杆固定当作机架，让原机架作连杆，这时求动铰链问题就转化为如上述图 5.34 中求固定铰链的问题。

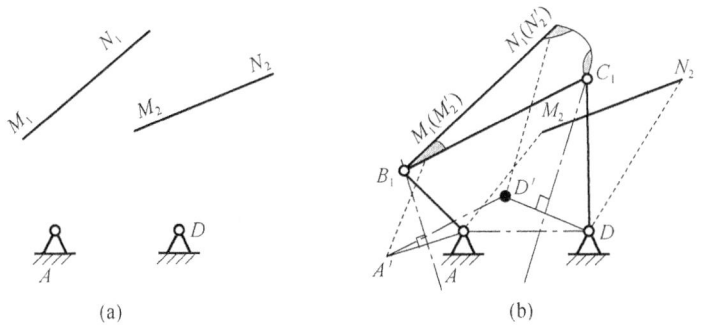

图 5.36　反转法设计导引刚体到达两个位置的四杆机构

具体做法如图 5.36(b)所示。

假设动平面处于 M_1N_1 位置固定不动(即 M_1N_1 作为"机架"),原机架 AD 相对 M_1N_1 运动(即 AD 作为"连杆")。AM_1N_1D 是运动链的第一个相对位置(M_1N_1 作为"机架",AD 作为"连杆"的第一个位置),AM_2N_2D 是运动链的第二个相对位置。当机构由 AM_1N_1D 变为 AM_2N_2D 位置时,将 M_1N_1 作为"机架"需要将四边形 AM_2N_2D 刚性地反转运动到使 M_2N_2 与 M_1N_1 重合的新位置,于是得铰链 A、D 的新位置 A'、D',也就是"连杆"的另一位置(现在的情况就如同图 5.34,已知动平面的两个位置,注意 M_1N_1 是机架,AD 是"连杆"的第一个位置,$A'D'$ 是"连杆"的第二个位置),分别作 A、A' 连线及 D、D' 连线的中垂线,可分别在两中垂线上任意选取 B_1 和 C_1 作为"定铰链",实际是连杆上的活动铰链,而 AB_1C_1D 就是该四杆机构的第一个位置。由于 B_1、C_1 是任选的,所以该机构有无穷解。如果附加其他条件可确定唯一解。

反转法包含着"刚化"和"反转"两个过程。刚化就是把每一位置的各构件间的相对位置关系固定并视为刚体(见图 5.36,刚化 AM_2N_2D)。刚化的目的就是保持各构件间的相对运动不变。反转的目的就是保证"机架"不动。因为选择了实际动平面为机架,所以反转实际上包括移动和转动两个动作,反转这些刚体时要保证,使动平面上被选做机架的标线始终重合,这样动平面就变为机架,而已知的定铰链就变成了一系列的"动铰链",这一系列的"动铰链"所在的圆心就是"定铰链",即所要求的动铰链。

如图 5.37(a)所示,若给定连杆上一直线的三个位置 M_1N_1、M_2N_2、M_3N_3 及两固定铰链点 A 和 D。确定四杆机构连杆上活动铰链 B 和 C,方法与前相同,即将四边形 AM_2N_2D 和 AM_3N_3D 分别刚性地反转运动到使 M_2N_2,M_3N_3 均与 M_1N_1 重合的位置,于是分别得 A、D 的新位置 A'、D' 和 A''、D'',分别作 AA' 连线、$A'A''$ 连线的中垂线,两中垂线的交点即为活动铰链点 B_1;再分别作 DD'、$D'D''$ 连线的中垂线,两中垂线的交点即为活动铰链点 C_1。因此,AB_1C_1D 即为该四杆机

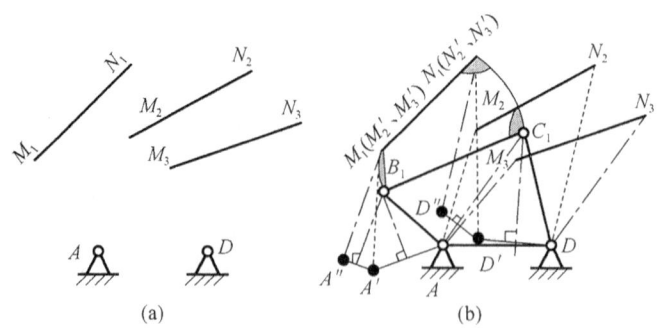

图 5.37 反转法设计导引刚体到达三个位置的四杆机构

构的第一个位置,不要忘了将 B_1C_1 与 M_1N_1 固连上。如图 5.37(b)所示,显然,该四杆机构有唯一解。

例 5.1 如图 5.38(a)所示的铰接四杆机构 $ABCD$ 中,当主动件顺时针转动时,连杆上的一条标线 BE 顺次占据 B_1E_1、B_2E_2、B_3E_3 三个位置,其中 B 是活动铰链,现已知定铰链 D 的位置。设计该四杆机构。

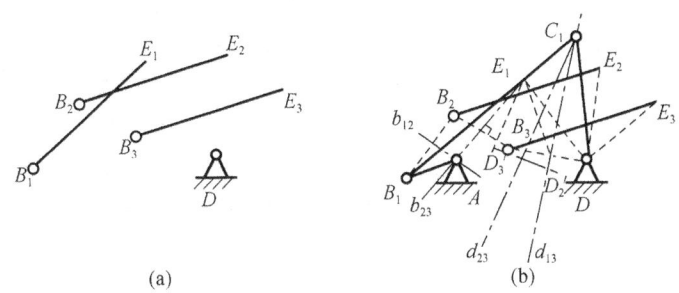

图 5.38 设计导引刚体到达 3 个位置的四杆机构

解 求解步骤:

(1) 连接 B_1、B_2 及 B_2、B_3,作 B_1B_2、B_2B_3 的中垂线 b_{12}、b_{23},其交点即为定铰链 A。

(2) 刚化 B_2E_2D,反转 B_2E_2D 使 B_2E_2 与 B_1E_1 重合,得到 D_2',刚化 B_3E_3D,反转 B_3E_3D 使 B_3E_3 与 B_1E_1 重合,得到 D_3'。

(3) 作 DD_3'、$D_2'D_3'$ 的中垂线 d_{13}、d_{23},其交点即为动定铰链 C_1。

(4) 连接 AB_1C_1D 即为所求,如图 5.38(b)所示。

2. 半角转动法

半角转动法是一种应用较灵活、适用性较广的图解法。

当一个平面从一个位置做一般的平面运动到另一个位置时,在这个平面上总是可以找到一个位置没有发生变化的点。可以认为整个平面在运动中就是绕着这个固定的点作转动的,这个点称为极点。已知动平面 E 的两个位置 E_1 和 E_2,要求设计一四杆机构导引它。使 E 从 E_1 到 E_2 最简单的办法是使动平面 E 绕某一定点 P_{12} 转动 θ_{12} 角而实现,如图 5.39 所示,P_{12} 即为极点。

极点的求法:在动平面 E 上任取两个参考点 M、N,连接 M_1、M_2,作中垂线 m_{12},连

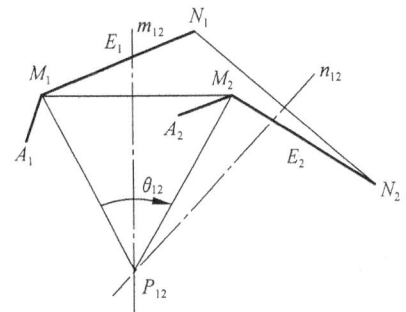

图 5.39 动平面的极点及转角

N_1、N_2 作中垂线 n_{12},两条中垂线的交点 P_{12},即是转动极点,简称极。动平面由 E_1 到 E_2 可绕 P_{12} 转 θ_{12} 角而实现。注意,θ_{12} 是有向角。动平面上任一点在此过程都绕 P_{12} 转 θ_{12} 角。

E_1、E_2 两个位置一经确定,P_{12} 和 θ_{12} 即为定值,不因参考点选择的不同而变化。例如,也可选 A、N 为参考点,求得极点仍为 P_{12},转角仍为 θ_{12}。

使 E 由 E_1 到 E_2 可由四杆机构实现。通常把 E 看作连杆平面,把 M、N 点作为连杆与连架杆相连接的动铰链,在 m_{12} 上任选一点为固定铰链 M_0,在 n_{12} 上任选一点为另一固定铰链 N_0,则四杆机构 $M_0M_1N_1N_0$ 中 M_0M_1 转到 M_0M_2 时,N_0N_1 必相应转到 N_0N_2,亦即实现了 E_1 运动到 E_2,如图 5.40(a)所示。也可以把 M_0 选在 m_{12} 上的无限远点,M 点轨迹应为一直线,在 M 点铰接一滑块,当滑块由 M_1 移动到 M_2 时 N_0N_1 转到 N_0N_2,E_1 运动到 E_2,如图 5.40(b)所示。

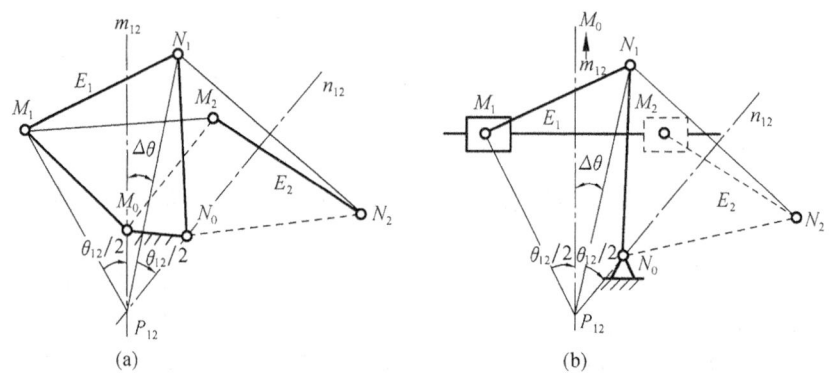

图 5.40 四杆机构导引动平面

由于 M、N 是在动平面上任选的,M_0、N_0 又是在 m_{12}、n_{12} 线上任选的,所以导引动平面由 E_1 到 E_2 的连杆机构有无限多个,但可以看出这些四杆机构都满足下述条件:

两连架杆上动铰链和定铰链与极连线的夹角相等(或为互补,图 5.41 中 A_0、A_1 与极连线的夹角和 B_0、B_1 与极连线的夹角互补)。由图 5.40 可见

$$\angle M_1P_{12}M_0 = \angle N_1P_{12}N_0 = \frac{1}{2}\theta_{12}$$

机架上两固定铰链与极连线的夹角与连杆上两动铰链与极连线的夹角也相等(或为互补,读者可自己证明)。

$$\angle M_1P_{12}N_1 = \angle M_0P_{12}N_0 = \frac{1}{2}\theta_{12} + \Delta\theta$$

式中,$\frac{1}{2}\theta_{12}$ 称半角,也是有向角;E_1、E_2 给定后它也是定值。连架杆的动铰链在它的始边上,连架杆的固定铰链在它的终边上,半角的大小和方向是一定的,但其始、

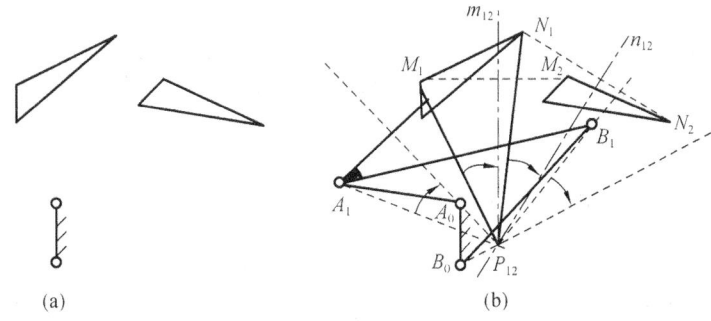

图 5.41 四杆机构导引动平面经过 2 个位置

终边的位置因参考点 M、N 的选择的任意性却是任意的。或者说可以把半角看成一个"刚性角",顶点置于 P_{12},可以转动到任意位置,只要在其始边上选动铰链,在其终边上选固定铰链形成连架杆,这样组成的四杆机构就可满足动平面的 E_1、E_2 两个位置要求。

由此,引导平面由 E_1 到 E_2 位置的四杆机构有无数个。

导引动平面由 E_1 到 E_2 位置的四杆机构的求法:

(1) 求极点。

(2) 求半角。

(3) 刚化半角并绕极点任意转动,在半角的始边上选动铰链,在终边选定铰链。

(4) 将连杆固连在动平面上。

例 5.2 设计一四杆机构使之能导引动平面 E 从 E_1 到 E_2 的位置,如图 5.41(a) 所示,并已知四杆机构的定铰链的位置 A_0、B_0。

解 求解步骤如图 5.41(b)所示。

(1) 作 M_1M_2、N_1N_2 的中垂线 m_{12}、n_{12},m_{12}、n_{12} 的交点即为转动极 P_{12}。

(2) 连接 M_1P_{12},$\angle M_1P_{12}m_{12}$ 即为转动半角 $\dfrac{\theta_{12}}{2}$。

(3) 刚化半角并绕极转动半角,使终边通过定铰链 A_0,在相应的半角始边上任选动铰链 A_1;使终边通过定铰链 B_0,在相应的半角始边上任选动铰链 B_1。

(4) 连接 A_0A_1、B_0B_1,即为两连架杆。

(5) 连接 A_1B_1,即为连杆。

(6) $A_0A_1B_1B_0$ 即为所求的四杆机构的第一个位置。

(7) 要实现将动平面 E 从 E_1 导引到 E_2 的位置,还要将动平面 E 的第一个位置 E_1 固定在连杆上。

例 5.3 设计一四杆机构使之能导引动平面 E 实现 E_1、E_2、E_3 三个位置如图 5.42(a)所示,并已知四杆机构的定铰链的位置 A_0、B_0。

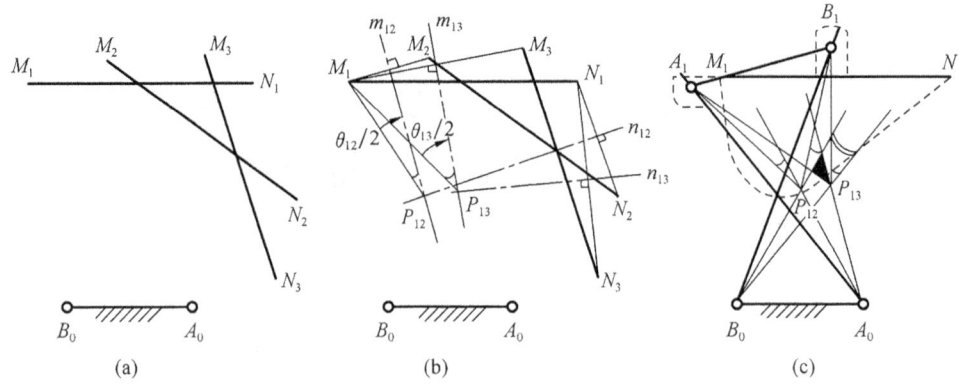

图 5.42 四杆机构导引动平面经过 3 个位置

解 求解步骤：

(1) 求极点 P_{12}、P_{13}，如图 5.42(b)所示。

(2) 求半角 $\theta_{12}/2$、$\theta_{13}/2$。

(3) 刚化半角 $\theta_{12}/2$，绕相应的极点 P_{12} 转动半角 $\theta_{12}/2$ 使终边通过定铰链 A_0，如图 5.42(c)所示。

(4) 刚化半角 $\theta_{13}/2$ 使终边通过定铰链 A_0，两半角的始边交点即为动铰链 A_1。同理，刚化半角 $\theta_{12}/2$，绕相应的极点 P_{12} 转动半角 $\theta_{12}/2$ 使终边通过定铰链 B_0；刚化半角 $\theta_{13}/2$ 使终边通过定铰链 B_0，两半角的始边交点即为动铰链 B_1。

(5) 连接 A_0A_1、B_0B_1，即为两连架杆。

(6) 连接 A_1B_1，即为连杆；$A_0A_1B_1B_0$ 即为所求的四杆机构的第一个位置。

(7) 要实现将动平面 E 从 E_1 导引到 E_2 的位置，还要将动平面 E 的第一个位置 E_1 固定在连杆上。

5.4.2 按给定连架杆对应位置设计四杆机构

1. 机构反转法

应用相对运动原理可将给定两连架杆的对应位置设计四杆机构问题转化为给定连杆平面序列位置设计四杆机构问题，就是把两连架杆假想地当作连杆和机架，这样两连架杆间的相对运动就转化为连杆相对机架的运动，其图解方法与前述相同。

如图 5.43(a)所示，已知连架杆 AB 和机架 AD 的长度，连架杆 AB 的三个位置 AB_1、AB_2、AB_3 及另一连架杆 CD 上一直线的三个对应位置 DE_1、DE_2、DE_3。要求确定四杆机构 $ABCD$ 的连架杆 CD 上的活动铰链 C。

具体求法如图 5.43(b)将连架杆 CD 第一位置 DE_1 当作机架，将四边形

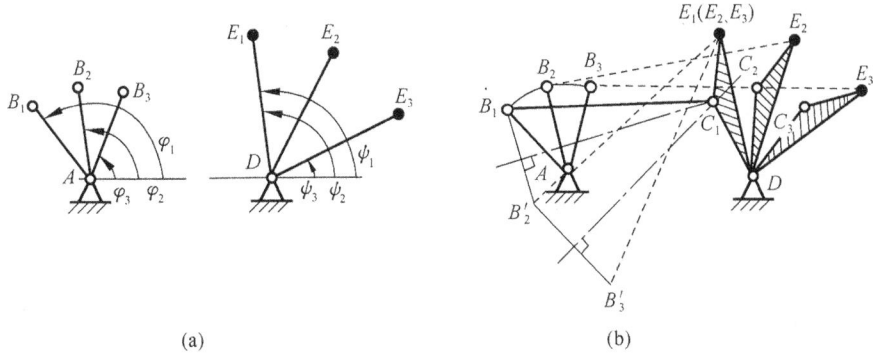

图 5.43 反转法基本原理

AB_2E_2D、AB_3E_3D 分别刚性地绕点 D 反转到使 DE_2 和 DE_3 均与 DE_1 重合位置,则点 B_2、B_3 到新的位置 B_2'、B_3'(称为转位点);A 点到 A'、A'' 位置(图中未画出)。分别作 B_1B_2'、$B_2'B_3'$ 的中垂线,两中垂线的交点为活动铰链点 C_1,则 AB_1C_1D 为该四杆机构的第一位置。显然,该机构有唯一解。

若给定连架杆两个对应位置,则机构有无穷解。若加上其他条件限制,可确定机构。

例 5.4 已知铰接四杆机构机架 AD 的长度,连架杆 AB 的两个位置 AB_1、AB_2 及摇杆的两个对应位置 I、II 如图 5.44(a)所示,而且机构在 AB_1 位置时连架杆 AB 与连杆共线,求设计该四杆机构。

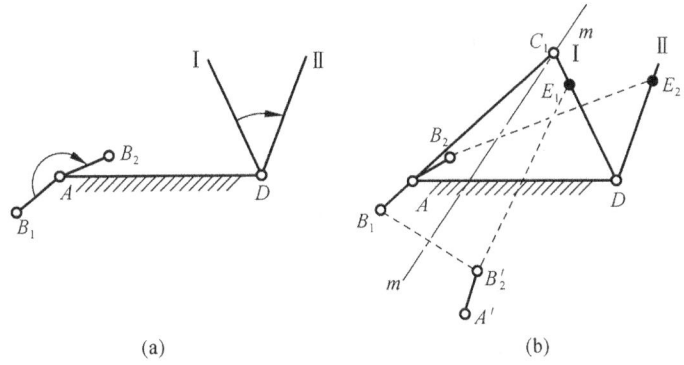

图 5.44 反转法求动铰链

解 求解步骤如图 5.44(b)所示。
(1) 在 I、II 线上分别取点 E_1、E_2,且使 $E_1D=E_2D$。
(2) 连接 B_2、E_2,将 AB_2E_2D 刚化。
(3) 绕 D 点反转 AB_2E_2D,使 E_2D 与 E_1D 重合,得 A'、B_2'。

(4) 作 B_1B_2' 的中垂线 m-m，延长 B_1A 与 m-m 相交，交点为摇杆上的活动铰链 C_1。

(5) 连接 AB_1C_1D，即为所求四杆机构。

2. 半角转动法

把两连架杆假想地当作连杆和机架，这样两连架杆间的相对运动就转化为连杆相对机架的运动，其图解方法与前述半角转动法相同。

已知机架上两固定铰链位置 A_0B_0，要求一个连架杆转过 φ 角时，另一个连架杆转过 ψ 角，如图 5.45 所示。

在两个连架杆上各任取 M、N，A_0M 从 A_0M_1 转过 φ 角到达 A_0M_2 时，另一个连架杆 B_0N 从 B_0N_1 转过 ψ 角到达 B_0N_2。刚化 $A_0M_2N_2B_0$，反转 $A_0M_2N_2B_0$，使 A_0M_2 与 A_0M_1 重合，得到 $B_0'N_2'$，A_0M_1 成为机架，B_0N_1、$B_0'N_2'$ 为连杆的两个位置，问题转化为给定连杆位置设计四杆机构问题。求法同前类似，作 B_0B_0' 中垂线 b_{12}，作 N_1N_2' 中垂线 n_{12} 交点即为相对转极 R_{12}，同时确定了半角 $\theta_{12}/2 = \angle B_0R_{12}A_0$。

刚化半角绕 R_{12} 转动半角，始边上选动铰链 B_1，终边上选动铰链 A_1，连接 $A_0A_1B_1B_0$ 即为所求的第一个位置如图 5.46 所示。

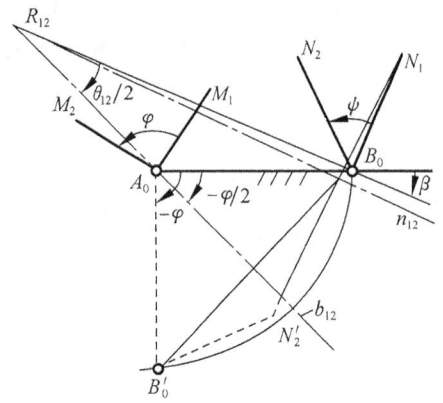
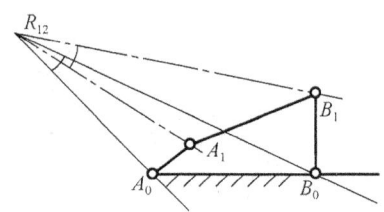

图 5.45 相对极和半角　　图 5.46 给定连架杆对应位置设计四杆机构

这样求 R_{12}、θ_{12} 的方法较繁，分析图 5.45，可简化 R_{12} 的求法。因为连架杆从 B_0N_1 运动到 $B_0'N_2'$ 实际转过 $-\varphi+\psi$ 角。所以

$$\frac{\theta_{12}}{2} = \frac{-\varphi+\psi}{2}$$

又有

$$\beta + \frac{\theta_{12}}{2} - \left(-\frac{\varphi}{2}\right) = 0$$

所以
$$\beta = -\frac{\varphi}{2} - \frac{-\varphi + \psi}{2} = -\frac{\psi}{2}$$

因此，当给定两连架杆的对应转动角度 φ 和 ψ 时，R_{12} 的求法：以机架 A_0B_0 为基准，分别过 A_0 转 $-\frac{\varphi}{2}$ 角作一射线和 B_0 转 $-\frac{\psi}{2}$ 角作一射线，则二射线的交点即为相对转极 R_{12}。同时求得相对半角 $\theta_{12}/2 = \angle B_0 R_{12} A_0$，其通过 A_0 的边是相对半角的终边，通过 B_0 的边是相对半角的始边。

例 5.5 设计一个靠背能转动一定角度椅子，手轮安装在椅子座上，要求手轮转 $45°$，靠背转 $25°$，A_0 为靠背的转轴，B_0 为手轮的转轴，如图 5.47(a)所示。

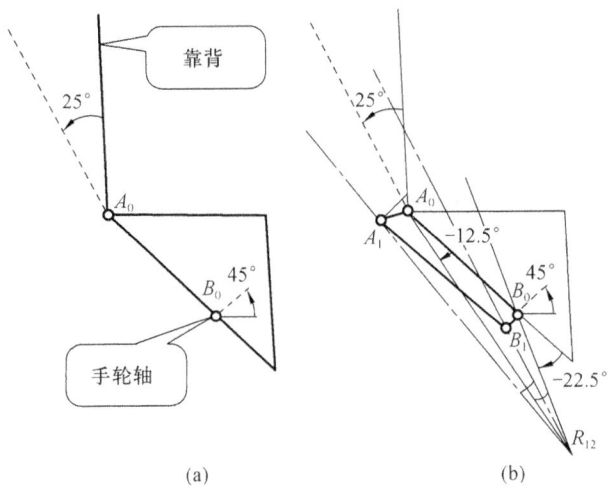

图 5.47 靠背椅机构的设计

解 求解步骤如图 5.47(b)所示。

因为 A_0、B_0 已定，连 A_0B_0 方向线，分别作 $-22.5°$ 和 $-12.5°$ 角，即决定了 R_{12} 及半角 $\theta_{12}/2$，绕 R_{12} 转动半角到适当位置（使机构尺寸不要过大，传力性能较好），在始边上取 B_1，在终边上取 A_1，则 $A_0A_1B_1B_0$ 就是所设计机构的第一个位置。

如果给定两连架杆两对对应转角或对应三个位置，则需要再求出 R_{13} 及 $\theta_{13}/2$，设计方法与以前讨论过的类似。

如果两连架杆一个是转动的，另一个是移动的，要求一个连架杆转 φ 角时另一连架杆移动 s 距离，这种机构的设计也可以应用半角转动法。

图 5.48 中以 A_0E 线段表示转动的连架杆，另一连架杆为滑块，当 A_0E 从 A_0E_1 转 φ 角到达 A_0E_2 时，要求滑块移动 s 距离，从 B_1 移动到 B_2。

在 A_0E_1 上任取一点 M_1，在 A_0E_2 上的对应点为 M_2，即 $A_0M_1 = A_0M_2$，刚化

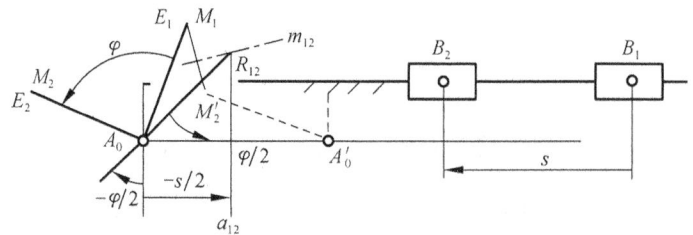

图 5.48 连架杆之一为滑块的相对极和半角

$A_0M_2B_2$,并沿滑道方向移动 $A_0M_2B_2$ 使 B_2 与 B_1 重合,得到 A_0'、M_2'。

A_0M_1 到 $A_0'M_2'$ 亦可看成绕 R_{12} 转 θ_{12} 而实现。作 A_0A_0' 中垂线 a_{12},作 M_1M_2' 中垂线 m_{12},a_{12} 与 m_{12} 交点即 R_{12},$\angle A_0R_{12}a_{12}=\theta_{12}/2$。由于相对运动中连架杆 A_0M 转动了角 φ,故 $\theta_{12}/2=\varphi/2$,由此得出极 R_{12} 的简便求法:

由 A_0 作导路的垂线,由此作 $-\dfrac{\varphi}{2}$ 和 $-\dfrac{s}{2}$,如图 5.48 所示,此二线交点即 R_{12},而 $\angle A_0R_{12}a_{12}=\theta_{12}/2$。

例 5.6 欲实现一连架杆逆时针方向转 120°角时另一连架杆左移 $s=0.2$m,试设计此机构。

解 求解步骤如图 5.49 所示。取 A_0,画出导路方向,由 A_0 作导路的垂线,由此线作 $-60°$ 角和 $-s/2=0.1$m 两条线,得交点 R_{12},及半角 $\theta_{12}/2=\angle A_0R_{12}a_{12}$。

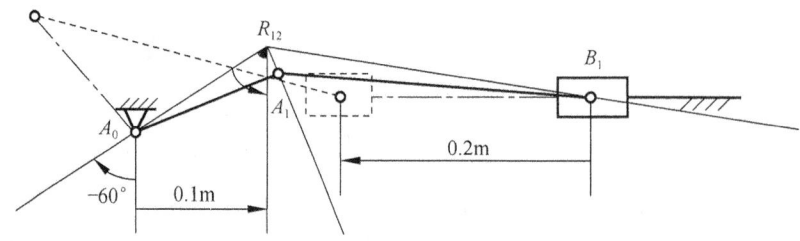

图 5.49 连架杆之一为滑块的机构设计

转动半角到一适宜位置,在其始边上取 A_1,终边上取 B_1,则 $A_0A_1B_1$ 就是所设计机构的第一个位置。

5.4.3 按给定的行程速比系数设计四杆机构

利用连杆机构可以实现急回运动。"急回"一般是说机构空回行程的速度大于其工作行程的速度。这样,可以节省空回行程的时间,有利于提高生产率。但也有个别的情况则相反,而是机构工作行程的速度大于其空回行程的速度,即不是"急回",而是"急进"。例如,有的颚式破碎机就是这样的.其目的是增大动颚在碎矿时的动量,以利于工作。对有急回运动的四杆机构,设计时应满足行程速比系数 K 的要求。

如图 5.50 所示,已知摇杆 CD 长度及其摆角行程速比系数,要求设计曲柄摇杆机构。首先由行程速比系数公式求出极位夹角值。然后任选固定铰链 D 的位置,并作出摇杆两极位 C_1D、C_2D 和摆角 ψ,连接 C_1C_2,并作 $\angle C_1C_2O=\angle C_2C_1O=90°-\theta$,

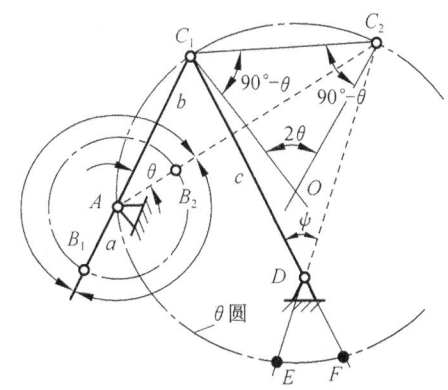

图 5.50 按急回系数设计四杆机构

得交点 O,以 O 为圆心、OC_1(或 OC_2)为半径作圆,在该圆上可任选点 A 为固定铰链,连接 AC_1、AC_2,AC_1、AC_2 分别为曲柄与连杆重合和共线的位置,即 $a+b=AC_2$,$b-a=AC_1$,则曲柄和连杆的长度 a、b 可求,即

$$a = \frac{AC_2 - AC_1}{2}$$

$$b = \frac{AC_2 + AC_1}{2}$$

从而可确定活动铰链点 B_1、B_2 位置。

设计时应注意,曲柄的固定铰链点 A 不能选在 EF 弧段上,否则机构不满足运动的连续性要求。

例 5.7 设已知曲柄滑块机构的行程速比系数 K,行程 H,偏距 e,设计此偏置曲柄滑块机构。

解 求解步骤如图 5.51 所示。

(1) 由行程速比系数公式求出极位夹角值。然后任选铰链 C 的位置,并作出两极位 C_1、C_2。

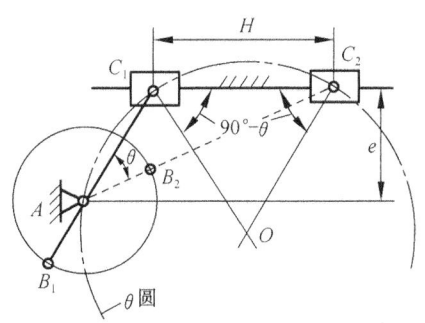

图 5.51 按急回系数设计曲柄滑块机构

(2) 连接 C_1C_2,并作 $\angle C_1C_2O=\angle C_2C_1O=90°-\theta$,得交点 O。

(3) 以 O 为圆心,OC_1(或 OC_2)为半径作圆,在该圆上选点 A 距离 C_1C_2 导路为偏距 e,连接 AC_1、AC_2,AC_1、AC_2 分别为曲柄与连杆重合和共线的位置,即 $a+b=AC_2$,$b-a=AC_1$,则曲柄和连杆的长度 a、b 可求,从而可确定活动铰链点 B_1、B_2 位置。

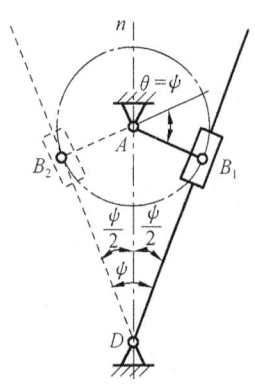

图 5.52 按急回系数设计导杆机构

例 5.8 设已知摆动导杆机构的行程速比系数 K、机架 AD 长度,设计此摆动导杆机构。

解 求解步骤如图 5.52 所示。

(1) 由行程速比系数公式求出极位夹角值 θ。

(2) 任选固定铰链点 A 并作出机架 AD。

(3) 以 AD 为始边分别作 $\pm\dfrac{\theta}{2}=\dfrac{\psi}{2}$,得两条直线。

(4) 由 A 向两条直线作垂线,得到交点即为 B_1、B_2。

在设计连杆机构时,由于只考虑了一些几何关系,因而设计出来的连杆机构有时会存在错位错序现象,而不能满足设计要求。因此应进行检查或进行计算机仿真,以免造成错误。

5.5 连杆机构设计(解析方法)

用解析方法设计连杆机构,关键就是如何建立机构的尺寸参数与运动参数的关系。不同的运动要求,所建立的关系式也不同。求解这些关系可采用不同的数学工具。典型的求解方法有代数法、矩阵法。

5.5.1 刚体平面位移矩阵

1. 平面转动矩阵

如图 5.53 所示,设在直角坐标系 xOy 中有一刚体,当该刚体绕 O 点逆时针转动 φ 角时,其上有一向量 A_1 也随之转动 φ 角至 A_2 位置。由图可见向量 A_2 可以用其 x 方向分量 x_{A2} 和 y 方向的分量 y_{A2} 表示,即

$$\left.\begin{array}{l}x_{A2}=x_{A1}\cos\varphi-y_{A1}\sin\varphi\\ y_{A2}=x_{A1}\sin\varphi+y_{A1}\cos\varphi\end{array}\right\} \tag{5-8}$$

写成矩阵形式

$$\begin{bmatrix}x_{A2}\\ y_{A2}\end{bmatrix}=\begin{bmatrix}\cos\varphi & -\sin\varphi\\ \sin\varphi & \cos\varphi\end{bmatrix}\begin{bmatrix}x_{A1}\\ y_{A1}\end{bmatrix} \tag{5-9}$$

式(5-9)可简写为

$$\boldsymbol{A}_2=\boldsymbol{R}\boldsymbol{A}_1 \tag{5-10}$$

式中

$$\boldsymbol{R}=\begin{bmatrix}\cos\varphi & -\sin\varphi\\ \sin\varphi & \cos\varphi\end{bmatrix} \tag{5-11}$$

称为平面转动矩阵。用此矩阵可以方便地表示一个向量绕定点转动前后,其分量

之间的关系。即转动后的分量列阵等于平面转动矩阵乘以转动前的分量列阵。矩阵中的 φ，逆时针为正。

若刚体上有一点 B 也会绕 O 点转动 φ 角，其转动前后的位置可以用向量 $\boldsymbol{B}_1$ 和 $\boldsymbol{B}_2$ 来表示，则该点在转动前后的位置坐标值即为向量沿 x 和 y 方向的分量，它们之间的关系为

$$\begin{bmatrix} x_{B2} \\ y_{B2} \end{bmatrix} = \boldsymbol{R} \begin{bmatrix} x_{B1} \\ y_{B1} \end{bmatrix} \tag{5-12}$$

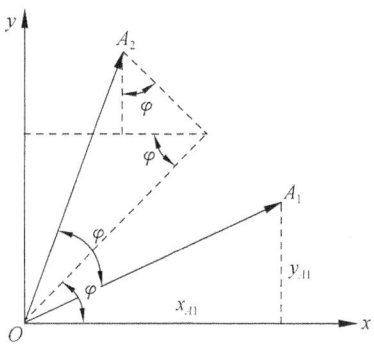

图 5.53 刚体转动矩阵坐标系

2. 平面位移矩阵

如图 5.54 所示，一刚体做平面运动，从给定位置 S_1 运动到任一位置 S_i，可看作是其上的参考向量 $\overrightarrow{P_1Q_1}$ 先平移至 P_1 与 P_i 点重合，然后绕 P_i 点转动 φ_{1i} 角实现的。所以向量 $\boldsymbol{Q}_i$ 可以表示为

$$\boldsymbol{Q}_i = \boldsymbol{R}(\boldsymbol{Q}_1 - \boldsymbol{P}_1) + \boldsymbol{P}_i \tag{5-13}$$

式(5-13)展开得

$$\begin{bmatrix} x_{Q_i} \\ y_{Q_i} \end{bmatrix} = \begin{bmatrix} \cos\varphi_{1i} & -\sin\varphi_{1i} \\ \sin\varphi_{1i} & \cos\varphi_{1i} \end{bmatrix} \begin{bmatrix} x_{Q_1} - x_{P_1} \\ y_{Q_1} - y_{P_1} \end{bmatrix} + \begin{bmatrix} x_{P_i} \\ y_{P_i} \end{bmatrix}$$

进一步展开可以写成如下形式：

$$\begin{bmatrix} x_{Q_i} \\ y_{Q_i} \\ 1 \end{bmatrix} = \begin{bmatrix} \cos\varphi_{1i} & -\sin\varphi_{1i} & x_{P_i} - x_{P_1}\cos\varphi_{1i} + y_{P_1}\sin\varphi_{1i} \\ \sin\varphi_{1i} & \cos\varphi_{1i} & y_{P_i} - x_{P_1}\sin\varphi_{1i} - y_{P_1}\cos\varphi_{1i} \\ 0 & 0 & 1 \end{bmatrix} \begin{bmatrix} x_{Q_1} \\ y_{Q_1} \\ 1 \end{bmatrix} \tag{5-14}$$

式(5-14)可简写为

$$\begin{bmatrix} x_{Q_i} \\ y_{Q_i} \\ 1 \end{bmatrix} = \boldsymbol{D}_{1i} \begin{bmatrix} x_{Q_1} \\ y_{Q_1} \\ 1 \end{bmatrix} \tag{5-15}$$

式中

$$\boldsymbol{D}_{1i} = \begin{bmatrix} \cos\varphi_{1i} & -\sin\varphi_{1i} & x_{P_i} - x_{P_1}\cos\varphi_{1i} + y_{P_1}\sin\varphi_{1i} \\ \sin\varphi_{1i} & \cos\varphi_{1i} & y_{P_i} - x_{P_1}\sin\varphi_{1i} - y_{P_1}\cos\varphi_{1i} \\ 0 & 0 & 1 \end{bmatrix} \tag{5-16}$$

称为刚体平面位移矩阵。

若已知刚体上任意点(Q)的初始位置(Q_1)，以及刚体上某一参考点(P)从一给定点(P_1)移动到另一给定点(P_i)和刚体转过给定的角度(φ_{1i})，根据刚体位移矩阵就可求出任意点的末了位置(Q_i)。

例 5.9 如图 5.55 所示,刚体从位置 I 转运到位置 II,参考点 P 的两个位置是 $P_1(0,2)$,$P_2(4,0)$,刚体顺时针转动了 $65°$,求转动极点。

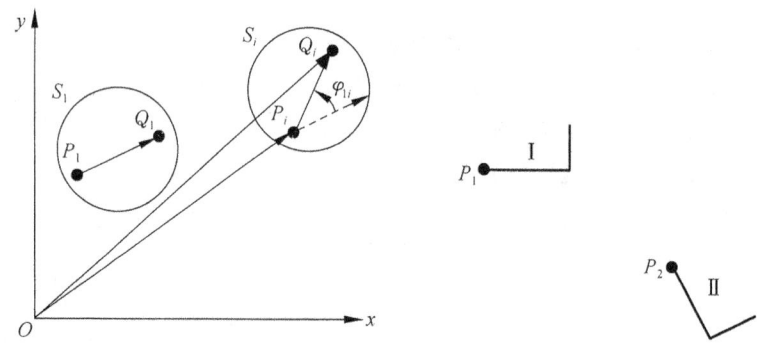

图 5.54 刚体位移矩阵坐标系　　图 5.55 求转动极

解 根据前面图解法(半角转动法)中提到的转动极点的概念,可知极点是不动的,即刚体运动前与运动后的坐标相同。因此由式(5-16)得

$$\boldsymbol{D}_{12} = \begin{bmatrix} \cos(-65°) & -\sin(-65°) & 4+2\sin(-65°) \\ \sin(-65°) & \cos(-65°) & -2\cos(-65°) \\ 0 & 0 & 1 \end{bmatrix}$$

即

$$\boldsymbol{D}_{12} = \begin{bmatrix} 0.423 & 0.906 & 2.188 \\ -0.906 & 0.423 & -0.846 \\ 0 & 0 & 1 \end{bmatrix}$$

代入式(5-14)得

$$\begin{Bmatrix} x_{P_{12}} \\ y_{P_{12}} \\ 1 \end{Bmatrix} = \begin{bmatrix} 0.423 & 0.906 & 2.188 \\ -0.906 & 0.423 & -0.846 \\ 0 & 0 & 1 \end{bmatrix} \begin{Bmatrix} x_{P_{12}} \\ y_{P_{12}} \\ 1 \end{Bmatrix}$$

解得

$$x_{P_{12}} = 0.431, \quad y_{P_{12}} = -2.141$$

5.5.2 刚体导引机构的设计

设计一个铰接四杆机构,使其连杆上的某个直线通过一系列预先给定的位置时,关键是找到连杆上的动铰链和连架杆上的与之相对应的定铰链——4 个待定点,即 8 个待定参数(相应的 x、y 坐标)。在机构运动过程中,每个动铰链的轨迹都是以定铰链为圆心的一段圆弧或者一个圆,如图 5.56 中 A、B,通常称之为圆弧点或圆点,而称定铰链 A_0、B_0 为圆心点。设连杆从初始位置 1 到达一系列预先给

定的位置 $2,3,\cdots,i$,连杆上的动铰链 A 从 A_1 点到达 $A_2,A_3,\cdots,A_i$,动铰链 A 到定铰链 A_0 的距离不变,所以有约束方程

$$(x_{A_i} - x_{A_0})^2 + (y_{A_i} - y_{A_0})^2 = (x_{A_1} - x_{A_0})^2 + (y_{A_1} - y_{A_0})^2, \quad i = 2,3\cdots \tag{5-17}$$

又根据式(5-14)得

$$\begin{bmatrix} x_{A_i} \\ y_{A_i} \\ 1 \end{bmatrix} = \begin{bmatrix} \cos\varphi_{1i} & -\sin\varphi_{1i} & x_{P_i} - x_{P_1}\cos\varphi_{1i} + y_{P_1}\sin\varphi_{1i} \\ \sin\varphi_{1i} & \cos\varphi_{1i} & y_{P_i} - x_{P_1}\sin\varphi_{1i} - y_{P_1}\cos\varphi_{1i} \\ 0 & 0 & 1 \end{bmatrix} \begin{bmatrix} x_{A_1} \\ y_{A_1} \\ 1 \end{bmatrix}$$

即

$$\begin{bmatrix} x_{A_i} \\ y_{A_i} \\ 1 \end{bmatrix} = \boldsymbol{D}_{1i} \begin{bmatrix} x_{A_1} \\ y_{A_1} \\ 1 \end{bmatrix}$$

同理,连杆上的动铰链 B 从 B_1 点到达 $B_2,B_3,\cdots,B_i$,动铰链 B 到定铰链 B_0 的距离不变,所以同样得到上述约束方程。

连杆从初始位置 1 到达一系列预先制定的位置 $2,3,\cdots,i$ 时,连杆上的任一参考点 P 到达给定的点 $P_2,P_3,\cdots,P_i$,同时连杆也要从初始位置 1 分别转过给定的 φ_{12},$\varphi_{13},\cdots,\varphi_{1i}$ 角,即 $\boldsymbol{D}_{1i}$ 中的各元素是给定的。

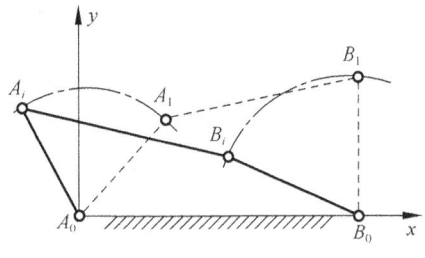

图 5.56 四杆机构

$i=2$,给出连杆的 2 个位置,每个连架杆可根据约束方程列出 1 个方程,两个连架杆可根据约束方程列出 2 个方程,4 个铰链,8 个待定参数,所以理论上有无穷解。

$i=3$,给出连杆的 3 个位置,每个连架杆可列出 2 个方程,两个连架杆可根据约束方程列出 4 个方程,4 个铰链,8 个待定参数,所以理论上也有无穷解。

$i=4$,给出连杆的 4 个位置,每个连架杆可列出 3 个方程,两个连架杆可根据约束方程列出 6 个方程,4 个铰链,8 个待定参数,所以理论上也有无穷解。这时圆点的集合是一条曲线,称为圆点曲线,相应的圆心点的集合也是一条曲线,称为圆心点曲线。实际设计时根据其他条件如动力学条件和结构尺寸条件从无穷解中选择合适的解。

$i=5$,给出连杆的 5 个位置,每个连架杆可列出 4 个方程,两个连架杆可根据约束方程列出 8 个方程,4 个铰链,8 个待定参数,理论上有解。但是,因为很难找到初值,所以这个非线性方程组很难解。可先考虑一连架杆其中 4 个位置列出 3 个方程,得到圆点曲线和相应的圆心点曲线;再考虑另一连架杆,列出 3 个方程,得到另一对圆点曲线和相应的圆心点曲线。如果这两组曲线有交点,就能够引导连

例 5.10 如图 5.57(a)所示,刚体从位置 Ⅰ 转动到位置 Ⅱ,参考点位置 $P_1(0,2)$,$P_2(4,0)$,刚体顺时针转动了 65°,固定铰链 $A_0(-0.38,6.43)$,$B_0(3.47,1.32)$。设计一铰接四杆机构实现此导引动作。

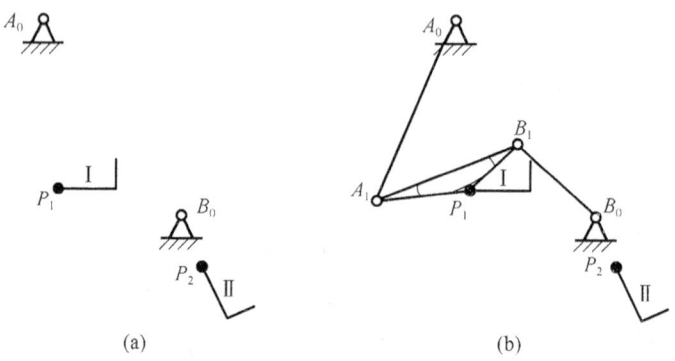

图 5.57 导引刚体二位置的四杆机构

解 动铰链到定铰链的距离不变,所以有约束方程

$$(x_{A_2} - x_{A_0})^2 + (y_{A_2} - y_{A_0})^2 = (x_{A_1} - x_{A_0})^2 + (y_{A_1} - y_{A_0})^2 \quad (a)$$

$$(x_{B_2} - x_{B_0})^2 + (y_{B_2} - y_{B_0})^2 = (x_{B_1} - x_{B_0})^2 + (y_{B_1} - y_{B_0})^2 \quad (b)$$

由例 5.9 有

$$\begin{Bmatrix} x_{A_2} \\ y_{A_2} \\ 1 \end{Bmatrix} = \begin{bmatrix} 0.423 & 0.906 & 2.188 \\ -0.906 & 0.423 & -0.846 \\ 0 & 0 & 1 \end{bmatrix} \begin{Bmatrix} x_{A_1} \\ y_{A_1} \\ 1 \end{Bmatrix}$$

$$\begin{Bmatrix} x_{B_2} \\ y_{B_2} \\ 1 \end{Bmatrix} = \begin{bmatrix} 0.423 & 0.906 & 2.188 \\ -0.906 & 0.423 & -0.846 \\ 0 & 0 & 1 \end{bmatrix} \begin{Bmatrix} x_{B_1} \\ y_{B_1} \\ 1 \end{Bmatrix}$$

得到

$$\left. \begin{aligned} x_{A_2} &= 0.423 x_{A_1} + 0.906 y_{A_1} + 2.188 \\ y_{A_2} &= -0.906 x_{A_1} + 0.423 y_{A_1} - 0.846 \end{aligned} \right\} \quad (c)$$

$$\left. \begin{aligned} x_{B_2} &= 0.423 x_{B_1} + 0.906 y_{B_1} + 2.188 \\ y_{B_2} &= -0.906 x_{B_1} + 0.423 y_{B_1} - 0.846 \end{aligned} \right\} \quad (d)$$

将式(c)代入约束方程(a)中,可知有 2 个未知量 x_{A_1}、y_{A_1},但只有 1 个方程,所以本题有无穷解。可以先选定 1 个,如选定 $x_{A_1} = -2.55$,可求得 $y_{A_1} = 1.69$。同理将式(d)代入约束方程(b)中,同样有 2 个未知量 x_{B_1}、y_{B_1},但只有 1 个方程;也先

选定1个,如选定 $x_{B_1}=1.26$,可解得 $y_{B_1}=3.26$,如图5.57(b)所示。

例5.11 如图5.58(a)所示,刚体从位置Ⅰ转动到位置Ⅱ、Ⅲ,参考点位置 $P_1(0,2),P_2(4,0),P_3(6,-1)$,刚体顺时针转动了65°和90°,固定铰链 $A_0(2.33,-5.86),B_0(20.03,7.69)$。设计铰接四杆机构实现此导引动作。

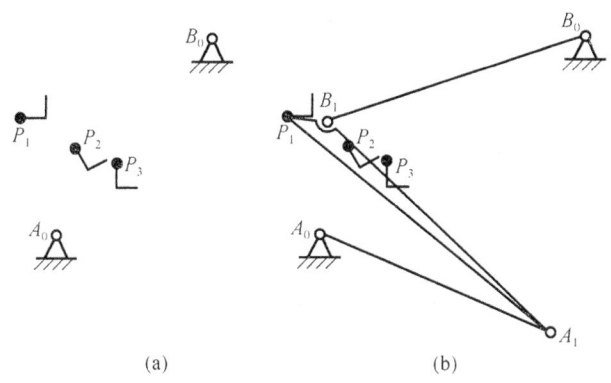

图5.58 导引刚体历经三个位置的四杆机构

解 由约束方程

$$(x_{A_i}-x_{A_0})^2+(y_{A_i}-y_{A_0})^2=(x_{A_1}-x_{A_0})^2+(y_{A_1}-y_{A_0})^2, \quad i=2,3$$

$$\begin{Bmatrix} x_{A_2} \\ y_{A_2} \\ 1 \end{Bmatrix} = \begin{bmatrix} 0.423 & 0.906 & 2.188 \\ -0.906 & 0.423 & -0.846 \\ 0 & 0 & 1 \end{bmatrix} \begin{Bmatrix} x_{A_1} \\ y_{A_1} \\ 1 \end{Bmatrix}$$

$$\begin{Bmatrix} x_{A_3} \\ y_{A_3} \\ 1 \end{Bmatrix} = \begin{bmatrix} 0 & -1 & 8 \\ 1 & 0 & -1 \\ 0 & 0 & 1 \end{bmatrix} \begin{Bmatrix} x_{A_1} \\ y_{A_1} \\ 1 \end{Bmatrix}$$

得到

$$x_{A_2}=0.423x_{A_1}+0.906y_{A_1}+2.188$$
$$y_{A_2}=-0.906x_{A_1}+0.423y_{A_1}-0.846$$
$$x_{A_3}=-y_{A_1}+8$$
$$y_{A_3}=x_{A_1}-1$$

联立方程可解得 $x_{A_1}=18.15, y_{A_1}=-12.58$;同理可得到 $x_{B_1}=2.71, y_{B_1}=1.68$,机构如图5.58(b)所示。

5.5.3 实现给定两连架杆的对应位置的函数机构的设计

设计一个铰接四杆机构,如图5.59(a)所示,当其中一个连架杆从位置 A_0A_1

转动 α_{1i} 角到达 A_0A_i 时,另一个连架杆从位置 B_0B_1 转动 β_{1i} 角到达 B_0B_i。

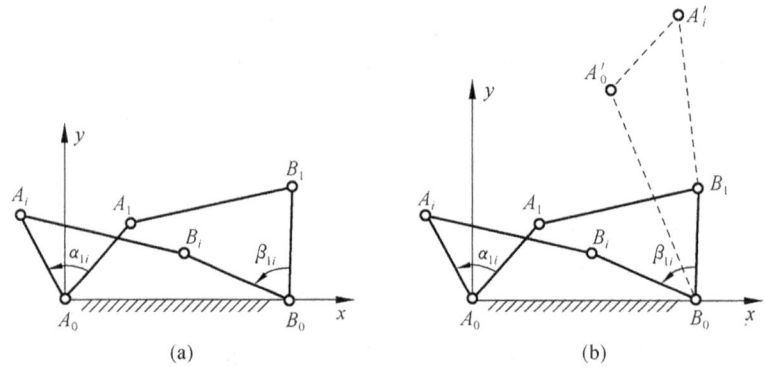

图 5.59 将函数变换问题转化为刚体导引问题

先建立坐标。取 $\overline{A_0B_0}=1$,坐标原点在 A_0。连架杆从位置 A_0A_1 转动 α_{1i} 角到达 A_0A_i 的运动可用平面位移矩阵来描述。

$$\boldsymbol{D}_{\alpha_{1i}} = \begin{bmatrix} \cos\alpha_{1i} & -\sin\alpha_{1i} & 0 \\ \sin\alpha_{1i} & \cos\alpha_{1i} & 0 \\ 0 & 0 & 1 \end{bmatrix} \tag{5-18}$$

整个机构保持在第 i 个位置的形状不变,即刚化机构,将整个机构绕 B_0 转动角度 $-\beta_{1i}$,使得 B_0B_i 与 B_0B_1 重合,即反转。

$$\boldsymbol{D}_{-\beta_{1i}} = \begin{bmatrix} \cos\beta_{1i} & \sin\beta_{1i} & 1-\cos\beta_{1i} \\ -\sin\beta_{1i} & \cos\beta_{1i} & \sin\beta_{1i} \\ 0 & 0 & 1 \end{bmatrix} \tag{5-19}$$

可以将两次的位移综合起来得到一个总的相对位移矩阵

$$\boldsymbol{D}_{R_{1i}} = \boldsymbol{D}_{-\beta_{1i}}\boldsymbol{D}_{\alpha_{1i}} = \begin{bmatrix} \cos(\alpha_{1i}-\beta_{1i}) & -\sin(\alpha_{1i}-\beta_{1i}) & 1-\cos\beta_{1i} \\ \sin(\alpha_{1i}-\beta_{1i}) & \cos(\alpha_{1i}-\beta_{1i}) & \sin\beta_{1i} \\ 0 & 0 & 1 \end{bmatrix} \tag{5-20}$$

两次运动变换,就将实现给定两连架杆的对应位置的问题变为刚体导引问题,即刚体由 A_0A_1 到 $A_0'A_i'$。

$$\begin{Bmatrix} x_{A_i} \\ y_{A_i} \\ 1 \end{Bmatrix} = \boldsymbol{D}_{R_{1i}} \begin{Bmatrix} x_{A_1} \\ y_{A_1} \\ 1 \end{Bmatrix} \tag{5-21}$$

$$\begin{Bmatrix} x_{B_i} \\ y_{B_i} \\ 1 \end{Bmatrix} = \boldsymbol{D}_{R_{1i}} \begin{Bmatrix} x_{B_1} \\ y_{B_1} \\ 1 \end{Bmatrix} \tag{5-22}$$

例 5.12 设计一铰接四杆机构,已知两连架杆的三对对应位置为 $\alpha_{12}=30°$, $\alpha_{13}=60°$, $\beta_{12}=20°$, $\beta_{13}=40°$, $l_{A_0B_0}=1\text{m}$, 示意图如图 5.60 所示。

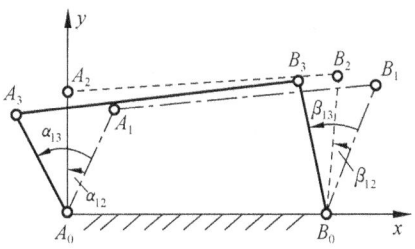

图 5.60 设计使连架杆实现对应位置四杆机构

解

$$\begin{Bmatrix} x_{A_0} \\ y_{A_0} \\ 1 \end{Bmatrix} = \begin{Bmatrix} 0 \\ 0 \\ 1 \end{Bmatrix}, \quad \begin{Bmatrix} x_{B_0} \\ y_{B_0} \\ 1 \end{Bmatrix} = \begin{Bmatrix} 1 \\ 0 \\ 1 \end{Bmatrix}$$

根据式(5-20)得

$$\boldsymbol{D}_{12} = \begin{bmatrix} \cos(30°-20°) & -\sin(30°-20°) & 1-\cos20° \\ \sin(30°-20°) & \cos(30°-20°) & \sin20° \\ 0 & 0 & 1 \end{bmatrix}$$

$$= \begin{bmatrix} 0.9848 & -0.1746 & 0.0603 \\ 0.1736 & 0.9848 & 0.342 \\ 0 & 0 & 1 \end{bmatrix} \tag{a}$$

$$\boldsymbol{D}_{13} = \begin{bmatrix} \cos(60°-40°) & -\sin(60°-40°) & 1-\cos40° \\ \sin(60°-40°) & \cos(60°-40°) & \sin40° \\ 0 & 0 & 1 \end{bmatrix}$$

$$= \begin{bmatrix} 0.9397 & -0.342 & 0.234 \\ 0.342 & 0.9397 & 0.6428 \\ 0 & 0 & 1 \end{bmatrix} \tag{b}$$

$$\begin{Bmatrix} x'_{A_2} \\ y'_{A_2} \\ 1 \end{Bmatrix} = \begin{bmatrix} 0.9848 & -0.1746 & 0.0603 \\ 0.1736 & 0.9848 & 0.342 \\ 0 & 0 & 1 \end{bmatrix} \begin{Bmatrix} x_{A_1} \\ y_{A_1} \\ 1 \end{Bmatrix} \tag{c}$$

$$\begin{Bmatrix} x'_{A_3} \\ y'_{A_3} \\ 1 \end{Bmatrix} = \begin{bmatrix} 0.9397 & -0.342 & 0.234 \\ 0.342 & 0.9397 & 0.6428 \\ 0 & 0 & 1 \end{bmatrix} \begin{Bmatrix} x_{A_1} \\ y_{A_1} \\ 1 \end{Bmatrix} \tag{d}$$

A'_2 与 A_1 到 B_1 的距离不变,可列出一个定长方程,A'_3 与 A_1 到 B_1 的距离不变,也可列出一个定长方程,即

$$(x'_{A_2}-x_{B_1})^2 + (y'_{A_2}-y_{B_1})^2 = (x_{A_1}-x_{B_1})^2 + (y_{A_1}-y_{B_1})^2 \tag{e}$$

$$(x'_{A_3}-x_{B_1})^2 + (y'_{A_3}-y_{B_1})^2 = (x_{A_1}-x_{B_1})^2 + (y_{A_1}-y_{B_1})^2 \tag{f}$$

其中,x'_{A_2}、y'_{A_2}、x'_{A_3}、y'_{A_3} 由式(c)、式(d)代入。在式(e)、式(f)两个定长方程的四个参数中,可先选定两个,如选定 $x_{B_1}=0.5$、$y_{B_1}=0.866$ 解联立方程(e)、(f)可得 $x_{A_1}=-2.14$、$y_{A_1}=1.79$,机构如图 5.61 所示。

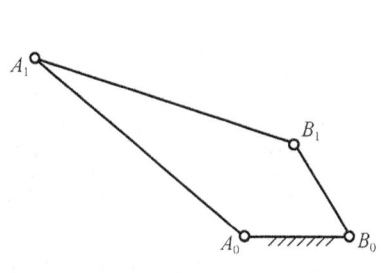
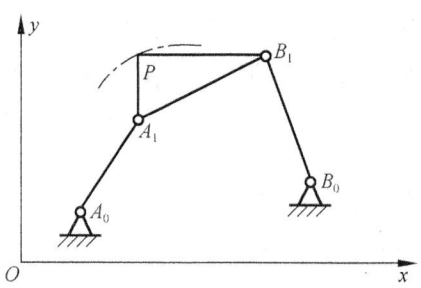

图 5.61　四杆机构　　　　图 5.62　设计轨迹复演的铰接四杆机构

5.5.4　设计轨迹复演的铰接四杆机构

设计轨迹复演的铰接四杆机构时只要求连杆上某点能通过一系列指定的位置，而对连杆的转角没有要求。所以连杆的转角可以作为设计参数。图 5.62 所示为铰链四杆机构 A_0、A_1、B_0、B_1，设连杆 A_1B_1 上一点 P 在坐标系 xOy 中沿着平面轨迹上一系列给定的有序点 $P_1,\cdots,P_i(i=2,3,4,\cdots)$ 运动，P_i 点的坐标 (x_{Pi}, y_{Pi}) 为已知，设计该机构的任务就是确定四个铰链中心 A_0、A_1、B_0、B_1 的坐标。

为此，可列出两连架杆的约束方程

$$\left.\begin{aligned}(x_{A_i}-x_{A_0})^2+(y_{A_i}-y_{A_0})^2=(x_{A_1}-x_{A_0})^2+(y_{A_1}-y_{A_0})^2\\ j=2,3,4,\cdots\\ (x_{B_i}-x_{B_0})^2+(y_{B_i}-y_{B_0})^2=(x_{B_1}-x_{B_0})^2+(y_{B_1}-y_{B_0})^2\\ j=2,3,4,\cdots\end{aligned}\right\} \quad (5\text{-}23)$$

选 P_i 点为参考点，A_i、B_i 的位置，可根据式(5-15)求出，即

$$\left.\begin{aligned}(x_{A_i}\quad y_{A_i}\quad 1)^{\mathrm{T}}=\boldsymbol{D}_{1i}(y_{A_1}\quad y_{A_1}\quad 1)^{\mathrm{T}}\\ (x_{B_i}\quad y_{B_i}\quad 1)^{\mathrm{T}}=\boldsymbol{D}_{1i}(y_{B_1}\quad y_{B_1}\quad 1)^{\mathrm{T}}\end{aligned}\right\} \quad (5\text{-}24)$$

$$\boldsymbol{D}_{1i}=\begin{bmatrix}\cos\varphi_{1i} & -\sin\varphi_{1i} & x_{P_i}-x_{P_1}\cos\varphi_{1i}+y_{P_1}\sin\varphi_{1i}\\ \sin\varphi_{1i} & \cos\varphi_{1i} & y_{P_i}-x_{P_1}\sin\varphi_{1i}-y_{P_1}\cos\varphi_{1i}\\ 0 & 0 & 1\end{bmatrix}$$

式中，φ_{1i} 为连杆的相对转角，这时为未知量；x_{P_1}、y_{P_1}、x_{P_i}、y_{P_i} 为参考点的坐标，即轨迹上给定的设计点的已知坐标值。

将式(5-24)带入式(5-23)，经过整理后可得非线性设计方程组。其中共有 8 个未知的结构参数(x_{A_0}、y_{A_0}、x_{A_1}、y_{A_1}、x_{B_0}、y_{B_0}、x_{B_1}、y_{B_1})和 $i-1$ 个未知的运动参数($\varphi_{12},\varphi_{13},\cdots,\varphi_{1i}$)，即总共有 $8+(i-1)$ 个未知参数，而设计方程的数目为 $2(i-1)$。由 $8+(i-1)\geqslant 2(i-1)$ 可得 $i\leqslant 9$，最多可实现轨迹上 8 个给定的设计点。因此设计的关键在于解出此非线性方程组的解，因为是非线性方程组，设计的未知量比较多所以必须借助计算机。通过编写相应的算法用计算机求解。

例 5.13 设计一铰链四杆机构,使其连杆上某点 P 能依次通过平面轨迹上如表 5.1 中所列的七个给定设计点。

表 5.1

点序号	1	2	3	4	5	6	7
x_{P_i}	13.84	-31.07	-51.64	32.95	44.74	58.62	66.27
y_{P_i}	188.47	140.64	96.33	99.62	113.95	127.98	215.07

解 今选定未知参数的初始值为

$a_{1x}=-82$, $a_{1y}=70$, $b_{0x}=190$, $b_{0y}=1$

$b_{1x}=89$, $b_{1y}=158$, $\theta_{12}=0.15\text{rad}$, $\theta_{13}=0.38\text{rad}$

$\theta_{14}=1.17\text{rad}$, $\theta_{15}=1.1\text{rad}$, $\theta_{16}=1\text{rad}$, $\theta_{17}=0.052\text{rad}$

采用拟牛顿法解非线性方程组求得

$a_{0x}=0$, $a_{0y}=0$, $a_{1x}=-95.5232$, $a_{1y}=80.4022$,

$b_{0x}=174.194$, $b_{0y}=18.574$, $b_{1x}=76.7906$, $b_{1y}=170.535$

5.6 多杆机构

当四杆机构的性能不能很好满足工作需要时,可考虑采用多杆机构。多杆机构由于其待定的尺度参数和组合方式较多,设计中的灵活性较大,故能更好地满足工作需要。多于四杆以上的平面连杆机构用得较多的是六杆机构。可将四杆机构的设计理论拓展,应用到六杆机构的设计中。

在工程实际中,四杆机构得到广泛应用。但生产实际中提出的问题有时是复杂的,仅采用四杆机构还不能很好地满足要求,但考虑综合利用四杆机构各方面的特点组成多杆机构,是解决问题的一条途径。由于多杆机构中的运动学尺寸和组合方式相对于四杆机构要多,因而采用多杆机构可满足更多的设计要求,以达到以下几方面的目的。

1. 可改善从动件的运动特性

以刨床的工作机构为例,它要求切削行程较大,速度均匀且有较大的急回系数。导杆机构有这样一些特点,但导杆是摆动的,为了变摆动为平动,可在导杆上连接一RRP 杆组,滑块的行程 $s \gg 2a$,这就基本上实现了所要求的工艺动作(见图 5.63)。

2. 可使机构从动件的行程可调

对于上面的机构也有些问题:其行程大小的调节是通过改变曲柄长度 a,即改变导杆的摆角 ψ_M 大小实现的。我们知道,导杆的摆角大小与急回系数 K 直接相关,亦即调节行程必然改变急回系数,行程越大,急回系数也越大,导致动力学性能不好。

考虑到对心曲柄滑块机构可实现往复移动,但无急回特性,如果使它的曲柄做变速转动,即对应于滑块的工作行程,曲柄转慢一些,对应于滑块的空回行程,曲柄转快一些,滑块就有急回特性了。为此,可以用一个能把匀速转动变换为非匀速转动的回转导杆机构带动一个对心曲柄滑块机构(见图 5.64),能较好地实现工艺动作要求,行程的调节可以通过改变 BD 长度实现,并不影响机构的急回特性。

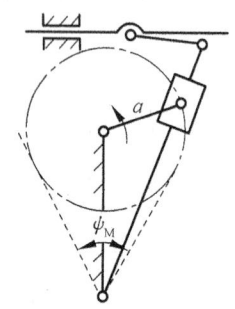
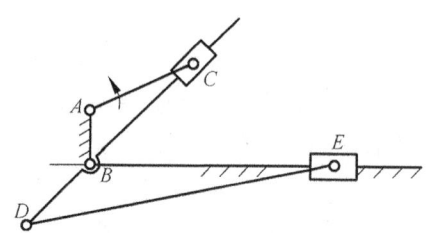

图 5.63　刨床的工作机构　　　　图 5.64　可调节行程的插床机构

3. 可实现从动件带停歇的运动

实现从动件往复运动中的停歇,这本是凸轮机构的特长,但在承受较大工艺载荷情况下宜用连杆机构。我们知道,四杆机构的连杆曲线有各种形式,我们可以选择一条包含有圆弧段或直线段的连杆曲线,利用它们可以做成间歇机构。如图 5.65(a)所示曲柄摇杆机构 $ABCD$ 的连杆上 E 点轨迹在 E'-E'' 段近似一圆弧,其圆心在 F 点,若适当选取 G 点,连接一 RRR 杆组(EFG),组成一个六杆机构 $ABCDEFG$。在曲柄转动过程中,当连杆上 E 点在 E'-E'' 段上运动时,F 点不动,从动件 FG 杆将处于停歇状态。又如图 5.65(b)所示四杆机构 $ABCD$ 中的连杆

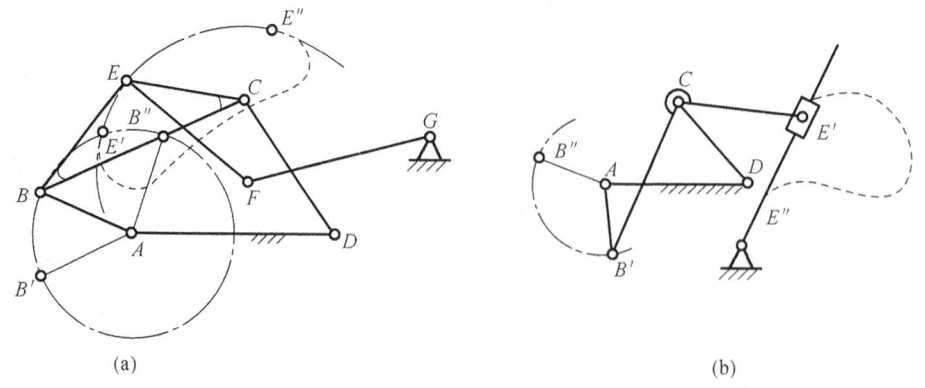

图 5.65　间歇机构

BC 上的 E 点的轨迹有一段为近似直线段,在直线段延线上设置一固定转动副,连接一 RPR 杆组,组成一个六杆机构 $ABCDEF$,则当连杆上 E 点沿近似直线段运动时,导杆可处于停歇状态。

4. 可获得较大的机械利益

有些机械需要克服较大的工艺阻力,常应用所谓的"增力机构",即主动件上施加较小的力,从动件可以克服很大的力的机构。由功能原理可知,这种机械一定是某种减速的或位移缩小的机构。图 5.66 所示就是一种常用于冲压、剪断机械上的增力机构。它是在曲柄摇杆机构上连接一个 RRP 杆组形成的,这里的关键是它的工作位置,即 CD 和 CE 接近共线的位置。此时,E 点的位移远远小于 B 点的位移,因而在 AB 上施加以较小的力即可使滑块 E 克服很大的力,亦即可获得很大的机械利益。

当然,多杆机构不都是由四杆机构加 II 级杆组组成的,也可能由高级杆组组成,可能包含更多的构件。但深入了解四杆机构设计的基本原理,合理地综合利用它们,也会解决一些较复杂的运动变换问题。

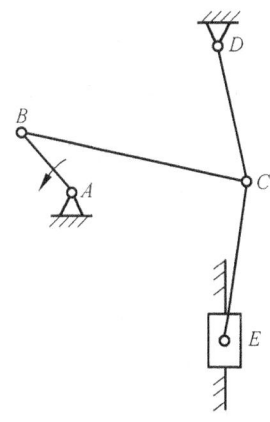

图 5.66 增力机构

例 5.14 如图 5.64 所示的插床机构中,要求 $l_{AB}=40$mm,行程速比系数 $K=2$,行程 $H=80$mm,且有良好的传力性能,试设计此六杆机构。

解 此六杆机构由转动导杆机构和对心曲柄滑块机构组成,虽然这两种机构单独都不具有急回作用,但是将它们适当地组合就有急回作用。

根据公式

$$\theta = \frac{K-1}{K+1} \times 180° = \frac{2-1}{2+1} \times 180° = 60°$$

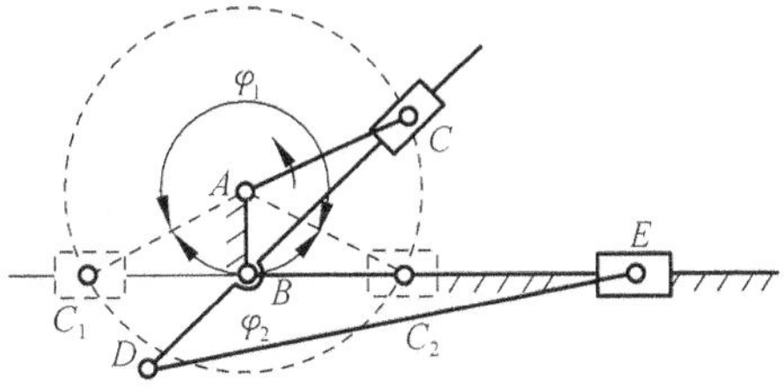

可得,$\varphi_1=180°+\theta=240°$,$\varphi_2=180°-\theta=120°$,如图 5.67 所示。

由运动关系知,AC 逆时针转过 φ_1,导杆转过 $180°$,AC 逆时针转过 φ_2,导杆也转过 $180°$,根据三角形几何关系得

$$l_{AC} = 2l_{AB} = 80\text{mm}$$

根据行程 $H=80$mm,可确定 $l_{BD}=40$mm。

图 5.67 六杆机构设计示例

为了保证传力性能良好,设计一般采用连杆与曲柄的比值为 2.5~3。取 $l_{DE}=3l_{BD}=120$mm。

第6章 凸轮机构及其设计

6.1 概 述

6.1.1 凸轮机构的组成及应用

凸轮机构是由具有曲线轮廓或凹槽的构件,通过高副接触带动从动件实现预期运动规律的一种高副机构。它是典型的常用机构之一,广泛应用于各种机械,特别是各种自动机械、自动控制装置和装配生产线中。图 6.1 所示为一内燃机的配气机构。图中外形具有曲线轮廓的构件 1 称为凸轮,被凸轮直接推动的构件 2(气阀)称为从动件,当凸轮 1 匀速转动时,推动气阀 2 上下运动。只要选择合适的凸轮廓线形状,就可以控制气阀开启或关闭时间的长短及其运动的变化。图 6.2 所示为绕线机简图,构件 1 即为凸轮,适当设计凸轮轮廓,可实现从动件 2 的预期运动,使线有规律地被绕在线芯 4 上。

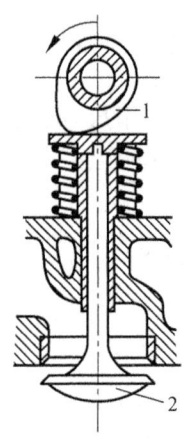
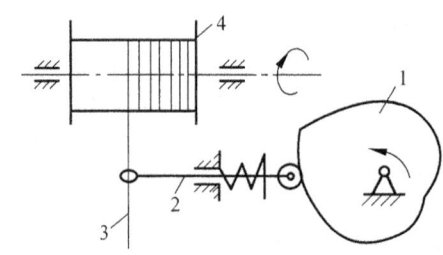

图 6.1 内燃机的配气机构　　图 6.2 绕线机的机构简图

由这两个例子可知,凸轮机构由凸轮、从动件、机架以及附属装置组成,具有结构简单、紧凑、工作可靠的特点。由于从动件的运动规律是由凸轮轮廓曲线决定的,所以只要凸轮轮廓设计得当,就可以使从动件实现任意给定的运动规律。但凸轮轮廓与从动件之间是点或线接触,接触应力较大,故易于磨损,所以凸轮机构多用于传递动力不大的场合。

6.1.2 凸轮机构的类型

凸轮机构类型很多,常常根据凸轮和从动件的形状及其运动形式的不同来分类。

1. 按凸轮的形状分

(1) 盘形凸轮机构。如图6.1所示,这种凸轮是一个具有变化向径的盘形构件,它是凸轮的最基本形式。当其绕固定轴转动时,可推动从动件在垂直于凸轮转轴的平面内运动。它结构简单,应用广泛,但不能要求从动件的行程太大,否则将使凸轮的尺寸过大。

(2) 移动凸轮机构。当盘形凸轮的回转中心趋于无穷远时,盘形凸轮机构就演化成了如图6.3所示的移动凸轮机构,凸轮呈板状,它相对于机架做直线移动。

(3) 圆柱凸轮机构。在这种凸轮机构中,凸轮是一个在圆柱面上开有曲线凹槽(见图6.4)或是在圆柱端面上作出曲线轮廓(见图6.5)的构件,可以看作是把移动凸轮卷成圆柱体演化而成的。当其转动时,可使从动件在与圆柱凸轮轴线平行的平面内运动。

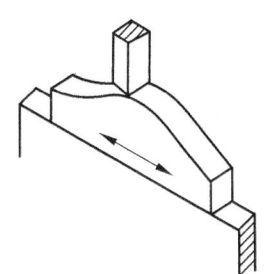
图6.3 移动凸轮机构
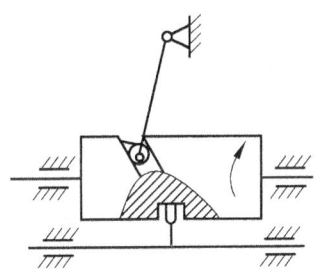
图6.4 槽形圆柱凸轮机构
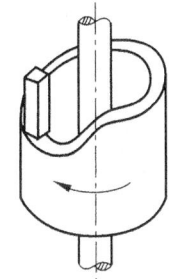
图6.5 端面圆柱凸轮机构

在盘形凸轮和移动凸轮机构中,凸轮与从动件之间的相对运动均为平面运动,故又统称为平面凸轮机构。而在圆柱凸轮机构中,凸轮与从动件之间的相对运动是空间运动,故它属于空间凸轮机构。

2. 按从动件的形状分

(1) 尖顶从动件凸轮机构。如图6.6(a)所示,从动件的尖顶能够与任意复杂的凸轮轮廓保持接触,从而使从动件实现任意的运动规律。这种从动件结构最简单,但尖顶易磨损,只适用于传力不大和速度较低的场合,如仪表等机构中。

(2) 滚子从动件凸轮机构。如图6.6(b)所示,在尖顶从动件的端部安装一个滚子,把尖顶从动件与凸轮之间的滑动摩擦变成了滚动摩擦,所以这种从动件耐磨

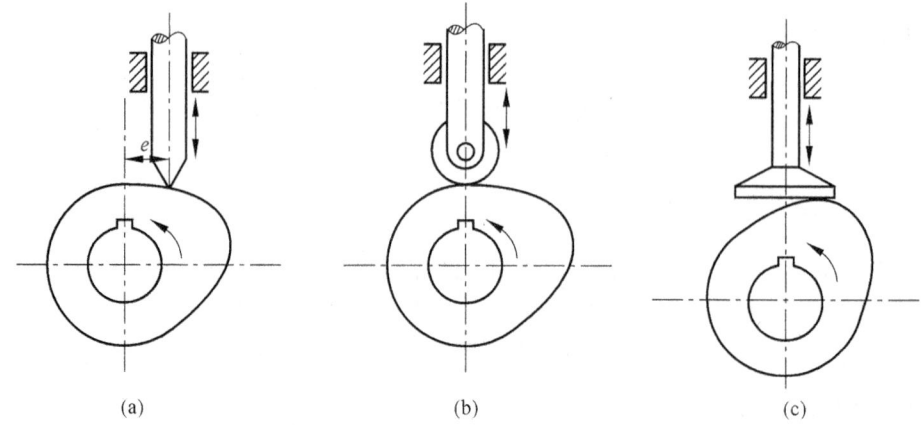

图 6.6 几种从动件的形状不同的凸轮机构

损,可以传递较大的动力,应用最普遍。

(3) 平底从动件凸轮机构。如图 6.6(c)所示,从动件的平底与凸轮的轮廓之间易形成油膜,润滑较好,所以常用于高速场合。其缺点是与从动件配合的凸轮轮廓必须全部为外凸形状。

3. 按从动件的运动形式分

(1) 直动从动件凸轮机构。当凸轮绕固定轴转动时,推动从动件做往复直线运动,如图 6.6 所示。此外根据从动件的轴线是否通过凸轮的回转轴心,又可以进一步分成对心直动从动件凸轮机构(见图 6.6(b)、图 6.6(c))和偏置直动从动件凸轮机构(见图 6.6(a))。

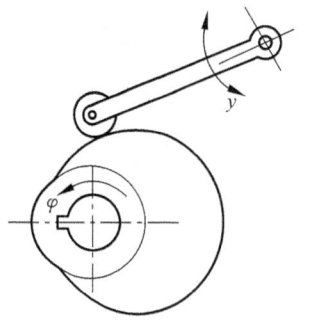

图 6.7 摆动从动件凸轮机构

(2) 摆动从动件凸轮机构。当凸轮绕固定轴转动时,推动从动件做往复摆动,如图 6.7 所示。

4. 按凸轮与从动件维持高副接触的方式分

(1) 力封闭的凸轮机构。在这种机构中,是利用从动件的重力、弹簧力(见图 6.1)或其他外力使从动件与凸轮轮廓始终保持接触的。

(2) 几何封闭的凸轮机构。在这种机构中,利用凸轮或从动件的特殊几何形状使从动件与凸轮轮廓始终保持接触。如图 6.8(a)所示为槽形凸轮机构,凸轮上凹槽的法向宽度等于从动件的滚子直径,所以能使从动件与凸轮在运动过程中始终保持接触。这种方式运动可靠,但凸轮制造难度较大,并且只适用于滚子从动件。如图 6.8(b)所示为等宽凸轮机构,其从动件作成矩形框架形状,而凸轮廓线上任意两条平行切线间的距离都等于框架内侧的宽度,因此凸轮与从动件可始终保持接触。如图 6.8(c)所示为等径凸轮机构,其从动件上装有两个滚子,凸轮理论廓线在径向线上两点之间的距离处处相等,且等于从动件上两个滚子的中心距,故可使凸轮与两滚子始终保持接触。

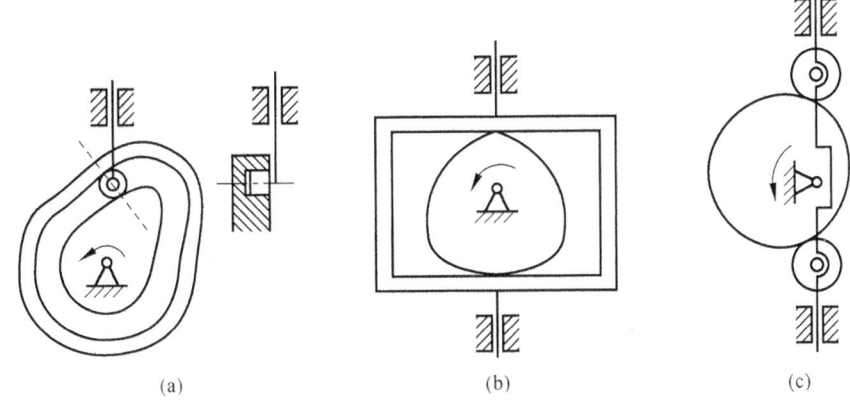

图 6.8 几种几何封闭的凸轮机构

将上述分类方法综合起来,可以得到各种不同类型的凸轮机构,例如,图 6.6(b)所示可称为直动尖顶从动件盘形凸轮机构,图 6.7 所示可称为摆动滚子从动件盘形凸轮机构。

6.1.3 凸轮机构设计的基本名词术语

(1) 凸轮理论廓线。尖顶从动件的尖顶或滚子从动件的滚子中心相对于凸轮的运动轨迹。

(2) 凸轮工作廓线。与从动件工作面直接接触的凸轮轮廓曲线,又称实际廓线。对于尖顶从动件,凸轮的工作廓线与理论廓线重合,对于滚子从动件,工作廓线是理论廓线的等距曲线,两者的法向距离等于滚子半径。

(3) 凸轮的基圆。以凸轮的回转中心 O 为圆心,以凸轮理论廓线的最小向径 r_0 为半径所作的圆称为凸轮的基圆,r_0 称为基圆半径。

(4) 推程。在凸轮转动过程中,当从动件从最低位置处开始上升,远离凸轮轴心,并被推到最高位置,从动件运动的这一过程称为推程,与推程相对应的凸轮转角称为推程运动角,用 δ_0 表示。

(5) 远休止。从动件处于最高位置(离凸轮回转轴最远)而静止不动,此过程称为远休止,与其相对应的凸轮转角称为远休止角,用 δ_s 表示。

(6) 回程。从动件从最高位置趋近凸轮轴心而回到最低位置,此过程称为回程,凸轮相应的转角称为回程运动角,用 δ'_0 表示。

(7) 近休止。从动件处于最低位置又静止不动,此过程称为近休止,与其相对应的凸轮转角称为近休止角,用 δ'_s 表示。

(8) 行程。凸轮在回转一周的过程中,从动件从最低位置到最高位置的距离称为行程,用 h 表示。

这些名词术语如图 6.9 所示。

6.1.4 凸轮机构设计的主要问题

凸轮机构设计的主要问题有:

(1) 根据设计任务的要求选择凸轮机构的类型和从动件运动规律。

(2) 确定凸轮机构的基本尺寸。

(3) 根据从动件的运动规律设计凸轮轮廓曲线。

(4) 校核压力角及轮廓最小曲率半径,并且进行凸轮机构的结构设计。对于高速凸轮机构,有时还需进行动力学分析与设计。

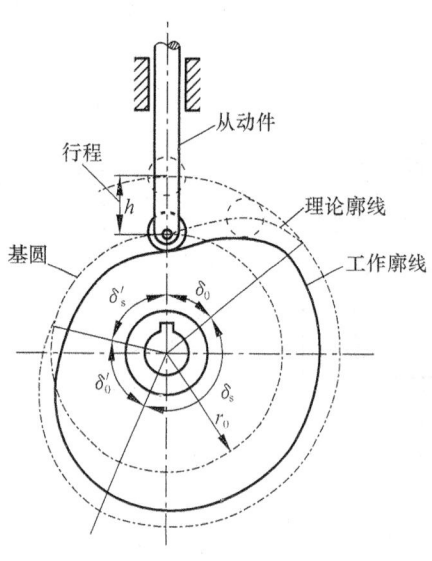

图 6.9 对心直动滚子从动件盘形凸轮机构

6.2 从动件的运动规律

设计凸轮机构时,首先应根据实际工作要求确定从动件的运动规律,然后根据这一规律设计凸轮轮廓曲线。而这种工作要求是多种多样的,因此从动件的运动规律有多种形式。本节主要介绍几种常用运动规律。

6.2.1 从动件常用运动规律

所谓从动件的运动规律,是指从动件在运动时,其位移 s、速度 v、加速度 a 随时间 t 或转角 δ 的变化规律。它全面地反映了从动件的运动特性及其变化的规律。从动件的运动规律可以用线图表示,也可以用数学方程式表示。若从动件的位移方程为 $s=s(\delta)$,将其对时间逐次求导,可以得到速度 v 和加速度 a 分别为

$$\left. \begin{array}{l} v = \dfrac{\mathrm{d}s}{\mathrm{d}t} = \dfrac{\mathrm{d}s}{\mathrm{d}\delta} \dfrac{\mathrm{d}\delta}{\mathrm{d}t} = \omega \dfrac{\mathrm{d}s}{\mathrm{d}\delta} \\ a = \dfrac{\mathrm{d}^2 s}{\mathrm{d}t^2} = \dfrac{\mathrm{d}^2 s}{\mathrm{d}\delta^2} \left(\dfrac{\mathrm{d}\delta}{\mathrm{d}t} \right)^2 = \omega^2 \dfrac{\mathrm{d}^2 s}{\mathrm{d}\delta^2} \end{array} \right\} \quad (6\text{-}1)$$

上面两式中,$\dfrac{\mathrm{d}s}{\mathrm{d}\delta}=s'$,$\dfrac{\mathrm{d}^2 s}{\mathrm{d}\delta^2}=s''$,分别称为类速度、类加速度。因为凸轮的角速度 ω 为

常数,即凸轮转角 δ 与时间 t 成正比,所以常用类速度、类加速度表示从动件的速度、加速度的变化规律。

工程实际中对从动件的运动要求是多种多样的,经过长期的理论研究与生产实践,人们已发现多种具有不同特性的运动规律,其中在工程实际中经常用到的运动规律称为常用运动规律。表 6.1 列出了几种常用运动规律的运动方程式和运动线图。

表 6.1 从动件常用运动规律

运动规律	运动方程式		推程运动线图	特 点
	推程($0 \leqslant \delta \leqslant \delta_0$)	回程($0 \leqslant \delta' \leqslant \delta'_0$)		
等速运动规律	$s = h \dfrac{\delta}{\delta_0}$ $s' = \dfrac{h}{\delta_0}$ $s'' = 0$	$s_r = h\left(1 - \dfrac{\delta'}{\delta'_0}\right)$ $s'_r = -\dfrac{h}{\delta'_0}$ $s''_r = 0$		从动件在运动开始和终止位置速度有突变,此时加速度在理论上为无穷大,致使从动件突然产生无穷大的惯性力,因而使凸轮机构受到极大的冲击,这种冲击称为刚性冲击。因此等速运动规律适用于低速轻载的场合
等加速等减速运动规律	等加速段 $\left(0 \leqslant \delta \leqslant \dfrac{\delta_0}{2}\right)$ $s = \dfrac{2h}{\delta_0^2}\delta^2$ $s' = \dfrac{4h}{\delta_0^2}\delta$ $s'' = \dfrac{4h}{\delta_0^2}$ 等减速段 $\left(\dfrac{\delta_0}{2} \leqslant \delta \leqslant \delta_0\right)$ $s = h - \dfrac{2h}{\delta_0^2}(\delta_0 - \delta)^2$ $s' = \dfrac{4h}{\delta_0^2}(\delta_0 - \delta)$ $s'' = -\dfrac{4h}{\delta_0^2}$	等减速段 $\left(0 \leqslant \delta' \leqslant \dfrac{\delta'_0}{2}\right)$ $s_r = h - \dfrac{2h}{\delta'^2_0}\delta'^2$ $s'_r = -\dfrac{4h}{\delta'^2_0}\delta'$ $s''_r = -\dfrac{4h}{\delta'^2_0}$ 等加速段 $\left(\dfrac{\delta'_0}{2} \leqslant \delta' \leqslant \delta'_0\right)$ $s_r = \dfrac{2h}{\delta'^2_0}(\delta'_0 - \delta')^2$ $s'_r = -\dfrac{4h}{\delta'^2_0}(\delta'_0 - \delta')$ $s''_r = \dfrac{4h}{\delta'^2_0}$		加速度曲线在运动开始、中间和终止位置有突变,即加速度的变化率(也称跃度)为无穷大,这表示加速度所产生的惯性力在一瞬间突然作用在机构上,从而引起冲击,这种冲击称为柔性冲击。在高速场合下将导致严重的振动、噪声和磨损。因此这种运动规律只能用于中速场合

续表

运动规律	运动方程式		推程运动线图	特点
	推程($0 \leq \delta \leq \delta_0$)	回程($0 \leq \delta' \leq \delta'_0$)		
余弦加速度运动规律(简谐运动规律)	$s = \dfrac{h}{2}\left(1-\cos\dfrac{\pi}{\delta_0}\delta\right)$ $s' = \dfrac{h\pi}{2\delta_0}\sin\dfrac{\pi}{\delta_0}\delta$ $s'' = \dfrac{h\pi^2}{2\delta_0^2}\cos\dfrac{\pi}{\delta_0}\delta$	$s_r = \dfrac{h}{2}\left(1+\cos\dfrac{\pi}{\delta'_0}\delta'\right)$ $s'_r = -\dfrac{h\pi}{2\delta'_0}\sin\dfrac{\pi}{\delta'_0}\delta'$ $s''_r = -\dfrac{h\pi^2}{2\delta'^2_0}\cos\dfrac{\pi}{\delta'_0}\delta'$	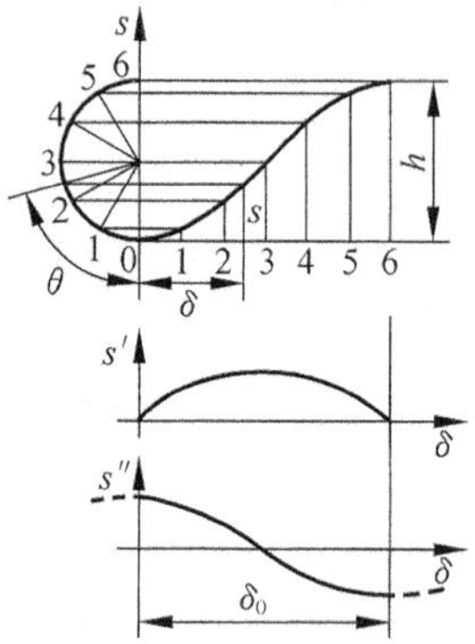	加速度曲线在运动开始和终止两个位置有突变,从而产生柔性冲击,因此余弦加速度运动规律也只适用于中速场合。但是,当从动件做无停歇的升-降-升连续往复运动时,加速度曲线变为连续曲线(如图中虚线所示),可避免冲击,此时可用于高速场合
正弦加速度运动规律(摆线运动规律)	$s = h\left(\dfrac{\delta}{\delta_0} - \dfrac{1}{2\pi}\sin\dfrac{2\pi}{\delta_0}\delta\right)$ $s' = \dfrac{h}{\delta_0}\left(1-\cos\dfrac{2\pi}{\delta_0}\delta\right)$ $s'' = \dfrac{2\pi h}{\delta_0^2}\sin\dfrac{2\pi}{\delta_0}\delta$	$s_r = h\left(1-\dfrac{\delta'}{\delta'_0}\right.$ $\left. +\dfrac{1}{2\pi}\sin\dfrac{2\pi}{\delta'_0}\delta'\right)$ $s'_r = -\dfrac{h}{\delta'_0}$ $\cdot\left(1-\cos\dfrac{2\pi}{\delta'_0}\delta'\right)$ $s''_r = -\dfrac{2\pi h}{\delta'^2_0}\sin\dfrac{2\pi}{\delta'_0}\delta'$	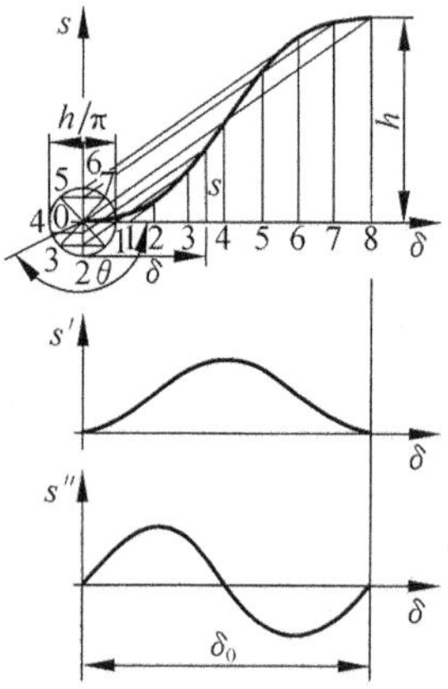	速度曲线和加速度曲线均连续而无突变,故无刚性和柔性冲击,因此正弦加速度运动规律可用于高速场合
五次多项式运动规律	$s = h\left[10\left(\dfrac{\delta}{\delta_0}\right)^3\right.$ $-15\left(\dfrac{\delta}{\delta_0}\right)^4$ $\left.+6\left(\dfrac{\delta}{\delta_0}\right)^5\right]$ $s' = \dfrac{h}{\delta_0}\left[30\left(\dfrac{\delta}{\delta_0}\right)^2-60\right.$ $\left.\cdot\left(\dfrac{\delta}{\delta_0}\right)^3+30\left(\dfrac{\delta}{\delta_0}\right)^4\right]$ $s'' = \dfrac{h}{\delta_0^2}\left[60\left(\dfrac{\delta}{\delta_0}\right)\right.$ $-180\left(\dfrac{\delta}{\delta_0}\right)^2$ $\left.+120\left(\dfrac{\delta}{\delta_0}\right)^3\right]$	$s_r = h\left[1-10\left(\dfrac{\delta'}{\delta'_0}\right)^3+15\right.$ $\left.\cdot\left(\dfrac{\delta'}{\delta'_0}\right)^4 - 6\left(\dfrac{\delta'}{\delta'_0}\right)^5\right]$ $s'_r = -\dfrac{h}{\delta'_0}\left[30\left(\dfrac{\delta'}{\delta'_0}\right)^2\right.$ $-60\left(\dfrac{\delta'}{\delta'_0}\right)^3+30$ $\left.\cdot\left(\dfrac{\delta'}{\delta'_0}\right)^4\right]$ $s''_r = -\dfrac{h}{\delta'^2_0}\left[60\left(\dfrac{\delta'}{\delta'_0}\right)\right.$ $-180\left(\dfrac{\delta'}{\delta'_0}\right)^2$ $\left.+120\left(\dfrac{\delta'}{\delta'_0}\right)^3\right]$	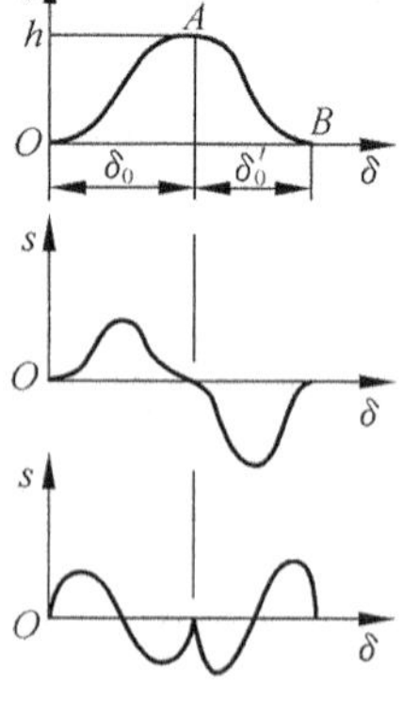	速度曲线和加速度曲线均连续而无突变,故无刚性和柔性冲击,其运动特性与正弦加速度运动规律相类似,也可用于高速场合

6.2.2 运动规律的组合

在工程实际中,经常会遇到机械对从动件的运动和动力特性有多种要求,而只用上述单一型运动规律又难于满足这些要求。为了克服这种缺陷,可以把几种常用运动规律组合起来加以使用,这种做法称为运动规律的组合或运动曲线的拼接。组合时应遵循以下原则:

(1) 满足工作对从动件特殊的运动要求。

(2) 保证各段运动规律在连接点上的运动参数(位移、类速度、类加速度)连续。

(3) 在运动起始点和终止点处的运动参数必须满足边界条件。

(4) 为了获得更好的运动特性,组合运动规律应使最大类速度 s'_{max} 和最大类加速度 s''_{max} 的值尽可能小。

组合运动规律设计比较灵活,易于满足特定要求,故应用日益广泛。组合方式的类型也很多,现列举两种典型的组合运动规律来说明其组合原则和方法。

1. 改进等速运动规律

等速运动规律可使从动件在整个运动区段中的速度值比其他运动规律的最大类速度值 s'_{max} 小。而且其等速特性适合自动机床进给机构的要求,但在行程的始末两端有刚性冲击。为了保持其优点,避免缺点,可在等速运动规律位移曲线的两端分别拼接一段曲线,使整个位移曲线光滑连续。这就改进了等速运动规律。同时也为了避免柔性冲击,通常采用正弦加速度运动规律与等速运动规律进行拼接,如图 6.10 所示。

2. 改进等加速等减速运动规律

等加速等减速运动规律的优点是在整个运动区段中的加速度值比其他运动规律的最大类加速度值 s''_{max} 小,但加速度曲线不连续,有柔性冲击。因此需要在加速度曲线间断处,加上一段正弦加速度曲线,则可使加速度曲线光滑连续,如图 6.11 所示。这就是改进等加速等减速运动规律,也称梯形加速度运动规律。

6.2.3 运动规律的选择

从动件运动规律的选择和设计,涉及许多

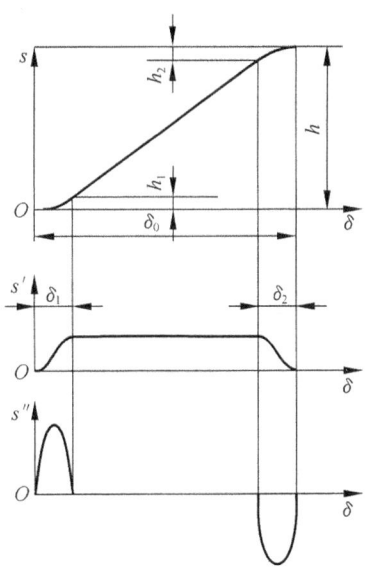

图 6.10 改进等速运动规律的运动线图

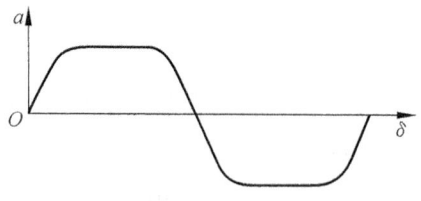

图 6.11 改进等加速等减速运动
规律的加速度线图

问题。除了要考虑机器的工作过程对其提出的要求外,还应使凸轮机构具有良好的动力特性,同时又要考虑所设计的凸轮廓线便于加工等因素,而这些因素又往往是互相制约的。因此,在选择从动件运动规律时,必须根据使用场合、工作条件等分清主次综合考虑。一般可从下面几个方面着手考虑。

1. 满足机器的工作要求

这是选择从动件运动规律的最基本的依据。有的机器工作过程要求从动件按一定的运动规律运动。例如,图 6.2 所示的绕线机凸轮机构,为满足把线均匀地绕在线芯上的工艺要求,故选用等速运动规律。

2. 使凸轮机构具有良好的动力特性

所选的运动规律,除了要考虑避免刚性冲击和柔性冲击外,还应考虑其具有的最大速度、最大加速度,因为这些值直接影响到凸轮机构的工作性能。其中,最大速度与从动件系统的最大动量有关,为了使机构停动灵活和运行安全,最大动量值不宜过大,特别是从动件系统的质量较大时,应选用最大速度较小的运动规律;最大加速度与从动件系统的最大惯性力有关,而惯性力是影响机构动力学性能的主要因素,惯性力越大,作用在凸轮与从动件之间的接触处应力越大,对构件的强度和耐磨性要求也越高,因此对于高速凸轮机构,应选用最大加速度较小的运动规律。表 6.2 可在选择从动件运动规律时做参考。

表 6.2 从动件常用运动规律的特性比较

序 号	运动规律	最大速度 $s'_{max}\dfrac{\delta_0}{h}$	最大加速度 $s''_{max}\dfrac{\delta_0^2}{h}$	冲击性质	适用范围
1	等速	1.00	∞	刚性	低速轻载
2	等加速等减速	2.00	4.00	柔性	中速轻载
3	余弦加速度	1.57	4.93	柔性	中速中载
4	正弦加速度	2.00	6.28	—	高速中载
5	五次多项式	1.88	5.77	—	高速中载

3. 使凸轮轮廓便于加工

在满足前两点的前提下,若机械的工作过程对从动件运动规律无其他特殊要求,这时应考虑所设计的凸轮便于加工,因而可采用圆弧、直线等易加工曲线。

6.3 凸轮轮廓曲线的设计

如果已经根据工作要求和结构条件选定了凸轮机构的类型和从动件的运动规律以及基圆半径等基本尺寸，就可以着手设计凸轮轮廓曲线了。凸轮轮廓曲线的设计方法有图解法和解析法两种。图解法比较简明，容易掌握，但精度有限，故适用于要求较低的凸轮设计中；解析法精度较高，但计算工作量比较繁重，一般用于要求较高的凸轮设计中。但无论使用哪种方法，它们所依据的基本原理都是相同的。本节首先介绍凸轮轮廓曲线设计的基本原理，然后分别对这两种方法加以介绍。

6.3.1 凸轮轮廓曲线设计的基本原理

凸轮机构工作时，凸轮和从动件都在运动，为了在图纸上绘制出凸轮的轮廓曲线，希望凸轮相对于图纸平面保持静止不动。为此，应将凸轮做参考系，这相当于机架（导路）相对于凸轮做反方向转动，而从动件一方面随着机架一起反转，一方面又相对于机架以原有的运动规律做相对运动，这种方法称之为反转法，它是凸轮廓线设计方法的基本原理。下面以对心直动尖顶从动件盘形凸轮机构为例来说明反转法的原理。

如图 6.12 所示，凸轮以等角速度 ω 绕轴心 O 逆时针转动时，推动从动件在导路中按预定的运动规律运动。当从动件处于最低位置时，凸轮轮廓曲线与从动件在 A 点接触，当凸轮转过 φ_1 角时，凸轮的向径 OA 将转到 OA' 的位置上，而凸轮轮廓将转到图中虚线所示的位置。从动件尖顶从最低位置 A 上升至 B'，上升的距离 $s_1=AB'$。这是凸轮转动时从动件的真实运动情况。

现在设想给整个凸轮机构加上一个公共角速度 $-\omega$，使其绕轴心 O 转动。这时凸轮与从动件之间的相对运动并未改变，但凸轮此时将相对于运动平面静止不动，而从动件则一方面随导路以角速度 $-\omega$ 绕轴心 O 转动，同时又以原有的运动规律在导路中做往复移动，运动到图中虚线所示位置。此时从动件向上移动的距离为 A_1B。由图中可以看出 $A_1B=AB'=s_1$，即在上述两种情况下，从动件移动的距离不变。由于从动件尖顶在运动过程中始终与凸轮轮廓保持接触，所以此时从动件尖顶所占

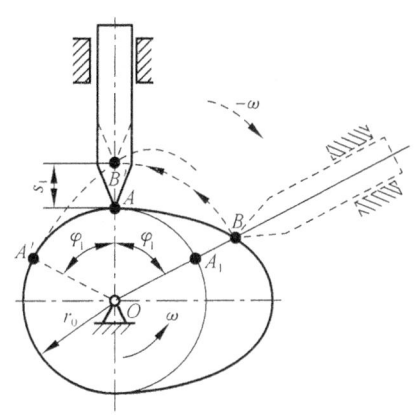

图 6.12 反转法设计凸轮廓线基本原理

据的位置 B 一定是凸轮轮廓曲线的一点。若继续反转从动件,即可得到凸轮轮廓曲线上的其他点。

根据上述分析,当设计凸轮廓线时,可假设凸轮静止不动,而使从动件和机架相对于凸轮做反转运动;同时从动件按给定的规律对导路做相对运动,作出从动件在这种复合运动中的一系列位置,则其尖顶的轨迹就是所要求的凸轮轮廓线。这就是凸轮廓线设计方法的反转法原理。

凸轮机构的形式多种多样,反转法原理适用于各种凸轮轮廓曲线的设计。

6.3.2 凸轮轮廓曲线设计的图解法

1. 直动从动件盘形凸轮机构

1) 直动尖顶从动件盘形凸轮机构

已知凸轮的基圆半径 r_0,偏距 e,当凸轮以等角速度 ω 顺时针方向转动时,从动件的位移曲线如图 6.13(b)所示。要求设计一偏置直动尖顶从动件盘形凸轮机构。设计步骤如下:

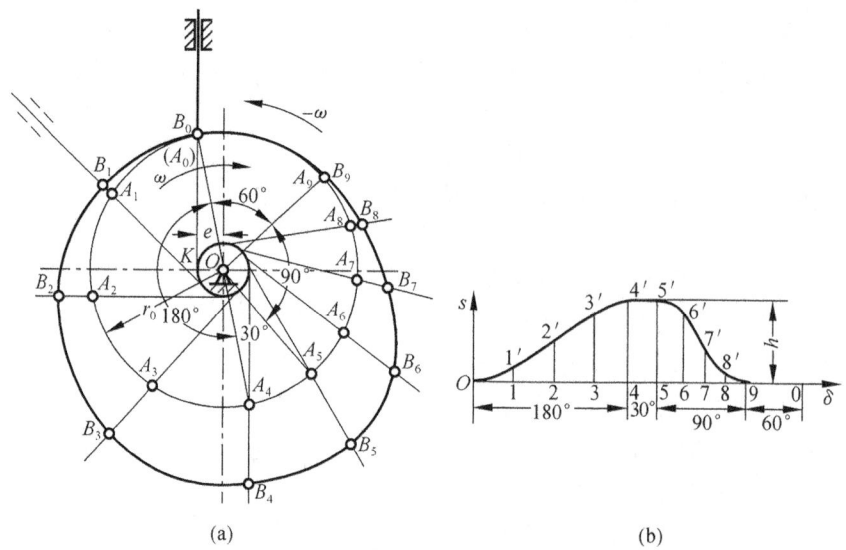

图 6.13 直动尖顶从动件盘形凸轮轮廓曲线设计

(1) 将位移曲线 $s\text{-}\delta$ 的推程运动角和回程运动角进行等分,得各等分点的位移线 $11',22',\cdots$。

(2) 以 O 为圆心、r_0 为半径作凸轮的基圆,以 e 为半径作偏距圆;并选定从动件的偏置方向,画出从动件的导路位置线,并与偏距圆切于 K 点,与基圆交于 A_0 点,A_0 也是从动件尖顶的初始位置 B_0。

(3) 在基圆上从 A_0 点开始沿逆时针方向量取推程运动角、远休止角、回程运动角及近休止角,并作推程运动角和回程运动角的各等分点 A_1、A_2、A_3 和 A_6、A_7、A_8。

(4) 过各等分点 $A_1,A_2,\cdots,A_8$ 作偏距圆的一系列切线,这些切线即是从动件导路在反转过程中的一系列位置线。

(5) 在偏距圆的切线上,从基圆起向外截取从动件相应位移量 $A_1B_1=11'$, $A_2B_2=22',\cdots,A_8B_8=88'$,得到尖顶相对于凸轮的一系列位置 $B_1,B_2,\cdots,B_8$。

(6) 将点 $B_0,B_1,B_2,\cdots,B_9$ 连成光滑的曲线,即得所求的凸轮轮廓曲线,其中等径圆弧段 B_4B_5 和 B_9B_0 分别为使从动件远、近休止时的凸轮轮廓曲线。

2) 直动滚子从动件盘形凸轮机构

在设计这种凸轮廓线时,首先将滚子中心 B 作为尖顶从动件的尖顶,按照上述方法作出反转过程中滚子中心 B 的运动轨迹(称为凸轮的理论廓线 η)。然后在理论廓线上取一系列的点为圆心,以滚子半径 r_T 为半径,作一系列的滚子圆,再作此圆族的内包络线,即为凸轮的实际廓线 η'(或称凸轮的工作廓线),如图 6.14 所示。很显然,实际廓线和理论廓线是法向等距曲线,其距离为滚子半径;若将内、外包络线同时作轮廓,则得到槽形凸轮机构。应该注意的是:基圆半径是针对理论廓线而言的。

3) 直动平底从动件盘形凸轮机构

在设计这种凸轮廓线时,先将平底与从动件导路中心线的交点 B 作为尖顶从动件的尖顶,按照尖顶从动件盘形凸轮的设计方法,求出尖顶反转过程中的一系列位置 $B_1,B_2,\cdots$,然后过这些点作一系列代表从动件平底的直线,则此直线族的内包络线即为凸轮的实际廓线,如图 6.15 所示。平底中心 B 到包络线切点间的距

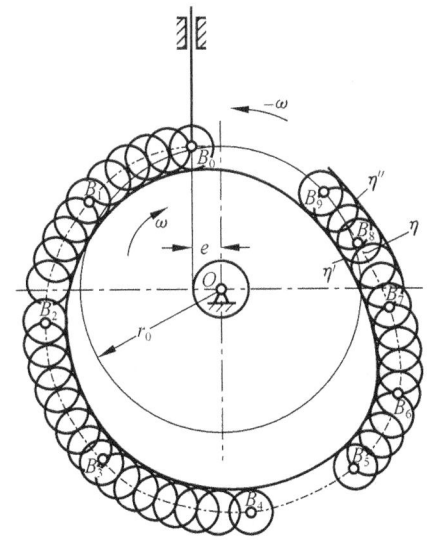

图 6.14 直动滚子从动件盘形凸轮轮廓曲线设计

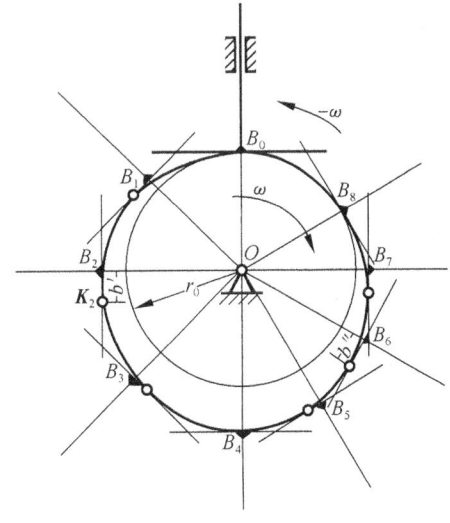

图 6.15 直动平底从动件盘形凸轮轮廓曲线设计

离中最长者 b' 为平底的理论长度的一半。

2. 摆动从动件盘形凸轮机构

如图 6.16(a)所示为一摆动尖顶从动件盘形凸轮机构。已知凸轮的基圆半径为 r_0，从动件长度为 l，从动件的回转中心与凸轮回转中心的中心距为 a。从动件的最大摆角为 ψ_{max}，当凸轮以等角速度 ω 顺时针转动时，从动件的运动规律 $\psi = \psi(\delta)$ 如图 6.16(b)所示。

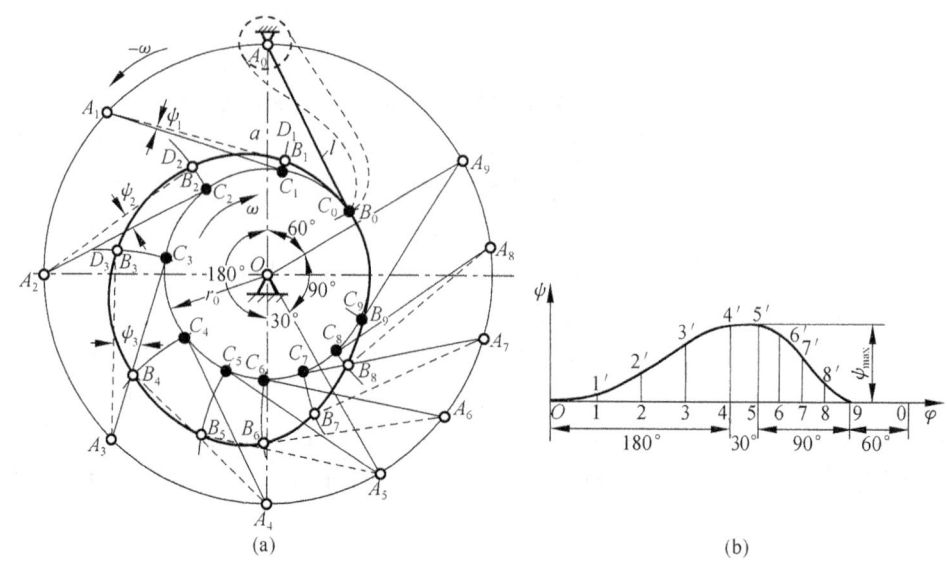

图 6.16 摆动尖顶从动件盘形凸轮轮廓曲线设计

根据反转法原理，当给整个机构以 $-\omega$ 反转后，凸轮将不动，而从动件的摆动中心则以 $-\omega$ 绕轴心 O 做圆周运动，同时从动件相对机架仍按给定运动规律摆动。因此凸轮轮廓曲线的设计可按下述步骤进行：

(1) 将位移曲线 ψ-δ 的推程运动角和回程运动角进行等分，得各等分点的位移线 $11'$，$22'$，…。

(2) 根据给定的中心距 a 确定凸轮中心 O 和从动件中心 A_0 的位置；以 O 点为圆心、r_0 为半径作基圆；再以 A_0 点为圆心、l 为半径作圆弧，交基圆于 C_0 点，则 C_0 即为从动件尖顶的初始位置 B_0。

(3) 以 O 为圆心，a 为半径画圆，并自 A_0 点开始沿 $-\omega$ 方向顺次量取推程运动角、远休止角、回程运动角及近休止角，再作推程运动角和回程运动角的各等分点 A_1、A_2、A_3 和 A_6、A_7、A_8。它们代表反转过程中从动件摆动中心 A 依次占据的位置。

(4) 以各等分点 $A_1, A_2, \cdots$ 为圆心,以从动件长度 l 为半径,分别作圆弧,交基圆于 $C_1, C_2, \cdots$ 各点,得到线段 $A_1C_1, A_2C_2, \cdots$ 为从动件各初始位置;再以 $A_1C_1, A_2C_2, \cdots$ 为一边,分别作 $\angle C_1A_1B_1, \angle C_2A_2B_2, \cdots$,使其等于图 6.16(b)中的 $11', 22', \cdots$ 所表示的角度,同时取 $B_1A_1 = C_1A_1, B_2A_2 = C_2A_2, \cdots$ 得到一系列的点 $B_1, B_2, \cdots$,即为反转过程中从动件尖顶所处的对应位置。

(5) 将点 $B_1, B_2, \cdots$ 依次连成光滑曲线,即得凸轮的轮廓曲线。

若采用摆动滚子或平底从动件,与直动滚子或平底从动件相似,先求理论廓线再求实际廓线。

6.3.3 凸轮轮廓曲线设计的解析法

随着机械不断朝着高速、精密、自动化方向发展,以及计算机和各种数控加工机床在生产中的广泛应用,用作图法设计凸轮的轮廓已难以满足要求。因而需要解析法进行设计以提高凸轮廓线的设计精度。将反转法原理用解析法实现,可以应用 5.4.1 节的刚体平面位移矩阵。

1. 直动滚子从动件盘形凸轮

如图 6.17 所示为一偏置直动滚子从动件盘形凸轮机构,凸轮顺时针转动。过凸轮的回转中心 O 建立图示直角坐标系 xOy。B_0 点为滚子中心的起始位置,当

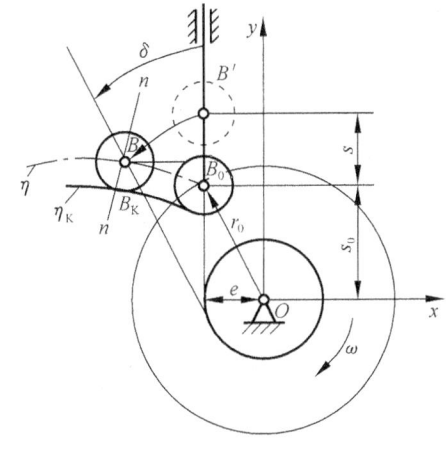

图 6.17 直动滚子从动件凸轮轮廓曲线计算图

凸轮转过 δ 角后,从动件的位移为 s,滚子中心应到 B' 点位置。根据反转法原理,将 B' 点绕 O 点按 $-\omega$ 方向回转 δ 角即可得凸轮理论廓线上的对应点 B。由图可知,B' 点的坐标 (x_B', y_B') 为 $(-e, s_0 + s)$,当 B' 点绕 O 点转动到 B 点,则可根据第 5 章提到的平面转动矩阵(见式(5-11))求得 B 点坐标 (x, y),即由式(5-12)得

$$\begin{bmatrix} x \\ y \end{bmatrix} = \boldsymbol{R} \begin{bmatrix} x_B' \\ y_B' \end{bmatrix} \tag{6-2}$$

即

$$\begin{bmatrix} x \\ y \end{bmatrix} = \begin{bmatrix} \cos\delta & -\sin\delta \\ \sin\delta & \cos\delta \end{bmatrix} \begin{bmatrix} -e \\ s_0 + s \end{bmatrix} \tag{6-3}$$

展开为

$$\left.\begin{array}{l}x=-e\cos\delta-(s_0+s)\sin\delta\\y=-e\sin\delta+(s_0+s)\cos\delta\end{array}\right\} \quad (6\text{-}4)$$

式中,e 为偏距,$s_0=\sqrt{r_0^2-e^2}$。式(6-4)即为凸轮的理论廓线方程式。

由于工作廓线与理论廓线为等距曲线,且在法线 $n\text{-}n$ 方向的距离等于滚子半径 r_T。所以,当已知理论廓线上任一点 B 的坐标(x,y)时,只要沿理论廓线在该点的法线方向取距离 r_T,即可得到工作廓线上相应点 B_K 的坐标值(x_K,y_K)。

已知理论廓线上 B 点处的切线方向角为

$$\tan\phi=\frac{\mathrm{d}y}{\mathrm{d}x}=\frac{\mathrm{d}y/\mathrm{d}\delta}{\mathrm{d}x/\mathrm{d}\delta} \quad (6\text{-}5)$$

根据式(6-4)有

$$\left.\begin{array}{l}\mathrm{d}x/\mathrm{d}\delta=(e-s')\sin\delta-(s_0+s)\cos\delta\\\mathrm{d}y/\mathrm{d}\delta=-(e-s')\cos\delta-(s_0+s)\sin\delta\end{array}\right\} \quad (6\text{-}6)$$

理论廓线上 B 点的法线方向角为 $\phi\pm\pi/2$("+"号为内向法线,"−"号为外向法线),所以工作廓线的对应点 B_K 的坐标为

$$\left.\begin{array}{l}x_K=x+r_T\cos(\phi\pm\pi/2)=x\pm r_T\sin\phi\\y_K=y+r_T\sin(\varphi\pm\pi/2)=y\pm r_T\cos\phi\end{array}\right\} \quad (6\text{-}7)$$

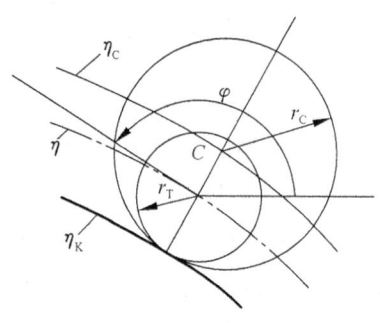

图 6.18 刀具中心轨迹及相关参数

当在数控铣床上铣削凸轮或在凸轮磨床上磨削凸轮时,需要给出刀具中心运动轨迹的方程。如果使用的刀具(铣刀或砂轮)的半径 r_C 和滚子半径 r_T 相同,则凸轮的理论廓线方程式即为刀具中心运动轨迹的方程式。如果 $r_C\neq r_T$,那么由于刀具的外圆总是与凸轮的工作廓线相切的,即刀具中心的运动轨迹应是凸轮工作廓线的等距曲线(也是理论廓线的等距曲线)。此等距曲线的方程式,只需用(r_T-r_C)代替式(6-7)中的 r_T 即可。图 6.18 中,曲线 η 为理论廓线,η_K 为工作廓线,η_C 为刀具中心轨迹。

2. 对心直动平底从动件盘形凸轮

如图 6.19 所示为一对心直动平底从动件盘形凸轮机构。选取如图所示的直角坐标系 xOy,B_0 为平底与凸轮接触的起始点,当凸轮转过 δ 角后,从动件的位移为 s,平底中心按给定的运动规律到 B' 点,此时平底与凸轮的接触点为 B'',其坐标

(x'', y'') 可由下列方法求得：

由瞬心法可知，此时凸轮与从动件的相对瞬心为 P 点，故知从动件的速度为

$$v = v_P = \overline{OP}\omega$$

即

$$\overline{OP} = v/\omega = s'$$

运用反转法，将 B'' 点沿 $-\omega$ 方向绕轴心 O 回转 δ 角即得凸轮工作廓线上的相应点 B_K。由于 B'' 点的坐标为 $(-s', r_0+s)$，所以 B_K 点的坐标为

$$\begin{bmatrix} x_K \\ y_K \end{bmatrix} = \begin{bmatrix} \cos\delta & -\sin\delta \\ \sin\delta & \cos\delta \end{bmatrix} \begin{bmatrix} -s' \\ r_0+s \end{bmatrix} \quad (6\text{-}8)$$

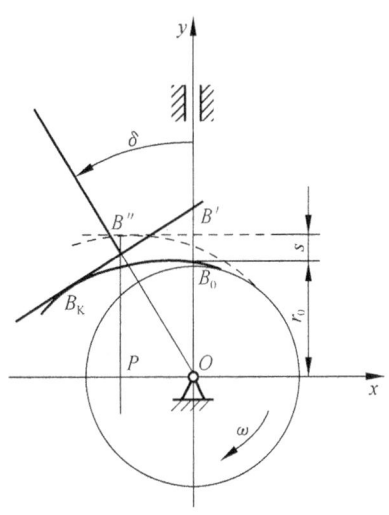

图 6.19 直动平底从动件凸轮轮廓计算图示

3. 摆动滚子从动件盘形凸轮

如图 6.20 所示为一摆动滚子从动件盘形凸轮机构。已知凸轮的基圆半径为 r_0，从动件长度为 l，中心距为 a 及从动件运动规律 $\psi = \psi(\delta)$。选取直角坐标系 xOy 如图所示。从动件在推程开始的最低位置为 B_0，此时从动件位置角 ψ_0 为

$$\cos\psi_0 = \frac{a^2 + l^2 - r_0^2}{2al} \quad (6\text{-}9)$$

当凸轮转过 δ 角时，从动件按给定运动规律转过 ψ 角，滚子中心运动到 B' 处。根据反转法，相当于将机架和 B' 绕轴心 O 沿 $-\omega$ 方向回转 δ 角，可得到轮廓上的

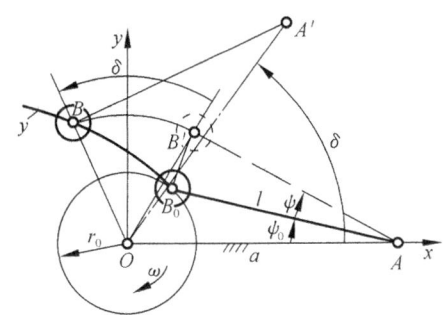

图 6.20 摆动从动件凸轮轮廓曲线计算图示

相应点 B。由于 B' 点的坐标为 $[(a-l\cos(\psi_0+\psi)), l\sin(\psi_0+\psi))]$，所以 B 点的坐标为

$$\begin{bmatrix} x \\ y \end{bmatrix} = \begin{bmatrix} \cos\delta & -\sin\delta \\ \sin\delta & \cos\delta \end{bmatrix} \begin{bmatrix} a - l\cos(\psi_0+\psi) \\ l\sin(\psi_0+\psi) \end{bmatrix}$$

或

$$\left. \begin{array}{l} x = a\cos\delta - l\cos(\psi_0+\psi-\delta) \\ y = a\sin\delta + l\sin(\psi_0+\psi-\delta) \end{array} \right\} \quad (6\text{-}10)$$

式(6-10)为凸轮理论廓线的方程式，其工作廓线和刀具中心轨迹的求法与直

动滚子从动件盘形凸轮的情况相同。

6.4 凸轮机构基本参数的设计

前面我们在讨论凸轮轮廓曲线的设计时,基圆半径 r_0,偏距 e,滚子半径 r_T,平底从动件的平底尺寸等,都假设是给定的,而实际上这些参数都是未知量,需要设计者来确定。这些参数的选择除了要保证从动件能够准确地实现预期的运动规律外,还关系到机构的受力情况是否合理、结构是否紧凑等。因此,这些问题成为凸轮机构设计中应当考虑的基本问题。下面简要介绍这些问题。

6.4.1 凸轮机构的压力角

同连杆机构一样,压力角是衡量凸轮机构传力特性好坏的一个重要参数。所谓凸轮机构的压力角,是指在不计摩擦的情况下,凸轮对从动件作用力的方向线和从动件上力作用点的速度方向之间所夹的锐角,记为 α。

1. 压力角与作用力的关系

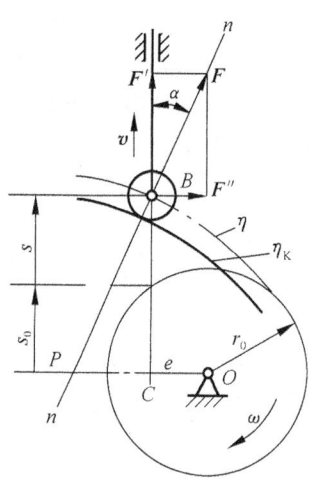

图 6.21 直动从动件凸轮机构的压力角

图 6.21 所示为直动滚子从动件盘形凸轮机构在推程中的任一个位置的受力情况。不计摩擦时,凸轮对从动件的驱动力 F 沿接触点的法线方向作用。F 沿导路的分力 F' 真正起到推动从动件的作用,而 F 在垂直于导路方向的分力 F'' 不仅不起推动作用反而增加导路的正压力从而增大从动件与导路间的摩擦,是有害分力。显然,压力角 α 越大、有害分力 F'' 越大,致使机构效率降低。当压力角 α 大到某一数值时,因 F'' 而引起的摩擦阻力将会超过有效分力 F',这时无论凸轮给从动件的驱动力多大,都不能推动从动件运动,即机构将发生自锁。因此,从减小推力,避免自锁,使机构具有良好的受力状况来看,压力角 α 应越小越好。

2. 压力角与机构尺寸的关系

过滚子中心 B 作理论廓线的法线 n-n,它与过凸轮轴心 O 且垂直于从动件导路的直线相交于 P 点,由瞬心定义可知,P 就是凸轮与从动件的瞬心,所以 $\overline{OP}=$

$\frac{v}{\omega}=s'$。因此,由图中 $\triangle BCP$ 可得压力角 α 的计算式为

$$\tan\alpha = \frac{|\overline{OP}-\overline{OC}|}{\overline{BC}} = \frac{|s'-e|}{s_0+s} = \frac{|s'-e|}{\sqrt{r_0^2-e^2}+s} \tag{6-11}$$

由式(6-11)可见,α 的大小与从动件的运动规律、基圆半径、偏距有关,而且随凸轮转角 δ 变化。在给定运动规律下,基圆半径越大,压力角越小。偏距 e 起着减小推程压力角的作用。但由于 s'(位移曲线的斜率)在推程时为正,回程时为负,所以偏距 e 不能取得太大,否则对回程起着不利的影响。

式(6-11)是在凸轮顺时针方向转动且从动件偏于凸轮轴心左侧的情况下得到的,若偏距 e 的方向取在与图 6.21 所示相反的方向,即取在右侧,则得压力角 α 的计算式为

$$\tan\alpha = \frac{|s'+e|}{\sqrt{r_0^2-e^2}+s}$$

此时压力角将增大,因此这种偏距取法是错误的。同样可以得到当凸轮逆时针转动时,从动件应偏于凸轮轴心的右侧。

由于在其他条件不变的情况下,基圆半径越大,压力角越小。因此从使机构结构紧凑的观点来看,压力角 α 应越大越好。

3. 许用压力角

一般情况下,要求所设计的机构既有较好的传力性能,又有较紧凑的尺寸。由以上分析可知,这两者是互相制约的,因此在设计凸轮机构时,应兼顾两者统筹考虑。为了使机构工作正常,并提高其效率,通常规定一个压力角的许用值,即许用压力角 $[\alpha]$,设计时应保证 $\alpha_{\max} \leqslant [\alpha]$。根据工程实践经验,在推程时许用压力角 $[\alpha]$ 的值一般为:对于直动从动件取 $[\alpha]$ 为 $30°\sim38°$;对于摆动从动件取 $[\alpha]$ 为 $40°\sim50°$。回程时,由于从动件通常受力较小无自锁问题,故许用压力角可取大些,通常取 $[\alpha]$ 为 $70°\sim80°$。

6.4.2 凸轮基圆半径的确定

根据前面的分析可知,如果增大基圆半径,可以减小压力角,但机构的尺寸也会增大;反之,如果基圆半径过小,那么有可能最大压力角超过许用值。因此,为了权衡利弊,应该在满足 $\alpha_{\max} \leqslant [\alpha]$ 的条件下,合理地确定凸轮的基圆半径,使得凸轮机构结构紧凑。在这种情况下,当凸轮轴心的位置和从动件的正确偏置方向以及偏距确定后,应满足下列关系式:

$$\tan\alpha_{\max} = \left|\frac{s'-e}{\sqrt{r_0^2-e^2}+s}\right| \leqslant \tan[\alpha] \tag{6-12}$$

由此可导出基圆半径 r_0 的计算公式为

$$r_0 \geqslant \sqrt{\left(\frac{s'-e}{\tan[\alpha]}-s\right)^2+e^2} \qquad (6-13)$$

由式(6-13)计算得到的基圆半径随凸轮廓线上各点的 s' 及 s 值的不同而不同。但如果选定从动件的运动规律,即 $s=s(\delta)$ 已知时,s' 也可求出,代入式(6-13)可以求得对应各个 δ 角的满足式(6-12)的 r_0 的一系列值,在这些值中选取最大的值作为凸轮的基圆半径即可,但这种方法的实现只能借助于计算机。

一般情况下,对于直动滚子从动件盘形凸轮机构,当运动规律为等速运动规律时,式(6-13)可以化简。由于此时 $s'=$ 常数,所以 $s=0$ 时出现 $\alpha_{\max}$,则式(6-13)变为

$$r_0 \geqslant \sqrt{\left(\frac{s'-e}{\tan[\alpha]}\right)^2+e^2} \qquad (6-14)$$

而对于其他常见运动规律,也可以用一种近似方法,即认为 $s=h/2$ 时 $s'=s'_{\max}$ 且 $\alpha=\alpha_{\max}$,则由式(6-13)可导出计算 r_0 的近似公式为

$$r_0 \geqslant \sqrt{\left(\frac{s'-e}{\tan[\alpha]}-\frac{h}{2}\right)^2+e^2} \qquad (6-15)$$

需要注意的是,有时由此确定的凸轮基圆半径 r_0 比较小,有可能无法满足凸轮的结构和强度等方面的要求。因此,在实际设计工作中,凸轮基圆半径的最后确定,还需要考虑机构的具体结构条件等,必要时再检查其最大压力角是否满足 $\alpha_{\max} \leqslant [\alpha]$。例如,当凸轮与轴做成一体时,凸轮廓线的最小半径应略大于凸轮轴的半径。当凸轮与轴分别制造时,凸轮廓线的最小直径应大于凸轮轮毂的外径。一般情况下,凸轮廓线的最小直径应大于凸轮轴径的 1.6~2 倍。

对心直动平底从动件盘形凸轮机构的压力角始终为零,基圆半径的最小值只受曲率半径处处应大于零的限制。

6.4.3 滚子半径的选择

如前所述,当选用滚子从动件时,盘形凸轮的实际廓线是理论廓线的等距曲线。因此,凸轮实际廓线的形状与滚子半径的大小有关。在选择滚子半径时,应综合考虑滚子的结构、强度及凸轮轮廓形状等因素,分析凸轮实际廓线形状与滚子半径的关系。

如图 6.22(a)所示为内凹的凸轮轮廓曲线,a 为实际廓线,b 为理论廓线。实际廓线的曲率半径 ρ_a 等于理论廓线的曲率半径 ρ 与滚子半径 r_T 之和,即 $\rho_a = \rho + r_T$。因此,无论滚子半径大小如何选择,都可以根据理论廓线作出圆滑的实际廓线。但是,如图 6.22(b)所示的外凸的凸轮廓线,实际廓线的曲率半径 ρ_a 等于理论廓线的曲率半径 ρ 与滚子半径 r_T 之差,即 $\rho_a = \rho - r_T$。如果 $\rho > r_T$,实际廓线可以

准确的作出；如果 $\rho=r_T$，则实际廓线将出现尖点（见图 6.22(c)），由于尖点处很容易磨损，故不能实际使用；如果 $\rho<r_T$，这时实际廓线将出现交叉（见图 6.22(d)），在切削加工时，交叉部分将被刀具切掉，致使从动件不能准确地实现预期的运动规律，这种现象称为运动失真。

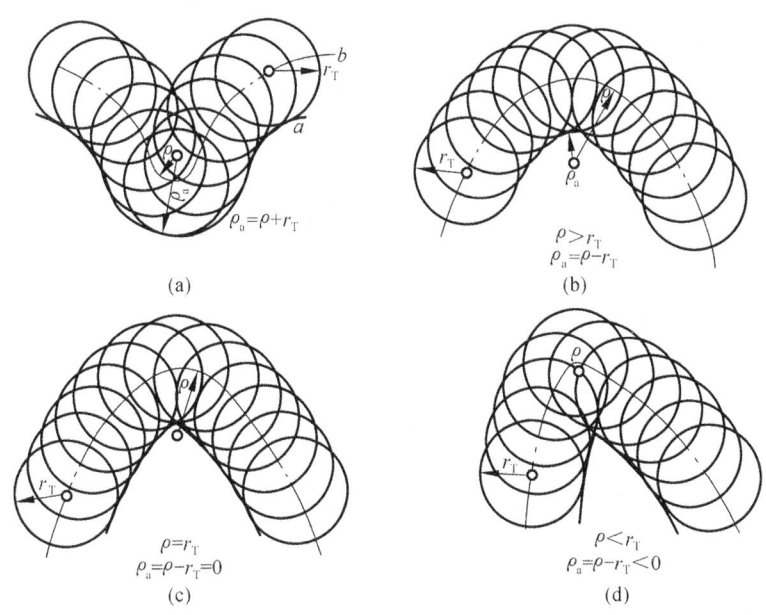

图 6.22 滚子半径与运动失真

由以上分析可知，凸轮机构产生运动失真的根本原因在于其理论廓线的最小曲率半径 ρ_{min} 小于滚子半径 r_T，即 $\rho_{min}<r_T$。因此，为避免运动失真，可从两方面进行考虑：一是减小滚子半径 r_T；二是增大理论廓线的最小曲率半径 ρ_{min}。但是，减小滚子半径的同时，还应该考虑滚子的结构和强度，因此，滚子半径的值也不能太小，一般取滚子半径 r_T 为 $(0.1\sim0.5)r_0$。另外，增大理论廓线的最小曲率半径 ρ_{min}，势必增大凸轮机构的总体尺寸。因此，为了防止凸轮产生运动失真或过度磨损，应保证凸轮实际廓线的最小曲率半径 $\rho_{min}=\rho-r_T>3\sim5\text{mm}$。

6.4.4 平底宽度的确定

对于平底从动件盘形凸轮机构，在机构的运转过程中，必须保证从动件的平底与凸轮廓线始终正常接触，为此必须确定平底的宽度。由图 6.19 可见，取平底中心至平底与凸轮接触点的最大距离为 $l_{max}(=\overline{B'B''}_{max})$，凸轮平底宽度的一半 $b/2$ 应大于 l_{max}，才能保证正常接触。设平底两侧取同样长度，则推荐平底长度为

$$b=2l_{max}+(5\sim7)\text{mm}$$

由图 6.19 可知,当从动件的中心线通过凸轮的轴心 O 时,有

$$\overline{B'B''} = \overline{OP} = v/\omega = s'$$

因此

$$b = 2s'_{\max} + (5 \sim 7)\text{mm} \tag{6-16}$$

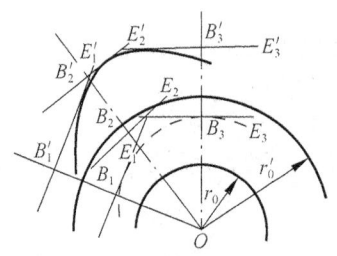

图 6.23 平底从动件凸轮机构的运动失真

对于平底从动件盘形凸轮机构,也会出现失真现象。如图 6.23 所示,当凸轮的基圆半径为 r_0 时,由于从动件的平底的 B_1E_1 和 B_3E_3 位置相交于 B_2E_2 之内,因而使凸轮的工作廓线不能与平底的 B_2E_2 位置相切,使从动件将不能按预期的运动规律运动,即出现运动失真现象。为了解决这个问题,可适当增大凸轮的基圆半径,如图中所示,将基圆半径由 r_0 增大到 r'_0 就避免了运动失真现象。

根据上述讨论,在进行凸轮廓线设计之前,需先选定凸轮的基圆半径,而对其选择要考虑到实际的结构条件,以及凸轮工作廓线是否会出现变尖和失真等因素。此外,当滚子为从动件时,应恰当地选择滚子半径;当平底为从动件时,应正确地确定平底尺寸等。当然,上述这些尺寸的确定还要考虑到强度和工艺等方面的要求。因此,合理选择这些尺寸是保证凸轮机构具有良好的工作性能的重要因素。

下面举一个例子。

例 6.1 设计对心直动滚子从动件盘形凸轮,已知推程运动角 $\delta_0 = 60°$,远休止角 $\delta_s = 120°$,回程运动角 $\delta'_0 = 60°$,行程 $h = 10\text{mm}$,滚子半径 $r_T = 10\text{mm}$,许用压力角 $[\alpha] = 30°$;推程和回程都符合等加速、等减速运动规律。

解 (1) 确定基圆半径 r_0。

推程中 $\delta = \dfrac{\delta_0}{2}$ 时,s' 达到最大值

$$s'_{\max} = \frac{4h}{\delta_0^2}\left(\frac{\delta_0}{2}\right) = \frac{4 \times 10}{(\pi/3)^2} \times \left(\frac{\pi}{6}\right) = 19.0986(\text{mm})$$

将其代入式(6-15)中且 $e = 0$,得

$$r_0 > \frac{s'_{\max}}{\tan[\alpha]} - \frac{h}{2} = \frac{19.0986}{\tan 30°} - \frac{10}{2} = 28.08(\text{mm})$$

取 $r_0 = 30\text{mm}$。

(2) 运动规律方程。

推程:等加速段

$$0 \leqslant \delta \leqslant \frac{\delta_0}{2}$$

$$s = \frac{2h}{\delta_0^2}\delta^2, \quad s' = \frac{4h}{\delta_0^2}\delta$$

等减速段
$$\frac{\delta_0}{2} \leqslant \delta \leqslant \delta_0$$
$$s = h - \frac{2h}{\delta_0^2}(\delta_0 - \delta)^2, \quad s' = \frac{4h}{\delta_0^2}(\delta_0 - \delta)$$

回程：回程中的前半段为等减速段，后半段为等加速段。

等减速段
$$0 \leqslant \delta' \leqslant \frac{\delta_0'}{2}$$
$$s_r = s(\delta_0' - \delta') = h - \frac{2h}{\delta_0'^2}[\delta_0' - (\delta_0' - \delta')] = h - \frac{2h}{\delta_0'^2}\delta'^2$$
$$s_r' = -s'(\delta_0' - \delta') = -\frac{4h}{\delta_0'^2}[\delta_0' - (\delta_0' - \delta')] = -\frac{4h}{\delta_0'^2}\delta'$$

等加速段
$$\frac{\delta_0'}{2} \leqslant \delta' \leqslant \delta_0'$$
$$s_r = s(\delta_0' - \delta') = \frac{2h}{\delta_0'^2}[\delta_0' - \delta']^2$$
$$s_r' = -s'(\delta_0' - \delta') = -\frac{4h}{\delta_0'^2}(\delta_0' - \delta')$$

(3) 凸轮轮廓计算公式。

因为 $e = 0$，所以轮廓计算公式可以简化。

理论轮廓
$$\begin{cases} x = -(r_0 + s)\sin\delta \\ y = (r_0 + s)\cos\delta \end{cases}$$

工作轮廓
$$\begin{cases} x_K = x - r_T\sin\phi \\ y_K = y + r_T\cos\phi \end{cases}$$

其中
$$\phi = \arctan\frac{y'}{x'} = \frac{s'\cos\delta - (r_0 + s)\sin\delta}{-s'\sin\delta - (r_0 + s)\cos\delta}$$

(4) 计算步骤。

① 适当取 δ 的步长 $\Delta\delta$。本例中取 $\Delta\delta = 10°$。注意，δ 是从推程开始处度量的凸轮转角。

② $0 \leqslant \delta \leqslant \delta_0$ 段为推程，按推程运动规律计算 s、s' 之后，再计算凸轮轮廓坐标

(x,y) 及 (x_K, y_K)。

③ $\delta_0 \leqslant \delta \leqslant (\delta_0 + \delta_s)$ 段为对应于远休止角的大圆弧,其半径为 $r_0 + h$。

④ $(\delta_0 + \delta_s) \leqslant \delta \leqslant (\delta_0 + \delta_s + \delta_0')$ 段为回程。计算 s、s' 时用回程运动规律公式中的 s_r 和 s_r',其中 δ' 是从回程开始处度量的凸轮转角,即 $\delta' = \delta - (\delta_0 + \delta_s)$。计算凸轮轮廓坐标时,仍用从推程开始处度量的凸轮转角 δ。

⑤ $(\delta_0 + \delta_s + \delta_0') \leqslant \delta \leqslant 360°$ 段为对应于近休止角的基圆弧,其半径为 r_0。

表 6.3 列出了推程和回程的计算结果。

表 6.3 推程和回程的计算结果 (单位:mm)

$\delta/(°)$	x	y	x_K	y_K
0	0.000	30.000	0.000	20.000
10	−5.306	30.091	−5.615	20.096
20	−11.306	30.279	−11.293	20.283
30	−17.500	30.311	−17.259	20.314
40	−24.283	28.939	−20.638	19.627
50	−30.216	25.354	−23.678	17.788
⋮	⋮	⋮	⋮	⋮
200	12.921	−35.499	6.678	−27.687
210	17.500	−30.311	8.963	−25.104
220	20.712	−24.684	11.919	−19.921
230	23.407	−19.641	14.596	−14.910
240	25.981	−15.000	17.321	−10.000
⋮	⋮	⋮	⋮	⋮

图 6.24 是计算结果在计算机屏幕上显示的图形。

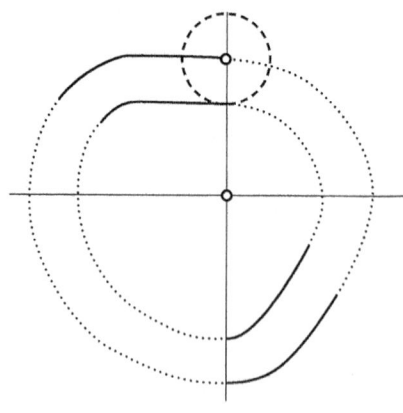

图 6.24 计算结果的计算机显示

第 7 章 齿轮机构及其设计

7.1 齿轮机构的应用和分类

在各种机器中,齿轮机构是应用最广泛的一种传动机构,它可以用来传递空间任意两轴间的运动和动力,运动准确可靠,效率较高。

齿轮机构多数用于定传动比传动。由于动力机一般转速较高、转矩较小,而工作机转速较低且要求转矩较大,这时可应用齿轮机构,在进行减速的同时增加转矩,当然齿轮机构也可用于增速。

齿轮机构也可以实现按某一规律的变速传动,这种齿轮机构中的齿轮一般是非圆形的,称作非圆齿轮机构,图 7.1 所示为一种常见的非圆齿轮机构,两个齿轮都是椭圆形,主动轮等速转动时,从动轮则按一定规律变速转动。相对来说,非圆齿轮用得较少,本章只讨论实现定传动比传动的齿轮机构。

图 7.1 非圆齿轮机构

7.1.1 平面齿轮机构

1. 直齿圆柱齿轮传动

直齿圆柱齿轮又称正齿轮或简称直齿轮,其轮齿与轴线平行。两轴转动方向相反者称为外啮合传动(见图 7.2),两轴转动方向相同者称为内啮合传动(见图 7.3),特殊情况下,将转动变换为平移运动的是齿轮与齿条传动(见图 7.4)。

 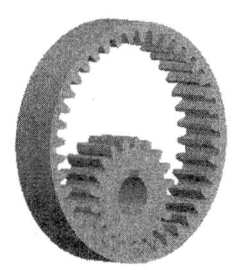 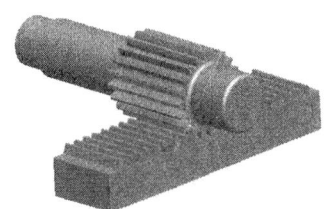

图 7.2 直齿轮外啮合传动　　图 7.3 直齿轮内啮合传动　　图 7.4 直齿轮与齿条传动

2. 平行轴斜齿轮传动

斜齿圆柱齿轮简称斜齿轮,其轮齿与轴线倾斜了一个角度,如图 7.5 所示。斜齿轮传动也有外啮合传动、内啮合传动和齿轮与齿条传动三种形式。

3. 人字齿轮传动

人字齿轮可看成是由轮齿倾斜方向相反的两个斜齿轮组成,如图 7.6 所示。

图 7.5 平行轴斜齿轮传动

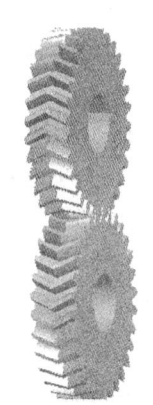

图 7.6 人字齿轮传动

7.1.2 空间齿轮机构

用于传递两相交轴或空间交错轴之间的运动和动力的齿轮机构称为空间齿轮机构。

1. 圆锥齿轮传动

圆锥齿轮用于两相交轴之间的传动。其轮齿分布在截锥体的表面上,有直齿、斜齿和曲齿之分。直齿圆锥齿轮应用最广(见图 7.7),曲齿圆锥齿轮由于能适应高速重载要求,也有广泛的应用(见图 7.8),斜齿圆锥齿轮应用较少。

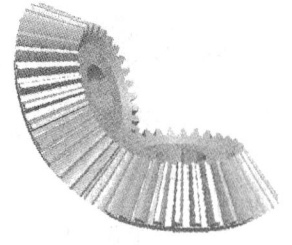

图 7.7 直齿圆锥齿轮传动

图 7.8 曲齿圆锥齿轮传动

2. 交错轴斜齿轮传动

斜齿圆柱齿轮也可用于交错轴传动(见图 7.9)。就单个齿轮来说与用于平行轴传动的斜齿轮是相同的,但是两轮的轮齿倾斜角度的大小和方向之间的关系与平行轴斜齿轮传动不同。

3. 蜗杆传动

蜗杆传动也是用来传递两交错轴之间的运动。蜗杆与蜗轮两轴一般垂直交错,如图 7.10 所示,这种传动可以获得较大的传动比。

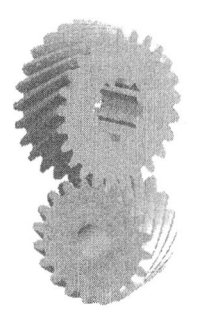

图 7.9 交错轴斜齿轮传动

用于交错轴间的齿轮传动,除斜齿轮传动和蜗杆传动外,还有准双曲线齿轮传动(见图 7.11)和锥蜗杆传动等多种形式。

图 7.10 蜗杆传动

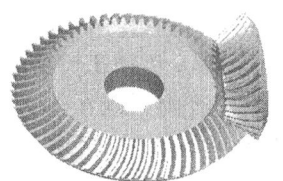

图 7.11 准双曲线齿轮传动

按照轮齿的齿廓形状,齿轮机构还可分为渐开线、摆线和圆弧齿轮机构等,直到目前,渐开线齿轮仍是应用最广泛的,本章在简述齿轮啮合规律的基础上,着重介绍渐开线齿轮的啮合原理和设计方法。

7.2 齿廓啮合基本定律

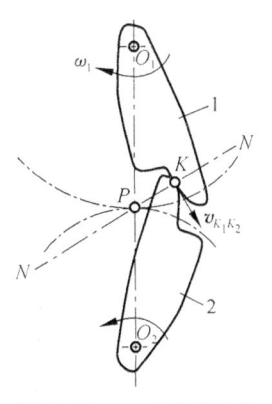

图 7.12 一对齿廓啮合

可以用作齿轮齿廓的曲线除了能满足运动要求外,还应考虑轮齿的强度、制造工艺性,以及便于安装和使用等,首先必须考虑的是要满足运动要求。如图 7.12 所示,一对齿廓曲线在 K 点接触,因齿廓曲线在传动过程中连续相切,故接触点的相对速度 $v_{K_1K_2}$ 的方向必定是公切线方向,或者说 $v_{K_1K_2}$ 在公法线 NN 方向不能有分速度,否则两齿廓就会脱开或相互嵌入,而不能正常传动,故 $v_{K_1K_2}$ 应该垂直于 NN 方向。设 n 为公法线向量,则必

$$v_{K_1K_2} \cdot n = 0 \tag{7-1}$$

式(7-1)表达了齿廓的几何形状和其运动间的关系,它适用于各种齿轮传动。过 K 点作两齿廓的公法线 NN 与两轮连心线 O_1O_2 的交点 P,这个 P 点称为节点,也是两轮的相对瞬心,两轮在这个瞬时的传动比

$$i_{12} = \frac{\omega_1}{\omega_2} = \frac{\overline{O_2P}}{\overline{O_1P}} \tag{7-2}$$

两齿廓接触点公法线必须通过由 $i_{12}=\frac{\omega_1}{\omega_2}$ 决定的节点位置,这就是齿廓啮合基本定律。式(7-2)适用于平行轴传动或相交轴传动。

根据齿廓啮合基本定律,如果要求两齿轮做定传动比传动,则节点 P 必须是连心线上的一个固定点,即不论两齿廓在什么位置接触,过接触点所作的齿廓公法线必须与连心线交于一固定节点。该节点在轮1上的轨迹是以 O_1 为圆心、$\overline{O_1P}$ 为半径的圆,在轮2上的轨迹是以 O_2 为圆心、$\overline{O_2P}$ 为半径的圆,这两个圆分别称为轮1和轮2的节圆,两节圆在节点 P 相切,且具有相同的速度,故满足定传动比的两齿廓啮合传动可以看作两轮的节圆做无滑动的滚动。

当两齿轮做变传动比传动时,节点 P 就不是一个定点,而是按相应的规律在连心线上移动,此时节点在轮1和轮2上的轨迹也就不是圆,而成为非圆曲线,称为节线,常用的非圆齿轮的节线为椭圆。

能满足运动要求,连续相切而互不干涉的一对齿廓曲线称为共轭齿廓。一对共轭齿廓具有互为包络线的特征,因此当已知运动及一对共轭齿廓中的一条曲线时,可以通过求包络线的方法求得另一条曲线。

满足齿廓啮合基本定律的共轭齿廓理论上有很多,但考虑到工艺等方面的要求,目前应用最广泛的仍是渐开线齿廓。

7.3 渐开线直齿圆柱齿轮

渐开线齿轮齿廓的工作段是圆的渐开线,下面的讨论中我们将了解渐开线齿轮的各方面知识。

7.3.1 渐开线的形成与渐开线方程

当一直线在一圆周上做纯滚动时,该直线上任一点的轨迹称为该圆的渐开线。这个圆称为基圆,该直线称为渐开线的发生线。如图7.13所示,发生线从位置I-I按逆时针方向沿基圆纯滚到位置II-II时,其上一点 A 的轨迹 AK 为一渐开线,取渐开线上

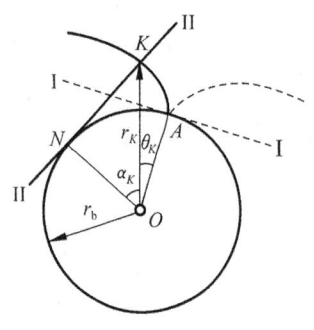

图 7.13 渐开线的形成

的一段曲线作为齿轮轮齿一侧的齿廓曲线。当发生线从位置 I-I 沿顺时针方向滚动时,则其上 A 点将展出一条对称的渐开线,如虚线所示,它是齿轮轮齿的另一侧齿廓曲线。

渐开线在基圆上的起始点为 A,则 $\angle AOK = \theta_K$ 称为渐开线上 K 点的展开角,$\angle KON = \alpha_K$ 称为渐开线上 K 点的压力角,显然,$\overline{KN} = r_b \tan\alpha_K$,而 $\widehat{AN} = \overline{KN} = r_b(\theta_K + \alpha_K)$,所以

$$\left. \begin{aligned} r_K &= \frac{r_b}{\cos\alpha_K} \\ \theta_K &= \tan\alpha_K - \alpha_K \end{aligned} \right\} \tag{7-3}$$

θ_K 亦常写为 $\mathrm{inv}\alpha_K$,称为渐开线函数。

式(7-3)即以 α_K 为参数的渐开线参数方程。如基圆半径 r_b 已知,连续设定 α_K 可求出 θ_K、r_K,即可求得渐开线上各点的极坐标。

渐开线上各点的压力角不等,由 $r_K \cos\alpha_K = r_b$ 可知,渐开线上离基圆越远的点压力角越大,渐开线在基圆上的压力角 α_b 为零。

在渐开线齿轮的分析与参数计算中常用到上述以压力角 α_K 为参数的渐开线方程,当已知压力角 α_K 时,可直接求得展开角 θ_K,但当已知 θ_K 求 α_K 时,则需解超越方程,为了应用方便,已制成 $\mathrm{inv}\alpha_K$ 与 α_K 的函数表可供查阅,但常需辅之以插值计算,见本书附录。

7.3.2 渐开线的性质

由上述渐开线的形成过程可知渐开线有如下性质:
(1) 发生线在基圆上滚过的长度等于基圆上被滚过的弧长,$\overline{KN} = \widehat{AN}$。
(2) 渐开线上任一点 K 的法线切于基圆,与基圆的切点 N 即渐开线上 K 点的曲率中心 NK 是曲率半径。故知:渐开线上各点曲率半径不等,A 点的曲率半径为零,离基圆越远的点曲率半径越大。
(3) 同一基圆上任意两条渐开线(不论是同向还是反向)之间的法向距离相等。图 7.14 中 $\overline{KK'} = \overline{K_1K_1'} = \widehat{AA'}$,$\overline{KK''} = \overline{K_1K_1''} = \widehat{AA''}$。
(4) 同一个基圆展出的渐开线形状相同。基圆不同,渐开线的形状亦不同,由图 7.15 可见,基圆越小,渐开线越弯曲;基圆越大,渐开线越平直。如果 $r_b \to \infty$,其渐开线蜕化为垂直于发生线的直线。它可以作为渐开线齿条的

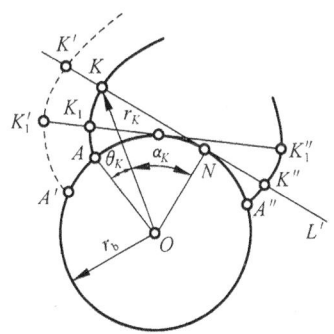

图 7.14 同一基圆的渐开线之间的关系图

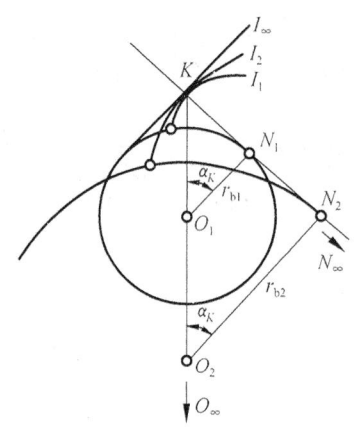

图 7.15 渐开线的形状与基圆的关系

齿廓。

(5) 基圆内无渐开线。

7.3.3 渐开线齿轮尺寸参数

1. 轮齿的结构尺寸

齿轮的轮齿部分结构如图 7.16 所示。半径为 r_a 的圆称为齿顶圆,它是切齿之前齿轮毛胚的外圆。半径为 r_f 的圆称为齿根圆,它是切齿过程中形成的。$h = r_a - r_f$ 称为全齿高,沿齿顶圆和齿根圆之间任意半径 r_K 圆所量得的相邻两齿同侧齿廓间的弧长称为 r_K 圆上的齿距,以 p_K 表示,则

$$p_K = s_K + u_K$$

式中,s_K、u_K 分别为 r_K 圆上的齿厚和齿槽宽,显然,r_K 不同,s_K、u_K 亦不同。B 为齿轮的宽度。

2. 渐开线齿轮的标准参数和标准齿轮

由于渐开线齿轮应用十分广泛,为了设计、制造、修配和使用方便,标准化工作十分重要。目前,在齿轮方面已制定一系列标准,设计和制造齿轮应按这些标准进行,下面仅就渐开线齿轮与轮齿有关的几项标准参数作简要说明。

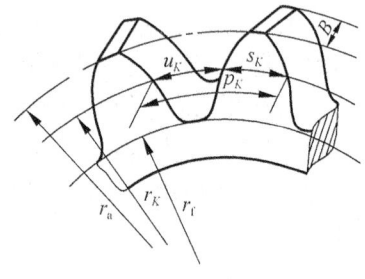

图 7.16 齿轮的轮齿部分结构

1) 压力角标准

渐开线是从基圆向外无限延伸的一条曲线,而作为齿轮的齿廓只能取用其上

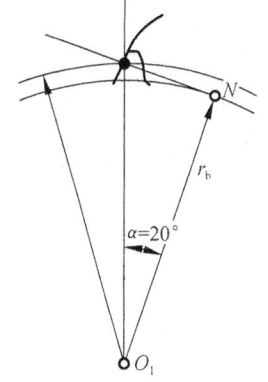

图 7.17 齿轮分度圆的定义

一小段。取哪一段渐开线作为齿廓合适?应有一个统一规定。离基圆近的线段压力角较小,对传动有利,但曲率半径也小,对接触强度不利,而远离基圆的线段曲率半径较大,压力角也大,权衡得失,取 $\alpha = 20°$ 附近一段渐开线作为齿轮的齿廓,这就是我国现行的压力角标准。

过渐开线上压力角为标准值($\alpha = 20°$)的点作一圆,称为齿轮的分度圆,它的直径是齿轮的一个基本尺寸(见图 7.17),以 d 表示分度圆直径,则

$$d = \frac{d_b}{\cos\alpha} \tag{7-4}$$

以后,以 α 表示分度圆上的压力角,其值就是标准值 20°。

2) 模数标准

由于应用于不同设备、不同功用的齿轮,传力大小可能差别很大,相应的轮齿大小也应各不相同。近代齿轮的加工常常是在专用机床上用专用刀具批量生产的,故轮齿的大小又不能是任意的。应规定一个系列尺寸,以适应传力大小不同的齿轮设计需要。

既然分度圆是齿轮尺寸的一个基准,分度圆上的齿距 p 就可以表示轮齿的大小,但如果把 p 规定为标准的系列尺寸(一系列较整齐的数),则会带来一些不便,设齿数为 z,则

$$zp = \pi d, \quad d = z\frac{p}{\pi}$$

可见,如 p 为整齐的数,则分度圆直径必将成为无理数,一般不希望齿轮的基本尺寸是无理数,可规定 $\frac{p}{\pi} = m$ 为标准系列,m 为模数,这样

$$d = zm \tag{7-5}$$

就会是较整齐的数字了。

模数以"mm"为单位,是表示轮齿大小的标准参数,模数又是齿轮各部分尺寸的一个相对单位,齿轮各部分尺寸常用模数的倍数表示。我国国家标准 GB1357—87 中规定模数的标准系列如表 7.1 所示,设计齿轮时应按表选用标准的模数。

表 7.1 标准模数系列表 (GB1357—87)

第一系列	0.1	0.12	0.15	0.2	0.25	0.3		0.4	0.5	0.6		0.8
第二系列							0.35				0.7	
第一系列		1	1.25	1.5		2		2.5		3		
第二系列	0.9				1.75		2.25		2.75		(3.25)	3.5
第一系列		4		5		6			8		10	
第二系列	(3.75)		4.5		5.5		(6.5)	7		9		(11)
第一系列	12		16		20		25		32		40	
第二系列		14		18		22		28		36		45
第一系列	50											
第二系列												

注:(1) 模数代号是 m,单位是 mm。
(2) 选用模数时优先采用第一系列,括号内的模数尽可能不用。

3) 齿高及顶隙标准

轮齿高度越小,当齿顶受载荷时,齿根弯曲应力越小,但齿高越小,一对轮齿啮合传动时间就越短,有可能破坏传动的连续性,兼顾这两方面的情况,国家标准中规定:标准外啮合齿轮在分度圆以外高度为 $h_a^* m$,在分度圆以内高度为 $(h_a^*+c^*)m$,全齿高为 $h=(2h_a^*+c^*)m$。

h_a^* 称为齿顶高系数,标准规定 $h_a^*=1$。

c^* 称为顶隙系数,标准规定 $c^*=0.25$。

也就是说,标准齿轮的全齿高 $h=2.25m$。

按标准参数设计,且分度圆上齿厚与齿槽宽相等的齿轮称为标准齿轮,标准齿轮主要尺寸很容易计算:

$$\left.\begin{aligned}
\text{分度圆} \quad & d=zm \\
\text{齿顶圆} \quad & d_a=d+2h_a^* m=(z+2h_a^*)m \\
\text{齿根圆} \quad & d_f=d-2(h_a^*+c^*)m=[z-2(h_a^*+c^*)]m \\
\text{分度圆上齿厚与齿槽宽} \quad & s=u=\frac{1}{2}\pi m
\end{aligned}\right\} \quad (7\text{-}6)$$

与渐开线齿轮相啮合的齿条及渐开线内齿轮,其标准的尺寸参数如图 7.18(a)、(b)所示。应注意到,内齿轮的齿顶圆小于齿根圆,齿顶圆应大于基圆。

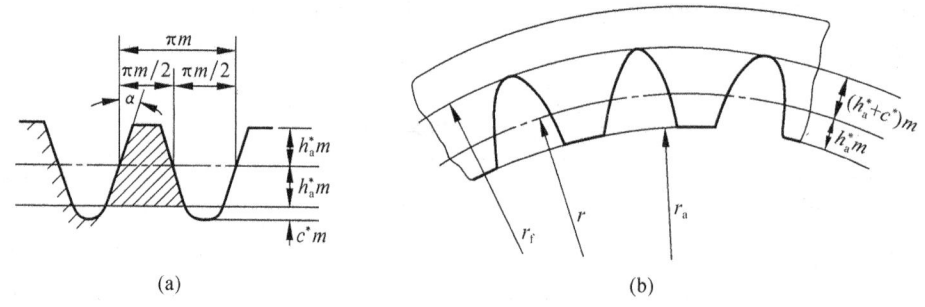

图 7.18 齿条与内齿轮的参数标准

7.4 渐开线齿轮的啮合传动

7.4.1 渐开线齿廓啮合满足齿廓啮合基本定律

齿轮轮齿的齿廓曲线一般由两段组成:一段是用于啮合传动,如图 7.19 中的 AG 段;另一段曲线 GB 称为过渡曲线,它与齿根圆平滑连接,有利于减少齿根部分的应力集中。这里着重讨论用于啮合传动的齿廓曲线,它的形状直接影响到传动比。

设基圆半径为 r_{b1} 与 r_{b2} 的两条渐开线齿廓,安装于任意选定的中心距 $\overline{O_1O_2}$,使其在任意点 K 接触(见图 7.20)。由渐开线性质知,过接触点 K 的齿廓公法线必为两基圆的内公切线 N_1N_2。在两基圆大小、位置一定的情况下,同一方向只有一条内公切线,故 $\overline{N_1N_2}$ 与 $\overline{O_1O_2}$ 的交点 P 必为定点。

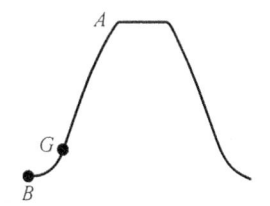

图 7.19 齿廓渐开线与过渡曲线

由于 K 的任意性,故可知不论此二齿轮在任何位置接触,过接触点的公法线恒与连心线交于定点 P,这就证明了一对渐开线齿廓是符合啮合基本定律的共轭齿廓,能实现定传动比传动。

P 点既是 $\overline{O_1O_2}$ 上一个定点,在传动过程中 P 点在两齿轮上的轨迹为以 O_1 及 O_2 为圆心,互切于 P 点的两个圆,即为节圆。以 r_1' 及 r_2' 表示两节圆半径,则中心距

$$a' = r_1' + r_2' \tag{7-7}$$

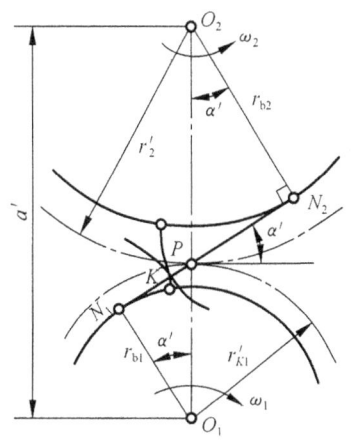

图 7.20 渐开线齿廓啮合

传动比

$$i_{12} = \frac{\omega_1}{\omega_2} = \frac{\overline{O_2P}}{\overline{O_1P}} = \frac{r_2'}{r_1'} = \frac{r_{b2}}{r_{b1}} \tag{7-8}$$

7.4.2 渐开线齿廓传动的特点

1. 啮合线为直线,啮合角不变

一对齿轮啮合过程中接触点轨迹称为啮合线,渐开线齿廓在任意位置啮合时,过接触点的公法线是同一条直线 $\overline{N_1N_2}$,说明一对渐开线齿廓从开始啮合到脱离啮合,所有接触点都在 $\overline{N_1N_2}$ 线上,因此 $\overline{N_1N_2}$ 就是渐开线齿廓的啮合线。

过啮合点的齿廓公法线与过 P 点所作两节圆公切线之间所夹的锐角称为啮合角,以 α' 表示。渐开线齿廓在啮合过程中接触点的公法线是同一条直线,故其啮合角不变。

2. 正压力的方向和位置不变

当不考虑齿面间的摩擦时,作用在齿廓间的正压力方向和位置始终与公法线重合,故知,渐开线齿廓传动过程中,传力方向以及两齿轮支撑中的反力方向都不变化,这对于齿轮传动的平稳性是有利的。

3. 中心距改变时传动比不变

由式(7-8)可知,两渐开线一定,基圆一定,传动比就随之而定。中心距改变,节圆半径改变,但传动比不变,这个特点也常称作渐开线啮合的可分性。

7.4.3 渐开线齿廓间的滑动

一对渐开线齿廓啮合过程中,接触点沿啮合线移动,设此瞬时在 K 点接触,经 Δt 时间后,接触点变为 K',是齿廓 1 上 K'_1 点与齿廓 2 上的 K'_2 点在 K' 点啮合。在 Δt 时间内,接触点在齿廓 1 上移动的弧长为 $\Delta s_1 = \overset{\frown}{KK'_1}$,接触点在齿廓 2 上移动的弧长为 $\Delta s_2 = \overset{\frown}{KK'_2}$,一般情形下 $\Delta s_1 \neq \Delta s_2$,故知啮合传动过程中齿面间有滑动(见图 7.21)。

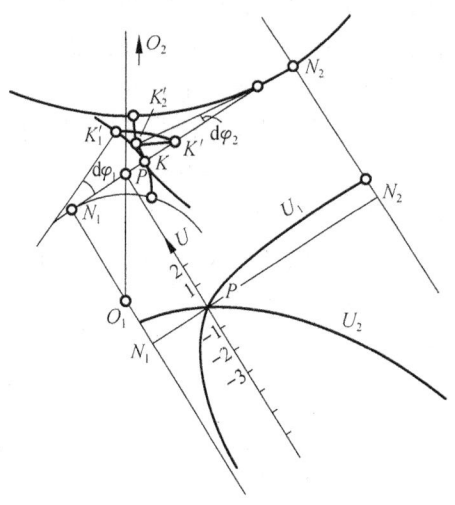

图 7.21 渐开线齿廓间的滑动

在齿面间润滑不充分的条件下,齿面滑动导致磨损。虽然相啮合的一对齿廓在 Δt 时间内相对滑动的大小是相同的,都为 $|\Delta s_1 - \Delta s_2|$,但滑动弧长较小的齿面所受的磨损却比滑动弧长较大的齿面剧烈,所以,为了确切地说明齿面上不同点的滑动状况,定义了一个"滑动比"的指标,以 U_1 和 U_2 表示,则

$$U_1 = \lim_{\Delta t \to 0} \frac{\Delta s_1 - \Delta s_2}{\Delta s_1} = \frac{\mathrm{d}s_1 - \mathrm{d}s_2}{\mathrm{d}s_1}$$

$$U_2 = \lim_{\Delta t \to 0} \frac{\Delta s_2 - \Delta s_1}{\Delta s_2} = \frac{\mathrm{d}s_2 - \mathrm{d}s_1}{\mathrm{d}s_2}$$

将对应的几何关系及运动关系代入,则

$$\left. \begin{array}{l} U_1 = \dfrac{\rho_{K_1} \mathrm{d}\varphi_1 - \rho_{K_2} \mathrm{d}\varphi_2}{\rho_{K_1} \mathrm{d}\varphi_1} = 1 - \dfrac{\rho_{K_2}}{\rho_{K_1}} \dfrac{1}{i_{12}} \\[2mm] U_2 = \dfrac{\rho_{K_2} \mathrm{d}\varphi_2 - \rho_{K_1} \mathrm{d}\varphi_1}{\rho_{K_2} \mathrm{d}\varphi_2} = 1 - \dfrac{\rho_{K_1}}{\rho_{K_2}} i_{12} \end{array} \right\} \quad (7\text{-}9)$$

式中,ρ_{K_1}、ρ_{K_2} 分别为 1、2 齿廓在 K 点的曲率半径。

显然,U_1、U_2 随啮合点位置而变化,在节点啮合时,因为 $\dfrac{\rho_{K_2}}{\rho_{K_1}} = i_{12}$,所以 $U_1 =$

$U_2=0$；在 N_1 点啮合时，因 $\rho_{K_1}=0$，所以 $U_2=1$，$U_1\to\infty$；在 N_2 点啮合时，因 $\rho_{K_2}=0$，所以 $U_1=1$，$U_2\to\infty$。

7.4.4 一对渐开线齿轮啮合传动应满足的条件

1. 正确啮合条件

齿轮传动是靠各对轮齿依次交替啮合实现连续传动的，因而必然有两对轮齿同时啮合的情况。为了保证两对轮齿同时啮合时互不干涉，即各对轮齿所实现的传动比相同，各对轮齿的啮合点应都在同一条啮合线上（见图 7.22）。对于渐开线齿轮传动来说，应保证相邻两齿同侧齿廓的法向齿距相等，亦即相啮合的两个齿轮基圆齿距相等。

$$p_{b1} = p_{b2}$$

因为

$$p_b = p\cos\alpha = \pi m\cos\alpha$$

所以

$$m_1\cos\alpha_1 = m_2\cos\alpha_2 \quad (7\text{-}10)$$

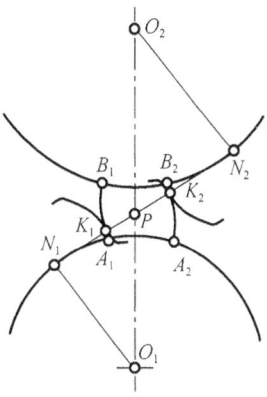

图 7.22　渐开线齿轮传动的理论啮合线

在模数及压力角都已标准化了的情况下，一对正确啮合的渐开线齿轮，必须使模数及压力角分别相等，即

$$m_1 = m_2, \quad \alpha_1 = \alpha_2 \quad (7\text{-}11)$$

压力角相同的齿轮，只要模数相同即可正确啮合。

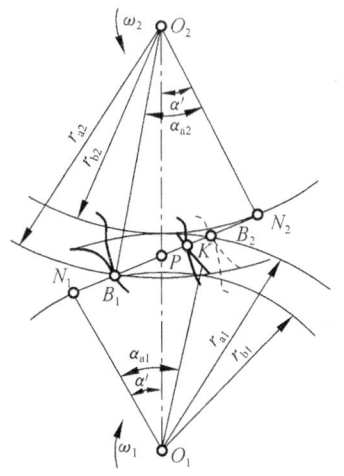

图 7.23　渐开线齿轮传动的实际啮合线

2. 连续传动条件

连续传动要求：前一对齿尚未脱开，后一对齿应该接上。因为渐开线齿轮的啮合点只能在基圆的内公切线上，图 7.22 中 $\overline{N_1N_2}$ 称为理论啮合线段。一对齿实际开始啮合的点应为从动轮的齿顶圆与啮合线的交点 B_1，而开始脱开的点为主动轮齿顶圆与啮合线的交点 B_2，如图 7.23 所示。$\overline{B_1B_2}$ 称为实际啮合线段。传动过程中一对齿的啮合点由 B_1 向 B_2 移动，设这对齿的啮合点移动到 K 点时，下一对齿于 B_1 点开始啮合，由渐开线特点可知，B_1K 为基圆齿距 p_b，显然，欲保证连续传动，应使 $\overline{B_1B_2} \geq p_b$，即实际啮合线段长度大于或等于基圆齿距。

令 $\varepsilon = \dfrac{\overline{B_1B_2}}{p_b}$，称为重合度，则连续传动条件亦可表述为 $\varepsilon \geqslant 1$。

由图 7.23 可知

$$\overline{B_1B_2} = \overline{B_1P} + \overline{PB_2}$$

$$\overline{B_1P} = \overline{B_1N_2} - \overline{PN_2} = r_{b2}(\tan\alpha_{a2} - \tan\alpha')$$

$$= \frac{z_2 m}{2}\cos\alpha(\tan\alpha_{a2} - \tan\alpha')$$

$$\overline{PB_2} = \overline{B_2N_1} - \overline{PN_1} = r_{b1}(\tan\alpha_{a1} - \tan\alpha')$$

$$= \frac{z_1 m}{2}\cos\alpha(\tan\alpha_{a1} - \tan\alpha')$$

而

$$p_b = \pi m \cos\alpha$$

所以

$$\varepsilon = \frac{1}{2\pi}[z_1(\tan\alpha_{a1} - \tan\alpha') + z_2(\tan\alpha_{a2} - \tan\alpha')] \tag{7-12}$$

式中

$$\alpha' = \arccos\frac{r_{b1}}{r'_1}, \quad \alpha_{a1} = \arccos\frac{r_{b1}}{r_{a1}}, \quad \alpha_{a2} = \arccos\frac{r_{b2}}{r_{a2}}$$

可见，ε 随齿数增大、齿顶圆增大而增大，啮合角越大，ε 越小。通常设计要求 $\varepsilon \geqslant 1.2$。标准齿轮传动都会满足连续传动的要求。

3. 间隙条件

为了使一对齿轮啮合传动时不出现侧隙，应使 $s'_1 = u'_2, s'_2 = u'_1$，而渐开线标准齿轮分度圆上齿厚和齿槽宽相等，即 $s = u = \dfrac{\pi}{2}m$，故渐开线标准齿轮无侧隙啮合时其节圆与分度圆重合，安装中心距

$$a = r_1 + r_2 = \frac{1}{2}(z_1 + z_2)m \tag{7-13}$$

a 称为标准安装中心距，标准齿轮按标准中心距安装即可实现无侧隙啮合。

一齿轮的齿顶与相啮合的齿轮齿根之间的距离称为顶隙，则

$$c = a - r_{a1} - r_{f2} = \frac{1}{2}(z_1 + z_2)m - \frac{1}{2}(z_1 + 2h_a^*)m - \frac{1}{2}[z_2 - 2(h_a^* + c^*)]m$$

$$= c^* m = a - r_{a2} - r_{f1}$$

亦为标准值。

如果安装中心距 $a' > a$，则会出现侧隙，顶隙亦随之增大。

中心距改变后啮合角也随之变化,二者的关系是
$$a'\cos\alpha' = a\cos\alpha \tag{7-14}$$

例 7.1 一对外啮合标准齿轮,$z_1=22, z_2=33, \alpha=20°, m=2.5\text{mm}, h_a^*=1$,求其在标准安装时的重合度。如中心距增大 1mm,重合度是多少?

解 标准安装时,节圆与分度圆重合,所以 $\alpha'=\alpha=20°$,则

$$r_{a1} = \frac{mz_1}{2} + h_a^* m = \frac{2.5 \times 22}{2} + 1 \times 2.5 = 30(\text{mm})$$

$$r_{a2} = \frac{mz_2}{2} + h_a^* m = \frac{2.5 \times 33}{2} + 1 \times 2.5 = 43.75(\text{mm})$$

$$r_{b1} = \frac{mz_1}{2}\cos\alpha = \frac{2.5 \times 22}{2}\cos20° = 25.84(\text{mm})$$

$$r_{b2} = \frac{mz_2}{2}\cos\alpha = \frac{2.5 \times 33}{2}\cos20° = 38.76(\text{mm})$$

$$\alpha_{a1} = \arccos\frac{r_{b1}}{r_{a1}} = \arccos\frac{25.84}{30} = 30°32'$$

$$\alpha_{a2} = \arccos\frac{r_{b2}}{r_{a2}} = \arccos\frac{38.76}{43.75} = 27°38'$$

代入重合度计算公式有

$$\varepsilon = \frac{1}{2\pi}[22 \times (\tan30°32' - \tan20°) + 33 \times (\tan27°38' - \tan20°)] = 1.629$$

如果中心距增加 1mm,则

$$a' = \frac{m}{2}(z_1 + z_2) + 1 = \frac{2.5}{2}(22+33) + 1 = 69.75(\text{mm})$$

由

$$a'\cos\alpha' = a\cos\alpha = r_{b1} + r_{b2}$$

得

$$\alpha' = \arccos\left(\frac{r_{b1}+r_{b2}}{a'}\right) = \arccos\left(\frac{25.84+38.76}{69.75}\right) = 22°09'$$

$$\varepsilon = \frac{1}{2\pi}[22 \times (\tan30°32' - \tan22°09') + 33 \times (\tan27°38' - \tan22°09')] = 1.252$$

7.4.5 齿轮与齿条啮合传动

当相啮合的两个渐开线齿廓中,一个渐开线齿廓的基圆半径 $r_{b2} \to \infty$ 时,渐开线蜕化为直线,转动的齿轮转化为移动的齿条,即与渐开线齿廓啮合的齿条齿廓为直线。

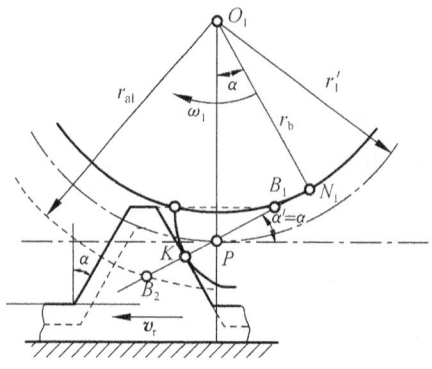

图 7.24 渐开线齿轮与齿条啮合的特点

图 7.24 表示渐开线齿廓与直边齿条相啮合,设齿条的齿形角为 α,其啮合线亦即过啮合点的齿廓公法线,应为切于基圆垂直于齿条齿廓的直线。由 O_1 引垂直于齿条移动速度方向的直线,与啮合线的交点即节点 P,以 $\overline{O_1P}$ 为半径作圆与齿条上过 P 点平行于移动速度 v_r 方向的直线相切,即啮合传动中的节圆与节线,传动比可表示为

$$\frac{v_r}{\omega_1} = \overline{O_1P} = \frac{r_b}{\cos\alpha} \qquad (7\text{-}15)$$

因为 r_b 及 α 都是常数,所以渐开线齿廓与直线齿廓的齿条可实现定传动比传动。如果将齿条位置向下平移一段距离(图中虚线位置),传动比仍保持不变,也具有可分性,且此时齿轮的节圆 r_1' 及啮合角 α' 都不变化,只是齿条上节线位置改变了。无论齿轮齿条的相对位置如何改变,齿轮的节圆始终不变,此节圆就是齿轮的分度圆。齿条齿顶线与啮合线的交点 B_1,齿轮顶圆与啮合线的交点 B_2,$\overline{B_1B_2}$ 为实际啮合线段。

7.5 渐开线齿轮齿廓的切制及变位原理

7.5.1 齿廓制作方法

近代齿轮的加工方法很多,有铸造法、热轧法、冲压法、模锻法、粉末冶金法和切制法等,其中最常用的是切制法。轮齿的切制工艺是多种多样的,就其原理来说可概括为仿形法和范成法。

1. 仿形法

应用刃形与被切齿轮齿槽形状相同的盘状或指状铣刀,逐个切出齿槽的加工齿轮的方法就是仿形法(见图 7.25)。指状铣刀常用来加工大模数(如 $m>20\text{mm}$)的齿轮,还可以加工人字齿轮。

如前所述,当齿轮的压力角、模数确定之后,轮齿的形状就取决于齿数,因而欲切出精确的渐开线齿廓,每一种模数,每一种齿数都得配备一把刀具,这在实际上是做不到的。为了简化刀具种类,每种模数只备有 8 把铣刀,用以切制该模数的所有齿数的齿轮。每个刀号和它能切制齿轮的齿数见表 7.2,刀刃的形状是按照每组齿数中最小齿数的齿形制作的,因而用它来加工其他齿数的齿轮时,就必然有齿形误差,这

第7章 齿轮机构及其设计

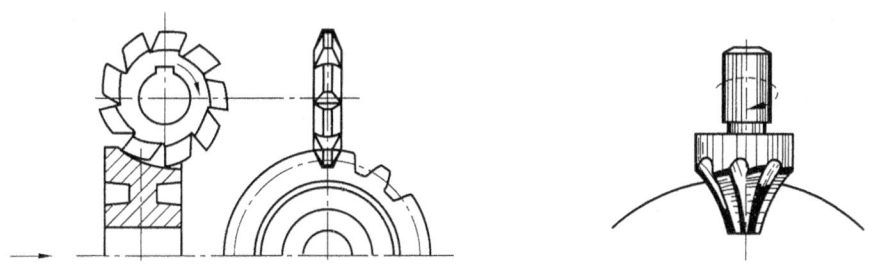

图 7.25 仿形法加工渐开线齿轮

是仿形法加工精度低的基本原因。此外分度也会有误差,而且加工不连续,生产效率低,故不宜用于大量生产。但这种方法可在普通铣床上加工,在修配中还有采用。

表 7.2 各号铣刀切制齿轮的齿数范围

铣刀号数	1	2	3	4	5	6	7	8
所切制的齿数	12,13	14~16	17~20	21~25	26~34	35~54	55~134	≥135

2. 范成法(展成法、包络法)

把刀具做成齿轮或齿条形状,在专用机床上使刀具与轮坯做范成运动(即刀具与被切齿轮之间的啮合运动),同时进行切削,刀刃包络出齿廓的方法即范成法。它是近代齿轮加工的主要方法。范成切制所用的刀具有三种。

1) 齿轮插刀

齿轮插刀的形状像一个外齿轮,但带有切削刃,用于专用的插齿机上。它除了做上下切削运动之外,还做缓慢转动,轮坯也做缓慢转动,二者之间保持恒定传动比,如同齿轮插刀与被切齿轮互相啮合,在这种相对运动过程中,刀刃包络切出齿廓(见图 7.26)。

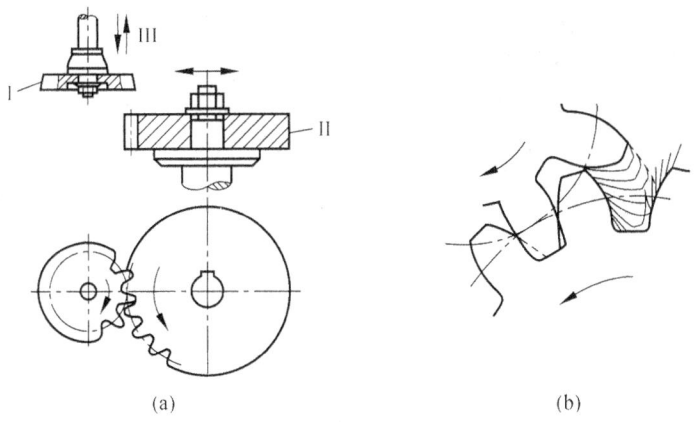

图 7.26 齿轮插刀加工渐开线齿轮

2) 齿条插刀

齿条插刀形如齿条,带有切削刃,用于专用的梳齿机上,其范成运动是轮坯同时做缓慢的转动和移动,如同被切齿轮在齿条上滚动(见图7.27)。

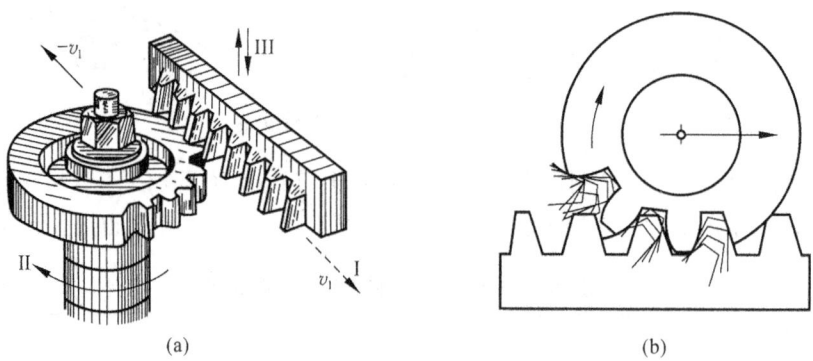

图 7.27　齿条插刀加工渐开线齿轮

3) 滚刀

滚刀是一个具有纵向容屑槽的形如蜗杆状的刀具,如图7.28(a)所示,用于专用的滚齿机上,轮坯绕自身轴线回转,而滚刀除了回转运动之外,还沿轮坯轴线方向做平移运动,这两个运动通过机床内运动链相互联系着,两个运动的合成,相当于一个假想的齿条与被切齿轮的啮合运动,因此它和齿条插刀一样,可包络切出齿廓,如图7.28(b)所示。滚刀切齿过程是连续的,生产率高,是目前广泛应用的切齿方法。

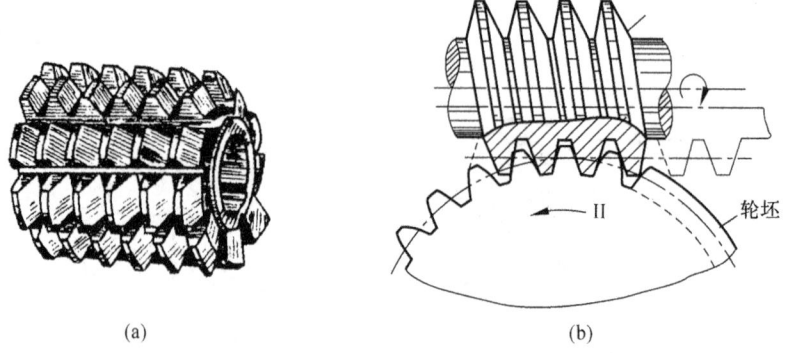

图 7.28　滚刀加工渐开线齿轮

范成切齿所用的刀具与被切齿轮齿数无关,即一把刀具可精确切出相同模数不同齿数的齿轮。

7.5.2 标准齿条形刀具切制渐开线齿廓

标准齿条刀具的形状与参数如图 7.29 所示,与标准齿条(见图 7.18(a))相比较,其齿顶多了 c^*m 一段(这一段刀刃是用一段圆弧将顶刃和侧刃连接起来),是为了保证被切齿轮在传动时有足够的顶隙,但圆弧形状的刀刃包络出的齿廓不是渐开线,而是齿根部分的过渡曲线,只有侧刃的直线段才能包络切出渐开线来,故以后讨论中将不提及刀刃的圆弧部分。

沿刀具的中线(基准线)测量,刀具的齿厚与齿槽宽相等,都等于 $\frac{\pi m}{2}$,中线上下各为 $h_a^* m$ 高度,刀刃为直线。

下面讨论用标准齿条刀具切齿原理(见图 7.30)。

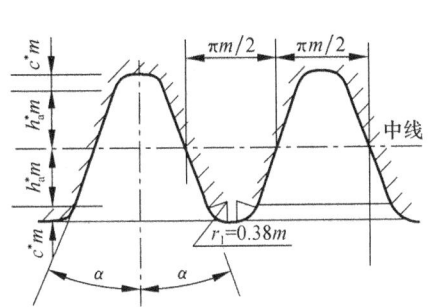

图 7.29 标准齿条刀具的形状与参数

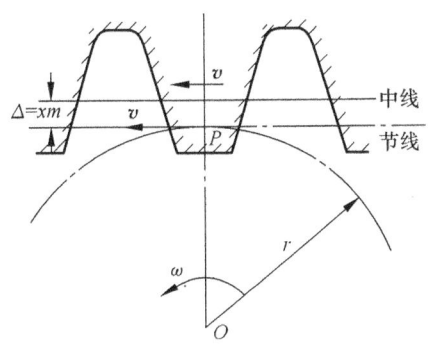

图 7.30 标准齿条刀具切齿原理

设在切齿机床上,轮坯以角速度 ω 转动,刀具以速度 v 移动,由轮坯的回转中心引一条与刀具移动方向相垂直的直线,在此线上总可找到一点 P,满足

$$\overline{OP}\omega = v$$

令 $r=\overline{OP}$,以 O 为圆心、r 为半径作圆,显然,在范成运动中,此圆与齿条刀上过 P 点且平行于中线的直线相滚动,称为范成运动中的节圆与切削节线。

由于齿条为直线齿廓,沿平行于中线的任何直线测量,其齿距都一样,因此以 r 为半径的圆,其圆周长为齿距的多少倍,则范成过程中就可以切出多少个齿来。

因为

$$2\pi r = z\pi m$$

所以

$$2r = d = zm$$

原来,范成运动中的节圆就是齿轮的分度圆。由此可以得出如下结论:

(1) 被切齿轮分度圆上的齿距与齿条刀具的齿距相等,亦即被切齿轮的模数等于齿条刀具的模数 $m=m_刀$。换言之,欲切多大模数的齿轮,就选多大模数的刀具。

(2) 被切齿轮的齿数取决于刀具与轮坯的相对运动。由

$$\frac{v}{\omega} = \overline{OP} = r = \frac{z}{2}m$$

可见,当 m 一定时,z 取决于 $\frac{v}{\omega}$,所以只有正确调整机床中刀具与轮坯之间的传动链,保证齿条形刀具移动速度与轮坯转动的角速度的比值等于被切齿轮的分度圆半径,才能切出要求的齿数。

(3) 被切齿轮分度圆上的齿厚取决于刀具与轮坯的相对位置。因为范成切齿过程中刀具上切削节线与齿轮的分度圆相滚动,故刀具切削节线上的齿厚与被切齿轮分度圆上的齿槽宽相等,刀具切削节线上齿槽宽与被切齿轮分度圆上齿厚相等,所以,如果刀具的中线与节线重合,与分度圆相切,则被切齿轮分度圆上齿厚与齿槽宽相等

$$s = u = \frac{1}{2}\pi m$$

即切得标准齿轮,如果刀具中线离开分度圆而不与节线重合,则切得分度圆上齿厚大于齿槽宽的齿轮;反之,刀具中线与分度圆相割,则被切齿轮分度圆上齿厚将小于齿槽宽。

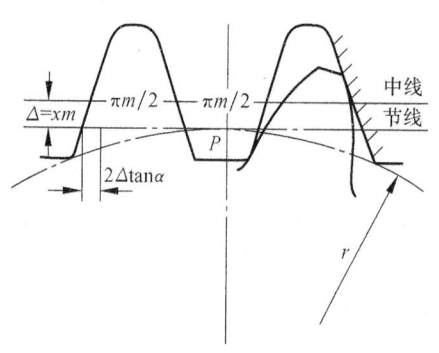

图 7.31　变位齿轮分度圆齿厚与刀具节线齿槽宽的关系

分度圆上齿厚与齿槽宽不相等的齿轮,称为变位齿轮,这是因为刀具位置与切削标准齿轮时相比有了变化。分度圆上 $s>u$ 的齿轮称为正变位齿轮,分度圆上 $s<u$ 的齿轮称为负变位齿轮,刀具中线与切削节线的距离 Δ 称为变位量。

$$\Delta = xm \quad (x \text{ 称为变位系数})$$

变位齿轮分度圆上齿厚与刀具节线上齿槽宽相等,由图 7.31 可见

$$s = \frac{\pi}{2}m + 2\Delta\tan\alpha = \left(\frac{\pi}{2} + 2x\tan\alpha\right)m \tag{7-16}$$

正变位 $x>0$,负变位 $x<0$。

7.5.3　齿轮切制中产生根切的原因及避免根切的方法

图 7.28 说明用齿条型刀具范成切齿的过程。设刀具从右向左移动,速度为 v,轮坯逆时针转动,角速度为 ω,$\frac{v}{\omega}$ 值由机床保证等于分度圆半径。刀具齿廓在任意位置 J 时,被切轮齿在啮合线左上方一段渐开线 KK' 已被包络切出,啮合线

下方仍为直线轮廓。当刀具齿廓位于 J_N 时,已包络切出完整的渐开线齿廓。此时如果刀具齿廓与轮坯分离,那么已切得的渐开线齿廓就会完整的保留下来,但图 7.32 中的情形刀具齿廓并没有与轮坯分离,在以后的范成运动中将继续切削。设刀具齿廓移 Δs 至 J_C 位置,同时轮坯转过 $\Delta \varphi$ 角。

因为

$$\Delta s = r\Delta\varphi$$

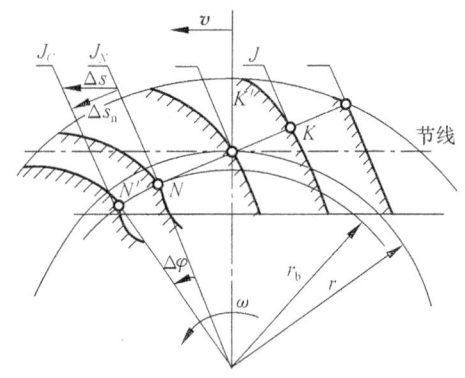

图 7.32 齿条型刀具范成切齿过程

所以

$$\Delta s_n = \Delta s \cos\alpha = r\cos\alpha\Delta\varphi = r_b\Delta\varphi$$

即刀具齿廓移过的法向位移 Δs_n 与基圆转过的弧长 $\overset{\frown}{NN'}$ 相等,所以已切好的渐开线根部位于刀具齿轮右侧,必将被切掉。这就是根切现象产生的原因。

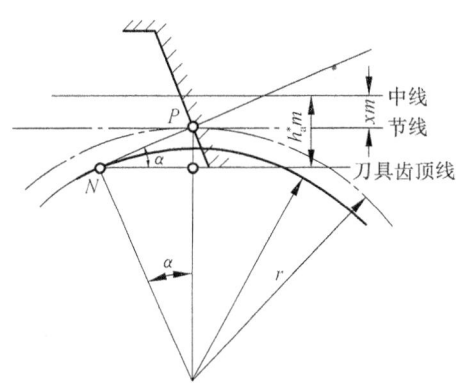

图 7.33 齿轮不产生根切的条件

如上所述,如果刀具的齿顶线(直线齿廓部分)在 N 点以上,那么刀具齿廓移至 J_N 位置以前就与轮坯脱开,就不会有根切现象了,所以不产生根切的条件是(见图 7.33)

$$(h_a^* - x)m \leqslant \frac{z}{2}\sin^2\alpha\, m$$

即

$$h_a^* - x \leqslant \frac{z}{2}\sin^2\alpha \quad (7\text{-}17)$$

如果 $x=0$ 即标准齿轮,则必须

$$z \geqslant \frac{2h_a^*}{\sin^2\alpha} \quad (7\text{-}18)$$

将 $h_a^*=1$,$\alpha=20°$ 代入得

$$z \geqslant 17.09726$$

所以设计标准齿论,齿数不宜小于 17。

$z_{\min} = \dfrac{2h_a^*}{\sin^2\alpha}$ 称标准齿轮不产生根切的最小齿数。

如果为了紧凑传动尺寸必须选用 $z < z_{\min}$ 的齿轮。且又不希望有根切,则可应用变位切削。

由不产生根切的条件

$$h_a^* - x \leqslant \frac{z}{2}\sin^2\alpha$$

$$x \geqslant h_a^* - \frac{z}{2}\sin^2\alpha = h_a^*\left(1 - \frac{z}{\frac{2h_a^*}{\sin^2\alpha}}\right) = h_a^*\left(1 - \frac{z}{z_{\min}}\right) = x_{\min} \qquad (7\text{-}19)$$

即应用变位系数 $x \geqslant x_{\min}$ 的变位齿轮可不产生根切。

7.6 渐开线直齿圆柱齿轮设计

从 7.5 节讲述的齿廓切制原理可知,标准齿轮可看作变位齿轮中变位系数为零的特例,因此标准齿轮的设计不再单独讨论。

7.6.1 变位齿轮的用途

由于变位齿轮有一系列特点,在机构传动中得到了广泛的应用。变位齿轮的主要用途有以下几个方面。

1. 提高轮齿的强度

正变位齿轮齿根厚度增加。对抗弯强度显然有利,齿面曲率半径增大也有利于接触强度,因为二齿廓啮合时其接触应力是随二齿廓综合曲率半径的增加而减少。而变位齿轮的切制并不比标准齿轮增加任何麻烦,因此应用变位齿轮提高齿轮传动的承载能力是很有效的途径。

2. 配凑安装中心距

如前所述,齿轮传动应避免有齿侧间隙,为了保证无侧隙啮合,一对标准齿轮当齿数、模数一定的情况下,其中心距就随之而定,即

$$a = \frac{z_1 + z_2}{2}m$$

如果需要在 $a'>a$ 的中心距安装,则必然出现侧隙,如果需要在 $a'<a$ 的中心距安装,则根本不可能。

利用变位切削可以改变轮齿的齿厚,当 $a'>a$ 时,只要采用正变位,使齿轮齿厚增加一些,就可以使侧隙消除;当 $a'<a$ 时,利用负变位,把齿厚减薄一些,也可以实现无侧隙啮合。

当然,在具体情况下究竟需要多大的变位切削($x=?$)才能刚好实现无侧隙啮合,这是需要计算的。

3. 避免根切

产生根切的齿轮,其靠近基圆的一段渐开线被切掉,齿廓出现尖点,根切显然

削弱了轮齿的抗弯强度。由 7.5 节分析知,轮齿的最小变位系数就是由不根切条件推出的,即通过变位可切制出不根切的齿数更少的齿轮。

4. 改善齿面的滑动状况

在 7.4 节中曾讨论过互相啮合的一对渐开线齿廓的滑动状况。通常,小齿轮根部的滑动比大于大齿轮根部的滑动比,且随传动比 i_{12} 增大,其差别增大,在润滑不充分的条件下,小轮齿根部将较快地被磨损。这是因为小齿轮根部开始啮合点 B_1 接近极限啮合点 N_1 的缘故。如果用负变位的方法切制大齿轮,大齿轮齿顶圆变小,B_1 点就会远离 N_1 点,为了不使实际啮合线长变短,同时使小齿轮正变位,小齿轮齿顶圆变大,$\overline{PB_2}$ 增大,这样改变实际啮合线 B_1B_2 在 $\overline{N_1N_2}$ 上的位置可以使齿面滑动状况得到改善。图 7.34 中 B_1B_2 为标准齿轮实际啮合线,$B_1'B_2'$ 为大齿轮负变位,小轮正变位后啮合时实际啮合线。

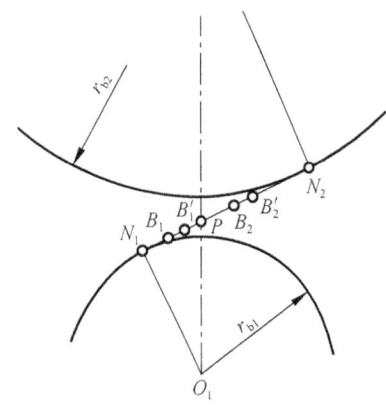

图 7.34 变位齿轮传动可以改变实际啮合线的位置

7.6.2 齿轮传动的类型和应用

一对标准齿轮无侧隙安装的中心距是标准中心距,分度圆就是节圆。变位齿轮由于分度圆齿厚发生了变化,无侧隙安装的两分度圆不一定相切,分度圆分离,中心距增大,反之,中心距减小,中心距的变化取决于两齿轮的变位系数和 x_1+x_2。

依据变位系数和 x_1+x_2 的值,齿轮传动可分为三种类型:

(1) 正传动 $x_1+x_2>0$。此时啮合角 $\alpha'>\alpha$,中心距 $a'>a$,因而节圆大于分度圆。正传动由于齿面综合曲率半径增大和齿根厚度增大,而承载能力增大,可以采用齿数较少的齿轮,以使传动尺寸紧凑,可以配凑中心距,设计时常选用。但由于 α' 变大使重合度减小,小齿轮如果正变位系数较大可能使齿顶厚过小。

(2) 零传动 $x_1+x_2=0$。可分为两种情况,如果 $x_1=x_2=0$,则为标准齿轮传动,如果 $x_1=-x_2$ 则称为变位零传动。通常取 $x_1>0,x_2<0$。此时啮合角 $\alpha'=\alpha$,中心距 $a'=a$。即变位零传动啮合角和中心距都和标准齿轮相同。

变位零传动虽然不能提高齿面接触强度,但小齿轮正变位齿根厚度增加,大齿轮由于齿数多,负变位对其齿根厚减小不大,总体说来抗弯强度有所提高。小轮齿顶圆增大,大轮齿顶圆减小,使实际啮合线位置改变,有利于改善小轮齿根部的磨损情况。在某些大型设备中有时采用负变位切削的方法修复已磨损的大齿轮,这时只要配制一个正变位的小齿轮仍可在原有中心距上安装使用。因而变位零传动的应用也比较广泛。

应注意的是,变位零传动中大齿轮要负变位,负变位有可能使本来没有根切的齿轮($z>z_{min}$)产生根切,这是不希望的。保证两个齿轮都不根切应满足

$$x_1 \geqslant \frac{z_{min}-z_1}{z_{min}}, \quad x_2 \geqslant \frac{z_{min}-z_2}{z_{min}}$$

而
$$x_1+x_2=0$$

所以
$$z_1-z_{min}+z_2-z_{min} \geqslant 0$$

即
$$z_1+z_2 \geqslant 2z_{min} \tag{7-20}$$

换言之,如果 $z_1+z_2 \leqslant 2z_{min}$ 的一对齿轮,应用变位零传动时,必有一个齿轮产生根切,这点应注意。

(3) 负传动 $x_1+x_2<0$。从而 $\alpha<\alpha'$,$a'<a$。负传动与正传动相反。承载能力下降。为避免根切,两轮齿数应满足 $z_1+z_2>2z_{min}$,传动尺寸不能小。重合度变大。通常只有在配凑中心距时应用,应检查根切的危险。

设计变位齿轮传动时变位系数如选择不当有可能出现下述问题:
(1) 产生根切。
(2) 重合度不够,通常应满足 $\varepsilon \geqslant 1.15$。
(3) 小齿轮齿顶变尖,通常要求 $s_{a1} \geqslant (0.25 \sim 0.4)m$。
(4) 产生过渡干涉,即一个齿轮的齿顶渐开线与相啮合齿轮的齿根过渡曲线相接触,轻微的干涉将引起噪声,运转不平稳,严重的干涉使传动受阻,这是必须避免的。

将以上 4 条作为变位系数选择的约束条件,按通用的设计手册推荐的表格或线图选择变位系数可避免上述问题,无需进行这些指标的验算。

7.6.3 变位齿轮尺寸参数计算

1. 任意圆上的齿厚

计算变位齿轮的尺寸首先要推导变位系数 x_1、x_2 与无侧隙啮合中心距 a' 之间的关系,推导这种关系的出发点是无侧隙啮合的一对齿轮在两个节圆上齿厚之和等于节圆上齿距,即

$$s_1'+s_2'=p'$$

这就需要计算节圆上齿厚。在齿轮分析和检测中还会遇到其他圆上齿厚计算问题,因而我们讨论任意圆上齿厚的计算。

如图 7.35 所示,半径为 r_K 圆上的齿厚

$$s_K = r_K \delta_K$$
$$\delta_K = \delta - 2(\mathrm{inv}\alpha_K - \mathrm{inv}\alpha)$$

其中,δ 为分度圆上齿厚所对的圆心角,α_K 为半径为 r_K 圆上渐开线的压力角,而分度圆上齿厚为

$$s = \left(\frac{\pi}{2} + 2x\tan\alpha\right)m$$

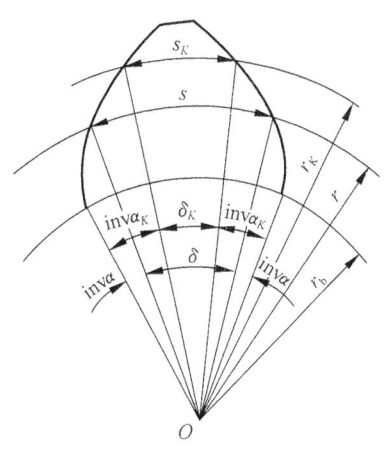

图 7.35 任意圆的齿厚

所以

$$s_K = r_K \left[\frac{s}{r} - 2(\mathrm{inv}\alpha_K - \mathrm{inv}\alpha)\right]$$
$$= s\frac{r_K}{r} - 2r_K(\mathrm{inv}\alpha_K - \mathrm{inv}\alpha) \quad (7\text{-}21)$$

如果 $r_K = r_b, \alpha_K = 0, \dfrac{r_b}{r} = \cos\alpha$,则得基圆齿厚计算式为

$$s_b = s\cos\alpha + 2r_b \mathrm{inv}\alpha$$

例 7.2 量得 $z = 17, \alpha = 20°$ 的渐开线齿轮公法线长:$w_2 = 17.10\mathrm{mm}, w_3 = 27.43\mathrm{mm}$(见图 7.36)。试求其模数及变位系数。

解 $p_b = w_3 - w_2 = 27.43 - 17.10 = 10.33(\mathrm{mm})$

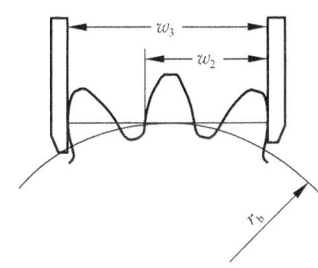

图 7.36 渐开线齿轮的公法线测量

所以

$$m = \frac{p_b}{\pi\cos\alpha} = \frac{10.33}{\pi\cos 20°} = 3.5(\mathrm{mm})$$
$$w_2 = p_b + s_b$$

所以

$$s_b = w_2 - p_b = 17.10 - 10.33 = 6.77(\mathrm{mm})$$

而

$$s_b = \left(\frac{\pi}{2} + 2x\tan\alpha\right)m\cos\alpha + 2r_b \mathrm{inv}\alpha$$

由此得:$x = 0.32$。

2. 无侧隙啮合方程式

首先计算节圆上齿厚

$$s_1' = s_1 \frac{r_1'}{r_1} - 2r_1'(\mathrm{inv}\alpha' - \mathrm{inv}\alpha)$$

因为 $r'\cos\alpha' = r\cos\alpha$,所以 $\dfrac{r'}{r} = \dfrac{\cos\alpha}{\cos\alpha'}$,则

$$s_1' = \left(\frac{\pi}{2} + 2x_1\tan\alpha\right)m\frac{\cos\alpha}{\cos\alpha'} - mz_1 \frac{\cos\alpha}{\cos\alpha'}(\mathrm{inv}\alpha' - \mathrm{inv}\alpha)$$

$$= \left[\frac{\pi}{2} + 2x_1\tan\alpha - z_1(\text{inv}\alpha' - \text{inv}\alpha)\right]m\frac{\cos\alpha}{\cos\alpha'}$$

$$s'_2 = \left[\frac{\pi}{2} + 2x_2\tan\alpha - z_2(\text{inv}\alpha' - \text{inv}\alpha)\right]m\frac{\cos\alpha}{\cos\alpha'}$$

任意圆齿距与基圆齿距间的关系为

$$p_K z = 2\pi r_K, \quad p_b z = 2\pi r_b$$

$$\frac{p_b}{p_K} = \frac{r_b}{r_K} = \cos\alpha_K$$

因而节圆上齿距

$$p' = p\frac{\cos\alpha}{\cos\alpha'} = \pi m\frac{\cos\alpha}{\cos\alpha'}$$

将以上关系代入：$s'_1 + s'_2 = p'$ 则有

$$x_1 + x_2 = \frac{z_1 + z_2}{2}\frac{\text{inv}\alpha' - \text{inv}\alpha}{\tan\alpha} \tag{7-22}$$

$$a' = a\frac{\cos\alpha}{\cos\alpha'} = \frac{z_1 + z_2}{2}\frac{\cos\alpha}{\cos\alpha'}m \tag{7-23}$$

式(7.22)、式(7.23)称变位齿轮无侧隙啮合方程，是计算变位齿轮尺寸的主要依据，标准齿轮可看作 $x_1 = x_2 = 0$ 的变位齿轮，无侧隙啮合亦符合上式。

3. 齿根圆和齿顶圆

齿根圆

$$r_f = r - (h_a^* + c^* - x)m \tag{7-24}$$

齿顶圆尺寸计算有两种方法：

(1) 保证齿高为标准值 $h = (2h_a^* + c^*)m$，则

$$\left.\begin{array}{l} r_{a1} = \left(\dfrac{z_1}{2} + h_a^* + x_1\right)m \\[6pt] r_{a2} = \left(\dfrac{z_2}{2} + h_a^* + x_2\right)m \end{array}\right\} \tag{7-25}$$

这样一对齿轮啮合时顶隙将小于标准值 c^*m。

(2) 保证顶隙为标准值 c^*m，则

$$\left.\begin{array}{l} r_{a1} = a' - r_{f2} - c^*m \\ r_{a2} = a' - r_{f1} - c^*m \end{array}\right\} \tag{7-26}$$

这样一对齿轮全齿高将小于标准齿高。通常用保证顶隙为标准值的方法计算齿顶圆。

7.6.4 变位齿轮设计步骤

根据对中心距 a' 是否有要求，分下面两种情况。

(1) 当给定 z_1, z_2, m, α 及 h_a^*，而对 a' 没有限制时，设计步骤如下：

第 7 章 齿轮机构及其设计

① 选定传动类型,当 $z_1+z_2<2z_{min}$ 时,必须采用正传动。

② 选定变位系数 x_1 和 x_2,为了避免根切,应使 $x_1 \geqslant x_{1min}$,$x_2 \geqslant x_{2min}$,也可根据使用条件,借助一些变位系数图表或软件来确定。

③ 计算两轮的几何尺寸。

④ 验算小轮的齿顶厚和重合度,应使 $s_{a1} \geqslant 0.25m$,$\varepsilon_a > 1$(如 x_1、x_2 是由图表中查取,一般不必再进行验算)。

(2) 当给定 a' 及 i_{12}、m、α、h_a^* 时,设计步骤如下:

① 选定 z_1、z_2,可先确定标准中心距

$$i_{12} = \frac{z_2}{z_1}$$

因为

$$a = \frac{m}{2}(z_1+z_2) = \frac{mz_1}{2}(1+i_{12})$$

所以

$$\begin{cases} z_1 = \dfrac{2a}{m(1+i_{12})} \\ z_2 = z_1 i_{12} \end{cases}$$

为了求得标准中心距 a,可令 $z_1' = 2a'/[m(1+i_{12})]$,这样求得的 z' 的可能带有小数,将 z_1' 小数略去圆整为 z_1,既可求得相应的标准中心距 $a = mz_1(1+i_{12})/2$。这个 a 一定小于 a',从而可以获得正传动(如果后面计算的结果不够满意,还可重选 z_1)。

② 计算 α' 和 x_1+x_2。可应用式(7-14)和式(7-22)得

$$\cos\alpha' = \frac{a}{a'}\cos\alpha$$

$$x_1 + x_2 = (\text{inv}\alpha' - \text{inv}\alpha)\frac{z_1+z_2}{2\tan\alpha}$$

相继求出啮合角 α' 和变位系数 x_1+x_2。为了更好的分配变位系数,如前所述,最好根据工作条件,借助于一些图表或软件来最后确定。

③ 计算两轮的几何尺寸。

④ 验算小轮的齿顶厚和这对齿轮的重合度。应使齿顶厚 $s_{a1} \geqslant 0.25m$ 以及重合度 $\varepsilon_a > 1$。若 x_1、x_2 是从图表中查取,则一般来说就不必再进行验算了。

例 7.3 已知一对外啮合变位齿轮的 $z_1 = 10$,$z_2 = 12$,$m = 10\text{mm}$,$\alpha = 20°$,$h_a^* = 1$,$c^* = 0.25$。试设计这对齿轮。

解 (1) 选择传动类型。

因 $\alpha = 20°$,$h_a^* = 1$,且 $z_1+z_2 = 10+12 < 34$,故应选用正传动。

(2) 选定变位系数。

因两轮应无根切现象,故

$$x_{1\min} = \frac{17-10}{17} = 0.4118, \quad x_{2\min} = \frac{17-12}{17} = 0.2941$$

取 $x_1 = x_{1\min}, x_2 = x_{2\min}$(也可取 $x_1 > x_{1\min}, x_2 > x_{2\min}$)。

(3) 计算两轮的几何尺寸。

先求两轮的啮合角和中心距,因为

$$\text{inv}\alpha' = \frac{2(x_1+x_2)}{z_1+z_2}\tan\alpha + \text{inv}\alpha$$

$$= \frac{2\times(0.4118+0.2941)}{10+12}\times\tan20° + \text{inv}20° = 0.0382609$$

所以

$$\alpha' = 27.0°$$

$$a' = \frac{m}{2}(z_1+z_2)\frac{\cos\alpha}{\cos\alpha'} = \frac{10}{2}\times(10+12)\frac{\cos20°}{\cos27°} = 116.01(\text{mm})$$

两轮各部尺寸为

$$d_1 = mz_1 = 10\times10 = 100(\text{mm})$$

$$d_2 = mz_2 = 10\times12 = 120(\text{mm})$$

$$d_{b1} = d_1\cos\alpha = 100\cos20° = 93.97\text{mm}$$

$$d_{b2} = d_2\cos\alpha = 120\cos20° = 112.76\text{mm}$$

$$d_{a1} = 2a' - d_2 + 2(h_a^* - x_2)m = 2\times116.01 - 120$$
$$+ 2\times(1-0.2941)\times10 = 126.14(\text{mm})$$

$$d_{a2} = 2a' - d_1 + 2(h_a^* - x_1)m = 2\times116.01 - 100$$
$$+ 2\times(1-0.4118)\times10 = 143.78(\text{mm})$$

$$d_{f1} = d_1 - 2(h_a^* + c^* - x_1)m$$
$$= 100 - 2\times(1+0.25-0.4118)\times10 = 83.24(\text{mm})$$

$$d_{f2} = d_2 - 2(h_a^* + c^* - x_2)m$$
$$= 120 - 2\times(1+0.25-0.2941)\times10 = 100.88(\text{mm})$$

$$s_1 = \left(\frac{\pi}{2} + 2x_1\tan\alpha\right)m = \left(\frac{\pi}{2} + 2\times0.4118\tan20°\right)\times10 = 18.71(\text{mm})$$

$$s_2 = \left(\frac{\pi}{2} + 2x_2\tan\alpha\right)m = \left(\frac{\pi}{2} + 2\times0.2941\tan20°\right)\times10 = 17.85(\text{mm})$$

(4) 验算小轮的齿顶厚和重合度。

$$\alpha_{a1} = \arccos\frac{d_{b1}}{d_{a1}} = \arccos\frac{93.97}{126.14} = 41°51'$$

$$\alpha_{a2} = \arccos\frac{d_{b2}}{d_{a2}} = \arccos\frac{112.76}{143.78} = 38°21'$$

$$s_{a1} = s_1 \frac{d_{a1}}{d_1} - d_{a1}(\text{inv}\alpha_{a2} - \text{inv}\alpha)$$
$$= 18.71 \times \frac{126.14}{100} - 126.14 \times (\text{inv}41°51' - \text{inv}20°)$$
$$= 4.63(\text{mm}) > 0.25m = 2.5\text{mm}$$

可用。

一般情况大轮的齿顶厚 $s_{a2} > s_{a1}$，故不用校核。

$$\varepsilon_a = \frac{1}{2\pi}[z_1(\tan\alpha_{a1} - \tan\alpha') + z_2(\tan\alpha_{a2} - \tan\alpha')]$$
$$= \frac{1}{2\pi} \times [10 \times (\tan 41°51' - \tan 27°) + 12 \times (\tan 38°21' - \tan 27°)]$$
$$= 1.15$$

可用。

例 7.4 当给定一对变位齿轮的 $a'=75\text{mm}, i_{12}=2, m=4\text{mm}, \alpha=20°, h_a^*=1$ 时，试设计这对变位齿轮。

解 (1) 选定 z_1、z_2。

令

$$z_1' = \frac{2a'}{m(1+i_{12})} = \frac{2 \times 75}{4 \times (1+2)} = 12.5$$

取 $z_1 = 12$，则 $z_2 = z_1 i_{12} = 12 \times 2 = 24$。

(2) 求 α' 和 x_1、x_2。

$$a = \frac{m}{2}(z_1 + z_2) = \frac{4}{2}(12+24) = 72\text{mm}$$

$$\alpha' = \arccos\left(\frac{a}{a'}\cos\alpha\right) = \arccos\left(\frac{72}{75}\cos 20°\right) = 25°34'$$

$$x_1 + x_2 = (\text{inv}\alpha' - \text{inv}\alpha)\frac{z_1+z_2}{2\tan\alpha} = (\text{inv}25°34' - \text{inv}20°)\frac{12+24}{2\tan 20°} = 0.6656$$

因 $z_1 < 17, x_{1\min} = \frac{17-z_1}{17} = \frac{17-12}{17} = 0.2941$，可取 $x_1 = 0.4$，则 $x_2 = 0.2656$（两轮的几何尺寸和一些验算从略）。

7.7 其他类型齿轮传动

7.7.1 平行轴斜齿圆柱齿轮传动

1. 齿廓形成及啮合特点

如图 7.37 所示，平面 S 沿一圆柱面滚动，其上一条与圆柱轴线相平行的直线

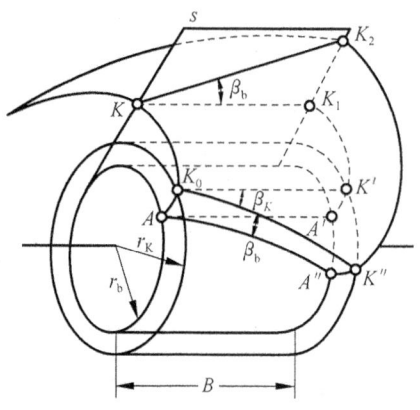

图 7.37 斜齿轮齿廓曲面的形成

KK_1,在运动过程中形成一个渐开面,这就是渐开线直齿轮的齿廓曲面,这个圆柱是渐开面的基圆柱。

平面 S 上一条与基圆柱轴线不平行的直线 KK_2 在运动过程中也形成了一个渐开面,这个曲面有如下特点:

(1) 与基圆柱轴线相垂直的截面称端面,在任意端面内此曲面的截线都是渐开线。

(2) 在基圆柱的切平面内,此曲面的截线为直线。

(3) 在半径大于或等于基圆柱的任何圆柱面上,此曲面的截线为螺旋线。

这样的曲面称螺旋渐开面,它在顶圆柱以内的部分就是斜齿圆柱齿轮的齿廓曲面。

螺旋渐开面被不同半径的圆柱面所截得的螺旋线有不同的螺旋角,设基圆柱上的螺旋角为 β_b,半径为 r_K 圆柱上的螺旋角为 β_K,由图 7.37 可见

$$B\tan\beta_b = \widehat{A'A''}, \quad B\tan\beta_K = \widehat{K'K''}$$

而 $\widehat{A'A''}$ 及 $\widehat{K'K''}$ 所对圆心角相同,所以 $\widehat{K'K''}/\widehat{A'A''}$ 亦即

$$\frac{\tan\beta_K}{\tan\beta_b} = \frac{r_K}{r_b} \tag{7-27}$$

即半径较大的圆柱面上,螺旋角也较大。

一对螺旋渐开面啮合传动如图 7.38 所示,两基圆柱的内公切面是啮合面,此瞬时二齿面沿 KK' 线接触,KK' 称接触线,传动过程中 KK' 在啮合面上移动。由图 7.38 可见,一对螺旋渐开面啮合有如下特点:

(1) 啮合过程为"渐进啮合"。啮合过程从右端面上 1 轮齿根和 2 轮齿顶开始,只有一点接触,之后接触线由短变长,再由长变短,最后经左端面上 1 轮齿顶和 2 轮齿根上一点啮合过后,全齿分离,这种啮合过程称"渐进啮合"。由于开始啮合时齿顶刚度较小,齿轮上受力也是由小变大再由大变小,故传动平稳,对制造误差的敏感性低。直齿轮传动,开始啮合二齿面就沿全齿接触,对制造误差较敏

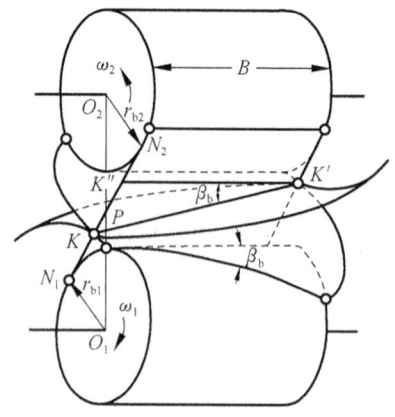

图 7.38 一对螺旋渐开面啮合传动

感。在相同运转条件下,应用斜齿轮传动,其制造精度要求可较低,故在大功率、高速传动中应用广泛。

(2) 重合度大。斜齿轮一对齿面的啮合时间比直齿轮长,因为就一个端面而言,斜齿轮啮合时间就相当于一对直齿轮的啮合时间,但斜齿轮一个端面脱开,其他端面还在啮合,如图 7.39 所示,右端面渐开线即将分开,而左端面渐开线齿廓刚进入啮合。待左端面齿廓啮合点移到 K' 即将脱开,这一对齿的啮合才终了。因此,斜齿轮的重合度可分为两部分,即端面重合度 ε_t 及由斜齿产生的附加重合度或称纵向重合度 ε_β:

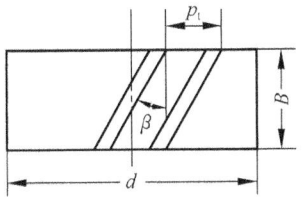

图 7.39 斜齿轮啮合的纵向重合度

$$\varepsilon = \varepsilon_t + \varepsilon_\beta \tag{7-28}$$

ε_t 相当于直齿轮的重合度,由图 7.39 所示:

$$\varepsilon_\beta = \frac{B\tan\beta_b}{p_b} = \frac{B\tan\beta}{p_t} \tag{7-29}$$

可见齿宽 B 大,β 大,重合度也大。

2. 尺寸参数计算

斜齿轮的端面齿廓是渐开线,因而齿轮的尺寸是按端面计算的。垂直于斜齿轮分度圆柱上螺旋线切线的截面称法面,因为切制斜齿轮时是沿着螺旋线方向进刀,故法面齿形参数应与刀具齿形参数一致,是标准值,所以在计算斜齿轮时要进行端面参数与法面参数间的换算。

$$\left.\begin{array}{l} m_t = \dfrac{m_n}{\cos\beta} \\ h_{at}^* = h_{an}^*\cos\beta, c_t^* = c_n^*\cos\beta \\ \tan\alpha_t = \dfrac{\tan\alpha_n}{\cos\beta} \end{array}\right\} \tag{7-30}$$

以上诸式中角标"n"、"t"分别表示法面及端面,β 为分度圆柱上螺旋角。法面参数为标准值,即 $\alpha_n = 20°$,$h_{an}^* = 1$,$c_n^* = 0.25$,m_n 为标准系列。而端面参数随螺旋角 β 而变,就不是标准值了。

$$\left.\begin{array}{ll} 分度圆 & d = zm_t = z\dfrac{m_n}{\cos\beta} \\ 齿顶圆 & d_a = d + 2h_{an}^* m_n \\ 齿顶圆 & d_f = d - 2(h_{an}^* + c_n^*)m_n \\ 标准中心距 & a' = \dfrac{1}{2}(d_1 + d_2) = \dfrac{z_1 + z_2}{2}\dfrac{m_n}{\cos\beta} \end{array}\right\} \tag{7-31}$$

可见，在齿数、模数相同条件下，β 不同中心距亦不等。

3. 啮合条件及参数选择

为了保证两轴平行，一对外啮合斜齿轮的螺旋角应方向相反、数值相等，内啮合则应方向相同，即

$$\beta_1 = \mp \beta_2$$

此外还应满足直齿轮的啮合条件

$$\alpha_{t1} = \alpha_{t2}$$
$$m_{t1} = m_{t2}$$

由于

$$\beta_1 = -\beta_2$$

所以有

$$\alpha_{n1} = \alpha_{n2}$$
$$m_{n1} = m_{n2}$$

如前所述，斜齿轮渐进啮合、重合度大等特点都与螺旋角 β 有关，为了充分发挥斜齿轮的特点，设计时选用较大 β 角有利，但 β 大会增大附加轴向力，使支撑结构设计复杂，故 β 不宜太大，通常设计斜齿轮时取 β 为 $8°\sim 15°$。

如果同一轴上安装两个 β 角方向相反的斜齿轮，或者将两个斜齿轮做在一起成为人字齿轮，则轴向力抵销，β 角可选择 $30°$ 左右（见图 7.40）。

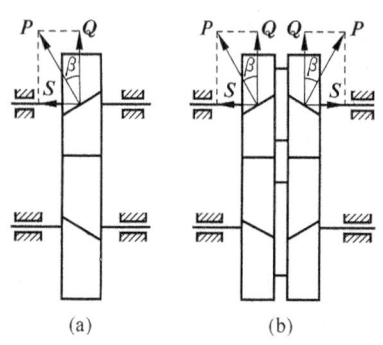

图 7.40　斜齿轮与人字齿轮的受力关系

4. 斜齿轮的当量齿数

齿轮的基本参数中，模数决定齿的大小，齿数决定齿的形状。斜齿轮的端面齿形与法面齿形不同，在用仿型法切制斜齿轮时，刀号需按斜齿轮的法面齿形来选，在计算轮齿的抗弯强度时也需要知道斜齿轮的法面齿形。但斜齿轮的法面齿形很复杂，工程上为了简化计算常采用近似的方法，即认为斜齿轮的法面齿形与某一直齿轮的齿形相当，这个直齿轮称为斜齿轮的当量齿轮，其齿数称为当量齿数。

如图 7.41 所示，作斜齿轮的法截面得一椭圆形齿轮，椭圆短轴端点 A 处的齿形即作为斜齿轮的法面齿形，以椭圆短轴端点 A 的曲率半径 ρ_A 作圆，作为当量齿轮的分度圆，则当量齿轮的齿数

$$z_v = \frac{2\rho_A}{m_n}$$

设椭圆的长半轴及短半轴分别为 a、b,则

$$\rho_A = \frac{a^2}{b} = \frac{[d/(2\cos\beta)]^2}{d/2} = \frac{d}{2\cos^2\beta}$$

$$d = z\frac{m_n}{\cos\beta}$$

$$z_v = \frac{z}{\cos^3\beta} \tag{7-32}$$

即斜齿轮的法面齿形与模数为 m_n,齿数为 z_v 的直齿圆柱齿轮的齿形相当。以后,凡遇到与斜齿轮的法面齿形有关的问题,都可以用这个当量齿轮的齿形代替。

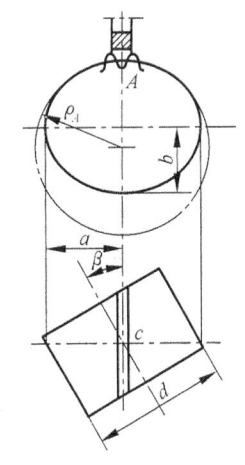

图 7.41 斜齿轮的当量齿轮

7.7.2 蜗杆传动

如前所述,一对外啮合斜齿轮的螺旋角 $\beta_1 = -\beta_2$,因而两轴的交角 $\Sigma = \beta_1 + \beta_2 = 0$。当 $\beta_1 \neq -\beta_2$,即两轴交角不等于零时,称为交错轴。

蜗杆传动由相啮合的蜗杆和蜗轮组成,是用于交错轴间传动的最常见的一种。主动件蜗杆形状如同螺旋,从动件蜗轮如图 7.10 所示。两轴交角 Σ 可以为任意值,但绝大多数蜗杆传动 $\Sigma = 90°$。

1. 蜗杆蜗轮的形成

当斜齿轮的齿数很少,螺旋角很大时,其轮齿在分度圆柱面上将形成完整的螺旋线,使齿轮形状如螺旋,称为蜗杆。如果用与蜗杆齿形相同(只是外径略大以切出径向间隙)的滚刀加工与蜗杆啮合的大齿轮(即对偶法加工切制),其齿廓不再是螺旋渐开面,而是蜗杆齿面的包络面,这种齿轮改称蜗轮,就形成了蜗杆与蜗轮传动。

如果蜗杆齿面是渐开螺旋面,这种蜗杆传动称渐开线蜗杆传动。按对偶法加工蜗轮,蜗杆端面齿形也可以不是渐开线,只要按蜗杆形状制成滚刀,用这种滚刀加工出来的蜗轮就会与蜗杆呈线接触。为了便于加工,常用一种轴截面为直边梯形齿廓的蜗杆,称阿基米德蜗杆,其端面齿形为阿基米德螺线(见图 7.42)。

蜗杆与螺旋一样也有左旋与右旋之分,常用右旋蜗杆,其螺旋线的导程角(升角)$\gamma = 90° - \beta_1$,在通常 $\Sigma = 90°$ 情况下,$\gamma = \beta_2$(见图 7.43),根据齿数 z_1 的不同,蜗杆分为单头、双头……蜗杆,通常 z_1 为 1~4。

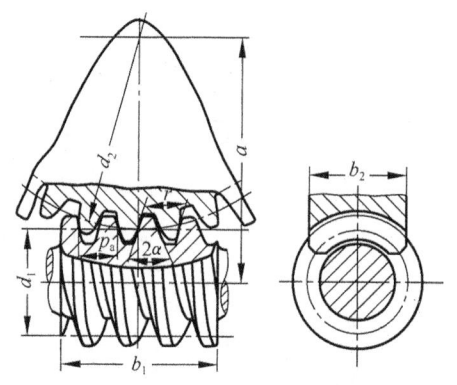
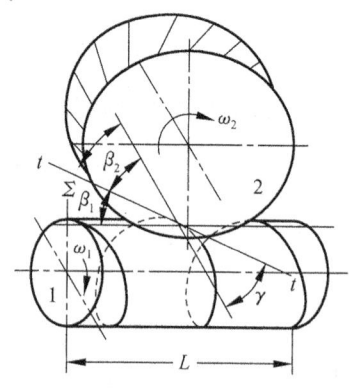

图 7.42 阿基米德蜗杆与蜗轮啮合　　　　图 7.43 导程角与螺旋角的关系

2. 蜗杆传动的特点

(1) 传动比大。因为 z_1 很少而 z_2 可以很多,所以 $\frac{z_2}{z_1}=i_{12}=\frac{\omega_1}{\omega_2}$ 可以很大,通常用于动力传动的蜗杆蜗轮的传动比 i_{12} 为 10~50,在分度机构中可达 500 以上。

(2) 可以自锁。当蜗杆的导程角 γ 小于啮合齿面间的当量摩擦角时,只能以蜗杆主动。反之,蜗轮不能推动蜗杆转动,即具有反向自锁性质。在起重装置中可起一定的保险作用。

(3) 结构紧凑、传动平稳、噪声小。

(4) 传动的机械效率较低。具有自锁性能的蜗杆,正向传动效率不大于 50%,故不推荐用于长期连续工作的动力传动。由于啮合齿面间有较大的相对滑动,蜗轮常需用耐磨材料(如锡青铜等)制造,成本较高。

3. 基本参数计算

阿基米德蜗杆传动在其中间平面(过蜗杆轴线垂直于蜗轮轴线的平面)内,蜗杆与蜗轮啮合恰似直边齿条与渐开线齿轮的啮合关系一样,当蜗杆转动时,这个齿条就移动,推动齿轮转动。所以蜗杆的轴向模数与压力角应与蜗轮的端面模数与压力角分别相等,即

$$\left.\begin{array}{l} m_{a1}=m_{t2}=m \\ \alpha_{a1}=\alpha_{t2}=\alpha \end{array}\right\} \tag{7-33}$$

蜗杆分度圆直径 d_1 应与其蜗轮滚刀的中线直径相等,为限制蜗轮滚刀的数量,d_1 亦标准化,d_1 与模数 m 有一定的匹配,同一模数的分度圆直径只有 1、2 或 4 种。m、α、d_1 以及齿顶高系数 h_a^*,顶隙系数 c^* 等蜗杆基本参数的标准值可查有关的设计手册。

蜗杆导程角 γ 可由下面关系导出：
因为
$$\pi d_1 \tan\gamma = P_a z_1 = z_1 \pi m \tag{7-34}$$
所以
$$\tan\gamma = \frac{z_1 m}{d_1}$$
蜗杆传动的标准中心距
$$a = \frac{(d_1 + d_2)}{2} = \frac{(d_1 + z_2 m)}{2} \tag{7-35}$$
蜗杆传动的传动比
$$i_{12} = \frac{\omega_1}{\omega_2} = \frac{z_2}{z_1}$$

4. 转向关系判定

蜗杆和蜗轮的转向关系可用如下方法判定：因为蜗轮齿总是被约束在蜗杆的两条螺旋线齿之间，所以如果蜗杆的旋向和转向如图 7.44 所示那样，当蜗杆转动时蜗轮齿将向虚线画出的方向移动，这就确定了蜗轮的转向。

5. 其他类型蜗杆传动简介

常用的阿基米德蜗杆传动由于相啮合的两齿面为凸-凸接触，齿面接触应力大，又因为齿间接触线与滑动速度方向之间夹角很小，对形成润滑油膜不利，所以承载能力较小，传动效率不高。近代出现了一些新型蜗杆传动，这里简介其中有代表性的两种。

1) 圆弧齿圆柱蜗杆传动

如图 7.45 所示，这种蜗杆的轴截面齿廓为凹圆弧齿形，与蜗轮啮合时为凹凸齿面接触，接触应力较小，同时也改善了形成润滑油膜的条件，提高了传动的承载能力。

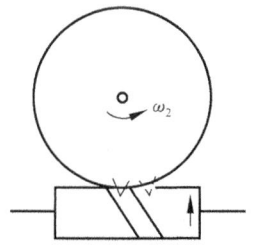

图 7.44　蜗杆与蜗轮的转向关系

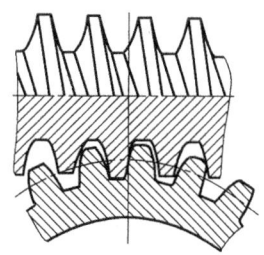

图 7.45　圆弧齿圆柱蜗杆传动

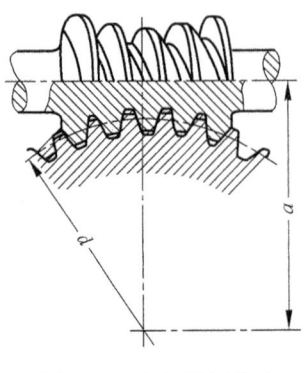

图 7.46 环面蜗杆传动

2) 环面蜗杆传动

这种蜗杆传动的蜗杆节面不是圆柱面,而是蜗轮分度圆上一段圆弧绕蜗杆轴线回转时形成的圆弧回转面。环面蜗杆传动有多种,如图 7.46 所示为其中一种。蜗杆的轴向截面为一具有直线齿廓的弧形齿条,这种传动的优点是同时啮合的轮齿对数较多,接触线与滑动方向之间夹角近于 90°,有利于润滑油膜的形成,承载能力大,但加工比较困难,与圆弧齿蜗杆一样,对中心距要求很严,安装误差会显著降低其承载能力。

7.7.3 圆锥齿轮传动

圆锥齿轮用来传递两相交轴之间转动和动力。圆锥齿轮的轮齿分布在圆锥体的表面上(见图 7.47)。一对互相啮合传动的圆锥齿轮,其运动相当于两个共顶圆锥无滑动的滚动,这两个圆锥称圆锥齿轮的节圆锥,在节圆锥相互接触的母线上二者速度相等。

$$v = r_1\omega_1 = r_2\omega_2$$

传动比

$$i_{12} = \frac{\omega_1}{\omega_2} = \frac{r_2}{r_1} = \frac{L\sin\delta_2}{L\sin\delta_1} = \frac{\sin\delta_2}{\sin\delta_1} \quad (7\text{-}36)$$

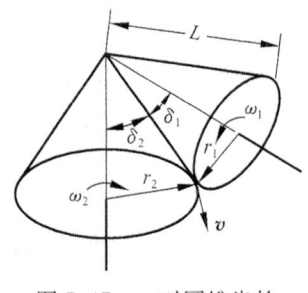

图 7.47 一对圆锥齿轮的运动关系

式中,δ_1、δ_2 为 1、2 轮的节锥角。

常用的圆锥齿轮轴线直交,$\delta_1 + \delta_2 = \frac{\pi}{2}$,所以

$$i_{12} = \tan\delta_2 = \frac{z_2}{z_1}$$

圆锥齿轮也有直齿、斜齿和曲齿之分。直齿圆锥齿轮制造方便,应用广泛,曲齿圆锥齿轮传动平稳,承载能力大,常用于高速重载传动,汽车、机床中用的较多,以下仅讨论直齿圆锥齿轮。

1. 圆锥齿轮齿廓形成及啮合特点

节锥角 $\delta = \frac{\pi}{2}$ 的圆锥齿轮称冕齿轮,齿廓为平面的冕齿轮称平面冕齿轮,目前多数的直齿圆锥齿轮的齿廓就是平面冕齿轮的共轭齿廓,这种齿廓可以用直刃刨刀按范成法作出。如图 7.48 所示,两把刨刀可沿刀盘上径向导轨做往复运动,两个直边刀刃即形成了平面冕齿轮的齿面。刀盘和被切齿轮各绕自身轴线转动,使

被切齿轮节圆锥与冕齿轮 $\delta = \dfrac{\pi}{2}$ 的节圆锥相滚动,这就是范成运动,在范成过程中刀刃包络切出圆锥齿轮的齿廓。

相啮合的两个圆锥齿轮节圆锥共顶,所以两个齿廓上相啮合的点必在以锥顶为心的球面上。与平面冕齿轮共轭的圆锥齿轮,其啮合线在球面上呈"8"字形,故这种圆锥齿轮的齿形称"Octoid"齿形。

圆锥齿轮轮齿是向球心收缩的,尺寸参数的计算以大端为准,标准的齿廓参数为 $\alpha = 20°$,$h_a^* = 1$,$c^* = 0.2$ 及模数 m 的标准系列尺寸。

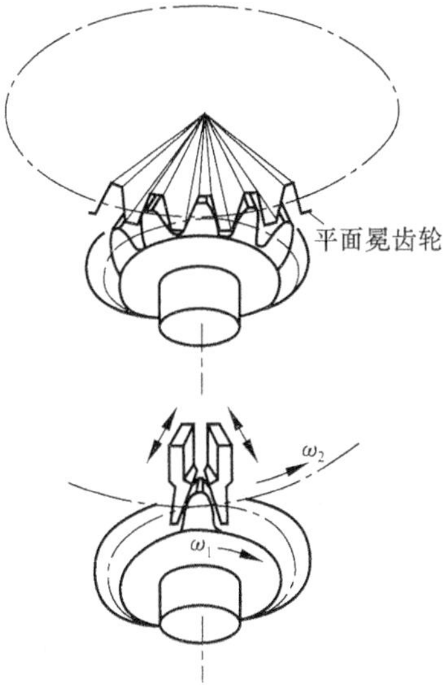

2. 直齿圆锥齿轮的当量齿数

图 7.48 直齿圆锥齿轮齿廓形成

用范成法加工的直齿圆锥齿轮齿面为平面冕齿轮齿面的包络面,其在球面上的齿形较复杂,为了简化一些实际问题,可以用一个齿形与它相近似的直齿圆柱齿轮的齿形代替它,这个齿形与圆锥齿轮大端齿形相近似的直齿圆柱齿轮,称为圆锥齿轮的当量齿轮,其齿数就是当量齿数。

图 7.49 所示一对圆锥齿轮的轴向剖面图,OPA 和 OPB 分别为 1、2 两轮的分度圆锥(也是节圆锥)。OP 是两者共同的母线。过 P 点作 OP 的垂线 O_1O_2,再分别以 O_1O 和 O_2O 为轴线、O_1P 和 O_2P 为母线作圆锥 O_1PA 和 O_2PB。这两个圆锥分别称 1、2 两轮的背锥。

显然,背锥与球面相切于轮齿大端的分度圆上。现将两齿轮大端齿廓分别投影到背锥上,将背锥展开为一扇形,将扇形补齐成圆,则得一对圆柱齿轮相互啮合的图形,这对圆柱齿轮就是圆锥齿轮的当量齿轮,可以用它的齿形近似替代圆锥齿轮的大端齿形。圆锥齿轮的啮合特性如重合度、滑动比,甚至变位计算都可以用当量齿轮的计算替代。

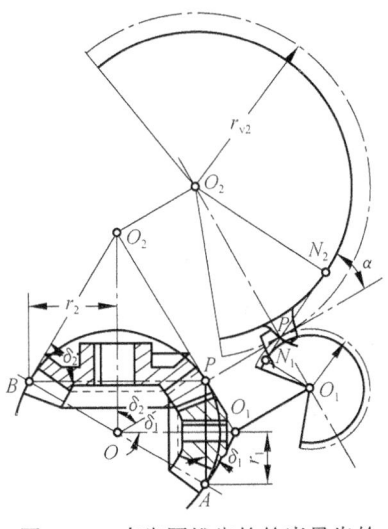

图 7.49 直齿圆锥齿轮的当量齿轮

当量齿轮分度圆半径

$$r_v = \frac{r}{\cos \delta} \tag{7-37}$$

而
$$m_v = m$$
所以
$$z_v = \frac{z}{\cos\delta}$$

式中，z 为圆锥齿轮实际齿数；δ 为分度圆锥角。

z_v 一般不是整数，但当量齿轮是一个虚拟齿轮，其齿数是否为整数就无关紧要了。

用范成法切制圆锥齿轮时，齿数过小也会有根切现象，不产生根切的圆锥齿轮其当量齿数 z_v 应大于 z_{min}，对于 $\alpha=20°$，$h_a^*=1$ 的标准齿轮，$z_{min}=17$。

$$\frac{z}{\cos\delta} \geqslant 17, \quad z \geqslant 17\cos\delta$$

可见，圆锥齿轮不产生根切的最小齿数较少。

7.8 其他齿廓齿轮传动简介

7.8.1 圆弧点啮合齿轮传动

1. 圆弧齿轮的齿廓形成及其啮合特性

渐开线外啮合齿轮的轮齿都是外凸的，一对外凸的轮齿接触时应力较大，承载能力较低，这是渐开线齿轮的弱点。1956 年，苏联学者诺维柯夫提出了一种以圆弧或近似圆弧为齿廓的圆弧点啮合齿轮传动，如图 7.50(a)所示。这种齿轮也是平行轴斜齿轮，但两个齿轮的轮齿是一凸一凹的，在一对齿啮合过程中每个瞬间都只有一点啮合。如图 7.50(b)所示，一对轮齿在一端啮合，传动过程中啮合点（轮

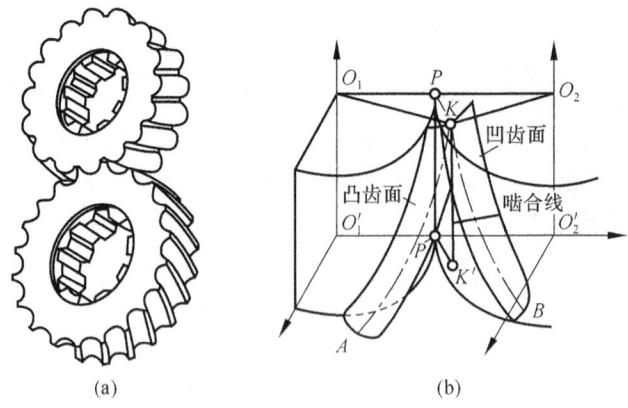

图 7.50 圆弧点啮合齿轮传动

齿接触点在固定空间中的位置)沿着 KK' 线逐渐由齿的一端 K 点移向齿的另一端 K' 点。KK' 线即圆弧点啮合传动的啮合线。

这种齿轮的小轮轮齿一般都做成凸齿,如图 7.50 所示,其截面为以 P 为心,以 $\overline{PK}$ 为半径的一段凸圆弧,大轮轮齿截面为凹圆弧,其半径稍大,二者于 K 点相切。将这两段圆弧分别沿两轮的螺旋线 KA 和 KB 平移,则形成了两齿轮的齿曲面。

这样一对齿曲面理论上是点接触,但由于凸凹两圆弧的半径相差很小,且材料有弹性变形,所以啮合后两齿面实际上会形成局部的面接触,从而接触应力较小。

圆弧齿轮轮齿的加工一般是以齿条形刀具范成切制,为了加工方便,常将刀具齿廓做成圆弧形。

当一对圆弧齿轮齿廓在啮合线 $\overline{KK'}$ 上任一点接触时,过接触点所作两齿廓的公法线必须通过瞬心连线 $\overline{PP'}$,故传动比为

$$i_{12} = \frac{\omega_1}{\omega_2} = \frac{\overline{O_2P}}{\overline{O_1P}} = 常数$$

为了使一对圆弧齿轮能正常啮合传动,应满足:$m_1 = m_2$,$\alpha_1 = \alpha_2$,$\beta_1 = -\beta_2$(外啮合)和 $\varepsilon \geqslant 1$。

实际上任一个垂直于轴线的节面内的圆弧齿廓只能实现瞬间啮合,图 7.50(b) 所示上端面内一对圆弧齿廓在啮合,传动的下一瞬时这对齿廓即完全脱开,而与上端面紧邻的下一截面内的齿廓进入啮合,传动过程中啮合点沿 $\overline{KK'}$ 移动。因而圆弧齿轮传动连续性是依靠斜齿来保证的,其重合度可用斜齿轮重合度的计算公式计算:

$$\varepsilon = \varepsilon_t + \varepsilon_\beta = 0 + \frac{B\tan\beta}{p_t}$$

2. 圆弧齿轮传动的优缺点

与渐开线齿轮相比较,圆弧齿轮传动有下述优点:

(1) 由于圆弧齿轮理论上是点接触而不像渐开线齿轮那样线接触,故制造误差及轮轴变形对接触情况的影响较小。

(2) 由于相啮合齿廓一凸一凹,且易于形成油膜,接触强度显著提高,在尺寸、材料等同的条件下,其承载能力可比渐开线齿轮提高 1.5~2 倍。

(3) 没有根切问题所以传动尺寸可更小。

圆弧齿轮也有一些缺点,如轮齿的抗弯能力较弱;中心距误差将使其承载能力显著下降;此外不能用一把刀具切制相啮合的两个齿轮。为此,发展了一种双圆弧齿轮,大轮和小轮的齿廓都由一凸一凹的两段圆弧组成,可以用一把刀具加工啮合的两个齿轮,抗弯强度大为改善,特别是形成了多齿多点接触,进一步提高了齿轮

的承载能力,目前应用广泛。

7.8.2 摆线针轮啮合传动

1. 摆线针轮齿廓的形成

摆线针轮啮合是摆线啮合的一种变形,它用于钟表机构、炮塔的瞄准机构、起重运输机械以及某些类型的行星减速器中。如图 7.51 所示,在这种啮合中,轮 1 上装了许多针齿(圆柱),它们被固定在两个圆盘之间;轮 2 做成齿轮。

如图 7.52 所示,半径为 r_1 的圆 1 沿半径为 r_2 的圆 2 滚动时,圆 1 上的一点 P 在圆 2 上形成两支外摆线 $P\alpha$ 和 $P\beta$,P 点与曲线 $P\alpha$ 和 $P\beta$ 形成一对共轭齿廓,E 点为轮 2 的齿顶,以 O_2 为圆心,O_2E 为半径的圆弧与 r_1 为半径的圆交于 e 点,两齿廓的啮合线就是半径为 r_1 的圆弧 $\overset{\frown}{Pe}$。为了能够实际应用,两轮的实际齿廓由它们的等距线(法线距离相等的曲线)来代替,即以 r_u 为半径的圆与 dd 和 dd' 相啮合。

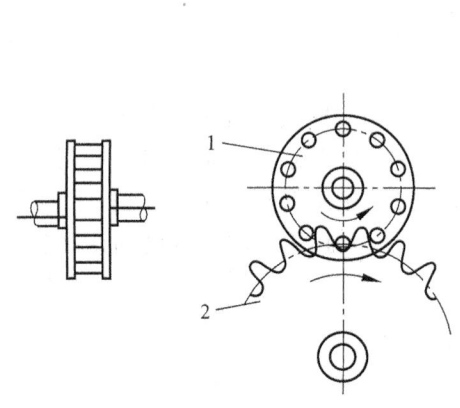

图 7.51 摆线针轮传动

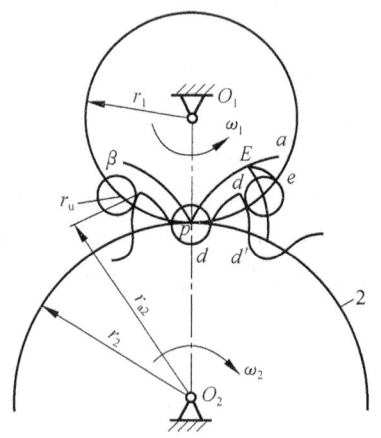

图 7.52 摆线齿廓的形成

2. 摆线针轮齿廓啮合传动的特点

(1) 因不产生齿顶和齿廓干涉,故齿数差可以很少。在内啮合传动中,两轮的齿数差可达一个齿。

(2) 啮合线是圆弧曲线,与渐开线啮合相比,其啮合范围和重合度较大,有利于提高传动的平稳性。

(3) 同时啮合的轮齿对数较多,有利于提高承载能力。

(4) 齿廓啮合公法线变动很大,相应使轴承中受力方向不稳定。

(5) 中心距变动对传动比影响较大,齿轮的互换性差。

第8章 轮系及其设计

8.1 轮系及其分类

在第7章中,我们研究了一对齿轮的啮合原理和运动设计方法,但是为了达到减速、增速、变速、换向以及运动的合成和分解等目的,实际机械中常常采用一系列互相啮合的齿轮传动,这种由一系列齿轮所组成的传动系统称为轮系。当然,一对齿轮传动也是一种最简单的轮系。

根据轮系运动时其各轮轴线相对机架的位置是否固定,可以将轮系分为下列两大类。

8.1.1 定轴轮系

当轮系运转时,其各轮轴线相对机架的位置均固定不动,这种轮系称为定轴轮系。例如图 8.1 所示的轮系就是一个定轴轮系。

8.1.2 周转轮系

当轮系运转时,凡至少有一个齿轮的几何轴线相对机架的位置不是固定的,而是绕另一定轴齿轮的几何轴线转动,这种轮系称为周转轮系。例如,图 8.2 所示的轮系即为

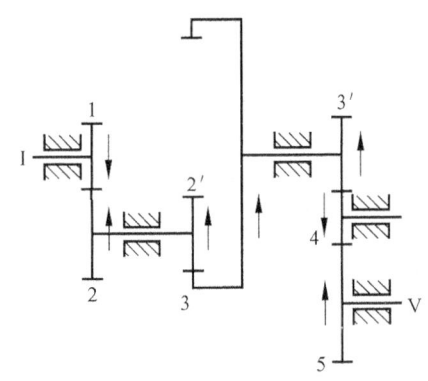

图 8.1 平面定轴轮系

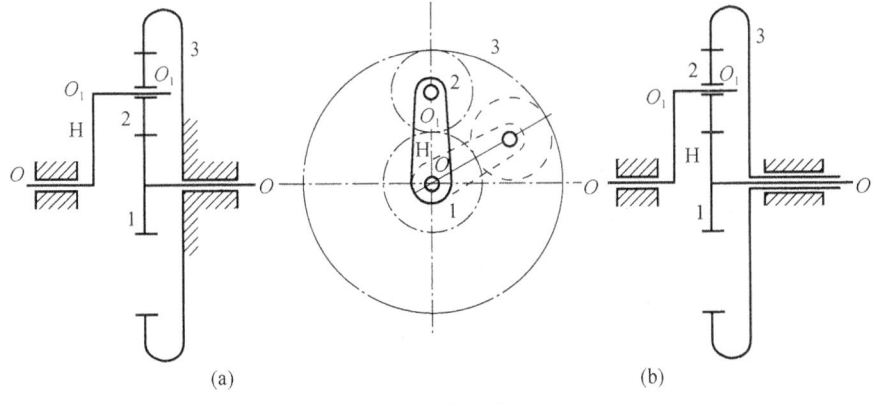

图 8.2 周转轮系

周转轮系。此轮系中齿轮 2 的轴线绕着齿轮 1 的轴线 O 转动。由于齿轮 2 兼有自转和公转,故称行星轮。安装行星轮 2 的构件 H 称为系杆(或行星架)。齿轮 1 绕着固定轴线 O_1 回转,与系杆 H 同心,称为中心轮(或太阳轮)。

一个周转轮系必定具有一个系杆(也只有一个系杆)、一个或几个行星轮,以及与行星轮相啮合的中心轮。而且在周转轮系中,一般都以中心轮或系杆作为运动的输入、输出构件,所以常称这两个构件为周转轮系的基本构件。

周转轮系的结构形式是多种多样的,如图 8.3 所示。它的中心轮个数可以是一个、二个,也可以是三个;它的行星轮可以是单列的,也可以是双列的。通常可分类如下。

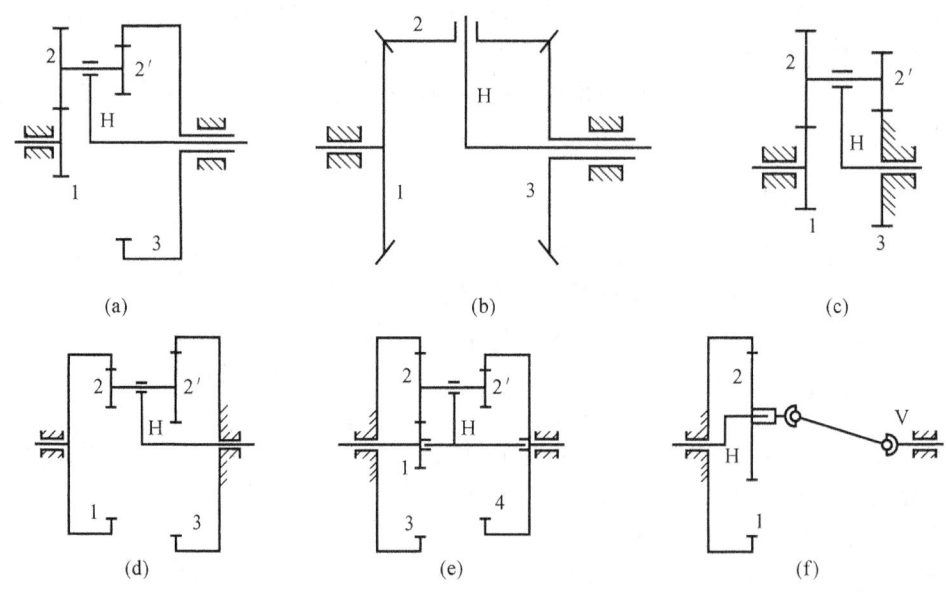

图 8.3 周转轮系的结构形式

1. 按中心轮数目分

分类时用符号"K"表示中心轮,用符号"H"表示系杆。

(1) 2K-H 型。图 8.3 中(a)~(d)各图所示均属 2K-H 型,它们都有两个中心轮(2K)和一个系杆(H)。这种类型的周转轮系应用最广泛。

(2) 3K 型。在这种轮系中,行星轮与三个中心轮相啮合,故称 3K 型。系杆只起支承作用,不传递外力矩,如图 8.3(e)所示。

(3) K-H-V 型。这种轮系,只有一个中心轮,行星轮的运动通过一具有等角速比机构(图中为双万向联轴节)的 V 轴输出,如图 8.3(f)所示。

2. 按周转轮系的自由度分

(1) 行星轮系。自由度为 1 的周转轮系称为行星轮系，它只要给定一个主动件，就有确定运动，如图 8.2(a)以及图 8.3(c)～(f)所示，共同特征是有一个中心轮固定。

(2) 差动轮系。自由度为 2 的周转轮系称为差动轮系，它需要有两个独立运动的主动件，运动才能确定，如图 8.2(b)以及图 8.3(a)、(b)所示。

8.1.3 复合轮系

如图 8.4(a)、(b)所示的两种轮系均是复合轮系，它们既不是单一的定轴轮系，也不是单一的周转轮系，而是定轴轮系与周转轮系或周转轮系与周转轮系的组合。

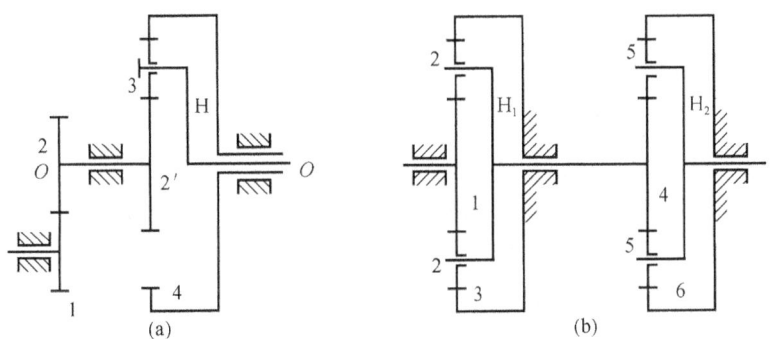

图 8.4 复合轮系

8.2 定轴轮系的传动比

当轮系运转时，其输入轴与输出轴的角速度（或转速）之比称为该轮系的传动比。例如设 A 为轮系的输入轴，B 为输出轴，则该轮系的传动比 $i_{AB}=\omega_A/\omega_B=n_A/n_B$，式中 ω 和 n 分别为角速度和转速。因为角速度和转速是矢量，所以传动比既包括大小又包含两轮的转向关系。下面分以下几种情况进行讨论：

8.2.1 平面定轴轮系

如图 8.1 所示轮系，是由圆柱齿轮所组成，其各轮的轴线均互相平行，这种轮系被称为平面定轴轮系。在该轮系中各轮的转向不是相同就是相反，所以它的传动比有正负之分。因此我们规定：如果输入轴与输出轴的转向相同，则其传动比为正，用"＋"表示；反之为负，用"－"表示。我们知道，一对内啮合的齿轮转向相同，一对外啮合的齿轮转向相反。

设 I 为输入轴，V 为输出轴，z_1、z_2、z_2'、z_3、z_3'、z_4 及 z_5 为各轮的齿数；ω_1、ω_2、ω_2'、ω_3、ω_3'、ω_4 及 ω_5 为各轮的角速度；那么各对齿轮的传动比分别为

$$i_{12} = \frac{\omega_1}{\omega_2} = -\frac{z_2}{z_1}$$

$$i_{2'3} = \frac{\omega_2'}{\omega_3} = \frac{z_3}{z_2'}$$

$$i_{3'4} = \frac{\omega_3'}{\omega_4} = -\frac{z_4}{z_3'}$$

$$i_{45} = \frac{\omega_4}{\omega_5} = -\frac{z_5}{z_4}$$

将以上各式两边分别连乘后得

$$i_{12} i_{2'3} i_{3'4} i_{45} = \frac{\omega_1 \omega_2' \omega_3' \omega_4}{\omega_2 \omega_3 \omega_4 \omega_5} = (-1)^3 \frac{z_2 z_3 z_4 z_5}{z_1 z_2' z_3' z_4}$$

因 $\omega_2 = \omega_2'$，$\omega_3 = \omega_3'$，故得

$$i_{15} = \frac{\omega_1}{\omega_5} = i_{12} i_{2'3} i_{3'4} i_{45} = (-1)^3 \frac{z_2 z_3 z_5}{z_1 z_2' z_3'}$$

上式表明，平面定轴轮系的传动比等于组成该轮系的各对啮合齿轮传动比的连乘积；其大小等于所有从动轮齿数的连乘积与所有主动轮齿数的连乘积之比。显然上式中（-1）的指数"3"表示外啮合齿轮的对数，因此首轮和末轮转向的异同取决于轮系中外啮合齿轮的对数。现将上式推广到一般情况，设平面定轴轮系中 1 轮为首轮（主动轮），k 轮为末轮，则其传动比为

$$i_{1k} = \frac{\omega_1}{\omega_k} = (-1)^m \frac{\text{所有从动轮齿数的连乘积}}{\text{所有主动轮齿数的连乘积}} \tag{8-1}$$

式中，m 为外啮合齿轮的对数。

注意：轮系中的齿轮 4，它既是前一级的从动轮，又是后一级的主动轮，因此它对轮系传动比的大小没有影响，只起着中间过渡和改变从动轮转向的作用。这种齿轮称为惰轮（也称过轮或中介轮）。

轮系中首、末轮的转向关系，也可以用画箭头的方法来确定，如图 8.1 所示。当首、末轮转向相同时，在传动比计算式中加注"+"号，反之则加注"-"号。

8.2.2 空间定轴轮系

如果轮系中各轮的轴线不都平行，则该轮系被称为空间定轴轮系。如图 8.5 所示（其中包含圆锥齿轮或蜗轮蜗杆），其传动比的大小仍可用式(8-1)计算，但因齿轮轴线并不都是互相平行的，所以式中$(-1)^m$已无意义而应消去，故只能用画箭头的方法来确定齿轮的转向，通常有以下两种情况。

1. 首、末两轮轴线平行

在实际机器中,首、末两轮轴线相互平行的轮系应用较多,如图 8.5(a)所示轮系,齿轮 $2'$ 和齿轮 3 的几何轴线不平行,齿轮 $3'$ 和齿轮 4 的几何轴线也不平行,它们的转向无所谓同向或反向。在这种情况下,可通过画箭头的方法来判断各齿轮的转向,如果首、末两轮转向相同,其传动比为"+",若转向相反,其传动比为"-"。如图 8.5(a)所示,主动轮 1 和从动轮 4 转向相反,故其传动比

$$i_{14} = \frac{\omega_1}{\omega_4} = -\frac{z_2 z_3 z_4}{z_1 z_{2'} z_{3'}}$$

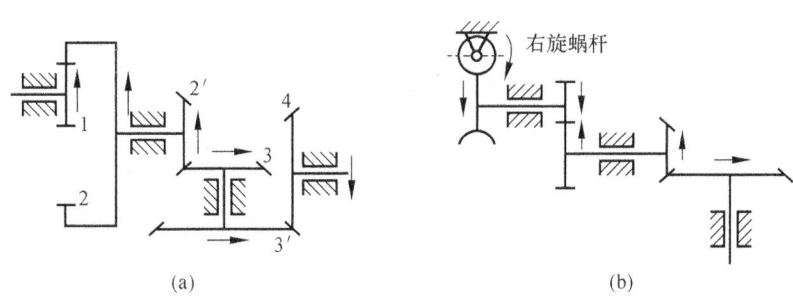

图 8.5 空间定轴轮系

2. 首、末两轮轴线不平行

在如图 8.5(b)所示的轮系中,主动轮(蜗杆)和从动轮(锥齿轮)的几何轴线不平行,它们分别在两个不同的平面内转动,转向无所谓相同或相反,因此不能用"+、-"号来表示它们的转向关系。其转向关系只能在图上用画箭头的方法来表示。

例 8.1 如图 8.6 所示轮系中,齿轮 1、3、$3'$、5 同轴线,且各齿轮均为标准齿轮,已知 $z_1 = z_2 = z_{3'} = z_4 = 25$,齿轮 1 的转速 $n_1 = 1440 \text{r/min}$,试求齿轮 5 的转速。

解 因为齿轮 1、3 同轴线,且各齿轮均为标准齿轮,故有 $m_1 = m_2 = m_3 = m$,根据中心距关系 $a_{12} = a_{23}$ 可得出

$$r_3 = r_1 + 2r_2$$

即

$$\frac{m}{2} z_3 = \frac{m}{2} z_1 + m z_2$$

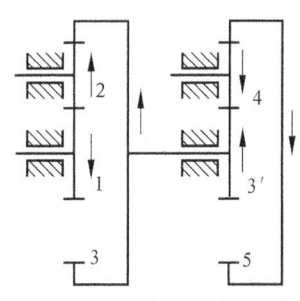

图 8.6 定轴轮系传动比计算

从而可得

$$z_3 = z_1 + 2z_2 = 25 + 2 \times 25 = 75$$

同理可得

$$z_5 = z_{3'} + 2z_4 = 25 + 2 \times 25 = 75$$

$$i_{15} = \frac{n_1}{n_5} = (-1)^2 \frac{z_2 z_3 z_4 z_5}{z_1 z_2 z_{3'} z_4} = \frac{z_3 z_5}{z_1 z_{3'}}$$

所以

$$n_5 = \frac{z_1 z_{3'}}{z_3 z_5} n_1 = \frac{25 \times 25}{75 \times 75} \times 1440 \text{r/min} = 160 \text{r/min}$$

n_5 为正，说明齿轮 5 与齿轮 1 转向相同。

8.3 周转轮系的传动比

通过对周转轮系和定轴轮系的观察和比较发现，它们的根本差别在于周转轮系中存在着转动的系杆，而使行星轮既有自转又有公转，因此周转轮系传动比不能直接用定轴轮系传动比的计算式来计算。

8.3.1 周转轮系传动比计算的基本思路

为了解决周转轮系的传动比计算问题，应当设法将周转轮系转化为定轴轮系，也就是设法让系杆固定不动。根据相对运动原理，如果给整个周转轮系加上一个公共角速度"$-\omega_H$"，使它绕系杆的固定轴线回转，则周转轮系中各构件间的相对运动并不改变，但此时系杆的角速度却变成了 $\omega_H - \omega_H = 0$，即系杆"静止不动"了。于是周转轮系就转化成了定轴轮系。这种经过转化得到的假想的定轴轮系称为原周转轮系的"转化机构"或"转化轮系"。

下面以图 8.7(a)所示轮系为例，来说明转化前后各构件的角速度变化关系。

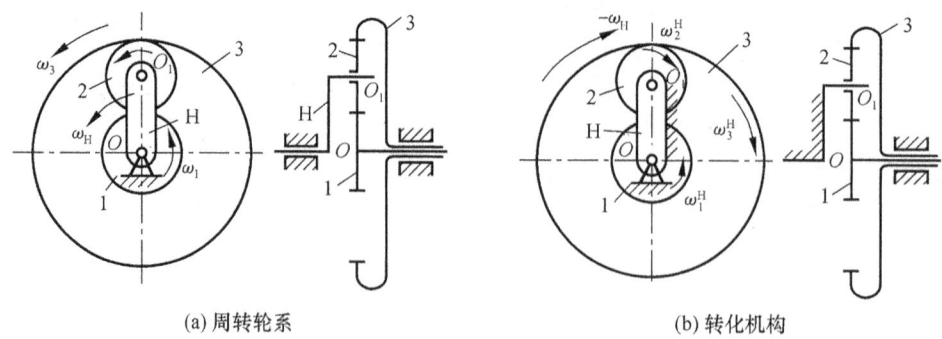

(a) 周转轮系　　　　　　　　(b) 转化机构

图 8.7　周转轮系及其转化机构

当给图 8.7(a)所示轮系加上一个公共角速度"$-\omega_H$"后,其各构件的角速度的变化情况见表 8.1。

表 8.1 各构件的角速度变化情况

构 件	原来的角速度	加上角速度"$-\omega_H$"后各构件的角速度
1	ω_1	$\omega_1^H = \omega_1 - \omega_H$
2	ω_2	$\omega_2^H = \omega_2 - \omega_H$
3	ω_3	$\omega_3^H = \omega_3 - \omega_H$
H	ω_H	$\omega_H^H = \omega_H - \omega_H = 0$

8.3.2 周转轮系传动比的计算方法

由于系杆固定后,周转轮系就转化成了如图 8.7(b)所示的定轴轮系,即转化机构的传动比可以按照定轴轮系传动比的计算方法来计算。由于转化机构中各个齿轮的角速度是相对于系杆 H 的,现分别以 ω_1^H、ω_2^H、ω_3^H 表示,此时转化机构的传动比用 i_{13}^H 表示,于是 i_{13}^H 就可以用定轴轮系的传动比计算式(8-1)进行计算了,即

$$i_{13}^H = \frac{\omega_1^H}{\omega_3^H} = \frac{\omega_1 - \omega_H}{\omega_3 - \omega_H} = -\frac{z_2 z_3}{z_1 z_2} = -\frac{z_3}{z_1} \tag{8-2}$$

式中,齿数比前的"—"号表示在转化机构中轮 1 与轮 3 转向相反。(即 ω_1^H 与 ω_3^H 的方向相反)。

现将式(8-2)推广到平面周转轮系的一般情况。若周转轮系中,首轮为 1 轮(主动轮),末轮为 k 轮,则其转化机构的传动比 i_{1k}^H 的一般公式为

$$i_{1k}^H = \frac{\omega_1^H}{\omega_k^H} = \frac{\omega_1 - \omega_H}{\omega_k - \omega_H} = (-1)^m \frac{\text{转化机构中由 1 至 } k \text{ 各从动轮齿数的乘积}}{\text{转化机构中由 1 至 } k \text{ 各主动轮齿数的乘积}} \tag{8-3}$$

式中,m 为转化机构中外啮合齿轮的对数。

使用式(8-3)计算周转轮系传动比时,必须注意以下几点:

(1) i_{1k}^H 不是周转轮系的传动比,而是其转化机构的传动比,其大小和正负完全按定轴轮系来处理。在具体计算时,要特别注意 i_{1k}^H 的正负号,它不仅表明在转化机构中 1 轮和 k 轮的转向关系,而且将直接影响到周转轮系传动比的大小和正负号。右上角注的"H"表示"相对于系杆 H 的"。

(2) 式中的 ω_1、ω_k、ω_H 是代数量,使用时要带有相应的"+"、"—"号。如转向相同,则同号代入;如转向相反,则应分别用"+"、"—"号代入。

(3) 1、k 指平面周转轮系中的任何齿轮,可以是中心轮,也可以是行星轮。

应用式(8-3)时,对于行星轮系,由于一个中心轮固定不动(设 k 轮,即 $\omega_k = 0$),则由式(8-3)得

$$i_{1k}^H = \frac{\omega_1 - \omega_H}{\omega_k - \omega_H} = \frac{\omega_1 - \omega_H}{0 - \omega_H} = 1 - \frac{\omega_1}{\omega_H} = 1 - i_{1H}$$

即

$$i_{1H} = 1 - i_{1k}^H \tag{8-4}$$

式(8-4)表明:行星轮系中活动中心轮 1 对行星架 H 的传动比等于 1 减去其转化机构的传动比。熟记这个公式,解题时可以很方便地直接套用。

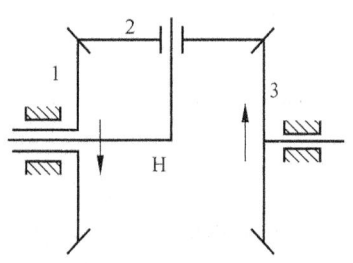

图 8.8 由圆锥齿轮所组成的差动轮系

(4) 式(8-3)只适用于转化机构中齿轮 1、齿轮 k 和系杆 H 的轴线平行的情况。对于如图 8.8 所示的由圆锥齿轮所组成的周转轮系,由于其行星轮和基本构件的回转轴线不平行,因而它们的角速度不能按代数量进行加减,故利用转化轮系计算其传动比时,只适用于该轮系中的基本构件(1、3、H),而不适用于行星轮 2。即只能计算 i_{13}^H,而不能计算 i_{12}^H。而且转化机构传动比的符号应该用画箭头的方法来确定,如图 8.8 所示,注意图中的箭头是 ω_1^H 与 ω_3^H 的转向(表示 1 轮和 3 轮在转化机构中转向相反),而不是 ω_1 和 ω_3 的转向。

8.3.3 周转轮系传动比计算举例

例 8.2 如图 8.9 所示为一大传动比的减速器。已知其各轮的齿数为 $z_1 = 100, z_2 = 101, z_{2'} = 100, z_3 = 99$。求输入件 H 对输出件 1 的传动比 i_{H1}。

解 构件 H 为主动件,当其转动时,它推动齿轮 $2'$ 在固定齿轮 3 上滚动,使齿轮 2 带动齿轮 1。由此可知,双联齿轮 2-2′ 为行星轮,3 为固定中心轮,1 为活动中心轮,H 为行星架,它们组成一个行星轮系,于是由式(8-4)得

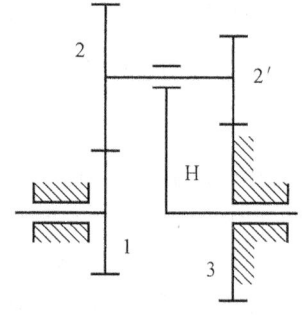

图 8.9 周转轮系

$$i_{1H} = 1 - i_{13}^H = 1 - (-1)^2 \frac{z_3 z_2}{z_{2'} z_1}$$
$$= 1 - \frac{99 \times 101}{100 \times 100} = \frac{1}{10000}$$

解得

$$i_{H1} = \frac{1}{i_{1H}} = 10000$$

本例说明,行星轮系可以用少数齿轮得到很大的传动比,故比定轴轮系紧凑、轻便得多。但是传动比大时,它的效率很低,且反行程(构件 1 主动时)将发生自锁,这

是其缺点。这种行星轮系可在仪表中用来测量高速转动或作为精密的微调机构。

若将该例中的 z_3 由 99 改为 100，则

$$i_{1H} = 1 - i_{13}^H = 1 - (-1)^2 \frac{z_3 z_2}{z_{2'} z_1} = 1 - \frac{100 \times 101}{100 \times 100} = -\frac{1}{100}$$

解得

$$i_{H1} = -100$$

由此可见，行星轮系中从动轮的转向不仅与主动轮的转向有关，而且与轮系中各轮的齿数有关。在本例中，只将 z_3 增加一齿，轮 1 就反向回转，且传动比发生巨大变化。这是行星轮系与定轴轮系不同的地方。

例 8.3 如图 8.10 所示轮系中，已知各轮齿数为：$z_1 = z_2 = 48$，$z_{2'} = 18$，$z_3 = 24$，又 $n_1 = 250$ r/min，$n_3 = 100$ r/min，转向如图所示，试求系杆 H 的转速 n_H 大小及方向。

解 这是一个由圆锥齿轮所组成的周转轮系。其转化机构的传动比为

$$i_{13}^H = \frac{n_1 - n_H}{n_3 - n_H} = -\frac{z_2 z_3}{z_1 z_{2'}} = -\frac{48 \times 24}{48 \times 18} = -\frac{4}{3}$$

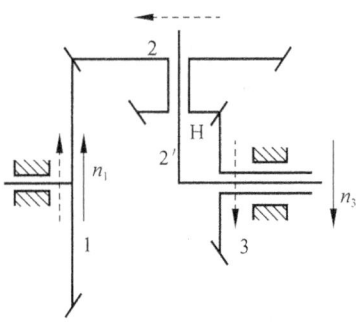

图 8.10 周转轮系

注意：式中，"$-$"号表示在该轮系的转化机构中齿轮 1，3 的转向相反，它是用画箭头的方法确定的，图中虚线箭头所表示的分别是 n_1^H、n_2^H、n_3^H（转化机构中各轮的转向）。

将已知的 n_1、n_3 值代入上式。由于 n_1 和 n_3 的实际转向相反，故一个取正值，另一个取负值。现取 n_1 为正，n_3 为负，则

$$\frac{n_1 - n_H}{n_3 - n_H} = \frac{250 - n_H}{-100 - n_H} = -\frac{4}{3}$$

解得

$$n_H = 50 \text{r/min}$$

计算结果为正，表明系杆 H 的转向与齿轮 1 相同，与齿轮 3 相反。

本例说明，在求解由圆锥齿轮所组成的周转轮系时，一定要注意齿轮实际转向与转化机构中各轮转向的区别。实际转向由计算结果确定，而转化机构的转向可直接在图中画出。

8.4 复合轮系的传动比

8.4.1 复合轮系传动比的计算方法

如前所述，在复合轮系中，既包含定轴轮系部分，又包含周转轮系部分，或者包含几部分周转轮系。对于这样的复合轮系，既不能应用式(8-1)将其视为定轴轮系

来计算其传动比,也不能应用式(8-3)将其视为单一的周转轮系来计算其传动比。例如,对于图8.4(a)所示的复合轮系,当给整个轮系加上一个公共角速度"$-\omega_H$"使其绕OO轴线反转后,原来的周转轮系部分虽然转化成了定轴轮系;而原来的定轴轮系部分却因机架反转而变成了周转轮系,整个轮系仍为一复合轮系。而对于由几个单一周转轮系组合而成的复合轮系,如图8.4(b)所示,由于各周转轮系不是同一个系杆(即$\omega_{H1} \neq \omega_{H2}$),也无法加上一个公共的角速度将整个轮系转化为定轴轮系,所以计算复合轮系传动比一般采取如下步骤:

(1) 正确划分各个基本轮系,即找出定轴轮系和各单一周转轮系。
(2) 分别列出各基本轮系传动比的计算方程式。
(3) 找出各基本轮系之间的联系。
(4) 联立求解各基本轮系传动比的方程,即可求得复合轮系的传动比。

注意:在计算复合轮系的传动比时,首要的问题是必须正确划分各基本轮系。为了能够正确划分,关键是先把其中的周转轮系部分划分出来。周转轮系的特点是具有行星轮,所以找周转轮系的方法:先找行星轮,即找出那些几何轴线不固定的齿轮;当行星轮找到后,那么支撑行星轮的构件就是系杆;然后找出与行星轮相啮合的几何轴线固定的中心轮。这样,每一个系杆,连同系杆上的行星轮与行星轮相啮合的中心轮就组成一个基本周转轮系。按照上述方法继续划分,当将所有单一的周转轮系一一找出后,剩下的那些由定轴齿轮组成的部分便是定轴轮系了。

8.4.2 复合轮系传动比的计算实例

例8.4 图8.11(a)所示为一电动卷扬机的减速器运动简图,设已知各轮齿数$z_1=24, z_2=33, z_{2'}=21, z_3=78, z_{3'}=18, z_4=30, z_5=78$,试求其传动比$i_{15}$。

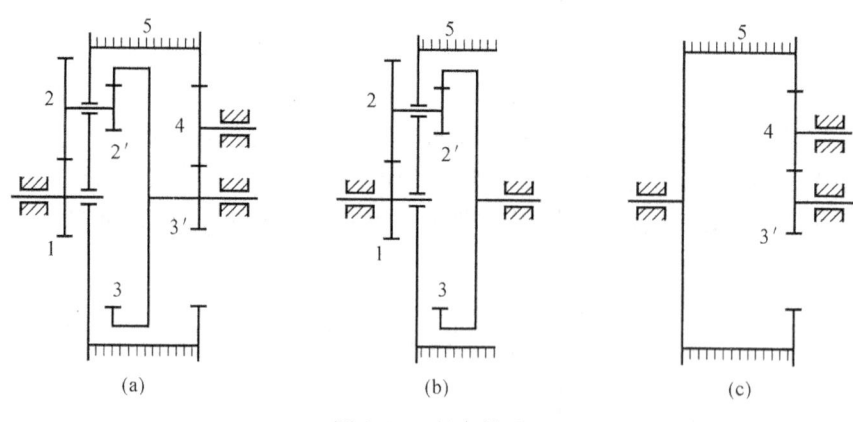

图 8.11 复合轮系

解 图示轮系为一复合轮系,首先将该轮系中的周转轮系划分出来,它由双联行星轮2-2',行星架5(它同时又是鼓轮和内齿轮)及两个中心轮1、3组成(见

图 8.11(b)),这是一个差动轮系。余下的齿轮 3′、4、5 组成定轴轮系(见图 8.11(c))。

对于差动轮系 1-2-2′-3-5(H),有

$$i_{13}^5 = \frac{\omega_1 - \omega_5}{\omega_3 - \omega_5} = -\frac{z_2 z_3}{z_1 z_{2'}}$$

得

$$\omega_1 = (\omega_5 - \omega_3)\frac{z_2 z_3}{z_1 z_{2'}} + \omega_5 \quad \text{(a)}$$

对于定轴轮系 3′-4-5,有

$$i_{3'5} = \frac{\omega_{3'}}{\omega_5} = \frac{\omega_3}{\omega_5} = -\frac{z_5}{z_{3'}}$$

或

$$\omega_3 = -\omega_5 \frac{z_5}{z_{3'}} \quad \text{(b)}$$

联立式(a)、式(b)解得

$$i_{15} = \frac{z_2 z_3}{z_1 z_{2'}}\left(1 + \frac{z_5}{z_{3'}}\right) + 1 = \frac{33 \times 78}{24 \times 21}\left(1 + \frac{78}{18}\right) + 1 = 28.24$$

在图 8.11(a)所示的轮系中,其差动轮系部分(见图 8.11(b))的两个基本构件 3 及 5,被定轴轮系部分(见图 8.11(c))封闭起来了,从而使差动轮系部分的两个基本构件 3 及 5 之间保持一定的速比关系,而整个轮系变成了自由度为 1 的一种特殊的行星轮系,称之为封闭式行星轮系。

例 8.5 在图 8.12 所示极大传动比的减速器中,已知 1 和 5 均为单头右旋螺纹的蜗杆,各轮的齿数为 $z_{1'}=101, z_2=99, z_{2'}=z_4, z_{4'}=100, z_{5'}=100$,试求传动比 i_{1H}。又若 1 的轴直接连在转速为 1375r/min 的电动机轴上,试求输出轴 H 转一周的时间 t。

解 该减速器是由两个定轴轮系 1-2 和 1′-5′-5-4′ 及一个差动轮系 2′-3-4-H 所组成的复合轮系。

由定轴轮系 1-2 得

$$i_{12} = \frac{n_1}{n_2} = \frac{z_2}{z_1}, \quad n_2 = \frac{z_1}{z_2} n_1 \quad \text{(a)}$$

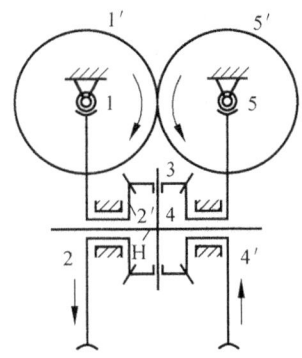

图 8.12 复合轮系

由定轴轮系 1′-5′-5-4′ 得

$$i_{1'4'} = \frac{n_{1'}}{n_{4'}} = \frac{z_{5'} z_{4'}}{z_{1'} z_5}, \quad n_{4'} = \frac{z_{1'} z_5}{z_{5'} z_{4'}} n_{1'} = \frac{z_{1'} z_5}{z_{5'} z_{4'}} n_1 \quad \text{(b)}$$

又由差动轮系 2′-3-4-H 得

$$i_{2'4}^H = \frac{n_{2'} - n_H}{n_4 - n_H} = \frac{n_2 - n_H}{n_{4'} - n_H} = -\frac{z_4}{z_{2'}} = -1 \quad \text{(c)}$$

因 1 和 5 均为右旋蜗杆,故如图所示,当 1 顺时针方向回转时,2 的回转方向

为↓(即从左向右看时为顺时针方向),而 4′的回转方向为↑(即从左向右看时为逆时针方向),因此,将式(a)的 n_2 为正和式(b)的 $n_{4'}$ 为负代入式(c)得

$$\frac{\dfrac{z_1}{z_2}n_1 - n_H}{-\dfrac{z_{1'}z_5}{z_{5'}z_{4'}}n_1 - n_H} = -1$$

整理后得

$$i_{1H} = \frac{n_1}{n_H} = \frac{2}{\dfrac{z_1}{z_2} - \dfrac{z_{1'}z_5}{z_{5'}z_{4'}}} = \frac{2}{\dfrac{1}{99} - \dfrac{101 \times 1}{100 \times 100}} = 1980000$$

以上表明 H 转一周时,蜗杆 1 转 1980000 周,所以输出轴 H 转一周的时间为
$$1980000/(60 \times 1375) = 24(h)。$$

8.5 轮系的功用

在各种机械中轮系的应用十分广泛,其功用大致可以归纳为以下几个方面。

8.5.1 实现分路传动

利用轮系可以使一个主动轴带动若干个从动轴同时旋转。如图 8.13 所示为某航空发动机附件传动系统的运动示意图,它通过轮系把发动机主轴的运动分成六路传出,带动各附件同时工作。

8.5.2 获得较大的传动比

当两轴之间需要较大的传动比时,若仅用一对齿轮传动,必将使两轮的尺寸相差悬殊,外廓尺寸庞大,如图 8.14 中虚线所示,所以一对齿轮的传动比一般不大于8。当需要较大的传动比时,就应采用轮系来实现(见图中实线)。特别是采用周转

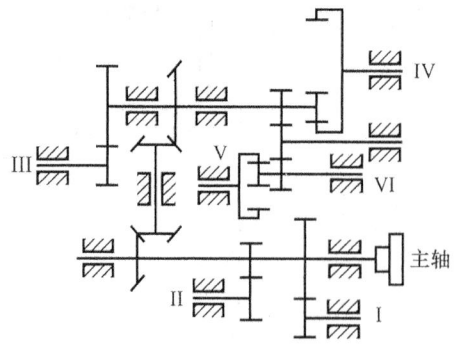

图 8.13 某航空发动机附件传动系统

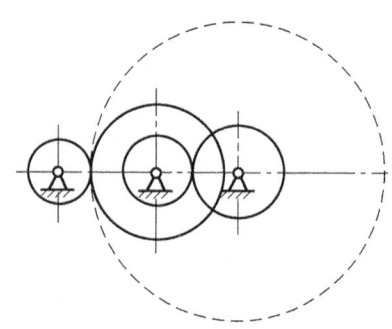

图 8.14 实现大传动比传动

轮系,可用很少的齿轮,紧凑的结构,得到很大的传动比,例 8.2 就是很好的例子。

8.5.3 实现变速与换向传动

机器的原动机的转速是常数,而执行机构的转速或转向往往因工作需要必须能够随时变换。如汽车在行驶过程中要经常变速,倒车时要换向等。图 8.15 所示为汽车四档变速箱的传动示意图,利用此定轴轮系既可变速又能换向。图中牙嵌离合器的一半 A 与轮 1 固连在输入轴 I 上,其另一半 B 则和双联齿轮 4-6 用滑键与输出轴 III 相连。齿轮 2、3、5、7 固连在中间轴 II 上,而齿轮 8 则固连在另一中间轴 IV 上。1 和 2 及 7 和 8 分别互相啮合。图中括弧内的数字为各轮的

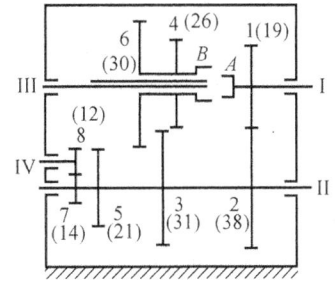

图 8.15 四档变速箱的传动示意图

齿数,且设 $n_1 = 1000 \text{r/min}$。这样,当拨动双联齿轮到不同的位置时,便可得到四种不同的输出转速:

(1) 当向右移动双联齿轮使 A 与 B 接合时,则 $n_{\text{III}} = n_1 = 1000 \text{r/min}$,这时汽车以高速前进。

(2) 当向左移动双联齿轮使 4 与 3 啮合时,运动经齿轮 1、2、3、4 传给 III,故 $n_{\text{III}} = n_1 \times (z_1 z_3 / z_2 z_4) = 1000 \times (19 \times 31 / 38 \times 26) = 596 \text{r/min}$,这时汽车以中速前进。

(3) 当向左移动双联齿轮使 6 和 5 啮合时,$n_{\text{III}} = n_1 \times (z_1 z_5 / z_2 z_6) = 1000 \times (19 \times 21 / 38 \times 30) = 350 \text{r/min}$,这时汽车以低速前进。

(4) 当向左移动双联齿轮使 6 与 8 啮合时,$n_{\text{III}} = n_1 \times (-z_1 z_7 / z_2 z_6) = 1000 \times (-19 \times 14 / 38 \times 30) = -233 \text{r/min}$,这时汽车以最低速倒车。

8.5.4 用作运动的合成与分解

由于差动轮系的自由度为 2,所以必须给定三个基本构件中任意两个的运动,第三个基本构件的运动才能确定。利用这一特点,差动轮系可用来把两个运动合成为一个运动。图 8.8 所示的由锥齿轮组成的差动轮系,常用作运动的合成,在该轮系中,两个中心轮 1、3 齿数相等,即 $z_1 = z_3$,则

$$i_{13}^{\text{H}} = \frac{n_1 - n_{\text{H}}}{n_3 - n_{\text{H}}} = -\frac{z_3}{z_1} = -1$$

即

$$n_{\text{H}} = \frac{n_1 + n_3}{2}$$

上式表明,系杆 H 的转速是两个中心轮转速的合成。

差动轮系不仅能将两个独立的运动合成一个运动,而且还可以将一个主动的基本构件的转动按所需的比例分解成另两个从动的基本构件的不同转动。汽车后桥差速器就利用了差动轮系的这一特性。

如图 8.16(a)所示为装在汽车后桥上的差速器简图,现分析当汽车沿着平均半径为 r 的弯道上行驶时,左右两轮的转速 n_1、n_3 与输入轴转速之间的关系。设汽车绕图示 P 点向左转弯时,由于后桥上右车轮比左车轮走过的路程长;所以轮 3 的转速 n_3 比轮 1 的转速 n_1 高。如果两轮固连于同一根轴上,则车轮与地面之间必定产生相对滑动而使轮胎磨损。因此,后车轮轴必须做成左、右两半轴,并用差速器来连接。动力由发动机通过变速箱经传动轴传给齿轮 5,再带动齿轮 4 及固连在齿轮 4 上的系杆 H,使差速器工作。齿轮 4、5 组成定轴轮系,1、2、3、H(4)组成差动轮系,且 $z_1 = z_3$。对于该差动轮系有

$$i_{13}^H = \frac{n_1 - n_H}{n_3 - n_H} = -\frac{z_3}{z_1} = -1$$

因为 $n_4 = n_H$,由上式可得

$$n_4 = \frac{n_1 + n_3}{2} \tag{8-5}$$

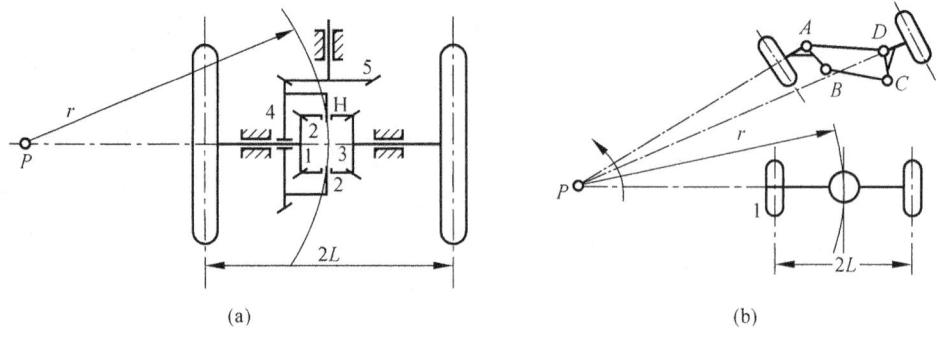

图 8.16 汽车后桥差速器示意图

(1) 当汽车沿直线行驶时,轮 1、轮 3 转速相等,且转向相同,由式(8-5)可得

$$n_1 = n_3 = n_4 = n_H$$

即齿轮 1、3 和系杆 H 之间没有相对运动,整个差动轮系相当于同齿轮 4 固连在一起成为一个刚体,随齿轮 4 一起转动,此时行星轮 2 相对于系杆没有转动。

(2) 当汽车向左转弯时,汽车两前轮在梯形转向机构 ABCD 的作用下向左偏转,其轴线与汽车两后轮的轴线相交于 P 点,如图 8.16(b)所示,即在左转弯的情况下,要求四个车轮均能绕 P 点做纯滚动,两个左侧车轮转得慢些,两个右侧车轮转得快些。由于两前车轮是浮套在轮轴上的,故可以适应任意转弯半径而与地面

保持纯滚动;至于两个后轮,则可以通过差速器来调整转速。设两后轮中心距为 $2L$,弯道平均半径为 r,由于两车轮的转速 n_1、n_3 与其行程成正比,即与两车轮转弯半径 $(r-L)$、$(r+L)$ 成正比,故由图可得

$$\frac{n_1}{n_3} = \frac{r-L}{r+L} \tag{8-6}$$

联立求解式(8-5)、式(8-6),可得此时汽车两后轮的转速分别为

$$n_1 = \frac{r-L}{r} n_4$$

$$n_3 = \frac{r+L}{r} n_4$$

由此可知,汽车在转弯行驶时,差速器将输入转速 n_4 分解,使两后轮以不同的转速 n_1、n_3 转动,这样,可以避免汽车在转弯时,汽车后轮对地面产生相对滑动,防止轮胎遭受不必要的磨损。

这里需要特别说明的是差动轮系可以将一个运动分解成另两个运动是有前提条件的,其前提条件是这两个运动之间必须具有一个确定关系。在上述汽车差速器的例子中,两后轮转动之间的确定关系是由地面的约束条件确定的。

8.5.5 实现结构紧凑的大功率传动

在机械制造业中,日益期望在尺寸小、重量轻的条件下实现大功率传动。如果采用周转轮系可以较好地实现这一愿望。

首先用作动力传动的周转轮系都采用具有多个行星轮的结构,如图 8.17 所示,各行星轮均匀地分布在中心轮的四周。这样既可用几个行星轮来共同分担载荷,以减小齿轮尺寸;同时又可使各个啮合处的径向分力和行星轮公转所产生的离心惯性力各自得以平衡,以减小主轴承内的作用力,增加运转的平稳性。此外,在动力传动用的行星减速器中,几乎都有内啮合,这样就提高了空间的利用率。兼之其输入轴和输出轴在同一轴线上,故可减小径向尺寸。因此可在结构紧凑的条件下,实现大功率传动。

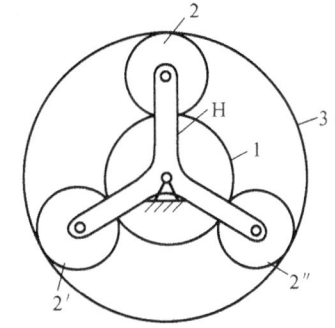

图 8.17 采用多个均匀分布行星轮的周转轮系

8.6 行星轮系各轮齿数和行星轮数的选择

如前所述,行星轮系是一种共轴式(即输出轴线与输入轴线重合)的传动装置,并且又采用了几个完全相同的行星轮均布在中心轮的四周。因此设计行星轮系时,其各轮齿数和行星轮数的选择必须满足下列四个条件,方能装配起来并正常运

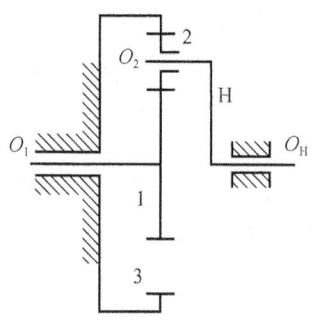

图 8.18 行星轮系

转和实现给定的传动比。现用图 8.18 所示的行星轮系为例说明如下。

1. 传动比条件

设计的行星轮系必须能实现给定的传动比,若给定的传动比为 i_{1H},则由传动比计算公式得

$$i_{1H} = 1 - i_{13}^H = 1 + \frac{z_3}{z_1}$$

因此,两个中心轮的齿数关系应满足

$$z_3 = (i_{1H} - 1)z_1 \tag{8-7}$$

2. 同心条件

中心轮 1 与行星轮 2 组成外啮合传动,中心轮 3 与行星轮 2 组成内啮合传动,由于行星轮系是一种共轴线的传动装置,即中心轮和系杆共绕一条轴线转动,因此同心条件就是要求这两组传动的中心距必须相等,即

$$a'_{12} = a'_{23}$$

因

$$a'_{12} = r'_1 + r'_2, \quad a'_{23} = r'_3 - r'_2$$

整理上式,得各轮的节圆半径必须满足

$$r'_3 = r'_1 + 2r'_2$$

当采用标准齿轮传动或变位零传动时可得如下的齿数关系:

$$z_3 = z_1 + 2z_2$$

或

$$z_2 = \frac{z_3 - z_1}{2} = \frac{(i_{1H} - 2)z_1}{2} \tag{8-8}$$

式(8-8)表明两中心轮的齿数应同时为偶数或同时为奇数。

3. 装配条件

如图 8.19 所示,设行星轮数为 k,并要求均匀分布,则相邻两行星轮所夹的中心角 $\varphi = \frac{2\pi}{k}$。现设想在位置 I 处装入第一个行星轮 a,并设齿轮 3 固定,将行星架 H 沿逆时针方向转过 φ_H 角($\varphi_H = \frac{2\pi}{k}$),则第一个行星轮到达位

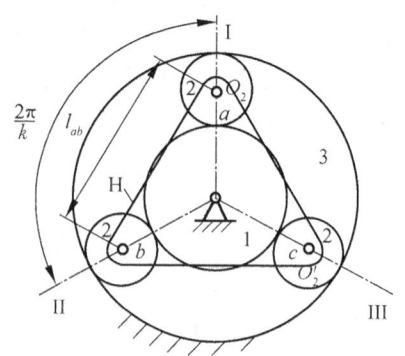

图 8.19 行星轮系的装配条件

置 II。这时中心轮 1 转过的角度为 φ_1 角,则

$$\frac{\varphi_1}{\varphi_H} = i_{1H} = 1 - i_{13}^H = 1 + \frac{z_3}{z_1}$$

即

$$\varphi_1 = \left(1 + \frac{z_3}{z_1}\right)\varphi_H = \left(1 + \frac{z_3}{z_1}\right)\frac{2\pi}{k}$$

现要求在位置 I 处又能装入第二个行星轮 b,则此时中心轮 1 在位置 I 的轮齿相位应与其转过 φ_1 角之前在该位置时的轮齿相位完全相同,即要求 φ_1 角所对弧必须是其齿距的整数倍 N。而轮 1 每个齿距所对中心角为 $\frac{2\pi}{z_1}$,所以 $\varphi_1 = N\frac{2\pi}{z_1}$,由此可得

$$N\frac{2\pi}{z_1} = \left(1 + \frac{z_3}{z_1}\right)\frac{2\pi}{k}$$

即

$$N = \frac{z_1 + z_3}{k} = \frac{i_{1H}z_1}{k} \tag{8-9}$$

当行星轮数和各轮的齿数满足上式的条件时,就可以在位置 I 装入第二个行星轮。同理,当第二个行星轮转到位置 II 时,又可以在位置 I 装入第三个行星轮,其余以此类推。

所以行星轮系的装配条件是,两个中心轮的齿数之和应能被行星轮数目 k 整除。

4. 邻接条件

在图 8.19 中 O_2、O_2' 为相邻两行星轮中心的位置,为保证相邻两行星轮不致相碰,此条件称为邻接条件。要满足邻接条件,应使下式成立:

$$O_2 O_2' > 2r_{a2}$$

式中,r_{a2} 为行星轮齿顶圆半径。

对于标准渐开线齿轮,得

$$2(r_1 + r_2)\sin\frac{\pi}{k} > 2(r_2 + h_a^* m)$$

式中,r_1、r_2 分别为 1、2 轮分度圆半径,整理后得邻接条件为

$$(z_1 + z_2)\sin\frac{\pi}{k} > z_2 + 2h_a^* \tag{8-10}$$

为了设计时便于选择各轮的齿数,通常把前三个条件合为一个总的配齿公式,即

$$z_1 : z_2 : z_3 : N = z_1 : \frac{z_1(i_{1H} - 2)}{2} : z_1(i_{1H} - 1) : \frac{z_1 i_{1H}}{k} \tag{8-11}$$

确定各轮齿数的步骤是:先根据式(8-11)选定 z_1 和 k,使得在给定传动比 i_{1H} 的前提下保证 N、z_2、z_3 均为正整数,而后根据式(8-10)验算邻接条件。如果不满足,则应减少行星轮的数目 k 或增加齿轮的齿数。

8.7 其他行星传动简介

在机械中还采用渐开线少齿差行星传动、摆线针轮行星传动和谐波传动,简介如下。

8.7.1 渐开线少齿差行星传动

如图 8.20 所示,渐开线少齿差行星传动是由内齿轮 1、行星轮 2、系杆 H 和带等角速比输出机构的 V 轴组成的。行星轮比内齿轮只差很少几个齿(一般差 1~4 个齿),齿廓曲线是渐开线,故称为渐开线少齿差行星传动。

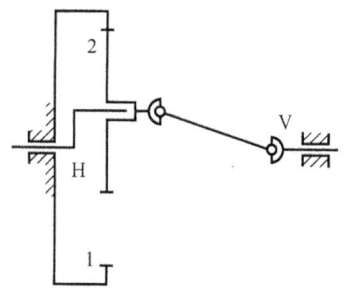

图 8.20 渐开线少齿差行星传动

这种传动通常是系杆 H 主动,行星轮 2 从动,内齿轮 1 固定,用于减速。其传动比的计算式为

$$i_{21}^H = \frac{\omega_2 - \omega_H}{\omega_1 - \omega_H} = \frac{z_1}{z_2}$$

因

$$\omega_1 = 0$$

得

$$1 - i_{2H} = \frac{z_1}{z_2}$$

所以

$$i_{H2} = \frac{\omega_H}{\omega_2} = -\frac{z_2}{z_1 - z_2}$$

由上式可知,齿数差越小,传动比 i_{H2} 越大,当 $z_1 - z_2 = 1$ 时,称之为一齿差行星齿轮传动,其传动比为

$$i_{H2} = -z_2$$

式中,负号表示行星轮和系杆的转向相反。

等角速比输出机构可采用双万向联轴节、十字滑块联轴节或孔销输出机构。由于双万向联轴节的轴向尺寸大,十字滑块联轴节的效率低,故采用孔销输出机构较多。

8.7.2 摆线针轮行星传动

摆线针轮行星传动属于一齿差的 K-H-V 型行星轮系,它的传动原理、运动输出机构等均与渐开线少齿差行星传动相同,这里不再介绍。它与渐开线少齿差行星传动的主要区别,是它的齿廓曲线不是渐开线而采用摆线,摆线齿廓的形成,如图 8.21 所示。半径为 r_1 的滚圆与半径为 $r_2(r_2 < r_1)$ 的导圆内接。当滚圆 1 在导圆 2 上做纯滚动时,滚圆 1 圆周上的一点 P 在导圆上画出一条外摆线 PP。同时,与滚圆 1 固接的另一点 M 在导圆上的轨迹 MM 为变态外摆线。MM 是从属于导圆上的一条曲线,而 M 点则是滚圆上的一个点。摆线针轮传动中的行星轮就是以变态外摆线作为理论齿廓曲线,故又称摆线轮。而与之

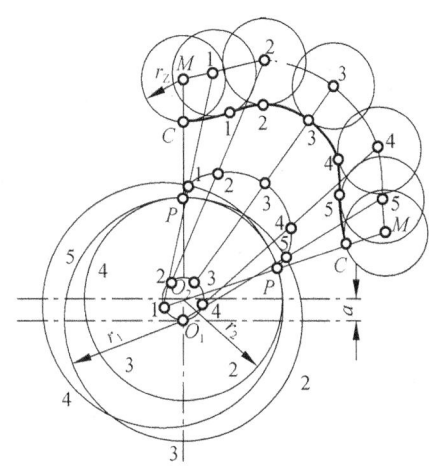

图 8.21 摆线齿廓的形成

啮合的内齿轮的齿廓是一个点,即 M 点,但实际上是以点 M 为中心、r_z 为半径的小圆柱针销作为内齿轮的齿廓,故内齿轮又称为针轮。此时,行星轮上与针轮针销共轭的实际齿廓则为上述变态外摆线的等距曲线 CC。

由摆线轮和针轮齿廓的形成过程可知,当摆线轮和针轮啮合传动时,滚圆和导圆做纯滚动,所以滚圆和导圆也是传动的节圆,两圆的切点就是节点,两轮的传动比为

$$i_{12} = \frac{\omega_1}{\omega_2} = \frac{r_2}{r_1}$$

因 r_1 和 r_2 均为定值,所以摆线针轮可以保证定传动比传动。

因为摆线针轮行星传动也是 K-H-V 型传动,所以传动比为

$$i_{H2} = \frac{\omega_H}{\omega_2} = -\frac{z_2}{z_1 - z_2}$$

摆线针轮行星传动的行星轮 G 与中心轮 K(圆柱销数)的齿数只差 1,所以传动比为行星轮的齿数 $i_{H2} = -z_2$(式中"—"号表示行星轮 2 与转臂 H 的转向相反)。

摆线针轮行星传动的主要优点是传动比大,结构紧凑,效率高(一般可达 0.9~0.94),承载能力大,传动平稳,磨损小等。图 8.22 所示为摆线轮($z_2 = 9$)和针轮($z_1 = 10$)啮合的情况,由图上看出有多齿啮合(实际上可有近半数的齿同时啮合),故重迭系数大,承载能力高。针齿销上套着针齿套,故减小了磨损,提高了传动效

率。摆线针轮行星传动的主要缺点是必须采用等角速比输出机构,制造精度要求较高,加工工艺较复杂等。

8.7.3 谐波齿轮传动

图 8.23 所示为一谐波齿轮传动。它由刚轮 1、柔轮 2 和波发生器 H 组成。刚轮的齿距与柔轮的齿距相同,齿数不同。波发生器将柔轮撑成椭圆形,长轴处柔轮的齿与刚轮的齿相互啮合,短轴处两者完全脱离。如取刚轮 1 为固定件,当波发生器转动时,柔轮的齿逐一被推入刚轮的齿槽进行啮合。

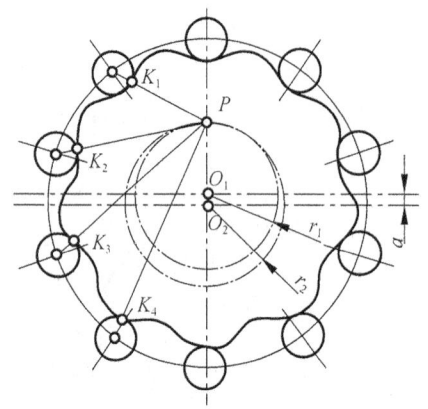

图 8.22 摆线针轮行星传动

由于柔轮齿数 z_2 比刚轮齿数 z_1 少,波发生器转动一周,柔轮相对刚轮沿波发生器相反的方向转过 (z_1-z_2) 个齿,即柔轮反转 $(z_1-z_2)/z_2$ 周,这时,其传动比为

$$i_{H2} = \frac{n_H}{n_1} = -\frac{1}{\dfrac{z_1-z_2}{z_2}} = -\frac{z_2}{z_1-z_2}$$

式中,负号表示柔轮与波发生器的转向相反。

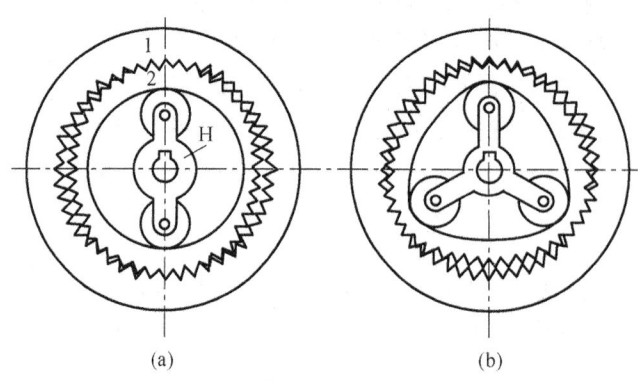

图 8.23 谐波齿轮传动

如柔轮固定,当波发生器转动一周,则刚轮相对柔轮沿波发生器的转动方向转过 (z_1-z_2) 个齿,即转过 $(z_1-z_2)/z_1$ 周,这时,其传动比为

$$i_{H1} = \frac{n_H}{n_1} = -\frac{1}{\dfrac{z_1-z_2}{z_1}} = \frac{z_1}{z_1-z_2}$$

波发生器上装有两个滚轮的谐波齿轮传动称为双波传动,如图 8.23(a)所示;装有三个滚轮则称三波传动,如图 8.23(b)所示。为了利于柔轮上力的平衡,刚轮

和柔轮的齿数差(z_1-z_2)必须等于波发生器滚轮数的整数倍,通常取为波数。

谐波齿轮传动中,柔轮和刚轮的齿廓以三角形直线齿廓为理想,且柔轮的齿形角略大于刚轮内齿的齿形角,以补偿柔轮变形而引起的齿形角变化。但由于渐开线齿形较易加工,所以仍广泛采用渐开线齿形。

谐波齿轮传动的优点是传动比大,同时啮合的齿数多,零件数量少,机构体积小,传动平稳,以及它的运动可以经过密封壁传动,可用在要求密封传动的特殊场合。其缺点是柔轮易疲劳损坏,而且起动力矩大,因此多用于小功率、大传动比的场合。

第 9 章　其他常用机构

在各种机械中，除了广泛采用着前面各章所介绍的一些最常用的基本机构外，还经常用到其他类型的一些机构，如万向联轴节、间歇运动机构、螺旋机构、摩擦传动机构及液压气动机构等。本章将对这些机构的工作原理、特点及应用情况予以简要介绍。

9.1　万向联轴节

9.1.1　单万向联轴节

单万向联轴节的结构如图 9.1 所示。它由主动轴 1、从动轴 2、十字形构件 3 和机架 4 四部分组成。轴 1 和轴 2 的两端均为叉形，分别与十字形构件及机架以转动副的形式相连接，各转动副的轴线汇交于十字形构件的中心点 O。轴 1 与轴 2 之间的夹角为 α，当轴 1 回转一周时，轴 2 也随之旋转一周，但两轴的瞬时角速度比不恒等于 1，即当轴 1 以等角速度回转时，轴 2 做变角速度回转，两轴之间的角速比关系为（详细推导可参阅有关文献）

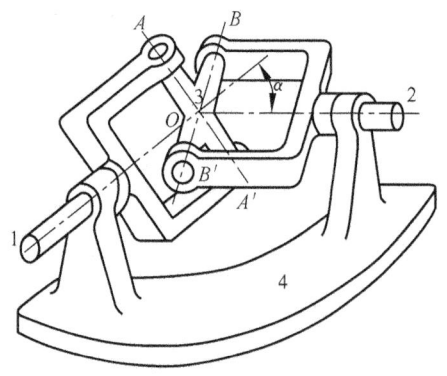

图 9.1　单万向联轴节结构

$$i_{21} = \frac{\omega_2}{\omega_1} = \frac{\cos\alpha}{1 - \sin^2\alpha\cos^2\varphi_1} \tag{9-1}$$

由式(9-1)可知，传动比 i_{21} 为两轴夹角 α 和主动轴转角 φ_1 的函数。当 $\alpha = 0°$ 时，$i_{21} = 1$，即两轴做等速传动，相当于两轴刚性连接；当 $\alpha = 90°$ 时，$i_{21} = 0$，即不能转动，故 α 为 $0° \sim 90°$。

如果两轴夹角 α 值不变，则当 $\varphi_1 = 0°$ 或 $180°$ 时，$\omega_{2\max} = \dfrac{\omega_1}{\cos\alpha}$；当 $\varphi_1 = 90°$ 或 $270°$ 时，$\omega_{2\min} = \omega_1\cos\alpha$。图 9.2 所示为当 $\varphi_1 = 0° \sim 180°$ 时 i_{21} 随 α 及 φ_1 的变化线图。由

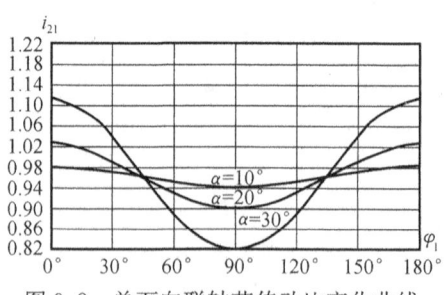

图 9.2　单万向联轴节传动比变化曲线

图可知,随着两轴夹角 α 的增大,传动比 i_{21} 的波动幅度也增大,因此,实际应用时夹角 α 一般不宜超过 $35°\sim 45°$。

9.1.2 双万向联轴节

由上述可知,采用单万向联轴节传递两相交轴之间的运动时,从动轴的角速度做周期性变化,导致在传动中引起附加的动载荷,产生振动,使运转的稳定性受到影响。此时,可采用双万向联轴节,即将两个单万向联轴节按一定条件安装后成对使用,使主从动轴的传动比恒等于1。

当连接平行或相交的两轴时,若需要主动轴和从动轴角速度相等,则常采用双万向联轴节,如图 9.3 所示即为两个单万向联轴节配制成的能实现定传动比的双万向联轴节,即用一个中间轴和两个单万向联轴节将主动轴 1 和从动轴 3 连接起来,由于传动中主传动轴 1、3 间的相对位置会发生变化,因此,中间轴做成两段,并用可滑移的花键连接,以适应两轴间的间距变化。

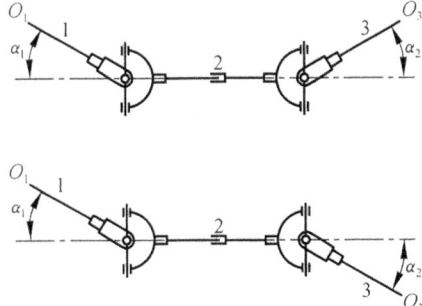

图 9.3 双万向联轴节示意图

由式(9-1)容易推导,对于图 9.3 所示的双万向联轴节,主、从动轴 1、3 两轴传动比 i_{21} 恒等于 1 的条件如下:

(1) 中间轴 2 与主动轴、从动轴的夹角 α_1 和 α_2 必须相等。
(2) 中间轴 2 两端的叉面必须位于同一个平面内。

9.1.3 万向联轴节的特点和应用

单万向联轴节的特点是:能传递不平行轴间的运动,且当两轴夹角变化时仍可继续工作,而只影响其瞬时传动比的大小。双万向联轴节的特点是:能够连接轴交角较大的两相交轴或径向偏距较大的两平行轴,当两轴间的夹角变化时,不但可以继续工作,而且在上述两条件下,还能保证等角速比,因此在机械中得到广泛的应用。例如,在轧钢生产中,需要经常调节轧辊的上下位置,所以齿轮座轴线与轧辊轴线之间的距离要经常变化,这就需要用双万向联轴节来作为齿轮与轧辊之间的中间传动装置。另外,汽车行驶时由于道路的不平会引起变速箱输出轴和后桥差速器输入轴相对位置的变化,因此,采用双万向联轴节实现了两轴之间的运动传递。

9.2 间歇运动机构

9.2.1 棘轮机构

1. 棘轮机构的工作原理及类型

如图9.4所示,棘轮机构由棘轮3、棘爪2及机架6组成。棘轮3固装在机构的传动轴上,而摇杆1空套在传动轴上。当摇杆1逆时针摆动时,棘爪2便插入棘轮3的齿间,推动棘轮3转过某一角度。当摇杆1顺时针转动时,棘爪2从棘轮3的齿背上滑过,同时止动爪4阻止棘轮3顺时针转动,故棘轮3静止不动。

这样,当摇杆1连续往复摆动时,棘轮3便得到单向的间歇运动。其中弹簧5用来使止动爪4和棘轮3保持接触。

常用的棘轮机构可分为下列两类。

1) 轮齿式棘轮机构

在这种棘轮机构中,分为外接棘轮机构(见图9.4)和内接棘轮机构(见图9.5)两种。

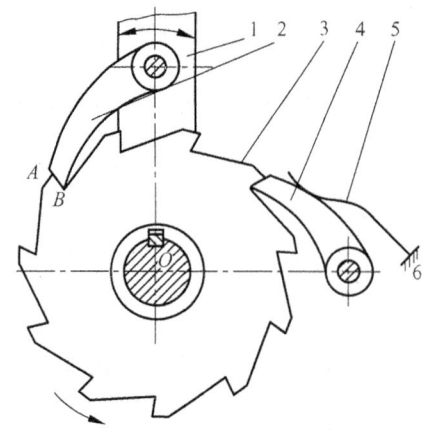
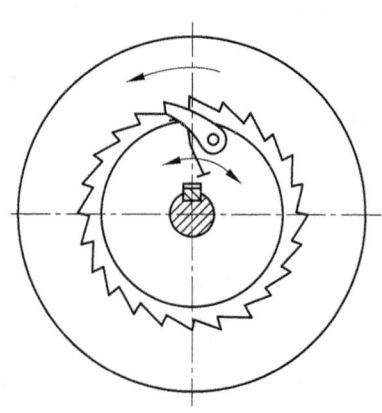

图9.4 外接棘轮机构　　　　　　图9.5 内接棘轮机构

这两种棘轮机构均用于单向间歇传动,其特点是摇杆向一个方向摆动时,棘轮沿同方向转过某一角度,而摇杆反向摆动时,棘轮静止不动。如要使摇杆来回摆动时都能使棘轮向同一方向转动,则可采用图9.6所示的双动式棘轮机构。

图9.6(a)的棘爪为钩头式。在这种棘轮机构中,主动摇杆1上装有两个主动棘爪2和2′,并绕轴O_1摆动,在其向两个方向往复摆动的过程中,分别带动棘爪2和2′,两次推动棘轮向同一方向转动。另外,这种棘轮机构的棘爪也可以做成直推式的,如图9.6(b)所示。

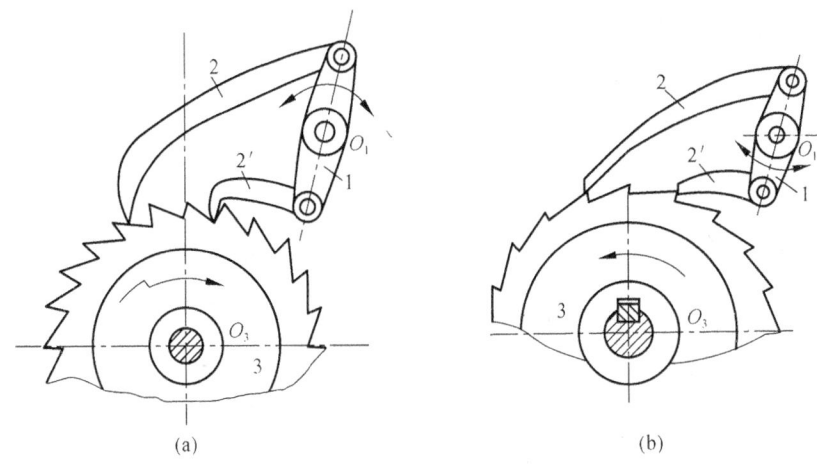

图 9.6 双动式棘轮机构

如果要使棘轮得到不同转向的间歇运动,则可如图 9.7 所示,把棘轮的齿制成矩形,而棘爪制成可翻转的。如此,当棘爪处在图示位置 B 时,棘轮可获得逆时针方向的单向间歇运动;而当把棘爪绕其销轴 A 翻转到虚线所示位置 B',棘轮即可获得顺时针方向的单向间歇运动。

当棘轮的直径为无穷大时,变为棘条(见图 9.8),此时棘轮的单向转动变为棘条的单向移动。

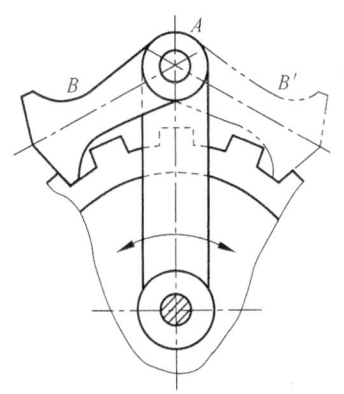

图 9.7 可实现双向间歇运动的棘轮机构

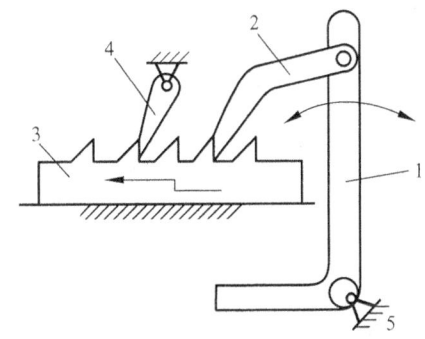

图 9.8 棘条机构

2) 摩擦式棘轮机构

图 9.9 所示为摩擦式棘轮机构,其中图(a)为外接式,图(b)为内接式。它的工作原理与轮齿式棘轮机构相同,只不过用偏心扇形块代替棘爪,用摩擦轮代替棘轮。当杆 1 逆时针方向摆动时,扇形块 2 楔紧摩擦轮 3 成为一体,使轮 3 也一同逆时针方向转动,这时止回扇形块 4 打滑;当杆 1 顺时针方向转动时,扇形块 2 在轮

3上打滑,这时止回扇形块4楔紧,以防止3倒转。这样当杆1做连续反复摆动时,轮3便得到单向的间歇运动。

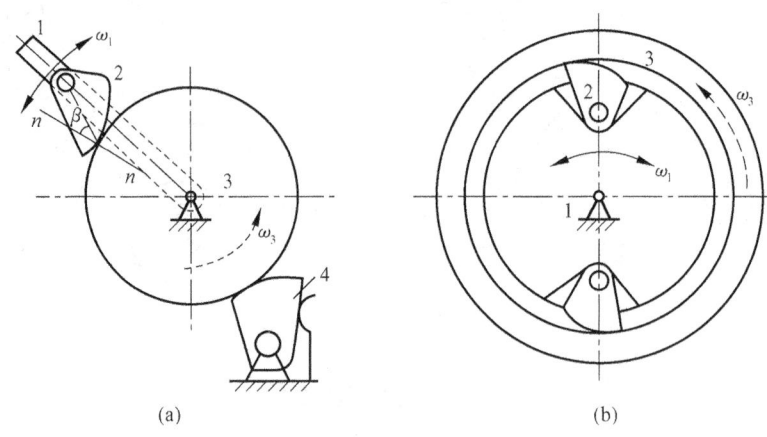

图9.9 摩擦式棘轮机构

2. 棘轮机构的设计要点

1) 模数和齿数

与齿轮相同,棘轮轮齿的有关尺寸也用模数 m 作为计算的基本参数,模数已标准化,计算公式为

$$m = d_a/z$$

式中,d_a 为棘轮顶圆半径;z 为棘轮轮齿,轮齿可根据棘轮机构的使用条件和运动

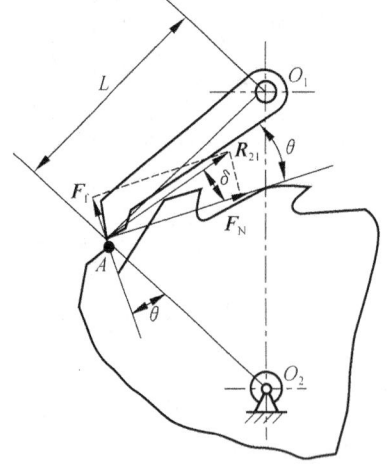

图9.10 棘轮机构齿面倾斜角与摩擦角的关系

要求选定。若由使用条件所要求的棘轮最小转角为 $\alpha_{\min}$,则棘轮的齿距角

$$\frac{2\pi}{z} \leqslant \alpha_{\min}$$

即

$$z \geqslant \frac{2\pi}{\alpha_{\min}}$$

齿数太小则可能保证不了最小转角的实现。模数决定了齿的大小,应根据齿和棘爪的强度确定。

2) 棘轮机构的可靠工作条件

棘轮齿面与径向线的夹角称为齿面倾斜角,如图9.10中的 θ 角。为使棘爪受力合理,应使 $\angle O_1AO_2 = 90°$,设计棘轮机构时,应保证棘爪在推动棘轮转动过程中始终压紧齿面滑向齿根部,而不会自己脱离棘齿,此时应满足棘齿对棘爪的法向反作用力 F_N 对 O_1 轴的力矩大于摩擦力 F_f 对 O_1 轴的力矩,即

$$F_N L\sin\theta > F_f L\cos\theta$$

故

$$\tan\theta > \frac{F_f}{F_N}$$

由于

$$f = \tan\delta = \frac{F_f}{F_N}$$

式中,f 为滑动摩擦系数;δ 为摩擦角,故有 $\theta > \delta$。

由以上分析可知,棘爪能够顺利滑入齿槽,并自动压紧齿面的条件是:齿面倾斜角必须大于摩擦角,即棘轮对棘爪的总反力 R_{21} 作用线与轴心连线 $O_1 O_2$ 的交点应位于 O_1、O_2 之间。为了保证楔紧,对于图 9.9(a)所示的外接式摩擦轮机构,用同样的方法可求得角 β 应小于摩擦角(图中 n-n 为扇形块 2 与摩擦轮 3 接触点的法线方向)。

3) 主要几何尺寸计算

如图 9.11 所示,棘轮机构的主要几何尺寸如下:

顶圆半径

$$r_a = mz/2$$

根圆半径

$$r_f = r_a - h \quad (h \text{ 为齿高})$$

齿距

$$p = \pi m$$

棘爪长度

$$m \geqslant 3 \text{ 时}, L = 2p; \quad m < 3 \text{ 时}, L \text{ 按结构确定}$$

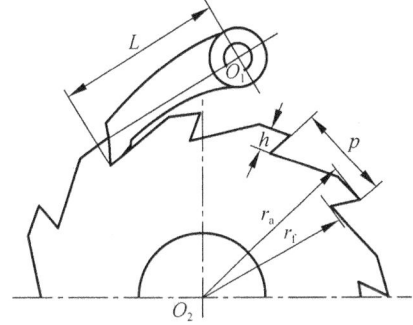

图 9.11 棘轮机构主要几何尺寸

其他几何尺寸及棘轮的齿形可参阅机械设计的有关手册确定。

3. 棘轮机构的特点和应用

棘轮机构的结构简单、制造方便、运动可靠,从动棘轮的转角容易实现有级的调节,但在工作中有噪声和冲击,棘齿易磨损,在高速时尤其严重,而且运动精度较差,所以棘轮机构常用于低速、轻载的场合。

棘轮机构常应用于各种机床中,以实现进给、转位或分度的功能。图 9.12(a)所示的牛头刨床工作台的横向进给,就是用棘轮机构来实现的。当齿轮 1 带动齿轮 2 回转时,通过连杆 3 使摇杆 4 往复摆动,从而使棘爪 7 推动棘轮 5 单向间歇转动,棘轮 5 固装在进给丝杆 6 的一端,故当棘轮 5 转动时,丝杆 6 同速转动,从而带动工作台做横向进给运动。而当需要改变工作台的横向进给量(即改变棘轮每次

转过的角度)时,可调节曲柄长度$\overline{O_2A}$大小来实现。

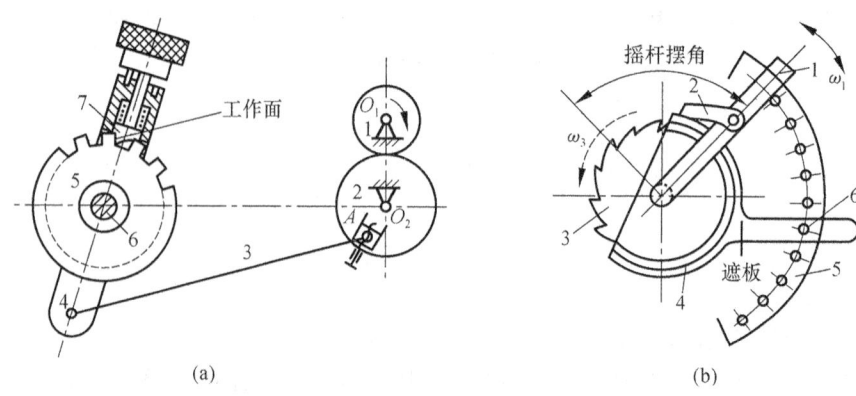

图 9.12 棘轮机构的应用

有时为了改变棘轮每次转过角度的大小(即改变棘轮机构的动停比)除了采用上述方法外,还可以采用如图 9.12(b)所示的方法,即在棘轮机构上加装遮板 4,遮盖住部分棘齿,使摇杆逆时针转动时,棘爪先在遮板上滑动,然后才能推动棘轮转动,改变插销在定位板 5 孔中的位置,可以在摇杆摆角范围内调节遮板遮盖的棘齿数,从而改变棘轮转角的大小。

棘轮机构除了可以实现间歇送进,分度运动外,还可作为超越离合器使用。

图 9.13 所示为棘轮式超越离合器。设外轮 1 的转速 ω_1 的转速大于内轮 2 的转速 ω_2 时,外轮通过棘爪 3 把动力传递给内轮 2,从而带动内轮 2 转动。图中弹簧 4 将棘爪 3 始终可靠地紧贴于棘轮齿间内。当 ω_2 大于 ω_1 时,棘爪滑过外轮内表面处的棘轮,从而内轮的高速转动不受外轮低速转动的影响。

这种超越离合器结构简单,常用做自行车后链轮和后轮的离合器。

图 9.14 所示为圆辊式超越离合器结构示意图(它也是一种常见的摩擦式槽轮

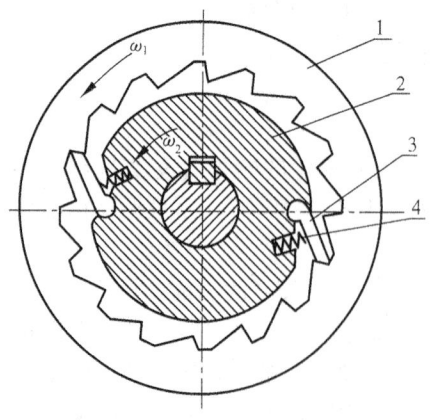

图 9.13 棘轮式超越离合器

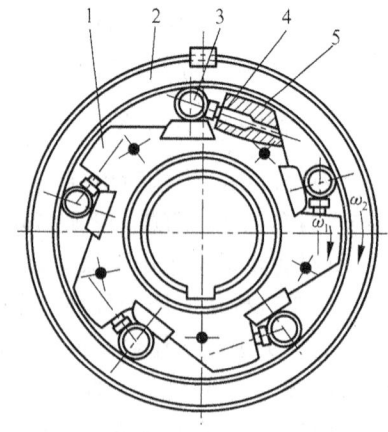

图 9.14 圆辊式超越离合器

机构)。1 为星轮,其上有若干个缺口,每个缺口中嵌放着圆辊 3,小弹簧 5 通过推杆 4 推着圆辊 3,使圆辊内表面经常靠紧星轮的支承面和外轮 2 的内圆表面。设星轮 1 为主动件。当 ω_1 大于 ω_2 时星轮的支承面靠摩擦带动圆辊转到缺口间隙小处而楔紧,从而带动外轮同速转动。当 ω_1 小于 ω_2 时,根据相对运动关系可知,圆辊移向外轮 2 的内圆表面和星轮支承面间隙较大处,从而星轮和外轮分离,星轮以 ω_1 转动,外轮可以超越它,以 ω_2(大于 ω_1)的角速度转动。

超越离合器在机床中有所应用,它使正常切削的运动链和快速运动的运动链可并行不悖地起作用。

9.2.2 槽轮机构

1. 槽轮机构的工作原理及类型

如图 9.15 所示,槽轮机构由具有径向槽的槽轮 2 和具有圆销的主动拨盘 1 和机架组成,是一种常用的间歇运动机构。主动件为拨盘 1,以等角速度做连续回转,当拨盘上的圆销 A 未进入槽轮的径向槽时,由于槽轮的内凹锁止弧 $\overset{\frown}{nn}$ 被拨盘 1 的外凸锁止弧 $\overset{\frown}{mm'm}$ 卡住,故主动拨盘 1 虽然连续转动,但槽轮 2 在这个时期静止不动。当拨盘上的圆销 A 在图示位置刚进入槽轮径向槽时,外凸锁止弧 $\overset{\frown}{mm'm}$ 的终点刚好在中心连线上,此时内凹锁止弧 $\overset{\frown}{nn}$ 也刚开始放松开。此后,槽轮受圆销 A 的驱使而转动。当圆销 A 在另一边离开径向槽时,锁止弧 $\overset{\frown}{nn}$ 又被卡住,槽轮又静止不动。直至圆销 A 再一次进入槽轮的另一个径向槽时,又重复上述运动。所以槽轮 2 做时而转动、时而静止的间歇运动。主动拨盘 1 的外凸锁止弧和槽轮的内凹锁止弧相互密和,使得槽轮在停歇时不能游动。

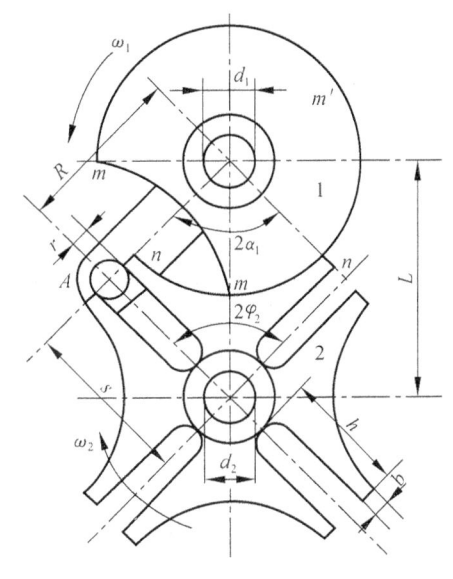

图 9.15 外槽轮机构

槽轮机构主要分为传递平行轴运动的平面槽轮机构和传递相交轴运动的空间槽轮机构两大类。平面槽轮机构又分为外槽轮机构和内槽轮机构。外槽轮机构中的槽轮径向槽的开口是自圆心向外,主动构件与从动槽轮转向相反,如图 9.15 所示。内槽轮机构中的槽轮上径向槽的开口是向着圆心的,主动构件与从动槽轮转向相同,如图 9.16 所示。

上述两种槽轮机构都用于传递平行轴运动。与外槽轮机构相比,内槽轮机构传动较平稳、停歇时间较短、所占空间小。

图 9.17 所示的球面槽轮机构,为空间槽轮机构,它是用于传递两垂直相交轴的间歇运动机构,从动槽轮 2 呈半球形,主动构件 1 的轴线与销 3 的轴线都通过球心 O,当主动构件 1 连续转动时,球面槽轮 2 得到间歇转动。空间槽轮机构结构比较复杂,设计和制造难度较大。

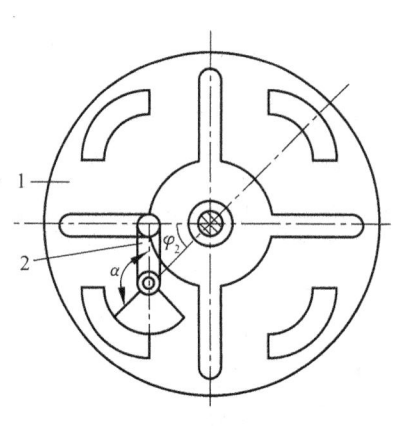

图 9.16 内槽轮机构

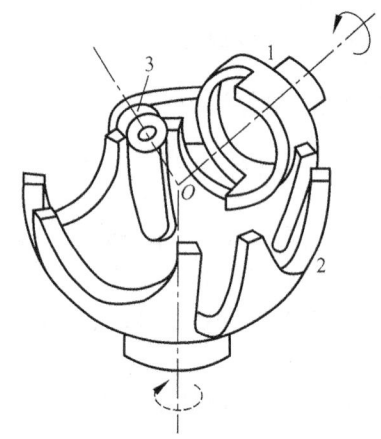

图 9.17 球面槽轮机构

除了上述典型的槽轮机构之外,还有多种特殊结构的槽轮机构,如不等臂长的多销槽轮机构(见图 9.18)、径向槽具有曲线形状的槽轮机构(见图 9.19)等。

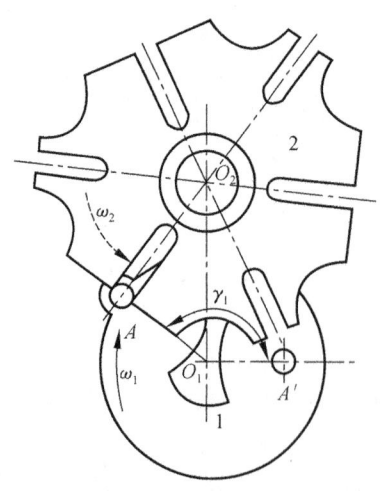

图 9.18 不等臂长的多销槽轮机构

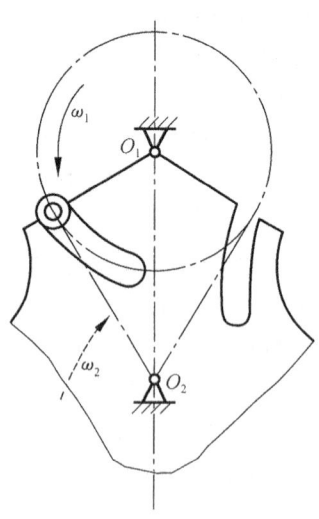

图 9.19 曲线径向槽槽轮机构

2. 槽轮机构的设计要点

槽轮机构的设计主要是根据间歇运动的要求，确定槽轮的槽数、圆柱销的数目以及槽轮机构的基本尺寸。

1) 槽数 z 和圆销数 n 的选取

在图 9.15 所示的外槽轮机构中，当主动拨盘 1 回转一周时，槽轮 2 的运动时间 t_2 与主动拨盘转一周的总时间 t_1 之比，称为该槽轮机构的运动系数，并以 k 表示，即

$$k = \frac{t_2}{t_1} \tag{9-2}$$

又因拨盘 1 一般为等速回转，所以时间的比值可以用拨盘转角的比值表示。对于图 9.15 所示的单圆销外槽轮机构，时间 t_2 与 t_1 所对应的拨盘转角分别为 $2\alpha_1$ 与 2π。又为了避免圆销 A 和径向槽发生刚性冲击，圆销开始进入或刚好脱出径向槽的瞬时，其线速度方向应沿着径向槽的中心线。于是由图 9.15 可知，$2\alpha_1 = \pi - 2\varphi_2$。其中 $2\varphi_2$ 为槽轮相邻两径向槽之间所夹的角。又如设槽轮有 z 个均布槽，则 $2\varphi_2 = 2\pi/z$，将上述关系代入式(9-2)得外槽轮机构的运动系数为

$$k = \frac{t_2}{t_1} = \frac{\pi - 2\varphi_2}{2\pi} = \frac{\pi - (2\pi/z)}{2\pi} = \frac{1}{2} - \frac{1}{z}$$

因为运动系数 k 应大于零，所以由上式可知外槽轮径向槽的数目应大于或等于 3。又由上式可知，运动系数 k 总是小于 0.5 的。也就是说，在这种槽轮机构中，槽轮的运动时间总是小于其静止的时间。

当主动拨盘上均匀分布 n 个圆销，且各圆销中心离拨盘中心等距时，则当拨盘转动一周时，槽轮将被拨动 n 次，故运动系数是单销的 n 倍，即

$$k = n\left(\frac{1}{2} - \frac{1}{z}\right)$$

因为 k 值应小于 1(因 $k=1$ 表示槽轮 2 与主动拨盘 1 一样做连续转动，不能实现间歇运动)，即

$$k = n\left(\frac{1}{2} - \frac{1}{z}\right) < 1$$

$$n < \frac{2z}{z-2}$$

由上式可得圆柱销 n 的数目与槽轮槽数之间的关系如表 9.1 所示，设计时可根据工作要求，选择不同的 n 与 z 的数目以获得具有不同间歇运动规律的槽轮机构。

表 9.1　圆销数与槽数的关系

z	3	4~5	≥6
n	1~5	1~3	1~2

对于图 9.16 所示的单圆销内槽轮机构,其运动系数

$$k = \frac{2\alpha_1}{2\pi} = \frac{\pi + 2\varphi_2}{2\pi} = \frac{\pi + (2\pi/z)}{2\pi} = \frac{1}{2} + \frac{1}{z}$$

显然 $k > 0.5$。

2) 槽轮机构几何尺寸计算

在设计槽轮机构时,首先应根据工作要求确定槽轮的槽数 z 和主动拨盘的圆销数 n;再根据载荷和实际机械所允许的空间安装尺寸,确定中心距 L 和圆销半径 r,对于外槽轮机构可按图 9.15 所示的几何关系,由下列各式求出其他尺寸:

圆销中心回转半径

$$R_1 = R = L\sin\varphi_2 = L\sin\frac{\pi}{z}$$

槽轮外圆半径

$$R_2 = \sqrt{s^2 + r^2} = \sqrt{(L\cos\varphi_2)^2 + r^2} = \sqrt{\left(L\cos\frac{\pi}{z}\right)^2 + r^2}$$

槽轮槽长

$$h \geqslant s - (L - R_1 - r)$$

即

$$h \geqslant L\left(\sin\frac{\pi}{z} + \cos\frac{\pi}{z} - 1\right) + r$$

拨盘轴的直径

$$d_1 \leqslant 2(L - s)$$

即

$$d_1 \leqslant 2L\left(1 - \cos\frac{\pi}{z}\right)$$

槽轮轴的直径

$$d_2 < 2(L - R_1 - r)$$

即

$$d_2 < 2L\left(1 - \sin\frac{\pi}{z}\right) - 2r$$

锁止弧的半径

$$R' = R - r - b = L\cos\frac{\pi}{z} - r - b$$

式中,b 为槽轮轮叶齿顶厚度,通常取 b 为 3~10mm。

同样,对于内槽轮机构,可求得主要几何尺寸如下:

圆销中心回转半径

$$R_1 = L\sin\varphi_2 = L\sin\frac{\pi}{z}$$

槽轮外圆半径
$$R_2 = \sqrt{(L\cos\varphi_2)^2 + r^2} = \sqrt{\left(L\cos\frac{\pi}{z}\right)^2 + r^2}$$

槽轮槽长
$$h \geqslant L\left(\sin\frac{\pi}{z} - \cos\frac{\pi}{z} + 1\right) + r$$

3) 槽轮机构的运动特性

图 9.20 所示为外槽轮机构在运动过程中的任一位置。设拨盘的位置用角度 α 来确定,而槽轮的位置用角度 φ 来确定。r_x 为圆销至槽轮回转轴心的距离,它的值随着槽轮机构的运动而不断变化。在图示位置时,由几何关系可得

$$R\sin\alpha = r_x\sin\varphi$$
$$R\cos\alpha + r_x\cos\varphi = L$$

从上两式中消去 r_x,并令
$$R/L = \sin\varphi_2 = \lambda$$

可得
$$\tan\varphi = \frac{\lambda\sin\alpha}{1 - \lambda\cos\alpha}$$

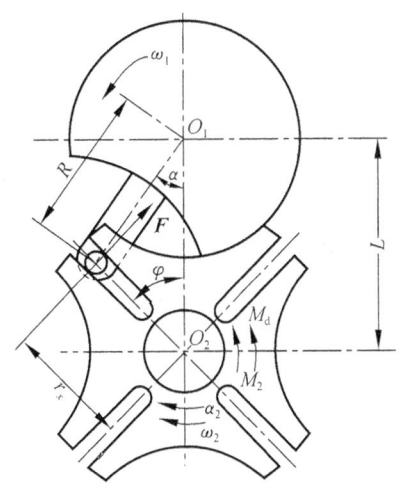

图 9.20 外槽轮机构角位移示意图

由此可得:

槽轮角位移
$$\varphi_2 = \arctan\frac{\lambda\sin\alpha}{1 - \lambda\cos\alpha}$$

槽轮角速度
$$\omega_2 = \frac{\lambda(\cos\alpha - \lambda)}{1 - 2\lambda\cos\alpha + \lambda^2}\omega_1$$

槽轮角加速度
$$\alpha_2 = \frac{\lambda(\lambda^2 - 1)\sin\alpha}{(1 - 2\lambda\cos\alpha + \lambda^2)^2}\omega_1^2$$

传动比
$$i_{21} = \frac{\omega_2}{\omega_1} = \frac{\lambda(\cos\alpha - \lambda)}{1 - 2\lambda\cos\alpha + \lambda^2}$$

角加速度系数
$$k_\alpha = \frac{\alpha_2}{\omega_1^2} = \frac{\lambda(\lambda^2 - 1)\sin\alpha}{(1 - 2\lambda\cos\alpha + \lambda^2)^2}$$

同样,对于内槽轮机构,可求得

槽轮角位移为

$$\varphi_2 = \arctan\frac{\lambda\sin\alpha}{1+\lambda\cos\alpha}$$

槽轮角速度为

$$\omega_2 = \frac{\lambda(\cos\alpha+\lambda)}{1+2\lambda\cos\alpha+\lambda^2}\omega_1$$

槽轮角加速度为

$$\alpha_2 = \frac{\lambda(\lambda^2-1)\sin\alpha}{(1+2\lambda\cos\alpha+\lambda^2)^2}\omega_1^2$$

传动比

$$i_{21} = \frac{\omega_2}{\omega_1} = \frac{\lambda(\cos\alpha+\lambda)}{1+2\lambda\cos\alpha+\lambda^2}$$

角加速度系数

$$k_\alpha = \frac{\alpha_2}{\omega_1^2} = \frac{\lambda(\lambda^2-1)\sin\alpha}{(1+2\lambda\cos\alpha+\lambda^2)^2}$$

通常用 ω_2/ω_1 和 α_2/ω_1^2 来表示槽轮机构的运动和动力特性。图 9.21(a)、(b)

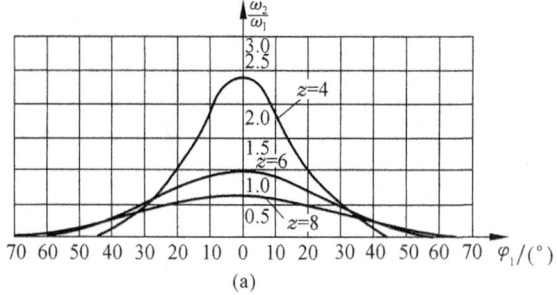

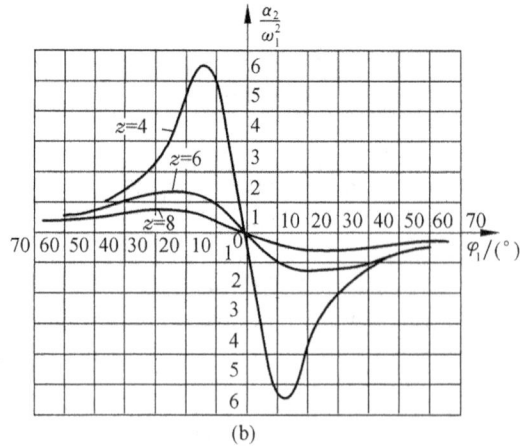

图 9.21 外槽轮机构的运动和动力特性曲线

分别列出了槽数为 4、6、8 的外啮合槽轮机构的角速度 ω_2/ω_1 和角加速度 α_2/ω_1^2 的变化情况。从图中可以看出,槽数越少,则角速度、角加速度的变化越大,由此产生的冲击和磨损也就越大。

图 9.22 为四槽内槽轮机构的角速度 ω_2/ω_1 和角加速度 α_2/ω_1^2 的变化情况。由图可以看出,虽然内槽轮机构的角速度也有突变,但当 $|\alpha|\to 0$ 时,角加速度迅速趋于零,因此,内槽轮机构的动力学性能要比外槽轮机构好得多。

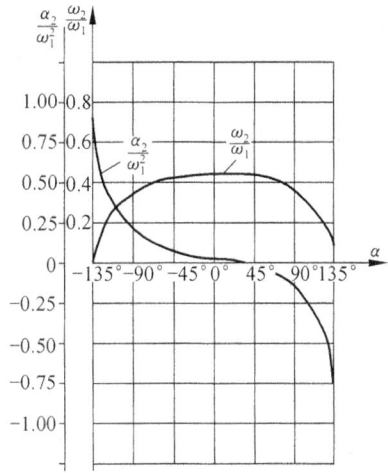

图 9.22　内槽轮机构的运动和动力特性曲线

3. 槽轮机构的特点和应用

槽轮机构结构简单,易于制造,能准确控制转角,工作可靠,机械效率高,但槽轮机构运动有冲击,并随转速的提高和槽数的减少而加剧,故不易用于高速传动。

槽轮机构在各种自动机械中、轻工机械中应用广泛,尤其在分度、转位等传动中更为常用。如图 9.23、图 9.24 分别为外槽轮机构在电影放映机中及自动机床换刀装置中的应用。

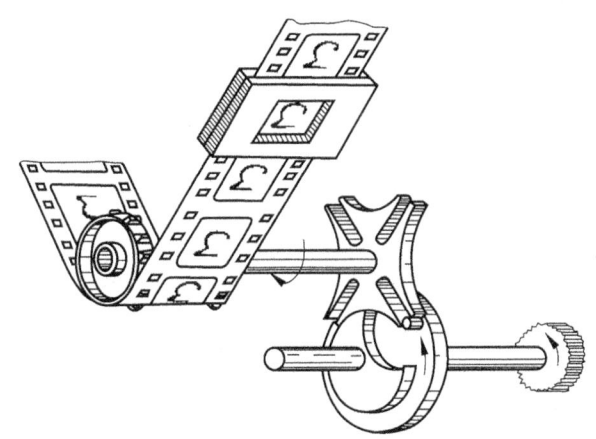

图 9.23　外槽轮机构在电影放映机中的应用

9.2.3　不完全齿轮机构

1. 不完全齿轮机构的工作原理及类型

不完全齿轮机构由主动轮、从动轮和机架组成,是由普通齿轮机构转化而成的

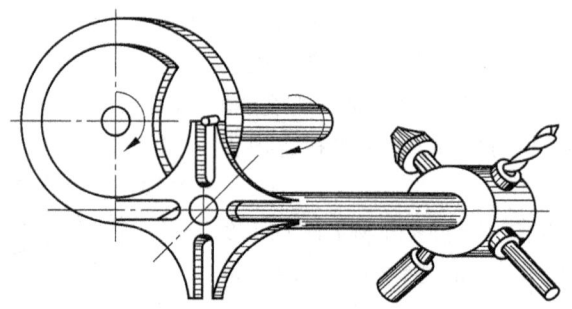

图 9.24　外槽轮机构在自动机床换刀装置中的应用

一种间歇运动机构。它的主动轮上只有一个或部分轮齿,其余部分为外凸锁止弧,并根据运动时间与停歇时间的要求,在从动轮上做出与主动轮轮齿相啮合的轮齿,并相间布置有内凹锁止弧,当主动轮做连续回转运动时,从动轮做间歇回转运动。在从动轮停歇期间,主、从动轮上的锁止弧用来防止从动轮游动,并起定位作用。

不完全齿轮机构的啮合形式分为外啮合式、内啮合式和不完全齿轮齿条机构,分别如图 9.25、图 9.26 和图 9.27 所示。

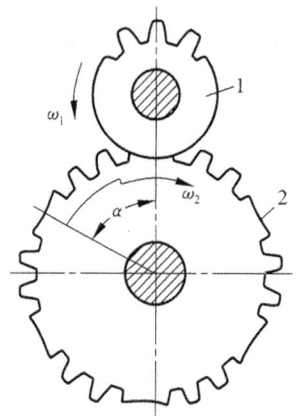

图 9.25　外啮合式不完全齿轮机构

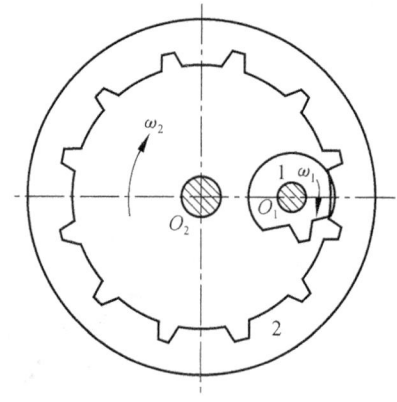

图 9.26　内啮合式不完全齿轮机构

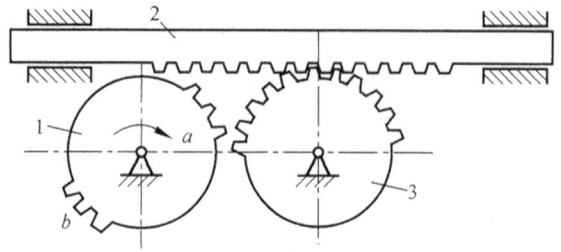

图 9.27　不完全齿轮齿条机构

在不完全齿轮机构中,主动轮1连续回转,当轮齿进入啮合时,从动轮2开始转动,在图9.25所示的不完全齿轮机构中,主动轮上有3个齿,从动轮2的圆周上有6个运动段和6个停歇段,每段上有3个齿与主动轮轮齿相啮合。主动轮转一转,从动轮转1/6转。

2. 不完全齿轮机构的特点和应用

1) 不完全齿轮机构的特点

不完全齿轮机构结构简单,工作可靠,从动轮运动的角度变化范围较大,设计较灵活,易实现一个周期中的多次动、停时间不等的间歇运动。但加工复杂,主、从动轮不能互换,在进入和退出啮合时速度有突变,引起刚性冲击,不宜用于高速传动。为了保证主动轮的首齿在进入啮合状态时不与从动轮的齿顶相互干涉,需将首齿齿顶高作适当的削减;另外,为了保证从动轮停歇在预定位置,主动轮的末齿齿顶高也需要适当的修正。

不完全齿轮机构在传动过程中,其从动轮在起始和终止运动的瞬时,会产生刚性冲击,为了改善从动轮的动力特性,可在主、从动轮上分别安装如图9.28所示的瞬心线附加杆,其作用是在首齿进入啮合前,瞬心线附加杆先接触,使从动轮的运动从静止逐渐加速到正常的运动速度,同样,在末齿退出啮合时,可借助于另一对附加杆,使从动轮的转速逐渐降低到零,这样,可以减少进入和退出啮合时的冲击。

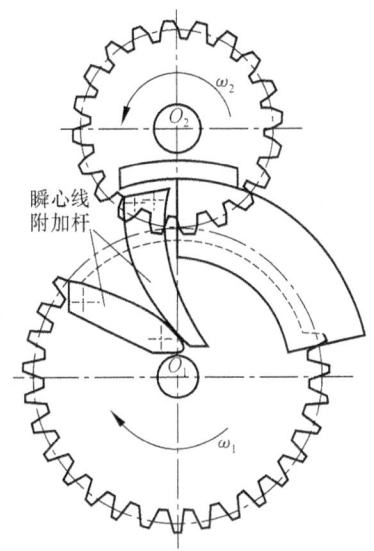

图9.28 不完全齿轮齿条机构的瞬心线附加杆

2) 不完全齿轮机构的应用

不完全齿轮机构多用于一些具有特殊运动要求的专用机械中,以实现多工位、多工序的间歇转位和进给,是应用较早的一种步进传动机构。

9.3 螺旋机构

9.3.1 螺旋机构的工作原理及类型

螺旋机构是利用螺旋副传递运动和动力的机构。按螺杆与螺母之间的摩擦状态,螺旋机构可分为滑动螺旋机构和滚动螺旋机构。

1. 滑动螺旋机构

滑动螺旋机构中的螺杆和螺母的螺旋面直接接触,摩擦状态为滑动摩擦。滑动螺旋机构一般又可分为单螺旋机构和双螺旋机构,如图 9.29 所示为最简单的三构件单螺旋机构,其中构件 1 为螺杆,构件 2 为螺母,构件 3 为机架。其中只有 B 为螺旋副,其导程为 P_h;A 为转动副,C 为移动副,当螺杆向不同的方向转动时,螺母 2 可左右移动。当螺杆 1 回转角 φ 时,螺母 2 的位移 S 为

$$S = P_h \frac{\varphi}{2\pi} \qquad (9-3)$$

如图 9.30 所示的螺旋千斤顶为单螺旋机构的应用实例。螺杆 1 静止不动,转动手柄使螺母 2 旋转,从而使托盘 3 上的重物被举起,由于自锁的作用,举起的重物静止不动。

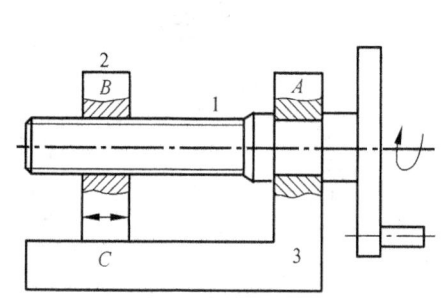

图 9.29 单螺旋机构

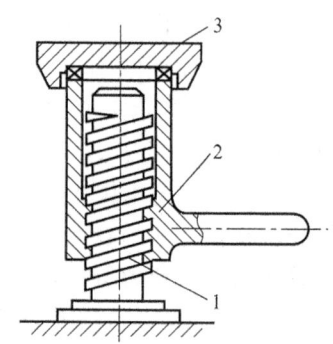

图 9.30 螺旋千斤顶

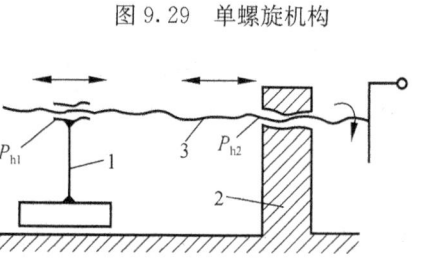

图 9.31 双螺旋机构

如图 9.31 所示为双螺旋机构,螺杆 3 上有两段导程分别 P_{h1} 和 P_{h2} 的螺纹,分别与螺母 1、2 组成两个螺旋副,其中螺母 2 兼做机架,当螺杆 3 转动时,它相对螺母 2 移动,同时螺母 1 相对螺杆 3 移动。

若两螺旋副的旋向相同,则形成差动螺旋机构,此时,当螺杆 3 回转角 φ 时,可动螺母 1 的位移为

$$S = (P_{h1} - P_{h2}) \frac{\varphi}{2\pi} \qquad (9-4)$$

由式(9-4)可知,当 P_{h1} 和 P_{h2} 近于相等时,则位移 S 可以很小。利用这一特性,差动螺旋机构常用于测微器、分度机构及调解机构中。如图 9.32 为镗床镗刀的微调机构。螺母 2 固定于镗杆 3,螺杆 1 分别与螺母 2 及螺母 4 组成螺旋副 A、

B,4 为镗刀,与 2 组成移动副 C,螺旋副 A、B 的旋向相同而导程相差很小,当转动螺杆 1 时,可微量调整镗刀的进刀量。

在图 9.31 中,若两螺旋副的旋向相反,则形成复式螺旋机构,此时,当螺杆 3 回转角 φ 时,可动螺母 1 的位移为

$$S = (P_{h1} + P_{h2})\frac{\varphi}{2\pi} \tag{9-5}$$

由式(9-5)可知,采用复式螺旋机构可使螺母 1 产生很快的移动,常用于快速调整或移动两构件相对位置的场合。如图 9.33 所示为铣床快速夹紧装置。其中 1 为螺杆,2 为左旋螺母,3 为右旋螺母,4 为机架,5 为夹爪,采用导程不同的复式螺旋可以快速夹紧工件。

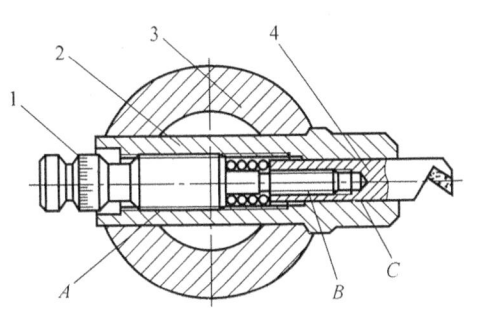

图 9.32 镗刀微调机构

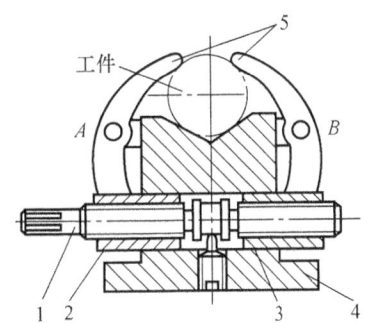

图 9.33 铣床快速夹紧装置

2. 滚动螺旋机构

如图 9.34 所示为滚动螺旋机构,由螺母 1、螺杆 2、滚动体 3 及滚动体循环装置 4 组成。在螺杆与螺母的螺纹滚道间有滚动体,当螺杆与螺母相对转动时,滚动体沿螺纹滚道滚动,并沿滚动体循环装置的通道返回,构成封闭循环,螺杆与螺母间的摩擦状态为滚动摩擦,摩擦阻力小,效率高。

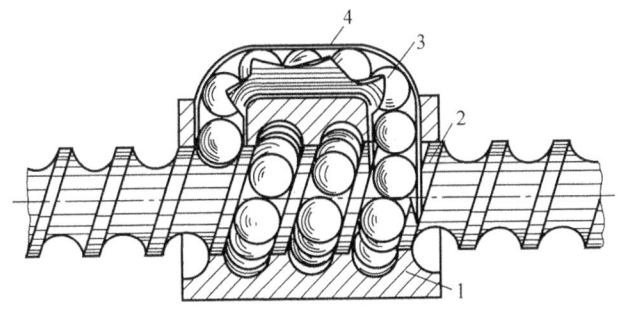

图 9.34 滚动螺旋机构

9.3.2 螺旋机构的特点和应用

1. 滑动螺旋机构

结构简单,制造方便,能将回转运动变为直线运动,运动准确性高,降速比大,可传递很大的轴向力,工作平稳,无噪声,但由于螺旋面直接接触,产生滑动摩擦,传动效率低(一般为30%~40%)。合理选择螺纹导程角可具有自锁作用,但需有反向机构才能反向转动。在仪表仪器、工装夹具、测量工具等机械工业领域应用广泛,如图9.30、图9.32、图9.33所示为几个具体的应用实例。

2. 滚动螺旋机构

由于螺旋面间为滚动摩擦,因此,与滑动螺旋机构相比,摩擦阻力小,传动效率高(可达90%),而且起动力矩小、传动灵敏平稳、工作寿命长,在机床、汽车、拖拉机、航空、航天及武器等制造业中应用颇广。缺点是制造工艺比较复杂,特别是长螺杆更难保证热处理及磨削工艺质量,刚性和抗振性较差。

9.4 摩擦传动机构

9.4.1 摩擦传动机构的工作原理及特点

摩擦传动机构由两个相互压紧的摩擦轮及压紧装置等组成,依靠主、从动轮接触部位产生的摩擦力来传递转矩,结构简单、制造容易、运转平稳、可实现无级变速;过载可以打滑,可以用来防止设备中重要零部件的损坏。但传动时不可避免地要产生弹性滑动,传动效率低,结构尺寸较大,作用在轴和轴承上的载荷大,只宜用于传递动力较小的场合。

9.4.2 常用摩擦机构的类型及要求

摩擦轮机构常用作机械式无级变速器,主要是依靠摩擦轮传动原理,通过改变主动件和从动件的传动半径,使输出轴的转速无级地变化。常用的摩擦轮机构主要有如下几种。

1. 圆柱平摩擦传动机构

如图9.35所示为圆柱平摩擦传动机构,可分为外切(见图9.35(a))和内切(见图9.35(b))两种。结构简单制造容易,但两轮间的压力大,适用于小功率传动。

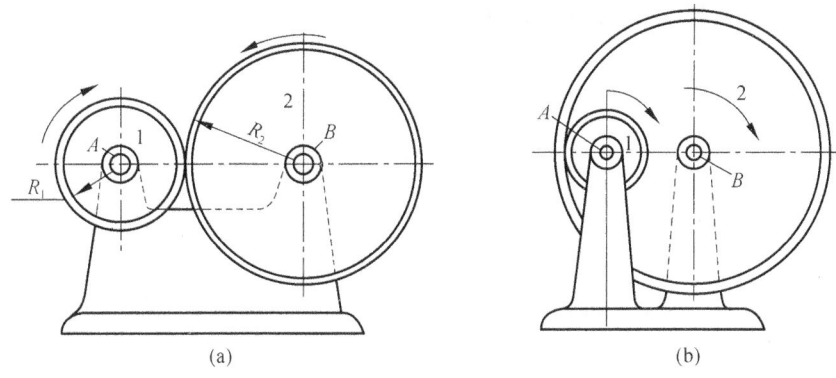

图 9.35 圆柱平摩擦传动机构

2. 圆柱槽摩擦传动机构

如图 9.36 所示为圆柱槽摩擦传动机构,这种机构易发热磨损,对加工和安装要求较高。

3. 圆锥摩擦轮机构

如图 9.37 所示为圆锥摩擦轮机构,这种机构结构简单,容易制造,但安装要求较高。

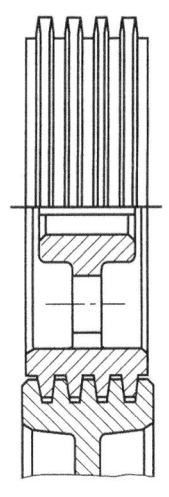

图 9.36 圆柱槽摩擦传动机构

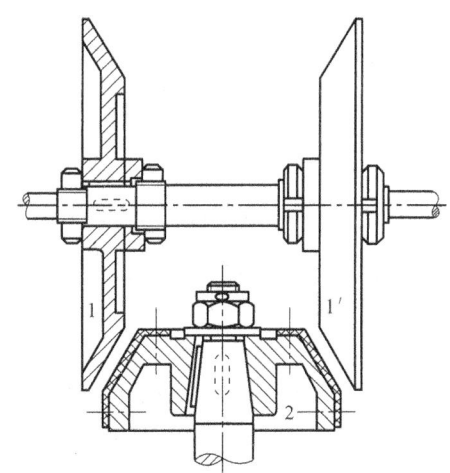

图 9.37 圆锥摩擦轮机构

根据摩擦传动的特点,对摩擦轮材料的主要要求如下:
(1) 接触疲劳强度高,耐磨性好。
(2) 弹性模量大,以便减少弹性滑动和功率损耗。

(3) 摩擦系数大,以便在满足所需摩擦力的前提下,降低所需的压紧力。

9.5 液压、气动机构

9.5.1 液压机构

1. 液压机构的组成及工作原理

液压机构是以液压油为动力源来完成预定运动要求和实现各种机械功能的机构,依靠液体在密封容积变化中的压力能实现运动和动力的传递,它本质上是一种能量转换装置,先将机械能转换成液压能,然后又转化为机械能做功。一个完整的液压系统由以下几部分组成:

(1) 动力元件。动力元件即液压泵,它将原动机输入的机械能转换为流体介质的压力能,其作用是为液压系统提供压力油,是系统的动力源。

(2) 执行元件。执行元件是指液压缸或液压马达,它是将液压能转换为机械能的装置,其作用是在压力油的推动下输出力和速度(或力矩和转速),以驱动工作部件。

(3) 控制元件。控制元件包括各种阀类,如溢流阀、节流阀、换向阀等。这类元件的作用是用以控制液压系统中油压的压力、流量和流动方向,以保证执行元件完成预期的工作。

(4) 辅助元件。辅助元件包括油箱、油管、过滤器以及各种指示器和控制仪表等。它们的作用是提供必要的条件,使系统得以正常工作和便于监测控制。

(5) 工作介质。工作介质即传动液体,通常称液压油。液压系统就是通过工作介质实现运动和动力的传递。

2. 液压机构的特点和应用

液压传动与机械传动、电气传动方式比较,主要优点如下:
(1) 液压传动能方便地在较大范围内实现无级调速。
(2) 在相同功率情况下,液压传动能量转换元件的体积较小,重量较轻。
(3) 工作平稳,换向冲击小,便于实现频繁换向和自动过载保护。
(4) 机件在油中工作,润滑好,寿命长。
(5) 操纵简单,便于采用电液联合控制以实现自动化。
(6) 液压元件易于实现系列化、标准化和通用化。

液压传动的主要缺点如下:
(1) 由于泄露不可避免,并且油有一定的可压缩性,因而无法保证严格的传动比。

(2) 液压传动有较多的能量损失（泄露损失、摩擦损失等），故传动效率不高，不宜作为远距离传动。

(3) 液压系统对油温的变化比较敏感，不宜在很高和很低的温度下工作。

(4) 液压系统出现故障时，不易找出原因。

总的来说，液压传动的优点是十分突出的，在工程机械、冶金、军工、农机、汽车、船舶、石油、航空和机床等各个领域得到了广泛的应用。

9.5.2 气动机构

1. 气动系统的工作原理及组成

气动机构是以压缩空气作为工作介质进行能量传递的机构。与液压系统相似，气动系统是利用空气压缩机作为工作介质，把原动机的机械能转化为空气的压力能，然后通过执行元件把空气的压力能转换为机械能，从而完成工作机构的各种功能。它由以下几部分组成：

(1) 动力元件。动力元件即气源装置，其主体部分是空气压缩机。它将原动机（如电动机）供给的机械能转变为气体的压力能，为各类气动设备提供动力。

(2) 执行元件。执行元件包括各种气缸和气马达。它的功用是将气体的压力能转变为机械能，输给工作部件。

(3) 控制元件。控制元件包括各种阀类。如各种压力阀、方向阀、流量阀、逻辑元件等，用以控制压缩空气的压力、流量和流动方向以及执行元件的工作程序，以便使执行元件完成预定的运动规律。

(4) 辅助元件。辅助元件使空气净化、润滑、消声以及用于元件间连接的功能所需的装置。如各种冷却器、分水排水器、气罐、干燥器、过滤器、油雾器及消声器等，它们对保持气动系统可靠、稳定和持久地工作起着十分重要的作用。

(5) 工作介质。工作介质即传动气体，为压缩空气。气动系统就是通过压缩空气实现运动和动力传递的。

2. 气动机构的特点和应用

气动系统具有如下优点：

(1) 气动动作迅速、反应快，调节控制方便，维护简单，不存在介质变质及补充等问题。

(2) 气体流动阻力小，能量损失小，易于实现集中供气和远距离输送。

(3) 以空气为工作介质，不仅易于取得，而且用后可直接排入大气，处理方便，也不污染环境。

(4) 工作环境适应性好，无论在易燃、易爆、多尘埃、强磁、辐射、振动等恶劣环境中,还是在食品加工、轻工、纺织、印刷、精密检测等高净化、无污染场合,都具有良好的适应性,且工作安全可靠,过载时能自动保护。

(5) 气动元件结构简单,成本低,寿命长,易于标准化、系列化和通用化。

气动系统也存在如下缺点:

(1) 由于空气具有较大的可压缩性,因而工作速度受外加负载影响大,运动平稳性差。

(2) 工作压力低,不易获得较大的输出力或转矩。

(3) 有较大的排气噪声。

但近年来,气动技术在自动化技术的应用和发展中起到了极其重要的作用,并得以广泛应用和迅速发展。表 9.2 列举了气压传动在各工业领域中的应用。

表 9.2 气压传动在各工业领域中的应用

工业领域	应 用
机械工业	自动化生产线,各类机床、工业机械手和机器人,零件加工及检测装置
轻工业	气动上下料装置,食品包装生产线,气动罐装装置,制革生产线
化工、医疗	化工原料输送装置,石油钻采装置,射流负压采样器等
冶金工业	冷轧、热轧装置气动系统,金属冶炼装置气动系统,水压机气动系统
电子工业	印制电路板自动生产线,家用电器生产线,显像管转运等

第10章 平　　衡

10.1　平衡的目的和分类

10.1.1　机械平衡的目的

机械在运动过程中,除机架以外其他构件都要运动。这些运动构件按其运动方式可分为三种:绕定轴转动的构件、往复移动的构件和做平面运动的构件。在机械中,将绕固定轴线转动的构件称为回转件(或转子),如齿轮、皮带轮和电动机转子等都属于回转件,这些回转件由于可能结构不对称、制造不精确或内部材料组织不均匀等原因,致使其质量中心(简称质心)不在转动轴线上,因而在转动过程中将产生离心惯性力。由力学知识可知,离心惯性力的大小与角速度的平方成正比,角速度愈高,离心惯性力愈大。这些惯性力将在构件之间构成的运动副中产生附加动压力,增加运动副的摩擦和加快运动副接触处的磨损,影响构件强度,并降低机械效率和使用寿命。由于离心惯性力的方向随转子的转动作周期性变化,又使得机构及其基础产生周期性振动,不仅易引起机械中零件的疲劳损坏,还影响机械的工作质量和寿命。如果振动频率接近振动系统的固有频率时,将引起共振,使机械遭到破坏,甚至危及周围人员和厂房建筑的安全。因此,在机械中,尤其对转速较高的转子,如精密机床主轴、发电机曲轴和电动机转子等,必须消除或减小离心惯性力的不良影响,这就是研究机械平衡的目的。

10.1.2　机械平衡的分类

在机械中,由于各构件的结构及运动形式不同,对其产生的惯性力的平衡方法也不同。因此,机械的平衡问题可以分为下列两大类。

1. 转子的平衡

转子的平衡是指绕固定轴线回转的构件惯性力和惯性力矩的平衡。在转子转动中,造成其不平衡的主要原因是转子上质量分布不均匀,致使其转动时产生的惯性力系不平衡。这类转子由于其工作转速不同,其平衡又分为以下两类。

1) 刚性转子的平衡

在一般机械中,转子的刚性都比较好,其共振转速较高。当转子的工作转速

$n<0.7n_{c1}$ (n_{c1} 为转子的第一阶共振转速)时,这类转子称为刚性转子。在对刚性转子进行平衡时,因转子不会产生明显的弹性变形,其惯性力的平衡可以用理论力学中力系平衡的原理来处理。根据刚性转子的轴向宽度和直径的比值大小,刚性转子的平衡又分为静平衡和动平衡两种。刚性转子的平衡是本章要介绍的主要内容。

2) 挠性转子的平衡

在高速机械中,当转子的工作转速 $n \geqslant 0.7n_{c1}$ 时,转子将发生明显的弹性变形,这类转子称为挠性转子。由于增加了因变形而产生的不平衡,所以挠性转子的平衡理论和技术比较复杂,本章只作简单介绍。

2. 机构的平衡

对于做往复移动或平面运动的构件,其产生的惯性力和惯性力矩无法由构件各自平衡,只能就整个机构加以研究,使惯性力和惯性力矩最终由机械的基础承受,故这类问题又称机构在机座上的平衡,本章也将作一定介绍。

10.2 刚性转子的平衡

10.2.1 刚性转子的静平衡

对于轴向宽度较小的转子(一般指轴向宽度 b 与其直径 D 之比 $b/D<0.2$,常称短转子),如盘形凸轮、齿轮、砂轮等,对于这类转子,其转子的质量分布可以近似地认为分布在同一平面内,如图 10.1 所示。在这种情况下,若转子的质心不在回转轴线上,当其转动时,其偏心质量就会产生离心惯性力,从而在运动副中引起附加动压力。因这种不平衡现象在转子静态时即可表现出来,故称其为静不平衡。欲使转子达到平衡,应在同一回转平面内增加或减少一部分质量,使其质心回到回转轴线上,使惯性力之和等于零。工程上把这种以消除转子的离心惯性力为目的的平衡措施称为转子的静平衡,其平衡条件为 $\sum \boldsymbol{F} = \boldsymbol{0}$。

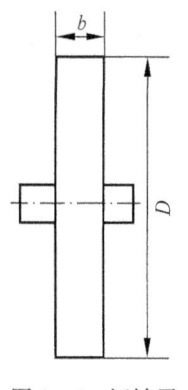

图 10.1 短转子

下面介绍转子静平衡的计算方法。

图 10.2 所示为一盘形转子,已知在同一回转平面内有偏心质量 m_1 和 m_2,其向量半径分别为 $\boldsymbol{r}_1$ 和 $\boldsymbol{r}_2$,当构件以等角速度 ω 转动时,各偏心质量所产生的离心惯性力分别为

$$\boldsymbol{F}_i = m_i \omega^2 \boldsymbol{r}_i, \quad i = 1, 2 \tag{10-1}$$

第 10 章 平 衡

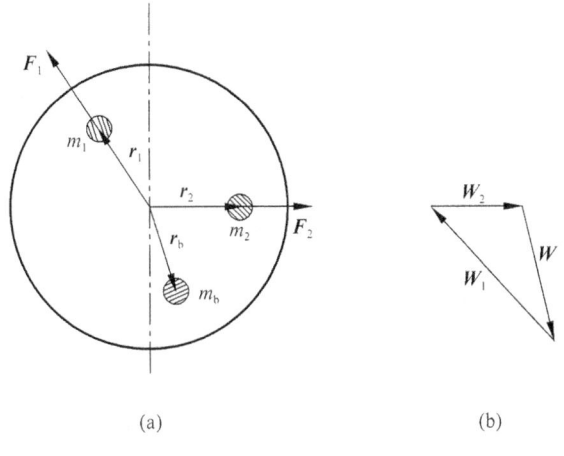

图 10.2 静平衡的计算

为了达到平衡,需在同一回转平面内加一平衡质量 m_b,其向量半径为 r_b,使其产生的惯性力 F_b 与 F_1 和 F_2 的合力相平衡,即

$$\sum F = F_b + F_1 + F_2 = 0$$

即

$$m_b\omega^2 r_b + m_1\omega^2 r_1 + m_2\omega^2 r_2 = 0$$

消去 ω^2 后可得

$$m_b r_b + m_1 r_1 + m_2 r_2 = 0$$

即

$$m_b r_b + \sum m_i r_i = 0, \quad i = 1, 2 \tag{10-2}$$

式中,质量 m_i 与向径 r_i 的乘积 $m_i r_i$ 称为质径积,它相对表达了各质量在同一转速下惯性力的大小和方向。

式(10-2)中只有需加的平衡质量的质径积 $m_b r_b$ 为未知,其大小和方向可用向量解法求得。如图 10-2(b)所示,以 $\mu_W = m_i r_i / W_i (\text{kg} \cdot \text{mm/mm})$ 为比例尺,按向量 r_1 和 r_2 的方向分别作出向量 W_1 和 W_2,代表质径积 $m_1 r_1$ 和 $m_2 r_2$,则封闭向量 W 即代表应加的平衡质量的质径积 $m_b r_b$,其方向为 W 的指向,大小 $m_b r_b = \mu_W \cdot W$。

根据转子的具体结构,选定 r_b 的大小后,可求出所需的平衡质量 m_b,安装方向即为向量图上所指的方向。为了使设计出来的转子质量不致过大,一般应尽可能将 r_b 选大些,这样可使 m_b 小些。若转子的实际结构不允许在向径 r_b 的方向上安装平衡质量,也可以在向径 r_b 的对方 r_b' 处去掉一部分质量 m_b',只要保证 $m_b r_b = -m_b' r_b'$,同样能使转子达到平衡。

10.2.2 刚性转子的动平衡

对于轴向宽度较大的转子($b/D \geqslant 0.2$,常称长转子),如内燃机曲轴、电机转子和机床主轴等,其质量的分布不能近似地认为在同一平面内,而应视为分布在垂直于转动轴线的若干个相互平行的转动平面内,各不平衡质量所产生的离心惯性力形成空间力系,不能单靠在某一转动平面内加上平衡质量的方法来进行平衡。在这种情况下,即使转子的质心在回转轴线上,由于各偏心质量的惯性力不在同一回转平面内,转动时它们将形成惯性力偶矩而不平衡。因这种不平衡现象只有在转子转动时才显示出来,故称其为动不平衡。

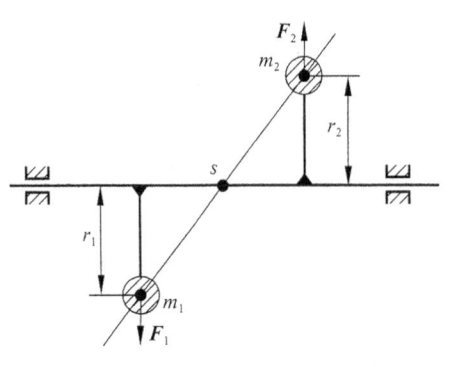

图 10.3 长转子

如图 10.3 所示转子,其偏心质量 m_1 和 m_2 分布于两个相距为 s 的回转平面内,其质心向径为 $\boldsymbol{r}_1 = -\boldsymbol{r}_2$,当 $m_1 = m_2$ 时,$m_1\boldsymbol{r}_1 + m_2\boldsymbol{r}_2 = \boldsymbol{0}$,即转子已满足静平衡条件,但由于 m_1 和 m_2 不在同一平面内,转子转动时,在包括回转轴线和由 m_1 和 m_2 所产生的离心惯性力 $\boldsymbol{F}_1$、$\boldsymbol{F}_2$ 的轴面内存在着一个由 $\boldsymbol{F}_1$ 和 $\boldsymbol{F}_2$ 形成的力偶,使转子仍处于不平衡状态。为使这类转子得到完全平衡,则不仅要使其不平衡质量所产生的离心惯性力的合力等于零,而且还要使这些惯性力所形成的惯性力偶矩之和也为零。工程上把这种以同时消除转子的惯性力和惯性力偶为目的的平衡措施称为转子的动平衡,其平衡条件为 $\sum \boldsymbol{F} = \boldsymbol{0}$,$\sum M = 0$。

下面介绍此类转子动平衡的计算方法。

如图 10.4 所示转子,设转子的不平衡质量 m_1、m_2 和 m_3 分布在 1、2 和 3 三个回转平面内,它们的向径分别为 $\boldsymbol{r}_1$、$\boldsymbol{r}_2$ 和 $\boldsymbol{r}_3$。当转子以等角速度 ω 转动时,不平衡质量所产生的离心惯性力和惯性力偶矩将使转子不平衡。

由理论力学可知,一个力可以分解为与其相平行的两个分力。如图 10.4(b)所示,可将力 $\boldsymbol{F}$ 分解成两个分力 $\boldsymbol{F}_{\mathrm{I}}$、$\boldsymbol{F}_{\mathrm{II}}$,则有

$$\begin{cases} F_{\mathrm{I}} + F_{\mathrm{II}} = F \\ F_{\mathrm{I}}(l - l_1) = F_{\mathrm{II}} l_1 \end{cases}$$

解得两个分力的大小分别为 $F_{\mathrm{I}} = \dfrac{l_1}{l} F$,$F_{\mathrm{II}} = \dfrac{l - l_1}{l} F$,方向同 $\boldsymbol{F}$。

对于图 10.4(a),为了使转子获得动平衡,在转子上另选两个垂直于转动轴线的平面 I 和 II 作为平衡基面(将来在这两个面上增加或除去平衡质量)。将惯性力 $\boldsymbol{F}_1$、$\boldsymbol{F}_2$ 和 $\boldsymbol{F}_3$ 分别分解到平面 I 和平面 II 内,各个平面之间的距离如图 10.4(a)所

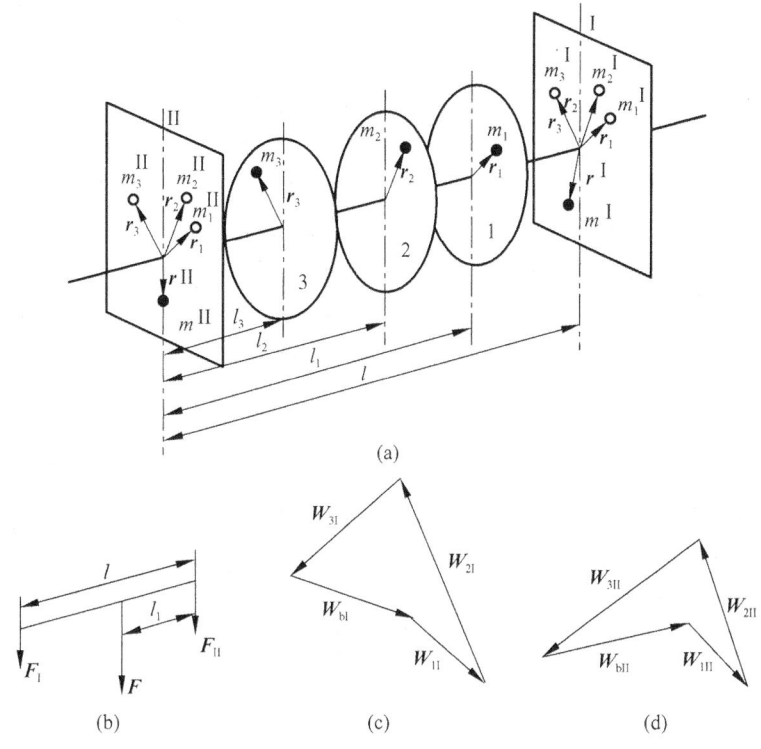

(a)

(b) (c) (d)

图 10.4 动平衡的计算

示,则根据上述方法,各惯性力分解到平衡基面 I 和 II 内,其分量分别为

$$\begin{cases} \boldsymbol{F}_{i\mathrm{I}} = \dfrac{l_i}{l} \times \boldsymbol{F}_i = \dfrac{l_i}{l} m_i \omega^2 \boldsymbol{r}_i \\ \boldsymbol{F}_{i\mathrm{II}} = \dfrac{l-l_i}{l} \times \boldsymbol{F}_i = \left(1 - \dfrac{l_i}{l}\right) m_i \omega^2 \boldsymbol{r}_i \end{cases}, \quad i = 1,2,3 \qquad (10\text{-}3)$$

经过这样分解后,转子的不平衡质量产生的惯性力虽然分布在三个相互平行的回转平面 1、2 和 3 内,但完全可以用分解在 I 和 II 两个平衡基面内的各个惯性力的分量所代替,且代替前后它们引起的不平衡完全相同。这样就可以按照静平衡的方法分别对分布在平衡基面 I 和 II 内的不平衡质量进行平衡。对平衡基面 I 和 II 分别有

$$\sum \boldsymbol{F}_{\mathrm{I}} = \boldsymbol{F}_{\mathrm{bI}} + \boldsymbol{F}_{\mathrm{1I}} + \boldsymbol{F}_{\mathrm{2I}} + \boldsymbol{F}_{\mathrm{3I}} = \boldsymbol{0}$$
$$\sum \boldsymbol{F}_{\mathrm{II}} = \boldsymbol{F}_{\mathrm{bII}} + \boldsymbol{F}_{\mathrm{1II}} + \boldsymbol{F}_{\mathrm{2II}} + \boldsymbol{F}_{\mathrm{3II}} = \boldsymbol{0}$$

即

$$\begin{cases} m_{\mathrm{bI}} \boldsymbol{r}_{\mathrm{bI}} + \dfrac{l_1}{l} m_1 \boldsymbol{r}_1 + \dfrac{l_2}{l} m_2 \boldsymbol{r}_2 + \dfrac{l_3}{l} m_3 \boldsymbol{r}_3 = \boldsymbol{0} \\ m_{\mathrm{bII}} \boldsymbol{r}_{\mathrm{bII}} + \left(1 - \dfrac{l_1}{l}\right) m_1 \boldsymbol{r}_1 + \left(1 - \dfrac{l_2}{l}\right) m_2 \boldsymbol{r}_2 + \left(1 - \dfrac{l_3}{l}\right) m_3 \boldsymbol{r}_3 = \boldsymbol{0} \end{cases} \qquad (10\text{-}4)$$

式中，m_{bI}、m_{bII}；r_{bI}、r_{bII}；F_{bI}、F_{bII} 分别为加在平衡基面 I 和 II 上的平衡质量、向量半径及其产生的惯性力。利用前述静平衡的图解法即可求出其质径积 $m_{bI}r_{bI}$ 和 $m_{bII}r_{bII}$，如图 10.4(c)、(d)所示。

综上所述，对于任何动不平衡的刚性转子，无论其不平衡质量分布在多少个不同的平面内，均可将其分解到任选的两个平衡基面 I 和 II 内（平衡基面可根据回转件的具体结构选定，通常选择回转件的两个端面），且只需在 I 和 II 两平面内各增加或减少适当的平衡质量，即可使该转子达到完全平衡。这时，不仅转子的惯性力系的合力等于零，而且惯性力系所形成的惯性力矩也等于零，即满足动平衡的条件。

由于动平衡同时满足静平衡的条件，所以，达到动平衡的转子一定是静平衡的；而达到静平衡的转子不一定是动平衡的。

10.2.3 平衡试验

经过上述平衡计算设计出的转子，在理论上应该是平衡的。但是，由于制造的不精确、材料的不均匀或安装过程中的误差等原因，还会产生新的不平衡，这在设计时是无法用计算方法确定和消除的。只能通过平衡试验方法来确定配置平衡质量的大小和方位，使转子达到要求的平衡精度。根据不平衡质量的分布情况，平衡实验分为静平衡实验和动平衡实验两种。

1. 静平衡实验

对于短转子，可以认为其质量均集中在一个回转平面内，对此类转子只需进行静平衡实验。

静平衡实验设备比较简单，一般采用带有两根平行导轨的静平衡架，为减小轴颈与导轨之间的摩擦，导轨的形状常做成钢制刀口形（也有棱柱形和圆柱形的）安装在同一平面内，如图 10.5(a)所示，称为导轨式静平衡架。实验时将转子放到一

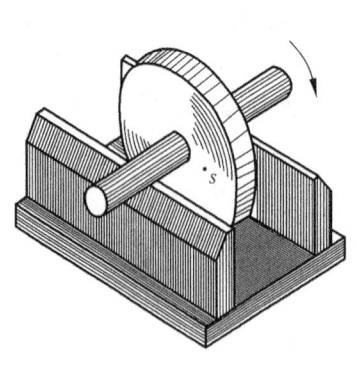

(a)

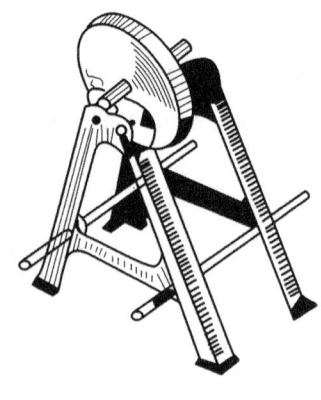

(b)

图 10.5 静平衡试验

调好的水平轨道上,如果转子的质心 S 不在通过回转轴线的铅垂面内,则由于转子重力对回转轴线的力矩作用,转子将在导轨上滚动。当转子停止时,其质心必处于轴心正下方。此时,在轴心的正上方加装一平衡质量,并逐步调整其大小或径向位置,直至转子在任意位置都能保持静止,这说明转子已达到静平衡。

这种静平衡实验方法简单可靠,精度也能满足一般生产需要。但由于接触处有滚动摩擦,其精度主要取决于转子与轨道间的摩擦阻力的大小。此外,当转子两端轴颈不等时,不能用这种平衡设备进行平衡实验。这时就需要使用图 10.5(b) 所示的圆盘式静平衡架,其平衡方法与上述相同。它的主要优点是使用方便,可以平衡两端尺寸不同的转子,但由于其摩擦阻力较大,所以其平衡精度不如前者高。

2. 动平衡实验

对于长转子,由于其质量的分布不能再视为分布在同一回转平面内,所以它的平衡必须同时考虑惯性力和惯性力矩的平衡,为此,必须进行动平衡实验。

转子的动平衡实验需在专用的动平衡机上进行。生产中使用的动平衡机的类型很多,一般根据转子支撑架的刚度大小可分为软支撑动平衡机和硬支撑动平衡机两大类。如图 10.6(a)所示,软支撑动平衡机的转子支撑架由两片弹簧悬挂起

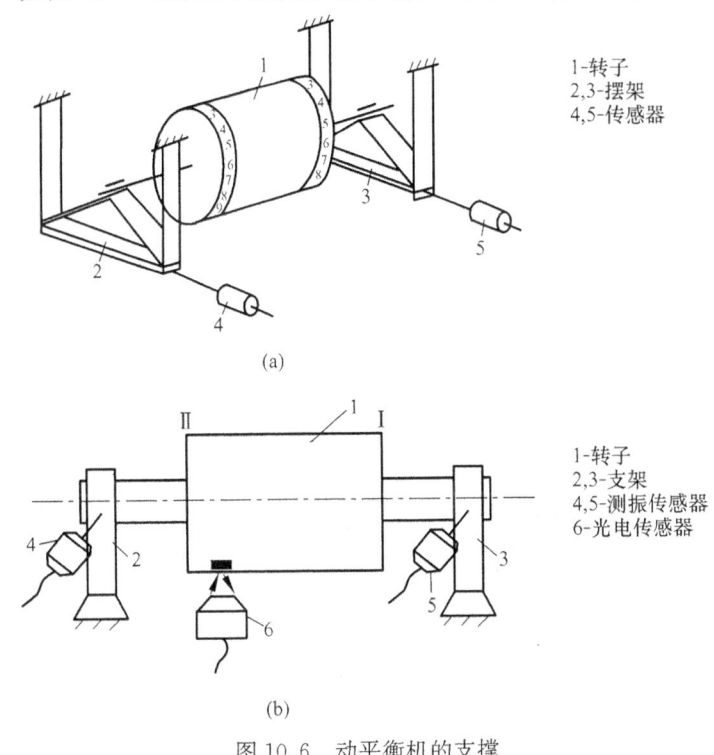

图 10.6 动平衡机的支撑
(a) 软支撑;(b) 硬支撑

来,可沿振动方向往复摆动,因其刚度较小,故称为软支撑动平衡机。其转子工作频率要远大于支撑系统的固有频率。硬支撑动平衡机的转子直接支撑在刚度较大的支撑架上,如图10.6(b)所示,转子支撑系统的固有频率较大。

无论用何种类型的动平衡机来确定平衡质量,都是基于上述平衡计算的力学原理。只不过是通过测试而非计算来确定在两平衡平面内应加的平衡质量的质径积的大小及其方位角。

图10.7所示为一种电测式的软支撑动平衡机的工作原理示意图。它主要由驱动系统、转子的支承系统和不平衡质量的测量指示系统三个主要部分组成。

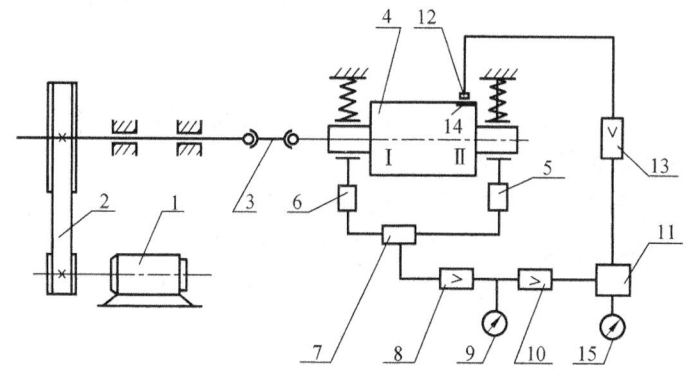

图10.7 电测式软支撑动平衡机的工作原理示意图

驱动系统采用由电动机1经过V带2传动,并用双万向联轴节3与被平衡转子4相连接。被平衡转子的支承系统是一个弹性系统,它能保证实验时不平衡质量引起的振动使弹性支承产生振动,并通过传感器5和6将此机械振动转变为电信号。

测振系统是把由电传感器得到的振动电信号处理转变成转子偏心质量的大小和相位。如图所示,由传感器5和6得到的振动电信号同时传到解算电路7内进行处理,以消除两平衡基面之间的相互影响,而只反映出一个平衡基面(如图中平面Ⅱ)中偏心质量引起的振动电信号,然后经选频放大器8将信号放大,并由仪表9显示出不平衡质径积的大小。而放大后的信号又经过整形放大器10转变为脉冲信号,将此脉冲信号送到鉴相器11的一端。鉴相器的另一端接受的是基准信号。基准信号来自光电头12和整形放大器13,它的相位与转子上的标记14相对应,频率与转子转速相同。鉴相器两端信号的相位差由相位表15显示。以转子上的标记14为基准,根据相位表的读数,即可确定出偏心质量的相位。用同样的方法可确定出另一平衡基面Ⅰ中应加平衡质量的大小和方位。关于动平衡机及动平衡实验的进一步说明,请参阅有关产品说明书。

10.2.4 转子的许用不平衡量

经过平衡试验的转子,不可避免总还会有一些残存的不平衡量,欲使这种残存的不平衡量减少,就要应用更精密的平衡设备和更高的平衡技术从而提高转子的制造费用,而在实际工作中过高的要求也是不必要的。因此,应该对不同工作条件的转子规定其不同的许用不平衡量,即能够保证转子正常运转所允许的残存不平衡量。

转子的许用不平衡量一般有两种表示方法,即质径积表示法和偏心距表示法。若一个转子的质量为 m,其质心至回转轴线的许用偏心距为 $[e]$,而转子的许用不平衡质径积用 $[mr]$ 表示,则两者的关系为

$$m[e] = [mr]$$

即

$$[e] = [mr]/m$$

转子平衡状态的优良程度称为平衡精度。由于转子运转时,其不平衡量所产生的离心惯性力与转速有关,因此,工程上常用 $e\omega$ 来表示转子的平衡精度,国际标准化组织以 $A = \dfrac{[e]\omega}{1000}$ 作为平衡精度的等级标准,并给出了各种典型刚性转子的平衡精度等级,如表 10.1 所示,可供参考。一般使用时先由表 10.1 查出某种转子的平衡等级与平衡精度,然后根据 $[e] = \dfrac{1000A}{\omega}$ 确定许用不平衡量。

表 10.1　各种典型转子的平衡精度等级

平衡等级	平衡精度/(mm/s) $A = \dfrac{[e]\omega}{1000}$ [①]	典型转子举例
G4000	4000	刚性安装的具有奇数汽缸的低速[②]船用柴油机曲轴传动装置[③]
G1600	1600	刚性安装的大型二冲程发动机曲轴传动装置
G630	630	刚性安装的大型四冲程发动机曲轴传动装置;弹性安装的船用柴油机曲轴传动装置
G250	250	刚性安装的高速四缸柴油机曲轴传动装置
G100	100	六缸和六缸以上高速[②]柴油机曲轴传动装置;汽车、机车用发动机整体(汽油机或柴油机)
G40	40	汽车轮、轮缘、轮组、传动轴;弹性安装的六缸或六缸以上高速四冲程发动机(汽油机或柴油机)曲轴传动装置;汽车、机车用发动机曲轴传动装置
G16	16	特殊要求的传动轴(螺旋桨轴、万向联轴器轴);破碎机械的零件;农业机械的零件;汽车和机车发动机(汽油机或柴油机)的部件;特殊要求的六缸或六缸以上的发动机曲轴传动装置

续表

平衡等级	平衡精度/(mm/s) $A=\dfrac{[e]\omega}{1000}$ ①	典型转子举例
G6.3	6.3	作业机械的回转零件；船用主汽轮机齿轮（商船用）；离心机鼓轮；风扇；装配好的航空燃气轮机；泵转子；机床及一般的机械零件、普通电机转子；特殊要求的发动机部件
G2.5	2.5	燃气轮机和汽轮机，包括船用主汽轮机（商船用）；刚性汽轮发电机转子；透平压缩机；机床传动装置；特殊要求的中型和大型电机转子，小型电机转子；透平驱动泵
G1	1	磁带录音仪及录音机的传动装置；磨床传动装置；特殊要求的小型电机转子
G0.4	0.4	精密磨床主轴、砂轮盘及电机转子；陀螺仪

注：① ω 为转子转动的角速度（rad/s）；$[e]$ 为许用偏心距（μm）；
② 按国际标准，低速柴油机的活塞速度小于 9m/s，高速柴油机的活塞速度大于 9m/s；
③ 曲轴传动装置是包括曲轴、飞机、离合器、带轮、减振器、连杆回转部分等的组件。

10.3 挠性转子的平衡简介

在很多高速与大型回转机械中，转子的工作速度往往超过其本身的临界速度，这些转子在回转的过程中将产生明显的变形——动挠度，因而引起或加剧其支承的振动。动挠度的出现使转子的不平衡状态复杂化了，即除由于质量分布不均造成的不平衡外，还增加了由于转子弹性变形造成的不平衡，而后者又随工作转速按复杂规律变化。这时就必须考虑转子的变形对平衡的影响，即需要讨论挠性转子的动平衡问题。

如图 10.8 所示，设在一挠性转子上装有三个盘。中间一个盘质心具有一偏心距 e，而两端的两个圆盘是已经平衡好的，当在角速度为 ω_0 的情况下，对该转子进

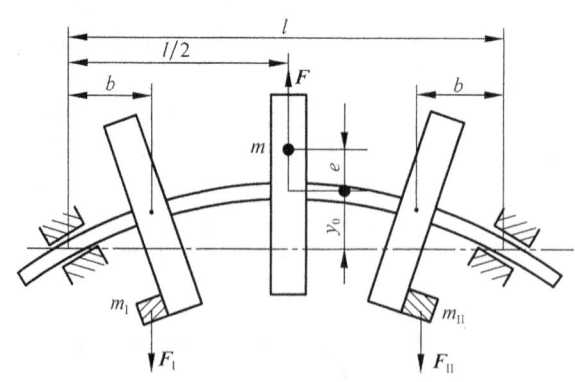

图 10.8 挠性转子的平衡

行动平衡时,可在两端两个盘上各安装一平衡质量 m_I、m_{II}(设 $m_I=m_{II}$),而使它们产生的离心惯性力 F_I、F_{II} 与中间盘的离心惯性力 F 相平衡,即

$$F_I + F_{II} + F = 0$$

当不考虑两端圆盘因转轴弯曲而形成的偏转以及两盘质心的偏移时,则上式可变为

$$2m_I r \omega_0^2 = m(y_0 + e)\omega_0^2 \tag{10-5}$$

式中,y_0 为动挠度,它与角速度 ω_0 有关,所以式(10-5)只有在转子的工作转速 $\omega=\omega_0$ 时才成立;而当 $\omega\neq\omega_0$ 时,$y\neq y_0$,平衡将被破坏。而且,即使该转子进行平衡时的转速等于其工作转速(即 $\omega=\omega_0$),其离心惯性力得到了平衡,但一般来说并不能消除转子转动时的动挠度,而由于此挠度将使转子的质心偏离其轴线,因此仍不能保证转子得到理想的工作条件。为了消除转轴的动挠度 y_0,通常来说,在任意选择的两个平衡基面上安装平衡质量是不能实现的,这正是与刚性转子平衡不同的地方。因此,与刚性转子的平衡相比,挠性转子的动平衡具有以下两个特点:

(1) 转子的不平衡质量对支承引起的动压力和转子弹性变形的形状随转子的工作转速而变化,因此,在某一转速下平衡好的转子,不能保证在其他转速下也是平衡的。

(2) 减小或消除支承的动压力不一定能减小转子的弯曲变形。而明显的弯曲变形将对转子的结构、强度和工作性能产生有害的影响。

关于挠性转子的平衡问题,是近几十年来发展起来的新课题。根据目前提出的理论,对于挠性转子平衡应在若干个轴面内各按一定规律配置平衡质量,才能达到满意的效果。由于挠性转子的平衡理论和技术比刚性转子复杂,已属专业范围,故本章不作详细讨论,有关挠性转子的平衡理论和具体的平衡方法可参考有关文献。

10.4 平面机构的平衡

前面我们讨论的是绕定轴转动的构件(即转子)的平衡问题,它可以在构件本身加以平衡。当机构中有做往复移动和平面复合运动的构件,这时在运动中产生的惯性力不能在构件本身平衡,所以必须就整个机构加以平衡。这就是平面机构的平衡问题。

当机构运动时,机构中各运动构件所产生的惯性力可以合成为一个通过机构质心的总惯性力和一个总惯性力矩,这个总惯性力和总惯性力矩全部由基座承受。因此,为了消除机构作用在基座上的动压力,就必须设法平衡这个总惯性力和总惯性力矩。但是,在实际的平衡计算中,总惯性力矩对基座的影响应当与外加的驱动力矩和阻抗力矩一并研究,情况较为复杂,所以这里只讨论总惯性力的平衡问题。

设机构的总质量为 m,机构质心 S 的加速度为 a_s,则机构的总惯性力为 $F=-ma_s$。由于质量 m 不可能为零,所以欲使 $F=0$,必须使 $a_s=0$,也就是说机构的质心应做匀速直线运动或静止不动。又由于机构中各构件的运动是周期性变化的,故总质心 S 不可能永远做匀速直线运动。因此,欲使总惯性力 $F=0$,只有设法使总质心 S 静止不动。

在设计机构时,可以通过其构件的合理布置、加平衡质量或者加平衡机构等方法来使机构的惯性力得到完全或部分的平衡。常用的平衡措施主要有以下两种。

10.4.1 采用对称或准对称机构平衡

当机构本身要求多套机构同时工作时,可采用如图 10.9 所示的对称布置方式使惯性力得到完全平衡,由于机构各构件的尺寸和质量相对轴承 A 点完全对称,故惯性力在轴承 A 处所引起的动压力得到完全平衡。采用这种对称机构可得到很好的平衡效果,但缺点是使机构的体积增大,重量加倍。所以有时可设计成如图 10.10 所示的准对称布置方式,当曲柄 AB 转动时,连杆 BC 和 $B'C'$ 以及滑块 C 和 C' 的惯性力可以相互抵销。但由于它们的运动规律不完全相同,所以惯性力只能被平衡一部分。

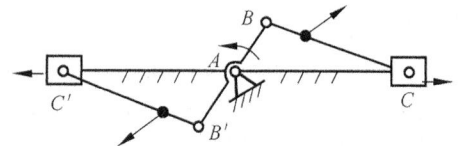
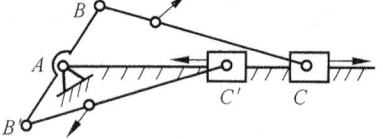

图 10.9 采用对称机构的平衡　　　　图 10.10 采用准对称机构的平衡

10.4.2 采用平衡质量平衡

在图 10.11 所示的铰链四杆机构中,设构件 1、2、3 的质量分别为 m_1、m_2、m_3,其质心分别位于 S_1、S_2、S_3。根据质量代换原理,现将构件 2 的质量 m_2 用分别集中于 B、C 两点的两个质量 m_{2B} 及 m_{2C} 所代换,而 m_{2B} 及 m_{2C} 的大小分别为

$$m_{2B} = m_2 l_{CS_2}/l_{BC}$$

$$m_{2C} = m_2 l_{BS_2}/l_{BC}$$

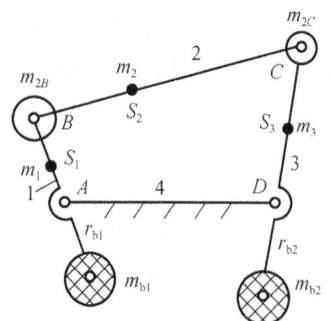

图 10.11 采用平衡质量的平衡

然后,在构件 1 的延长线上加一平衡质量 m_{b1} 来平衡构件 1 的质量 m_1 和 m_{2B},使构件 1 的质心移到固定轴 A 处,所加的平衡质量 m_{b1} 必须

满足
$$m_{2B}l_{AB} + m_1 l_{AS_1} = m_{b1} r_{b1}$$
由此可得
$$m_{b1} = (m_{2B}l_{AB} + m_1 l_{AS_1})/r_{b1}$$
同理,可在构件3的延长线上加一平衡质量 m_{b2},使其质心移至固定轴 D 处,可求得 m_{b2} 为
$$m_{b2} = (m_{2C}l_{DC} + m_3 l_{DS_3})/r_{b2}$$

在机构加上 m_{b1} 和 m_{b2} 以后,则可认为机构在 A 点和 D 点分别集中了两个质量 m_A 及 m_D,而
$$m_A = m_{2B} + m_1 + m_{b1}$$
$$m_D = m_{2C} + m_3 + m_{b2}$$

因而机构的总质心 S 应位于机架 AD 线上一固定点,即 $a_s = 0$,使机构的惯性力得到平衡。这种平衡方法使机构的质量和体积大大增加。

上面所讨论的平衡方法,虽然从理论上使机构的总惯性力得到了完全平衡,但是其主要缺点是使机构的重量和体积大大增加。实际上有时不采用这种平衡方法,而宁肯采用部分平衡的方法,即只平衡掉总惯性力的一部分。因此合理的平衡方案并不一定以惯性力的全部消除为目的,而应从结构、运动副中动反力、传递到机械基础上的力和力偶、驱动力矩的波动等多方面考虑。这方面的研究本章不再作详细讨论,可参考有关文献。

第 11 章 机械的运转及其速度波动的调节

11.1 概　　述

11.1.1 研究机械运转及其速度波动调节的目的

在前面的章节中，我们研究了组成机器的各种常用基本机构，并从运动学角度研究了机构的运动和设计方法。在对机构进行分析时，总是假定主动件的运动规律是已知的，而且认为它做匀速运动。然而实际上，机械的运转是很复杂的，主动件的运动规律往往受到构件的分布质量、尺寸、驱动力和生产阻力变化的影响，其真实运动规律是变化的，存在着速度波动。只有确定了机械中的主动件的真实运动规律，才能对机械进行准确的运动分析和力分析。因此，从动力学角度出发，研究机械运转过程中的真实运动规律、机械产生速度波动的原因以及研究速度波动的调节方法是必要的，尤其是对于高速、高精度、重载的机械，更是十分重要。

本章从动力学角度对单自由度机械系统的运转进行研究。首先，研究单自由度机械系统在外力作用下的真实运动规律。外力通常是变化的，因此，主动件的运动规律也随着改变。研究并确定主动件的真实运动，对于设计新的机械和准确分析已有机械的工作性能都具有十分重要的意义。其次，本章还研究机械运转时的周期性速度波动及其调节原理。由于外力等因素随时间变化，机械的运转速度将产生波动，过大的速度波动将会影响机械的正常工作，导致运动副中产生附加的动压力，同时引起机械的振动、冲击和噪声，降低机械的寿命、效率和工作可靠性。因此，需要对速度波动进行调节，控制速度波动在允许的范围内。

11.1.2 作用在机械上的力

为了研究机械系统在外力作用下的真实运动规律，首先，需要知道作用在机械上的外力。在本章的研究中，忽略各构件的重力和各运动副间的摩擦力，而只考虑主动件产生的驱动力和执行机构所承受的生产阻力。

1. 驱动力

驱动力是由原动机发出的。原动机不同，驱动力的特性也不相同。工程中常用内燃机、电动机、蒸汽机、汽轮机、水轮机、风力机等机械作原动机。原动机的驱动力是运动参数(位移或速度)的函数,这种函数关系称为原动机的机械特性,一般可以用图形曲线来表示,称为特性曲线(见图 11.1 所示)。驱动力按机械特性可以分为以下几种:

(1) 驱动力为常量,即 $F_d = C$。如利用重锤的质量作驱动力时,其值为常数。机械特性曲线如图 11.1(a)所示。

(2) 驱动力是位移的函数,即 $F_d = f(s)$。如利用弹簧作驱动力时,其值为位移的函数,其机械特性曲线如图 11.1(b)所示。

(3) 驱动力矩是角速度的函数,即 $M_d = f(\omega)$。如内燃机、电动机发出的驱动力矩均与其转速有关。图 11.1(c)为内燃机的机械特性曲线,图 11.1(d)为直流串激电动机的机械特性曲线,图 11.1(e)为交流异步电动机的机械特性曲线。

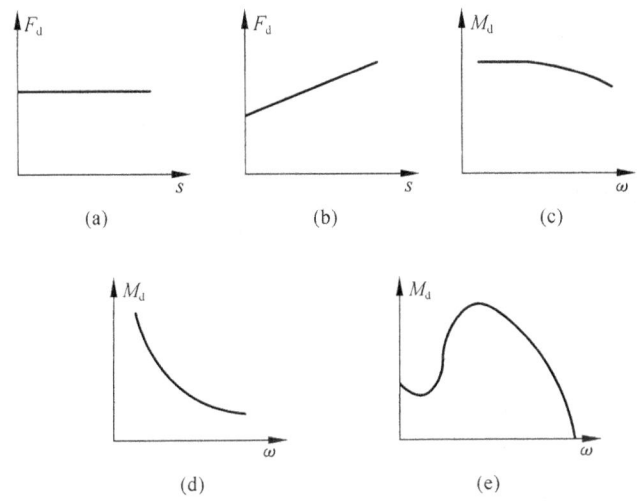

图 11.1 常用原动机的机械特性曲线

图 11.1(c)所示的内燃机机械特性曲线中,当工作负荷增加而导致机械转速降低时,其驱动力矩变化不大,不能自动平衡外载荷的变化,导致速度继续下降,直到停车,故内燃机无自调性。为实现低速大扭矩的工作要求,用内燃机作原动机时,只能靠使用变速器或减速器来调整速度与扭矩之间的协调关系。

当原动机的功率一定时,许多机械在工作过程中要求满足高转速、小扭矩或低转速、大扭矩的工作要求。由图 11.1(d)所示的直流串激电动机的机械特性曲线可知,当工作负荷增加而导致机械转速降低时,其驱动力矩也随之加大,适合低转速、大扭矩的工作要求。当工作负荷减少而导致机械转速上升时,其驱动力矩也随之减少,适合于高转速、小扭矩的工作要求。直流串激电动机具有良好的自调性。

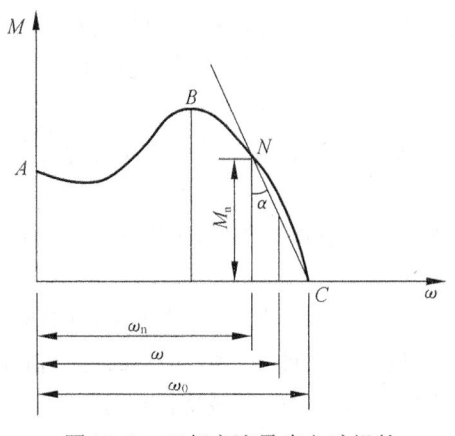

图 11.2 三相交流异步电动机的机械特性曲线

图 11.2 所示的三相交流异步电动机的机械特性曲线中,电机正常工作时,对应于图中的 BC 段。为了便于用解析法研究机械在外力作用下的运动,原动机的驱动力必须用解析式表示,为简化 BC 段曲线方程,常用一条过 C 点且接近 BC 曲线的直线 NC 来代替 BC 段的曲线。其中 N 点的力矩为电动机的额定力矩 M_n,N 点对应的角速度为电动机的额定角速度 ω_n。C 点对应的角速度为电动机的同步角速度 ω_0,直线 NC 上任意一点处的驱动力矩 M_d 与其角速度 ω 的关系为

$$M_d = \frac{M_n}{\omega_0 - \omega_n}(\omega_0 - \omega) \tag{11-1}$$

式中,M_n、ω_n、ω_0 可从电动机铭牌上查出。当用解析法研究机械系统的运动时,异步电动机发出的驱动力矩特性可用上面方程来表示。

2. 工作阻力

工作阻力是指机械工作时需要克服的工作负荷,它决定于机械的工艺特点。不同机械的工作阻力特性不同,因此,仅对常见的工作阻力特性作简单说明。

(1) 工作阻力为常数,即 $F_r = C$。如车床、起重机、轧钢机等机械的工作阻力均可看作常数。

(2) 工作阻力是位移的函数,即 $F_r = f(s)$。如曲柄压力机、弹簧上的工作阻力均随执行构件的位移而变化。

(3) 工作阻力是执行构件速度的函数,即 $F_r = f(\omega)$。如鼓风机、搅拌机、离心泵等机械上的工作阻力均随转速而变化。

(4) 工作阻力是时间的函数,即 $F_r = f(t)$。有少数机械,如揉面机、球磨机等机械上的工作阻力均随时间而变化。

因此,工作阻力的特性要根据具体的机械来确定。

11.1.3 机械运转的过程及其特点

机械系统从开始运转到停止的全工作过程一般可以分为三个阶段:起动、稳定运转和停车(见图 11.3)。

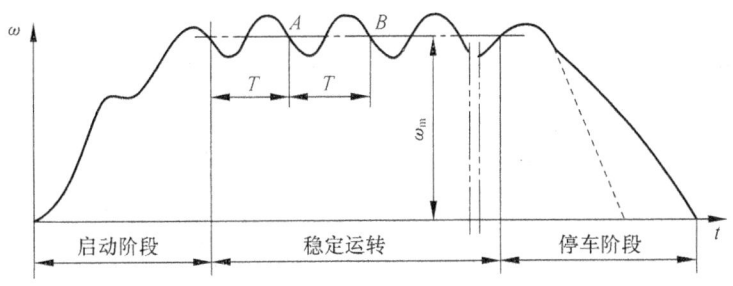

图 11.3 机械系统的运转过程

1. 机械的起动阶段

机械的起动阶段指机械主动件的速度从零开始逐渐上升到开始稳定运转的过程。在该阶段中,机械的驱动力所做的驱动功 W_d 大于阻抗力所做的阻抗功 W_r,此时机械系统的动能增加,根据动能定理,动能的增量为

$$\Delta E = W_d - W_r \tag{11-2}$$

动能增量越大,起动时间越短。为减少机械起动的时间,一般在空载下起动,即 $W_r = 0$。此时,$\Delta E = W_d$,机械驱动力所做的功除克服摩擦功以外,全部转换为加速起动的动能,从而缩短了起动时间。

2. 机械的稳定运转阶段

稳定运转阶段是机械的正常运转阶段。此时,主动件的平均角速度 ω_m 保持稳定,但瞬时速度随着外力等因素的变化而产生周期性或非周期性波动。对于周期性波动,驱动力和生产阻力在一个周期内所做的功相等,动能增量为零,即

$$W_d - W_r = E_B - E_A = \Delta E = 0 \tag{11-3}$$

系统在一个周期始末的动能相等($E_A = E_B$),主动件的速度也相等,但在一个周期内的任一区间,驱动功和阻抗功不一定相等,机械的动能将增大或减小,瞬时速度产生波动。

这种稳定运转称为周期性变速稳定运转。许多机械如牛头刨床、冲床等机械的运动就属于此类。还有一些机械,其主动件的运动速度是恒定的常数,称为匀速稳定运转,如鼓风机、提升机等。

3. 机械的停车阶段

停车阶段是指机械由稳定运转的工作转速下降为零转速的过程。要停止机械运转必须首先撤销作用在机械上的驱动力,使驱动功 $W_d = 0$,这时阻抗力所做的阻抗功用于克服机械在稳定运转过程中积累的动能 ΔE,即

$$-W_r = \Delta E$$

由于停车阶段也要撤去阻抗力,仅靠摩擦力做的功去克服惯性动能会使停车时间很长,为了缩短停车时间,一般要在机械中安装制动器,加速消耗机械的动能,缩短停车时间。制动时的运转曲线如图 11.3 中的虚线所示。

起动阶段与停车阶段统称为机械运转的过渡阶段。多数机械是在稳定运转阶段进行工作的,但也有一些机械(如起重机),其工作过程有相当一部分是在过渡阶段进行的。

11.2 机械系统的动力学模型

11.2.1 机械运动方程式的一般表达式

研究机械系统的真实运动,必须首先建立外力与运动参数间的函数表达式,这种函数表达式称为机械的运动方程式。机械是由机构组成的多构件的复杂系统,其一般运动方程式不仅复杂,求解也很烦琐。

对于只有一个自由度的机械,描述它的运动规律只需要一个广义坐标。因此,在研究机械在外力作用下的运动规律时,只需要确定出该坐标随时间变化的规律即可。

下面以图 11.4 所示的曲柄滑块机构为例说明单自由度机械系统的运动方程式的建立方法。

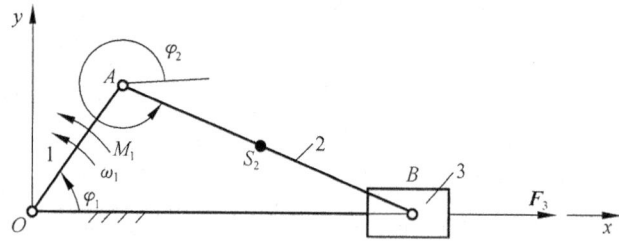

图 11.4 曲柄滑块机构的动力分析

该机构由三个活动构件组成。设已知曲柄 1 为主动件,其角速度为 ω_1,曲柄 1 的质心 S_1 在 O 点,其转动惯量为 J_1;连杆 2 的角速度为 ω_2,质量为 m_2,其对质心 S_2 的转动惯量为 J_{S_2},质心 S_2 的速度为 v_{S_2};滑块 3 的质量为 m_3,其质心 S_3 在 B 点,速度为 v_3。则该机构在 dt 瞬时的动能增量为

$$dE = d\left(\frac{1}{2}J_1\omega_1^2 + \frac{1}{2}J_{S_2}\omega_2^2 + \frac{1}{2}m_2 v_{S_2}^2 + \frac{1}{2}m_3 v_3^2\right)$$

又如图所示,设在此机构上作用有驱动力矩 M_1 与工作阻力 $\boldsymbol{F}_3$,在 dt 瞬时其所做的功为

$$dW = (M_1\omega_1 - F_3 v_3)dt = Ndt$$

根据动能定理,机械系统在某一瞬间其总动能的增量应等于在该瞬间内作用于该机械系统的各外力所作的元功之和,故可得出该曲柄滑块机构的运动方程式为

$$d\left(\frac{1}{2}J_1\omega_1^2 + \frac{1}{2}J_{S_2}\omega_2^2 + \frac{1}{2}m_2 v_{S_2}^2 + \frac{1}{2}m_3 v_3^2\right) = (M_1\omega_1 - F_3 v_3)dt \quad (11-4)$$

同理,如果机械系统由 n 个活动构件组成,作用在构件 i 上的作用力为 $\boldsymbol{F}_i$,力矩为 M_i,力 $\boldsymbol{F}_i$ 的作用点的速度为 $\boldsymbol{v}_i$,构件的角速度为 ω_i,$\boldsymbol{v}_{Si}$ 为构件 i 的质心速度,J_{Si} 为构件 i 对质心的转动惯量,则可得出机械运动方程式的一般表达式为

$$d\left[\sum_{i=1}^{n}\left(\frac{1}{2}m_i v_{S_i}^2 + \frac{1}{2}J_{S_i}\omega_i^2\right)\right] = \left[\sum_{i=1}^{n}(F_i v_i \cos\alpha_i \pm M_i\omega_i)\right]dt \quad (11-5)$$

式中,α_i 为作用在构件 i 上的外力 $\boldsymbol{F}_i$ 与该力作用点的速度 $\boldsymbol{v}_i$ 之间的夹角,而"±"号的选取决定于作用在构件 i 上的力偶矩 M_i 与该构件的角速度 ω_i 的方向是否相同,相同时取"+"号,相反时取"-"号。

在运用式(11-5)时,由于各构件的运动参数量均为未知量,求解非常繁琐。但是,对于单自由度的机械系统,只要知道其中一个构件的运动规律,其余所有构件的运动规律就可随之求得。因此,为了求得简单易解的机械运动方程式,可将复杂的单自由度的机械系统,按一定的原则简化为一个构件(称为等效构件),建立最简单的等效动力学模型,然后再列出其运动方程式求解。下面介绍这种方法。

11.2.2 机械系统的等效动力学模型

对于单自由度的机械系统,可以用机械中的一个构件的运动来代替整个机械系统的运动。我们把这个能代替整个机械系统运动的构件称为等效构件。这样,就把研究复杂机械系统的运动问题转化为研究一个简单构件的运动问题。为了使等效构件和原机械系统中该构件的真实运动一致,根据质点动能定理,将作用于机械系统上的所有外力和外力矩、所有构件的质量和转动惯量,都向等效构件转化,转化的原则是使该系统转化前后的动力学效果保持不变。因此,等效转化的原则如下:

(1) 等效构件的质量或转动惯量所具有的动能,应等于原机械系统的总动能。
(2) 等效构件上作用的等效力或等效力矩所产生的瞬时功率应等于原机械系统所有外力或外力矩所产生的瞬时功率之和。

现仍以图 11.4 所示的曲柄滑块机构为例来说明这种方法。该机构为一单自由度机械系统,若选择曲柄 1 的转角 φ_1 为独立的广义坐标,并将式(11-4)改写为如下形式:

$$d\left\{\frac{\omega_1^2}{2}\left[J_1 + J_{S_2}\left(\frac{\omega_2}{\omega_1}\right)^2 + m_2\left(\frac{v_{S_2}}{\omega_1}\right)^2 + m_3\left(\frac{v_3}{\omega_1}\right)^2\right]\right\} = \omega_1\left[M_1 - F_3\left(\frac{v_3}{\omega_1}\right)\right]dt$$

(11-6)

令
$$J_e = J_1 + J_{S_2}\left(\frac{\omega_2}{\omega_1}\right)^2 + m_2\left(\frac{v_{S_2}}{\omega_1}\right)^2 + m_3\left(\frac{v_3}{\omega_1}\right)^2 \qquad (11\text{-}7)$$

$$M_e = M_1 - F_3\left(\frac{v_3}{\omega_1}\right) \qquad (11\text{-}8)$$

由式(11-7)可知，J_e 具有转动惯量的量纲，故称为等效转动惯量。式中的各速比 $\frac{\omega_2}{\omega_1}$、$\frac{v_{S_2}}{\omega_1}$、$\frac{v_3}{\omega_1}$ 都是广义坐标 φ_1 的函数。因此，等效转动惯量的一般表达式可以写成如下函数表达式：

$$J_e = J_e(\varphi_1)$$

由式(11-8)可知，M_e 具有力矩的量纲，故称之为等效力矩。同理，式中的传动比 $\frac{v_3}{\omega_1}$ 也是广义坐标 φ_1 的函数，而外力 M_1 与 F_3 在机械系统中可能是运动参数 φ_1、ω_1 及 t 的函数，所以等效力矩的一般表达式为

$$M_e = M_e(\varphi_1, \omega_1, t)$$

根据 J_e 和 M_e 的表达式，则式(11-6)可以写成如下的运动方程式：

$$d\left[\frac{1}{2}J_e(\varphi_1)\omega_1^2\right] = M_e(\varphi_1, \omega_1, t)\omega_1 dt \qquad (11\text{-}9)$$

上述推导可以理解为：对于一个单自由度机械系统的运动的研究，可以简化为对于一个具有等效转动惯量 $J_e(\varphi)$，且其上作用有等效力矩 $M_e(\varphi, \omega, t)$ 的假想构件（如图 11.4 所示的曲柄）的运动的研究，这一假想的构件即为等效构件。显然，具有等效转动惯量 $J_e(\varphi)$ 的等效构件的动能将等于原机械系统的动能，而作用在其上的等效力矩 $M_e(\varphi, \omega, t)$ 的瞬时功率将等于作用在原机械系统上的所有外力在同一瞬时的功率之和。所以我们把具有等效转动惯量 J_e，其上作用有等效力矩 M_e 的等效构件（见图 11.5(a)）称为原机械系统的等效动力学模型。

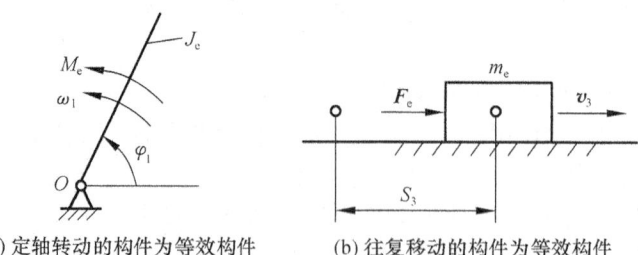

(a) 定轴转动的构件为等效构件　　(b) 往复移动的构件为等效构件

图 11.5　等效动力学模型

不难看出，利用等效动力学模型建立的机械运动方程式，不仅形式上简单，而且方程式的求解也将大为简化。

当然,等效构件也可选用移动构件。如在图 11.4 所示的曲柄滑块机构中,如选取滑块 3 为等效构件,其广义坐标为滑块的位移 s_3(见图 11.5(b)),则式(11-4)可改写成下列形式:

$$d\left\{\frac{v_3^2}{2}\left[J_1\left(\frac{\omega_1}{v_3}\right)^2 + J_{S_2}\left(\frac{\omega_2}{v_3}\right)^2 + m_2\left(\frac{v_{S_2}}{v_3}\right)^2 + m_3\right]\right\} = v_3\left(M_1\frac{\omega_1}{v_3} - F_3\right)dt$$

(11-10)

式(11-10)左端方括号内的量,具有质量的量纲,设以 m_e 表示,即令

$$m_e = J_1\left(\frac{\omega_1}{v_3}\right)^2 + J_{S_2}\left(\frac{\omega_2}{v_3}\right)^2 + m_2\left(\frac{v_{S_2}}{v_3}\right)^2 + m_3 \quad (11-11)$$

而式(11-10)右端括号内的量,具有力的量纲,设以 F_e 表示,即令

$$F_e = M_1\left(\frac{\omega_1}{v_3}\right) - F_3 \quad (11-12)$$

于是可得以滑块 3 为等效构件时所建立的运动方程式为

$$d\left[\frac{1}{2}m_e(s_3)v_3^2\right] = F_e(s_3, v_3, t)v_3 dt \quad (11-13)$$

式中,m_e 称为等效质量;F_e 称为等效力。

因此,具有等效质量 m_e,且其上作用有等效力 $\boldsymbol{F}_e$ 的等效构件(图 11.5(b))也是图 11.4 曲柄滑块机构的等效动力学模型。

综上所述,如果取转动构件为等效构件,则其等效转动惯量的一般计算公式为

$$J_e = \sum_{i=1}^{n}\left[m_i\left(\frac{v_{S_i}}{\omega}\right)^2 + J_{Si}\left(\frac{\omega_i}{\omega}\right)^2\right] \quad (11-14)$$

等效力矩的一般计算公式为

$$M_e = \sum_{i=1}^{n}\left[F_i\cos\alpha_i\left(\frac{v_i}{\omega}\right) \pm M_i\left(\frac{\omega_i}{\omega}\right)\right] \quad (11-15)$$

同理,当取移动构件为等效构件时,其等效质量和等效力的一般计算公式可分别表示为

$$m_e = \sum_{i=1}^{n}\left[m_i\left(\frac{v_{S_i}}{v}\right)^2 + J_{Si}\left(\frac{\omega_i}{v}\right)^2\right] \quad (11-16)$$

$$F_e = \sum_{i=1}^{n}\left[F_i\cos\alpha_i\left(\frac{v_i}{v}\right) \pm M_i\left(\frac{\omega_i}{v}\right)\right] \quad (11-17)$$

由以上计算可知,等效转动惯量、等效力矩、等效质量、等效力的数值均与构件的速度比值有关,而构件的速度又与机构的位置有关,故这些等效量均为机构位置的函数。

例 11.1 在图 11.6 所示的正弦机构中,已知曲柄 1 的长为 l_1,绕 A 轴的转动惯量为 J_1,构件 2、3 的质量为 m_2、m_3,作用在构件 3 上的阻抗力为 $F_3 = c$。若取构件 1 为等效构件,求等效转动惯量 J_e 以及阻抗力 $\boldsymbol{F}_3$ 的等效阻抗力矩 M_{er}。

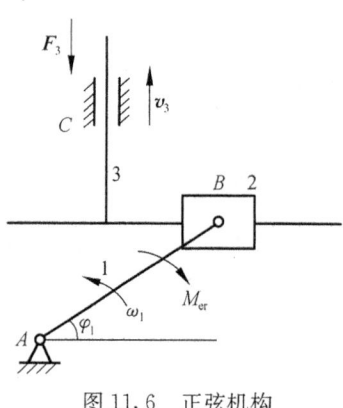

图 11.6 正弦机构

解 根据动能等效的条件有

$$\frac{1}{2}J_e\omega_1^2 = \frac{1}{2}J_1\omega_1^2 + \frac{1}{2}m_2v_2^2 + \frac{1}{2}m_3v_3^2$$

即

$$J_e = J_1 + m_2\left(\frac{v_2}{\omega_1}\right)^2 + m_3\left(\frac{v_3}{\omega_1}\right)^2$$

由运动分析可知

$$v_2 = \omega_1 l_1, \quad v_3 = (l_1\sin\varphi_1)' = l_1\omega_1\cos\varphi_1$$

将其代入上述方程中可解出 J_e,即

$$J_e = J_1 + m_2 l_1^2 + m_3 l_1^2 \cos^2\varphi_1 = J_C + J_V$$

式中

$$J_C = J_1 + m_2 l_1^2$$
$$J_V = m_3 l_1^2 \cos^2\varphi_1$$

该例说明机械系统含有连杆机构时,其等效转动惯量由常量和变量两部分组成。由于工作中的连杆机构常安装在低速级,等效转动惯量中的变量部分的转动惯量较小,所以在工程上为了简化计算,常将其忽略不计。

由阻抗力的瞬时功率等于等效阻抗力矩的瞬时功率,可有

$$M_{er}\omega_1 = F_3 v_3$$

$$M_{er} = \frac{c l_1 \omega_1}{\omega_1}\cos\varphi_1 = c l_1 \cos\varphi_1$$

11.2.3 运动方程式的推演

前面推导的机械运动方程式式(11-9)和式(11-13)为能量微分形式的运动方程式。为了便于对某些问题的求解,尚需求出用其他形式表达的运动方程式,为此将式(11-9)简写为

$$d\left(\frac{1}{2}J_e\omega^2\right) = M_e\omega dt = M_e d\varphi$$

再将上式改写为

$$\frac{d(J_e\omega^2/2)}{d\varphi} = M_e \tag{11-18}$$

求导得

$$J_e\frac{d(\omega^2/2)}{d\varphi} + \frac{\omega^2}{2}\frac{dJ_e}{d\varphi} = M_e \tag{11-19}$$

式中

$$\frac{d(\omega^2/2)}{d\varphi} = \frac{d(\omega^2/2)}{dt}\frac{dt}{d\varphi} = \omega\frac{d\omega}{dt}\frac{1}{\omega} = \frac{d\omega}{dt}$$

将其代入式(11-19)中,即可得到力矩形式的机械运动方程式

$$J_e \frac{d\omega}{dt} + \frac{\omega^2}{2}\frac{dJ_e}{d\varphi} = M_e \tag{11-20}$$

此外,将式(11-18)对 φ 进行积分,还可得到动能形式的机械运动方程式为

$$\frac{1}{2}J_e\omega^2 - \frac{1}{2}J_{e0}\omega_0^2 = \int_{\varphi_0}^{\varphi} M_e d\varphi \tag{11-21}$$

式中,φ_0 为 φ 的初始值,而 $J_{e0} = J_e(\varphi_0)$,$\omega_0 = \omega(\varphi_0)$。

当选用移动构件为等效构件时,同理可以得到与上面类似的机械运动方程式,即

$$m_e \frac{dv}{dt} + \frac{v^2}{2}\frac{dm_e}{ds} = F_e \tag{11-22}$$

$$\frac{1}{2}m_e v^2 - \frac{1}{2}m_{e0}v_0^2 = \int_{s_0}^{s} F_e ds \tag{11-23}$$

为便于计算,通常取只做直线移动或绕定轴转动的构件作为等效构件,它的位置参量即为机构的广义坐标。由于选回转构件为等效构件时,计算各等效参量比较方便,并且求得真实运动规律后,也便于计算机械中其他构件的运动规律,所以常选用回转构件作为等效构件。但当在机构中作用有随速度变化的一个力或力偶时,最好选这个力或力偶所作用的构件为等效构件,这样求得的等效力矩(或等效力)形式较简单,从而可为方程的求解带来方便。

11.3 机械系统运动方程式求解

由于等效力矩(或等效力)可能是位移、速度或时间的函数,而且它又可以用函数、数值表格或曲线等形式给出,所以求解运动方程式的方法也不尽相同,一般有解析法、数值计算法和图解法等。为方便起见,我们只讨论等效构件做定轴回转时的情况。下面就几种常见的情况,对解析法和数值计算法加以简要地介绍。

11.3.1 等效转动惯量和等效力矩均为常数

等效转动惯量和等效力矩均为常数是定传动比机械系统中的常见问题,这种情况下运转的机械大都属于等速稳定运转,使用力矩方程求解该类问题要方便些。

由于 J_e = 常数,M_e = 常数,方程(11-20)可改写为

$$J_e \frac{d\omega}{dt} = M_e$$

$$\frac{d\omega}{dt} = \frac{M_e}{J_e} = \alpha$$

$d\omega = \alpha dt$,两边积分后

$$\int_{\omega_0}^{\omega} d\omega = \int_{t_0}^{t} \alpha dt$$

$$\omega = \omega_0 + \alpha(t - t_0)$$

$$\varphi = \varphi_0 + \omega_0(t - t_0) + \alpha(t - t_0)^2/2$$

例 11.2 在图 11.7 所示的机械系统中,已知电机转速为 1440r/min,减速箱的传动比 $i=2.5$,选 B 轴为等效构件,等效转动惯量 $J_e=0.5$kg·m²。要求刹住 B 轴后 3s 停车,求解等效制动力矩。

解 $\omega_B = \dfrac{1440}{2.5} \times \dfrac{2\pi}{60} = 60.32 \text{(rad/s)}$

由 $\omega = \omega_0 + \alpha(t - t_0)$,$\omega_0 = \omega_B$,$\omega = 0$,$t = 3$,$t_0 = 0$ 得

$$\alpha = \frac{\omega - \omega_0}{t - t_0} = \frac{0 - 60.32}{3} = -20.1 \text{(rad/s}^2\text{)}$$

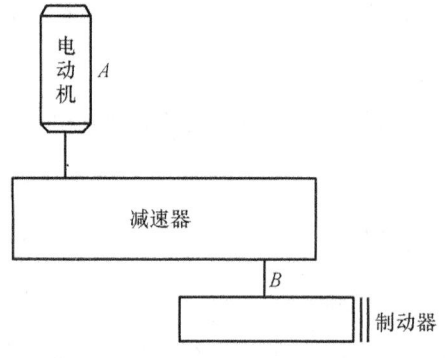

图 11.7 简单的机械系统

刹车时要取消驱动力矩和工作阻力,$M_e = M_{ed} - M_{er} = -M_{er}$,此处 M_{er} 为刹车制动力矩。由

$$\frac{d\omega}{dt} = \frac{M_e}{J_e} = \alpha$$

可知:

$$M_{er} = -\alpha J_e = 20.1 \times 0.5 = 10.05 \text{(N·m)}$$

11.3.2 等效转动惯量和等效力矩均为位置的函数

用内燃机驱动活塞式压缩机的机械系统即属这种情况。此时内燃机给出的驱动力矩 M_{ed} 和压缩机所受到的阻抗力矩 M_{er} 都可视为位置的函数,故等效力矩 M_e 也是位置的函数,即 $M_e = M_e(\varphi)$。同时,$J_e = J_e(\varphi)$。在此情况下,如果等效力矩的函数形式 $M_e = M_e(\varphi)$ 可以积分,且其边界条件已知,即当 $t = t_0$ 时,$\varphi = \varphi_0$、$\omega = \omega_0$、$J_e = J_{e0}$,于是由式(11-21)可得

$$\frac{1}{2}J_e(\varphi)\omega^2(\varphi) = \frac{1}{2}J_{e0}\omega_0^2 + \int_{\varphi_0}^{\varphi} M_e(\varphi)d\varphi$$

从而可求得

$$\omega = \sqrt{\frac{J_{e0}}{J_e(\varphi)}\omega_0^2 + \frac{2}{J_e(\varphi)}\int_{\varphi_0}^{\varphi} M_e(\varphi)d\varphi} \tag{11-24}$$

由式(11-24)即可解出等效构件的角速度函数 $\omega = \omega(\varphi)$。

由此可进一步求得角速度 ω 随时间 t 的变化规律。由于

$$\omega(\varphi) = \frac{d\varphi}{dt} \tag{11-25}$$

进行变换并积分可得

$$\int_{t_0}^{t} dt = \int_{\varphi_0}^{\varphi} \frac{d\varphi}{\omega(\varphi)}$$

即

$$t = t_0 + \int_{\varphi_0}^{\varphi} \frac{d\varphi}{\omega(\varphi)} \tag{11-26}$$

联立式(11-25)和式(11-26)，消去 φ，即可求得角速度函数 $\omega=\omega(t)$。

等效构件的角加速度 α 可按下式计算：

$$\alpha = \frac{d\omega}{dt} = \frac{d\omega}{d\varphi}\frac{d\varphi}{dt} = \frac{d\omega}{d\varphi}\omega \tag{11-27}$$

11.3.3 等效转动惯量是常数，等效力矩是速度的函数

由电动机驱动的鼓风机、搅拌机等的机械系统就属于这种情况。此时电动机给出的驱动力矩是速度的函数，而生产阻力矩是常数或者也是速度的函数。对于这类机械，应用力矩形式的运动方程式(11-20)来求解比较方便。由于

$$M_e(\omega) = M_{ed}(\omega) - M_{er}(\omega) = J_e d\omega/dt$$

将式中的变量分离后，得

$$dt = J_e d\omega/M_e(\omega)$$

积分得

$$t = t_0 + J_e \int_{\omega_0}^{\omega} \frac{d\omega}{M_e(\omega)} \tag{11-28}$$

式中，ω_0 是计算开始时的初始角速度。

由上式解出 $\omega=\omega(t)$ 以后，即可求得角加速度 $\alpha=d\omega/dt$。欲求 $\varphi=\varphi(t)$ 时，可利用以下关系式：

$$d\varphi = \omega dt$$

积分得

$$\varphi = \varphi_0 + \int_{t_0}^{t} \omega(t) dt \tag{11-29}$$

11.3.4 等效转动惯量是位置的函数，等效力矩是位置和速度的函数

用电动机驱动的刨床、冲床等机械系统属于这种情况。这类机械中包含有速比不等于常数是机构，因而其等效转动惯量是变量。而驱动力矩是速度的函数，生产阻力是机械位置的函数，因此，等效力矩是机械的位置和速度的函数。这类机械的运动方程式根据式(11-18)可列为

$$d\left[J_e(\varphi)\frac{\omega^2}{2}\right] = M_e(\varphi,\omega)d\varphi$$

这是一个非线性微分方程式,一般不能用解析法求解。下面介绍一种简单的数值解法。将上式改写为

$$\omega^2 \mathrm{d}J_e(\varphi)/2 + J_e(\varphi)\omega \mathrm{d}\omega = M_e(\varphi,\omega)\mathrm{d}\varphi \tag{11-30}$$

又如图 11.8 所示,将转角 φ 等分为 n 个微小的转角,其中每一份为 $\Delta\varphi = \varphi_{i+1} - \varphi_i$ ($i = 0,1,2,\cdots,n$)。而当 $\varphi = \varphi_i$ 时,等效转动惯量 $J_e(\varphi)$ 的微分 $\mathrm{d}J_{ei}$ 可以用增量 $\Delta J_{ei} = J_{e\varphi_{i+1}} - J_{e\varphi_i}$ 来近似地代替,并简写为 $\Delta J_i = J_{i+1} - J_i$。同样,$\varphi = \varphi_i$ 时,角速度 $\omega(\varphi)$ 的微分 $\mathrm{d}\omega_i$ 可以用增量 $\Delta\omega_i = \omega_{\varphi_{i+1}} - \omega_{\varphi_i}$ 来近似代替,并简写

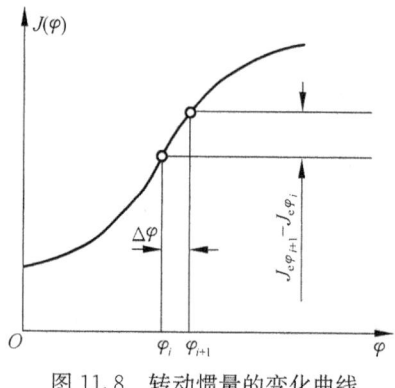

图 11.8 转动惯量的变化曲线

为 $\Delta\omega_i = \omega_{i+1} - \omega_i$。于是,当 $\varphi = \varphi_i$ 时,式(11-30)可写为

$$(J_{i+1} - J_i)\omega_i^2/2 + J_i\omega_i(\omega_{i+1} - \omega_i) = M_e(\varphi_i,\omega_i)\Delta\varphi \tag{11-31}$$

解出 ω_{i+1} 得

$$\omega_{i+1} = \frac{M_e(\varphi_i,\omega_i)\Delta\varphi}{J_i\omega_i} + \frac{3J_i - J_{i+1}}{2J_i}\omega_i \tag{11-32}$$

利用数值计算法分析机械的运动规律,计算工作量很大,但是在目前广泛使用电子计算机的情况下,这种计算已变得简单易行了。

为了确定等效构件的角加速度 α 的变化规律,可利用式(11-27)求得

$$\alpha = \omega \mathrm{d}\omega/\mathrm{d}\varphi$$

该式也可用上述数值计算法近似求解,即以 $\Delta\omega/\Delta\varphi$ 近似代替 $\mathrm{d}\omega/\mathrm{d}\varphi$,并确定出初始条件,然后逐点计算即可确定出角加速度 α 的变化规律。

11.4 稳定运转状态下机械的周期性速度波动及其调节

机械在运转过程中,其上所作用的外力或力矩的变化,会导致机械运转速度的波动。过大的速度波动对机械的工作是不利的。因此在机械系统设计阶段,设计者就应采取措施,设法降低机械运转的速度波动程度,将其限制在许可的范围内,以保证机械的工作质量。

11.4.1 周期性速度波动产生的原因

下面以等效力矩和等效转动惯量是等效构件位置函数的情况为例,分析速度波动产生的原因。

作用在机械上的驱动力矩和阻抗力矩在稳定运转状态下往往是主动件转角 φ 的周期性函数。因此,其等效驱动力矩 M_{ed} 与等效阻抗力矩 M_{er} 必然也是等效构件

转角 φ 的周期性函数。

如图 11.9(a)所示为某一机械在稳定运转过程中,其等效构件在一个周期 φ_T 中所受等效驱动力矩 $M_{ed}(\varphi)$ 与等效阻抗力矩 $M_{er}(\varphi)$ 的变化曲线。在等效构件转过 φ 角时(设起始位置为 φ_a),其驱动功与阻抗功分别为

$$W_d(\varphi) = \int_{\varphi_a}^{\varphi} M_{ed}(\varphi) d\varphi$$

$$W_r(\varphi) = \int_{\varphi_a}^{\varphi} M_{er}(\varphi) d\varphi$$

其等效驱动力矩和等效阻力矩所做的功之差值为机械动能的增量,即

$$\Delta E = \Delta W = W_d(\varphi) - W_r(\varphi) = \int_{\varphi_a}^{\varphi} [M_{ed}(\varphi) - M_{er}(\varphi)] d\varphi$$

$$= \frac{1}{2} J_e(\varphi) \omega^2(\varphi) - \frac{1}{2} J_{ea} \omega_a^2 \tag{11-33}$$

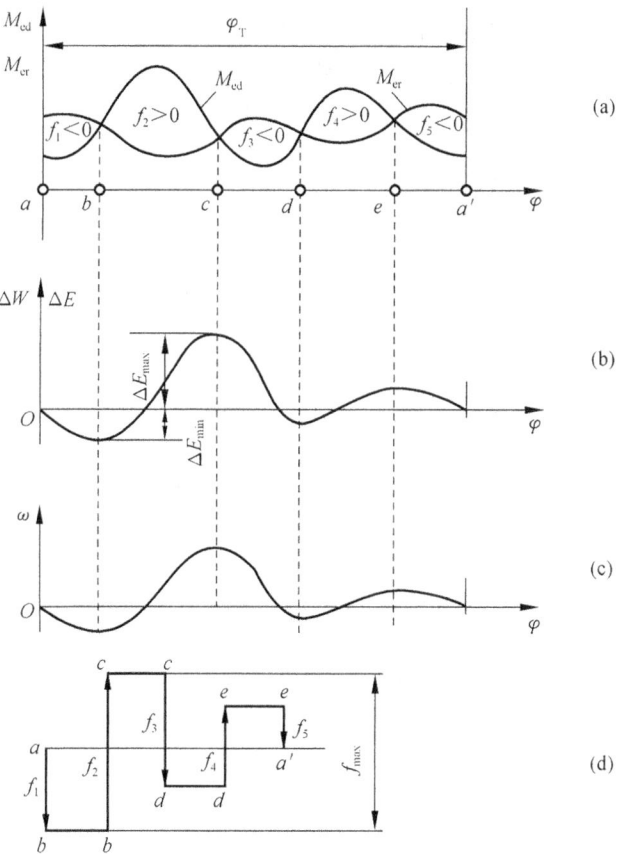

图 11.9 机械运转的功能曲线

ΔW 为正值时称为盈功,为负值时称为亏功。

由图 11.9(a)中可以看出:在 bc 段、de 段,由于等效驱动力矩大于等效阻力矩,即 $M_{ed} > M_{er}$,因而驱动功大于阻抗功,即为盈功(对应于图中的 f_2 和 f_4),在这一段运动过程中,等效构件的角速度由于动能的增加而上升;反之,在 ab 段、cd 段和 ea' 段,由于 $M_{ed} < M_{er}$,因而驱动功小于阻抗功,即为亏功(对应于图中的 f_1、f_3 和 f_5),在这一段运动过程中,等效构件的角速度由于动能的减少而下降。

图 11.9(b) 表示以 a 点为基准的 ΔW 与 φ 的关系。ΔW-φ 曲线亦为机械的动能增量 ΔE 对 φ 的曲线。ab 区间为亏功区,等效构件的角速度由于机械动能的减小而下降;反之,由 b 到 c 的盈功区间,等效构件角速度由于机械动能的增加而上升。因此也得到了角速度在一个周期内变化的示意图,如图 11.9(c)所示。如果在等效力矩 M_e 和等效转动惯量 J_e 变化的公共周期内(如图中由区间 φ_a 到 $\varphi_{a'}$ 所示)驱动力矩与阻力矩所做功相等,则机械动能的增量等于零,即

$$\int_{\varphi_a}^{\varphi_{a'}} (M_{ed} - M_{er}) \mathrm{d}\varphi = \frac{1}{2} J_{ea'} \omega_{a'}^2 - \frac{1}{2} J_{ea} \omega_a^2 = 0 \qquad (11\text{-}34)$$

于是经过等效力矩与等效转动惯量变化的一个公共周期,机械的动能又恢复到原来的值,因而等效构件的角速度也将恢复到原来的数值。由以上分析可知,等效构件在稳定运转过程中其角速度将呈现周期性的波动。

11.4.2　速度波动程度的衡量指标

如上所述,机械运转的速度波动对机械的工作是不利的,它不仅将影响机械的工作质量,而且会影响到机械的效率和寿命,所以必须设法加以控制和调节,将其限制在许可的范围之内。

为了对机械稳定运转过程中出现的周期性速度波动进行分析,下面先介绍衡量速度波动程度的几个参数。

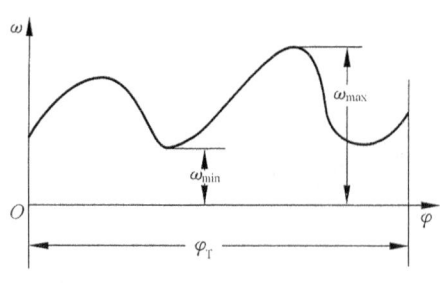

图 11.10　角速度变化示意图

如果一个周期内等效构件角速度的变化曲线如图 11.10 所示,其最大和最小角速度分别为 ω_{max} 和 ω_{min},则在一个周期内的平均角速度应为

$$\omega_m = \frac{\int_0^{\varphi_T} \omega \mathrm{d}\varphi}{\varphi_T} \qquad (11\text{-}35)$$

在工程实际中,当 ω 变化不大时,常按最大和最小角速度的算术平均值来计算平均角速度,即

$$\omega_m = \frac{1}{2}(\omega_{max} + \omega_{min}) \qquad (11\text{-}36)$$

机械速度波动的程度不能仅用速度变化幅度 $\omega_{max}-\omega_{min}$ 表示,因为当 $\omega_{max}-\omega_{min}$ 一定时,对低速机械和对高速机械其变化的相对百分比显然是不同的。因此,平均角速度 ω_m 也是衡量速度波动程度的一个重要指标。综合考虑这两方面的因素,采用角速度的变化量和其平均角速度的比值来反映机械运转的速度波动程度,这个比值以 δ 表示,称为速度波动系数,或速度不均匀系数。

$$\delta = \frac{\omega_{max}-\omega_{min}}{\omega_m} \tag{11-37}$$

不同类型的机械,所允许的波动程度是不同的。表 11.1 给出了几种常用机械的许用速度波动系数 $[\delta]$,供设计时参考。为了使所设计的机械系统在运转过程中速度波动在允许范围内,设计时应保证不超过许用值,即满足 $\delta \leqslant [\delta]$ 的条件,可在机械中安装一个具有很大转动惯量的回转构件——飞轮,以调节机械的周期性速度波动。

表 11.1 常用机械运转速度波动系数的许用值 $[\delta]$

机械的名称	$[\delta]$	机械的名称	$[\delta]$
碎石机	1/5 ~ 1/20	水泵、鼓风机	1/30 ~ 1/50
冲床、剪床	1/7 ~ 1/10	造纸机、织布机	1/40 ~ 1/50
轧压机	1/10 ~ 1/25	纺纱机	1/60 ~ 1/100
汽车、拖拉机	1/20 ~ 1/60	直流发电机	1/100 ~ 1/200
金属切削机床	1/30 ~ 1/40	交流发电机	1/200 ~ 1/300

11.4.3 周期性速度波动的调节

1. 飞轮调速的基本原理

由图 11.9(b)可以看出,该机械系统在 b 点处具有最小的动能增量 ΔE_{min},它对应于最大的亏功 ΔW_{min},其值等于图(a)中的面积 f_1;而在 c 点,机械具有最大的动能增量 ΔE_{max},它对应于最大的盈功 ΔW_{max},其值等于图(a)中的面积 f_2 与面积 f_1 之和。两者之差称为最大盈亏功,用 $[W]$ 表示。对于图 11.9 的系统有

$$[W] = \Delta W_{max} - \Delta W_{min} = \int_{\varphi_b}^{\varphi_c} (M_{ed} - M_{er}) d\varphi$$

如果忽略等效转动惯量中的变量部分,即假设机械系统的等效转动惯量 J_e 为常数,则当 $\varphi = \varphi_b$ 时,$\omega = \omega_{min}$;当 $\varphi = \varphi_c$ 时,$\omega = \omega_{max}$。若设为调节机械系统的周期性速度波动,安装的飞轮的等效转动惯量为 J_F,则根据动能定理可得

$$[W] = \Delta E_{max} - \Delta E_{min} = \frac{1}{2}(J_e + J_F)(\omega_{max}^2 - \omega_{min}^2) = (J_e + J_F)\omega_m^2 \delta \tag{11-38}$$

由此可得机械系统在安装飞轮后其速度波动系数的表达式为

$$\delta = \frac{[W]}{\omega_m^2(J_e+J_F)} \tag{11-39}$$

在设计机械时,为了保证安装飞轮后机械速度波动的程度在工作许可范围内,应满足 $\delta \leqslant [\delta]$,即

$$\delta = \frac{[W]}{\omega_m^2(J_e+J_F)} \leqslant [\delta] \tag{11-40}$$

由此可得应安装的飞轮的等效转动惯量为

$$J_F \geqslant \frac{[W]}{\omega_m^2[\delta]} - J_e \tag{11-41}$$

式中,J_e 为系统中除飞轮以外其他运动构件的等效转动惯量。若 $J_e \ll J_F$,则 J_e 通常可以忽略不计,式(11-41)可近似写为

$$J_F \geqslant \frac{[W]}{\omega_m^2[\delta]} \tag{11-42}$$

若将式(11-42)中的平均角速度 ω_m 用平均转速 $n(\mathrm{r/min})$ 代替,则有

$$J_F \geqslant \frac{900[W]}{\pi^2 n^2 [\delta]} \tag{11-43}$$

显然,忽略 J_e 后算出的飞轮转动惯量比实际需要的大,从满足运转平稳性的要求来看是趋于安全的。

分析式(11-42)可知:

(1) 当 $[W]$ 与 ω_m 一定时,若加大飞轮转动惯量 J_F,则机械的速度波动系数将下降,起到减小机械速度波动的作用,达到调速的目的。若 $[\delta]$ 取值过小,则飞轮的转动惯量就会很大。所以过分追求机械运转速度的平稳性,将会导致飞轮过于笨重。

(2) 由于 J_F 不可能为无穷大,而 $[W]$ 与 ω_m 又都是有限值,所以 $[\delta]$ 不可能为零,即安装飞轮后机械运转的速度仍然有周期性波动,只是波动的幅度减小了而已。

(3) 当 $[W]$ 与 $[\delta]$ 一定时,J_F 与 ω_m 的平方值成反比,所以为减小飞轮的转动惯量,最好将飞轮安装在机械的高速轴上,当然,在实际设计中还必须考虑安装飞轮轴的刚性和结构上的可能性等要求。

由于飞轮转动惯量很大,因而要使其转速发生变化,就需要较大的能量,当机械出现盈功时,它可以以动能的形式将多余的能量储存起来,从而使主轴角速度上升的幅度减小;反之,当机械出现亏功时,飞轮又可释放出其储存的能量,以弥补能量的不足,从而使主轴角速度下降的幅度减小。从这个意义上讲,飞轮在机械中的作用,相当于一个能量储存器。由此可以看出,飞轮之所以能调速,就是利用了它的储能作用。

因此可以说,飞轮实质上是一个能量储存器,它可以用动能的形式把能量储存

或释放出来。惯性玩具小汽车就利用了飞轮的这种功能。一些机械(如锻压机械)在一个工作周期中,工作时间很短,而峰值载荷很大,就利用了飞轮在机械非工作时间所储存的能量来帮助克服其尖峰载荷,从而可以选用较小功率的原动机来拖动,进而达到减少投资及降低能耗的目的。较新的应用研究有:利用飞轮在汽车制动时吸收能量和在汽车起动时释放能量以达到节能的目的;为太阳能及风能发电装置充当能量平衡器等等。

2. 最大盈亏功的确定

飞轮设计的主要问题就是计算飞轮的转动惯量,在由式(11-43)计算 J_F 时,由于$[\delta]$和n均为已知量,因此,为求飞轮转动惯量,关键在于确定最大盈亏功$[W]$。

为了确定最大盈亏功$[W]$,需要先确定机械动能最大增量 ΔE_{max} 和最小增量 ΔE_{min} 出现的位置,因为在这两个位置,机械系统分别有最大角速度 ω_{max} 和最小角速度 ω_{min}。如图 11.9(a)、(b)所示,ΔE_{max} 和 ΔE_{min} 应出现在 M_{ed} 和 M_{er} 两曲线的交点处。

如果 M_{ed} 和 M_{er} 分别用 φ 的函数表达式形式给出,则可由下式

$$\Delta W = \int_0^\varphi (M_{ed} - M_{er}) d\varphi = \Delta E \tag{11-44}$$

直接积分求出各交点处的 ΔW,进而找出 ΔW_{max} 和 ΔW_{min} 及其所在位置,从而求出最大盈亏功$[W] = \Delta W_{max} - \Delta W_{min}$。

如果 M_{ed} 和 M_{er} 以线图或表格给出,则可通过 M_{ed} 和 M_{er} 之间所包含的各块面积计算各交点处的 ΔW 值,然后找出 ΔW_{max} 和 ΔW_{min} 及其所在位置,从而求出最大盈亏功$[W] = \Delta W_{max} - \Delta W_{min}$。

在计算最大盈亏功时,也可借助能量指示图来确定,如图 11.9(d)所示,取任意点 a 作为起点,按照一定比例用向量线段依次表明相应位置 M_{ed} 和 M_{er} 之间所包围的面积,用盈亏功表示,即 f_1、f_2、f_3、f_4、f_5,盈功为正,其箭头向上;亏功为负,箭头向下。由于在一个循环的起始位置与终了位置处的动能相等,故能量指示图的首尾应在同一水平线上。由图中可以看出,b 点处动能最小,c 点处动能最大,而图中折线的最高点与最低点的距离 f_{max},就代表了最大盈亏功$[W]$的大小,即$[W] = f_2$。

3. 飞轮主要尺寸设计

飞轮的转动惯量确定后,就可以计算其各部分的尺寸。需要注意的是,在上述讨论飞轮转动惯量的求法时,都假定飞轮是安装在机械系统的等效构件上,实际设计时,若希望将飞轮安装在其他构件上,则在确定其各部分尺寸时需要先将计算所得的飞轮转动惯量折算到其安装的构件上。飞轮按构造大体可分为轮形和盘形两种。

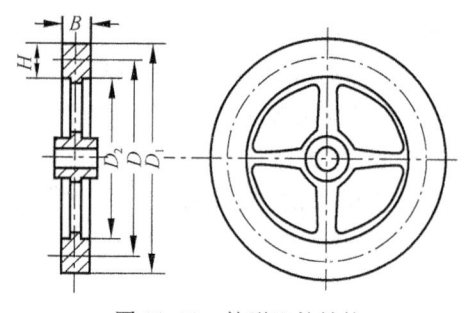

图 11.11　轮形飞轮结构

1) 轮形飞轮

如图 11.11 所示,这种飞轮由轮毂、轮辐和轮缘三部分组成。由于与轮缘相比,轮毂和轮辐的转动惯量很小,因此计算时,一般可略去不计。这样简化后,实际的飞轮转动惯量稍大于要求的转动惯量。若设飞轮外径为 D_1,轮缘内径为 D_2,轮缘质量为 m,则轮缘的转动惯量为

$$J_F = \frac{m}{2}\left(\frac{D_1^2+D_2^2}{4}\right) = \frac{m}{8}(D_1^2+D_2^2) \qquad (11\text{-}45)$$

当轮缘厚度 H 不大时,可近似认为飞轮质量集中在其平均直径 D 的圆周上,于是得

$$J_F \approx \frac{mD^2}{4} \qquad (11\text{-}46)$$

式中,mD^2 称为飞轮矩,其单位为 $kg \cdot m^2$。知道了飞轮的转动惯量 J_F,就可以求得其飞轮矩。当根据飞轮在机械中的安装空间,选择了轮缘的平均直径 D 后,即可用上式计算出飞轮的质量 m。若设飞轮宽度为 $B(m)$,轮缘厚度为 $H(m)$,平均直径为 $D(m)$,材料密度为 $\rho(kg/m^2)$,则

$$m = \frac{1}{4}\pi(D_1^2-D_2^2)B\rho = \pi\rho BDH \qquad (11\text{-}47)$$

在选定了 D 并由式(11-46)计算出 m 以后,便可根据飞轮的材料和选定的比值 H/B 由式(11-47)求出飞轮的截面尺寸 H 和 B,对于较小的飞轮,通常取 $H/B \approx 2$,对于较大的飞轮,通常取 $H/B \approx 1.5$。

由式(11-46)可知,当飞轮转动惯量一定时,选择的飞轮直径愈大,则质量愈小。但直径太大,会增加制造和运输的困难,占据空间大。同时轮缘的圆周速度增加,会使飞轮有受过大离心力作用而破裂的危险。因此,在确定飞轮尺寸时应该验算飞轮的最大圆周速度,使其小于安全极限值。

2) 盘形飞轮

当飞轮的转动惯量不大时,可采用形状简单的盘形飞轮,如图 11.12 所示。设 m、D、B 分别为其质量、外径和宽度,则整个飞轮的转动惯量为

$$J_F = \frac{m}{2}\left(\frac{D}{2}\right)^2 = \frac{mD^2}{8} \qquad (11\text{-}48)$$

当根据安装空间选定飞轮直径 D 后,即可由该式计算出飞轮质量 m。又因 $m = \pi D^2 B\rho/4$;故根据所选飞轮材料,即可求出飞轮的宽度 B 为

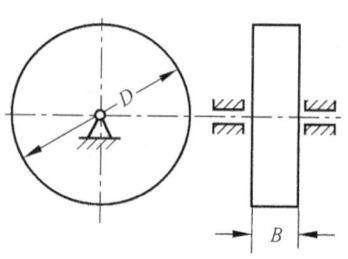

图 11.12　盘形飞轮结构

$$B = \frac{4m}{\pi D^2 \rho} \qquad (11\text{-}49)$$

11.5 机械的非周期性速度波动及其调节

如果机械在运转过程中,等效力矩($M_e = M_{ed} - M_{er}$)的变化是非周期性的,则机械的稳定运转状态将遭到破坏,此时出现的速度波动称为非周期性速度波动。

11.5.1 非周期性速度波动产生的原因

非周期性速度波动多是由于工作阻力或驱动力在机械运转过程中发生突变,从而使输入能量与输出能量在一段较长时间内失衡所造成的。若不加以调节,它会使系统的转速持续上升或下降,严重时将导致"飞车"或停止运转。电网电压的波动,被加工零件的气孔和夹渣等都会引起非周期性速度波动。汽轮发电机是这方面的典型例子:当用电负荷增大时,必须开大汽阀更多地供汽,否则将导致"停车";反之,当用电负荷减少时,必须关小汽阀,否则会导致"飞车"事故。

11.5.2 非周期性速度波动的调节方法

对于非周期性速度波动,安装飞轮是不能达到调节目的的,这是因为飞轮的作用只是"吸收"和"释放"能量,它既不能创造出能量,也不能消耗掉能量。

非周期性速度波动的调节问题可分为两种情况:

(1) 当机械的原动机所发出的驱动力矩是速度的函数且具有下降的趋势时,机械具有自动调节非周期性速度波动的能力。

如图 11.13 所示,当机械处于稳定运转时,$M_{ed} = M_{er}$,此时机械的稳定运转速度为 ω_s,s 点称为稳定工作点。当由于某种随机因素使 M_{er} 增大时,由于 $M_{ed} < M_{er}$,等效构件的角速度会下降,但由图中可以看出,随着角速度的下降,M_{ed} 将增大,所以可使 M_{ed} 与 M_{er} 自动地重新达到平衡,机械将在 ω_a 的速度下稳定运转;反之,当由于某种随机因素,使 M_{er} 减小时,由于 $M_{ed} > M_{er}$,机械的角速度将会上升,但由图中可以看出,随着角速度的上升,M_{ed} 将减小,所以可使 M_{ed} 与 M_{er} 自动地重新达到平衡,机械将在 ω_b 的速度下稳定运转,这种自动调节非周期性速度波动的能力称为自调性,选用电动机作为原动机的机械,一般都具有自调性。

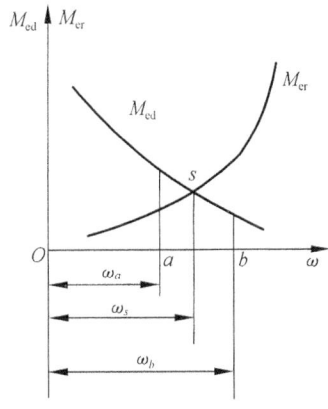

图 11.13 等效力矩变化曲线

(2) 对于没有自调性的机械系统(如采用蒸汽机,汽轮机或内燃机为原动机的机械系统),就必须安装一种专门的调节装置——调速器,来调节机械出现的非周期性速度波动。

调速器的种类很多,下面我们举一例简要说明其工作原理(见图 11.14)。

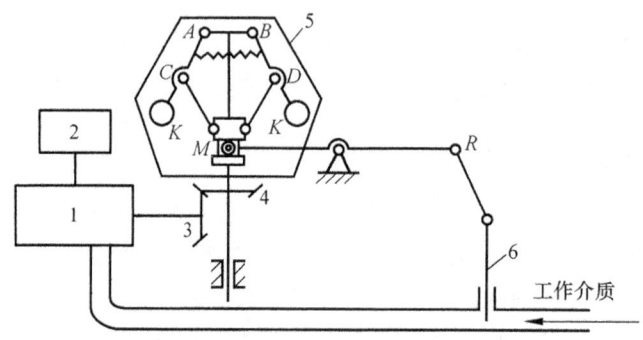

图 11.14 离心式调速器的工作原理

图示为离心式调速器的工作原理图:方框 1 为原动机,方框 2 为工作机,框 5 内是由两个对称的摇杆滑块机构组成的调速器本体。

当系统转速过高时,调速器本体也加速回转,由于离心惯性力的关系,两重球 K 将张开带动滑块 M 上升,通过连杆机构关小节流阀 6,使进入原动机的工作介质减少,从而降低速度。如果转速过低则工作过程反之。可以说调速器是一种反馈机构。其他类型的调速器可参阅有关专著。

第 12 章 机械中的摩擦和机械效率

12.1 摩擦现象及其规律

摩擦是普遍的自然现象,只要物体相互接触,并有相对运动或相对运动趋势存在,就会发生摩擦。摩擦力是产生于物体的接触表面,阻止物体相对运动的力。

机械的运动副中同样存在摩擦。机械在运动过程中需要克服运动副中的摩擦而消耗一部分能量,而这部分能量转换为热量使运动副中的温度升高,导致润滑油失效,材料性能变化,使机械的工作条件恶化。同时摩擦会引起磨损,破坏了构件运动副的表面几何形状和表面质量,使运动副不能正常工作而失效。从这个角度看,摩擦是一种有害因素。在机械设计中,人们一直为减少摩擦而努力。

在日常生活和工程中的某些方面,摩擦也发挥着不可缺少的有益作用。例如,机械中的紧固、连接、皮带传动、机械的制动、汽车在路面上的行驶以及钢材的轧制等都是利用摩擦的典型例证。在这些情况下,人们又在努力增加摩擦力,以保证产生可靠的、足够大的摩擦力。

随着科学技术的发展,对摩擦机理的研究已形成一门新的学科即"摩擦学"。随着摩擦学理论的逐步完善,人们对摩擦机理的了解会更加深入。本书仅介绍摩擦力对机构运动的影响及其分析方法。

12.2 移动副中的摩擦

12.2.1 接触表面为平面

构件 1、2 组成的移动副如图 12.1 所示。构件 1 上作用有载荷 P(包括构件 1 自重),将 P 分解为沿接触面方向的 P_t 和沿接触面法线方向的 P_n,则构件 2 对构件 1 的法向分力为

$$N_{21} = -P_n$$

P_t 是构件 1 相对构件 2 产生运动的驱动力。由于相对运动 v_{12} 的存在,在它们的接触表面内产生摩擦力 F_{21},由库仑定律得其大小为

$$F_{21} = fN_{21} = fP_n \tag{12-1}$$

式中,f 为摩擦系数,其值取决于构成运动副的材料性质、光滑程度和润滑状态等。

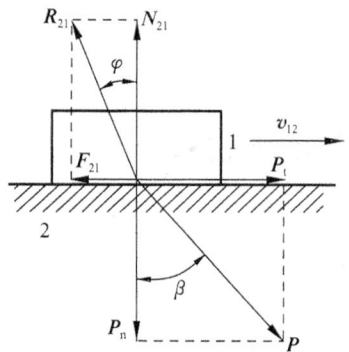

图 12.1 移动副中的摩擦力分析

摩擦系数一般由试验测定,可查阅相关手册。

摩擦力 F_{21} 有如下性质:

(1) F_{21} 阻碍构件 1 相对构件 2 的运动,其方向与相对运动速度 v_{12} 的方向相反。

(2) 当构件 1 相对构件 2 只有相对运动趋势时,F_{21} 与驱动力 P_t 平衡,随 P_t 的大小变化而变化。

(3) 当 F_{21} 增大到 $F_{21}=fN_{21}$ 时,称为临界状态,此时 F_{21} 达到最大值。

(4) 增大 β 角,使 $P_t > F_{21} \approx fN_{21}$,此时构件 1 相对于构件 2 加速运动,$F_{21}$ 略小于其最大值。

为分析简单起见,一般认为相对运动时摩擦力等于其最大值。

构件 2 作用于构件 1 的运动副总反力为

$$R_{21} = N_{21} + F_{21}$$

设 R_{21} 与接触面法线夹 φ 角,则

$$F_{21} = fN_{21} = N_{21}\tan\varphi$$

式中,φ 为摩擦角,其值为 $\varphi=\arctan f$。

12.2.2 接触表面非平面

移动副接触表面的形状也会影响摩擦力的大小。常见的接触面形状对摩擦力大小的影响分析如下。

1. 槽面

图 12.2(a)为槽面接触的运动副。设外力 P 的垂直分力 P_n 作用于构件 1 上。则有

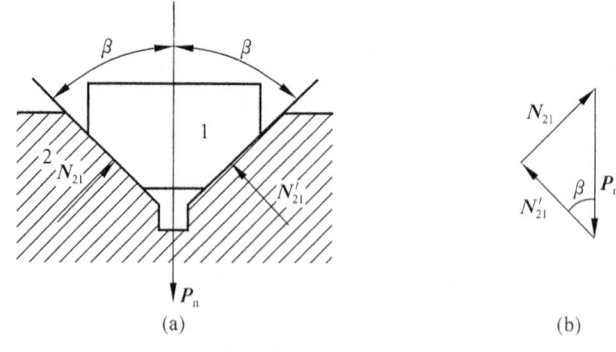

图 12.2 槽面接触的移动副摩擦力分析

$$P_n + N_{21} + N'_{21} = 0$$

作力的矢量多边形,如图 12.2(b)所示,得

$$N_{21} = N'_{21} = \frac{P_n}{2\sin\beta}$$

由 P_n 产生的总摩擦力为

$$F_{21} = 2fN_{21} = 2f\frac{P_n}{2\sin\beta} = \frac{f}{\sin\beta}P_n \tag{12-2}$$

由于 $\sin\beta < 1$,故槽面移动副摩擦力大于平面接触时的摩擦力。

令 $f_v = f/\sin\beta$,称 f_v 为当量摩擦系数,$\varphi_v = \arctan f_v$ 为当量摩擦角。则式 (12-2)变为

$$F_{21} = f_v P_n \tag{12-3}$$

机械中常用的 V 带传动、三角形螺纹连接等都是利用槽面接触增大摩擦的实例。

2. 柱面

两构件的接触表面如果是圆柱面,可将其看作无限多边的槽面。若外力 P 的垂直分力 P_n 作用于构件 1 上,则接触表面将产生对称分布的反力集 $\sum \Delta N_{21}$,如图 12.3 所示。其反力集的矢量和用 N_{21} 表示,即 $\sum \Delta N_{21} = N_{21}$,其大小的分布规律与接触表面的贴合程度有关,但不论其具体分布规律如何,总有

$$P_n + N_{21} = 0$$

反力集 $\sum \Delta N_{21}$ 的代数和用 N'_{21} 表示,即 $\sum \Delta N_{21} = N'_{21}$,显然 $N'_{21} > N_{21} = P_n$。而总摩擦力的大小 $F_{21} = \sum f\Delta N_{21} = fN'_{21} > fP_n$。

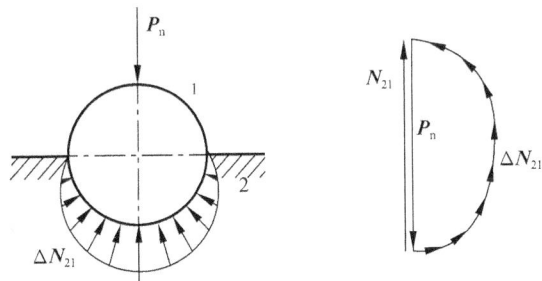

图 12.3 柱面接触的移动副摩擦力分析

由此可见,柱面接触时,在其他条件相同的情况下,其摩擦力大于平面接触时的摩擦力。

令 $N'_{21} = kP_n$,k 是根据反力集的不同分布规律,由理论分析得出的一个系数,

其值为 1~1.57,则

$$F_{21} = fkP_n = f_v P_n \tag{12-4}$$

$f_v = kf$ 称为柱面摩擦时的当量摩擦系数。

综上所述,在移动副中,总反力的确定方法如下:

(1) 总反力 R_{21} 与移动副两接触面的公法线偏斜一个摩擦角 φ。

(2) 总反力 R_{21} 的偏斜方向与构件 1 相对于构件 2 的相对运动速度 v_{12} 的方向相反。

概括起来说,就是总反力 R_{21} 与构件 1 相对于构件 2 的相对运动速度 v_{12} 夹角为 $90°+\varphi$。

确定总反力方向后,就可以对机构进行力分析了。

例 12.1 如图 12.4 所示,设滑块 1 置于倾角为 α 的斜面 2 上,Q 为作用在滑块 1 上的铅垂载荷(包括滑块自重)。求使滑块 1 沿斜面 2 等速度运动时所需的水平力。

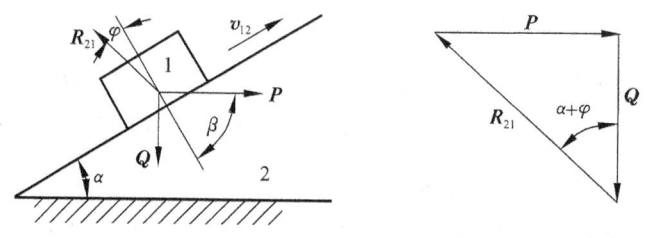

图 12.4 斜面机构正行程摩擦力分析

解 (1) 滑块等速上升。滑块 1 沿斜面 2 的向上运动(通常称为正行程)时,按上述方法,先作出构件 2 对滑块 1 的运动副总反力 R_{21} 的方向,即与相对速度 v_{12} 的夹角为 $90°+\varphi$,如图 12.4 所示,再根据滑块 1 的力平衡条件得

$$P + Q + R_{21} = 0$$

作力的矢量多边形,解得

$$P = Q\tan(\alpha + \varphi)$$

(2) 滑块等速下滑。若让滑块 1 沿斜面等速度下滑(通常称为反行程),如图 12.5

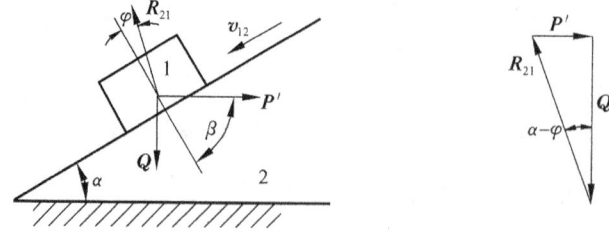

图 12.5 斜面机构反行程摩擦力分析

所示，在确定总反力 R_{21} 的方向后，作力的矢量多边形得
$$P' = Q\tan(\alpha - \varphi)$$

12.2.3 螺旋副中的摩擦

如图 12.6 所示，矩形螺旋副可以看成是一斜面包绕于圆柱面上而形成的，故螺母相当于斜面上的滑块，可以用斜面摩擦分析的结果。在螺母 1 上加一力矩 M，使螺母旋转并逆着其所受轴向力 Q 的方向等速移动（相当于拧紧螺母），此时相当于滑块沿斜面等速上升。α 为螺旋升角，P 力为作用在螺旋中径 d_2 上的圆周力，此时拧紧螺母所需的力矩大小为
$$M = P\frac{d_2}{2} = Q\frac{d_2}{2}\tan(\alpha + \varphi)$$

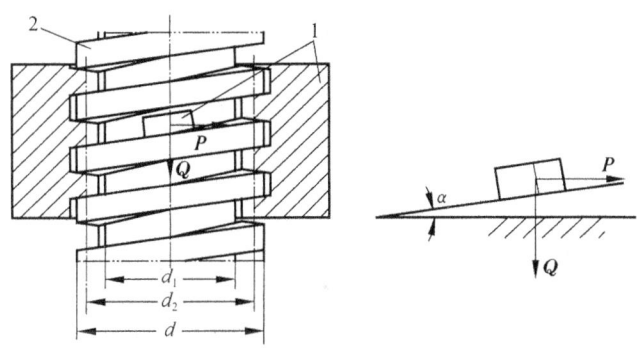

图 12.6 矩形螺旋副摩擦力分析

同理，可求得放松螺母所需的力矩为
$$M' = Q\frac{d_2}{2}\tan(\alpha - \varphi)$$

当 $\alpha > \varphi$ 时，$M' > 0$，M' 为阻止螺母加速松脱的阻力矩，当 $\alpha < \varphi$ 时，$M' < 0$，M' 为放松螺母所需的驱动力矩。

若螺旋副为三角形，如图 12.7 所示，可以按槽面摩擦分析。只需引入当量摩擦系数即可，则拧紧螺母的力矩为
$$M = \frac{d_2}{2}Q\tan(\alpha + \varphi_v)$$
松开螺母时
$$M' = \frac{d_2}{2}Q\tan(\alpha - \varphi_v)$$

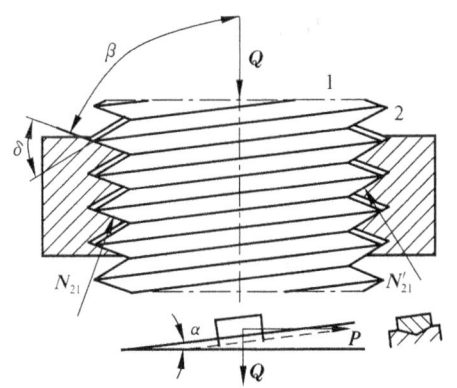

图 12.7 三角螺旋副摩擦力分析

由于 $\varphi_v > \varphi$,故三角牙型螺旋的摩擦大于矩形螺旋的摩擦。因此三角螺旋副更适用于构件的连接,矩形螺旋副多用于传递运动。

12.3 转动副中的摩擦

12.3.1 轴颈摩擦

如图 12.8 所示,设轴颈 1 上作用有径向载荷 Q(包括自重在内)和驱动力矩 M,轴颈 1 在轴承 2 中等速转动。此时,转动副两元素间必产生反力集 $\sum \Delta N_{21}$,每一个 ΔN_{21} 将产生摩擦力 ΔF_{21},形成阻碍运动的摩擦力矩,其大小为 $\Delta M_f = f \Delta N_{21} r$,$r$ 为轴颈半径。则轴颈 1 受到的总摩擦力矩的大小为

$$M_f = \sum \Delta M_f = \sum f \Delta N_{21} r = kfQr$$

(12-5)

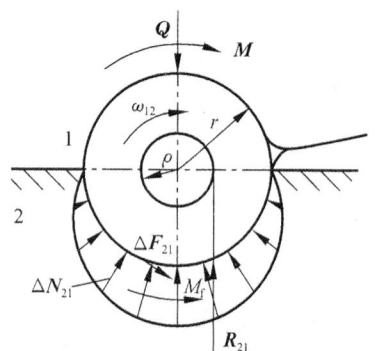

图 12.8 轴颈摩擦力分析

外载荷 Q 与 N_{21}($\sum \Delta N_{21} = N_{21}$)互相平衡,即 $Q = N_{21}$。N_{21} 与摩擦力矩 M_f 可合成一总反力 R_{21},设 R_{21} 到轴心的距离为 ρ,则摩擦力矩大小 $M_f = R_{21}\rho$,又因 $R_{21} = Q$,则与式(12-5)比较有

$$\rho = kfr$$

(12-6)

式(12-6)表明,ρ 的大小与轴颈半径 r 和当量摩擦系数($f_v = kf$)有关。对于一个具体的轴颈,ρ 为定值。

在轴颈和轴承组成的转动副中,总反力 R_{21} 的作用线偏离轴线的距离为 ρ。若以 ρ 为半径作一圆,则总反力 R_{21} 总是切于此圆,称此圆为摩擦圆。由此可得出在轴颈摩擦中确定总反力的方法:

(1) 总反力 R_{21} 作用线切于摩擦圆。
(2) 总反力 R_{21} 与铅垂外载荷 Q 大小相等、方向相反。
(3) 总反力 R_{21} 对轴线的力矩即摩擦力矩 M_f 的方向总与构件 1 相对构件 2 的角速度 ω_{12} 的方向相反。

12.3.2 轴端摩擦

轴用以承受轴向力的部分称为轴端,如图 12.9 所示。当轴 1 的轴端在止推轴承 2 上旋转时,运动副元素间将产生摩擦力,摩擦力对回转轴线的力矩即为摩擦力矩 M_f。

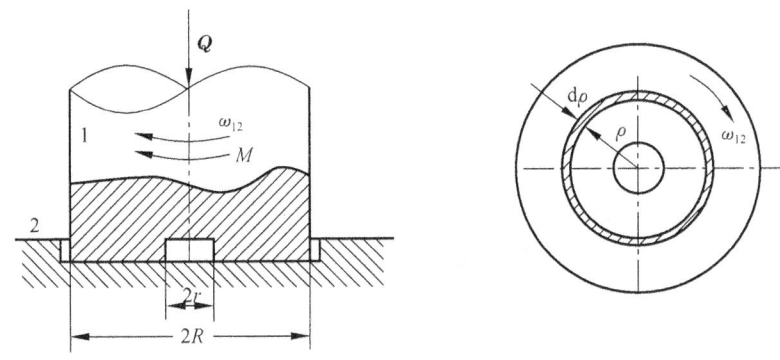

图 12.9 轴端摩擦力分析

如图所示,假设与轴承 2 的支撑面相接触的轴端是内径为 $2r$,外径为 $2R$ 的空心端面,轴 1 承受载荷 Q 并与轴承 2 压紧,则 M_f 具体求法如下:

从轴端接触面上取出微环面积 $ds = 2\pi\rho d\rho$,设 ds 上的压强为 p。则微环面积上的正压力为 $dN_{21} = pds = 2\pi p\rho d\rho$,摩擦力 $dF_{21} = fdN_{21} = 2\pi fp\rho d\rho$,对回转轴线的摩擦力矩为

$$dM_f = \rho dF_{21} = 2\pi fp\rho^2 d\rho$$

轴端受到的正压力为

$$N_{21} = \int_r^R 2\pi p\rho d\rho = Q \tag{12-7}$$

轴端受到的总摩擦力矩为

$$M_f = \int_r^R 2\pi fp\rho^2 d\rho \tag{12-8}$$

对于新制成的轴端和很少使用的轴端和轴承(也称未跑合轴端),各处接触的紧密程度基本相同。对此可假定压强 p 在整个轴端上处处相等,即 $p =$ 常数,则由式(12-7)得

$$p = \frac{Q}{\pi(R^2 - r^2)}$$

由式(12-8)得

$$M_f = \frac{2}{3}\pi fp(R^3 - r^3)$$

故

$$M_f = \frac{2}{3}fQ\frac{R^3 - r^3}{R^2 - r^2} \tag{12-9}$$

轴端经过一段时间的运转后,由于磨损,接触面上各处接触紧密程度不太一样。靠近轴线处,磨损较少,接触较紧密;远离轴线处磨损较多,接触较松,压强 p 不再是常数。但是,通常 p 和 ρ 的乘积等于常数,即各处磨损相等,这样的轴端称

为跑合轴端。此时由式(12-7)得轴端受到的正压力为

$$N_{21} = 2\pi p\rho(R-r) = Q$$

即

$$p\rho = \frac{Q}{2\pi(R-r)}$$

由式(12-8)得轴端受到的总摩擦力矩为

$$M_\mathrm{f} = \pi f p\rho(R^2 - r^2)$$

故

$$M_\mathrm{f} = \frac{1}{2}fQ(R+r) \tag{12-10}$$

由于 $p\rho=$ 常数，靠近轴线处的压强 p 非常大，容易发生压溃，因此，轴端多作成空心的。

12.4　考虑摩擦时机构的力分析

掌握了运动副中摩擦力的分析方法和运动副总反力的确定方法后，就很容易对机构在考虑摩擦力时进行力分析了。

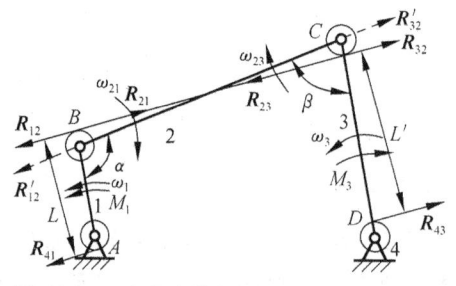

图 12.10　考虑摩擦时平面四杆机构力分析

例 12.2　如图 12.10 所示四杆机构。曲柄 1 为主动件，在已知驱动力矩 M_1 的作用下以角速度 ω_1 匀速转动。图中细线小圆为摩擦圆，不计重力和惯性力的影响，试求在图示位置时各运动副中的总反力及作用在构件 3 上的平衡力矩 M_3。

解　在不计摩擦时，各转动副中的反作用力应通过轴颈中心。

先分析构件 2 的受力情况：因为不计构件自重和惯性力，故构件 2 为受拉的二力构件，即在 R'_{12} 和 R'_{32} 作用下构件 2 处于平衡状态，且 R'_{12} 和 R'_{32} 大小相等，方向相反作用在 BC 直线上（如图中带箭头的虚线）。考虑摩擦时，总反力应切于摩擦圆上。在转动副 B 处，构件 1、2 之间的夹角 α 逐渐减小，相对角速度 ω_{21} 为顺时针方向。因构件 2 受拉，总反力 R_{12} 应切于 B 处摩擦圆上方，产生的摩擦力矩为逆时针方向，阻碍 ω_{21} 的运动。在转动副 C 处，构件 2、3 之间的夹角 β 逐渐增大，相对角速度 ω_{23} 为顺时针方向。总反力 R_{32} 应切于 C 处摩擦圆下方，产生的摩擦力矩为逆时针方向，阻碍 ω_{23} 的运动。而构件 2 在 R_{12} 和 R_{32} 作用下处于平衡状态，故此二力应共线，且同时切于 B 处摩擦圆上方和 C 处摩擦圆下方。

再分析曲柄 1 的受力情况:曲柄 1 在 R_{21}、M_1 和 R_{41} 作用下处于平衡状态,根据力平衡条件可知,$R_{41} = -R_{21}$,$\omega_{14} = \omega_1$ 为逆时针方向。因此 R_{41} 应与 R_{21} 平行,且切于 A 处摩擦圆下方,并有

$$R_{21} = M_1/L$$

式中,L 为 R_{21} 和 R_{41} 之间的力臂。

最后分析构件 3 的受力情况:构件 3 在 R_{23}、M_3、R_{43} 作用下平衡,$R_{43} = -R_{23} = R_{21}$,而 $\omega_{34} = \omega_3$ 为逆时针方向。R_{43} 应在 D 点切于摩擦圆上方,作用在构件 3 上的摩擦力矩为

$$M_3 = R_{23}L'$$

式中,L' 为 R_{23} 和 R_{43} 之间的力臂,M_3 与 ω_3 方向相反,因此 M_3 为阻抗力矩。

12.5 机 械 效 率

12.5.1 机械效率的概念及其计算

由于摩擦的存在,为了驱动机械运动所施加于机械上的驱动力还要克服摩擦力做功,这样输入的能量不可能全部转化为有用功,其中一部分消耗在克服摩擦力上,为此机械输出的有用功总是小于输入功。为了表示机械对功的利用程度,将输出功与输入功的比值称为机械效率,用 η 表示。机械效率是衡量机械性能优劣的一项重要指标,不考虑机械动能的变化,机械效率为

$$\eta = \frac{W_r}{W_d} \tag{12-11}$$

式中,W_r 为机械输出的有用功;W_d 为输入机械的总功。

根据功能不变原理,应有

$$W_d = W_r + W_f$$

$$\eta = \frac{W_d - W_f}{W_d} = 1 - \frac{W_f}{W_d} = 1 - \psi \tag{12-12}$$

式中,W_f 为摩擦损耗功;ψ 为损耗系数。

因为摩擦总是存在,$W_f > 0$,即 $\psi > 0$,所以,机械效率 η 总是小于 1。对式(12-11)的分子、分母同时除以时间 t,得到用功率表示的效率公式为

$$\eta = \frac{W_r/t}{W_d/t} = \frac{N_r}{N_d}$$

图 12.11 是机械系统传动的示意图,设 P 为驱动力,v_P 为输入速度,Q 为阻抗

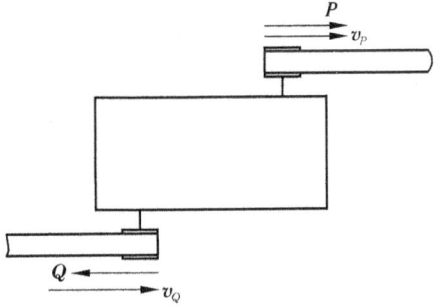

图 12.11 机械系统传动示意图

力,v_Q 为输出速度,则机械效率可表示为

$$\eta = \frac{N_r}{N_d} = \frac{Qv_Q}{Pv_P}$$

假设机械中不存在摩擦,这样的机械称为理想机械。在理想机械中克服同样的阻抗力 Q 所需的驱动力为 P_0,称 P_0 为理想驱动力,显然 P_0 应小于实际驱动力 P。在理想机械中摩擦损耗功为零,即 $P_0 v_P = Q v_Q$,则

$$\eta = \frac{Qv_Q}{Pv_P} = \frac{P_0 v_P}{P v_P} = \frac{P_0}{P} = \frac{\text{理想驱动力}}{\text{实际驱动力}} \qquad (12\text{-}13)$$

同理,机械效率也可表示成

$$\eta = \frac{M_0}{M} = \frac{\text{理想驱动力矩}}{\text{实际驱动力矩}} \qquad (12\text{-}14)$$

利用式(12-14)计算机械效率十分简便。例如在图 12.4 所示的斜面机构中,其正行程的驱动力为 $P = Q\tan(\alpha+\varphi)$,若不考虑摩擦,即摩擦角 $\varphi=0$,则克服载荷 Q 所需的理想驱动力为 $P_0 = Q\tan\alpha$,因此,机械效率为

$$\eta = \frac{P_0}{P} = \frac{\tan\alpha}{\tan(\alpha+\varphi)}$$

斜面机构反行程,驱动力为 $Q = \dfrac{P'}{\tan(\alpha-\varphi)}$,理想驱动力为 $Q_0 = \dfrac{P'}{\tan\alpha}$,则机械效率为

$$\eta = \frac{Q_0}{Q} = \frac{\tan(\alpha-\varphi)}{\tan\alpha}$$

同理,在螺旋机构中,拧紧螺母的机械效率为

$$\eta = \frac{M_0}{M} = \frac{\tan\alpha}{\tan(\alpha+\varphi)}$$

松开螺母时,Q 为驱动力,机械效率为

$$\eta = \frac{Q_0}{Q} = \frac{\tan(\alpha-\varphi)}{\tan\alpha}$$

虽然某些机械的机械效率可以计算,但计算求得效率的真实数值总是比较困难的。这是因为在具体的工作条件下,摩擦系数的确定是比较困难的。而影响机械效率除摩擦系数外,还有其他许多因素。如搅油损失、介质阻力、振动、噪声引起的能量损耗等。另外,对于大多数机械其效率也很难用解析式表达。上述效率公式的意义在于反映了机械结构参数与机械效率的关系,揭示了提高机械效率的某些途径。

在工程实践中,机械效率的真实数值主要靠实验方法获得,各种设计手册给出了常用机构的效率值,可供参考。

12.5.2 机组的机械效率

机组的总效率可按三种不同组合方式进行计算。

1. 串联机组

图 12.12 为由 k 个机构按顺序依次串联组成的机组示意图。该机组的输入功率为 N_d，依次经过机构 $1,2,\cdots,k$，N_k 为该机组的输出功率。功率在传递的过程中，前一机构的输出功率为后一机构的输入功率，各机构的机械效率分别为 $\eta_1,\eta_2,\cdots,\eta_k$，则得各机构的效率为

$$\eta_1 = \frac{N_1}{N_d}, \quad \eta_2 = \frac{N_2}{N_1}, \quad \cdots, \quad \eta_k = \frac{N_k}{N_{k-1}}$$

机组的总效率

$$\eta = \frac{N_k}{N_d} = \frac{N_1}{N_d}\frac{N_2}{N_1}\cdots\frac{N_k}{N_{k-1}} = \eta_1 \eta_2 \cdots \eta_k \tag{12-15}$$

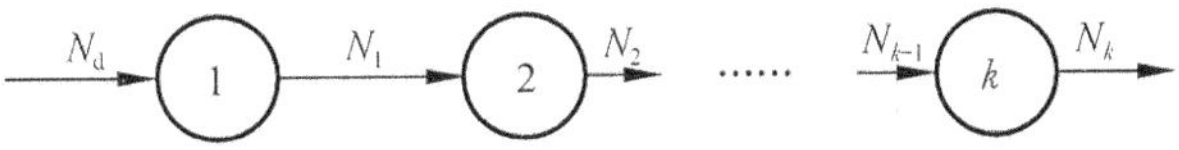

图 12.12 串联机组示意图

式(12-15)表明串联机组的总效率等于各个机构效率的连乘积。因为任一机构的机械效率都小于 1，所以串联机组的总效率小于机组中任一机构的效率。串联的机构越多，机组总效率越低，因此在串联机组中应提高效率最低环节的效率。

2. 并联机组

图 12.13 为并联机组示意图。并联机组总输入功率为 N_d，且 $N_d = N_1 + N_2 + \cdots + N_k$。设各个机构的效率分别为 $\eta_1, \eta_2, \cdots, \eta_k$，总输出功率 $N_r = N_1' + N_2' + \cdots + N_k'$，则机组总效率为

$$\eta = \frac{N_r}{N_d} = \frac{N_1' + N_2' + \cdots + N_k'}{N_1 + N_2 + \cdots + N_k}$$

$$= \frac{N_1\eta_1 + N_2\eta_2 + \cdots + N_k\eta_k}{N_1 + N_2 + \cdots + N_k}$$

$$= \frac{\sum_{i=1}^{k} N_i\eta_i}{\sum_{i=1}^{k} N_i} \tag{12-16}$$

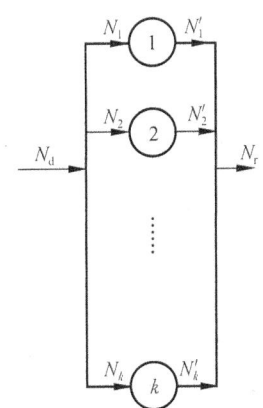

图 12.13 并联机组示意图

式(12-16)表明并联机组的总效率不仅与各个机构的效率有关，而且与总输入功率的分配有关。设 $\eta_{\max}$ 和

$\eta_{\min}$是各个机构效率的最大值和最小值,则$\eta_{\min}<\eta<\eta_{\max}$。传递功率较大的分支,对总功率影响也较大。

3. 混联机组

混联机组是由上述两种连接组合而成的,计算效率的方法是,先将输入输出功率的传递路线弄清,然后分别按其连接方式计算出机组的总效率。

例 12.3 在图 12.14(a)所示减速器中,已知每一对圆柱齿轮和圆锥齿轮的效率分别为 0.95 和 0.92,且齿轮 9 输入功率 N_{d2} 是齿轮 3 输入功率 N_{d1} 的 2 倍,试求其总效率 η。

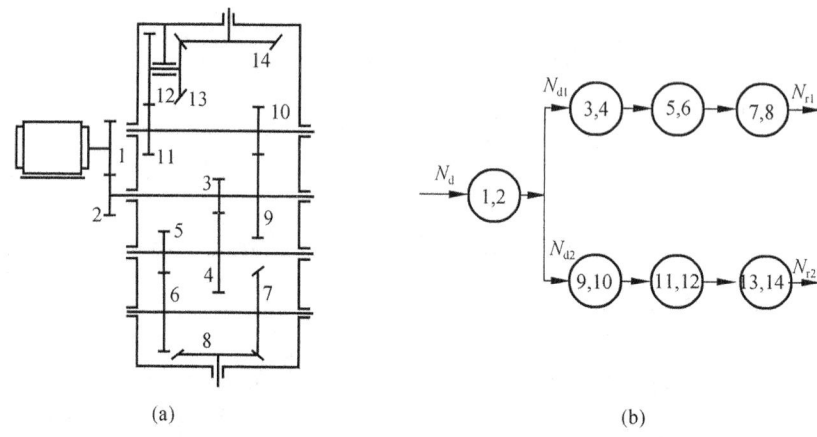

图 12.14 减速器效率计算

解 减速器的能量输送路线如图 12.14(b)所示,此齿轮机构的连接属于混合连接,其总效率的求法如下:

$$N_{r1} = N_{d1} \eta_{3,8}$$

$$\eta_{3,8} = \eta_{3,4} \eta_{5,6} \eta_{7,8} = 0.95 \times 0.95 \times 0.92$$

$$N_{r2} = N_{d2} \eta_{9,14}$$

$$\eta_{9,14} = \eta_{9,10} \eta_{11,12} \eta_{13,14} = 0.95 \times 0.95 \times 0.92$$

$$N_{d1} + N_{d2} = N_d \eta_{1,2}$$

$$\eta = \frac{N_{r1} + N_{r2}}{N_d} = \frac{N_{d1}\eta_{3,8} + N_{d2}\eta_{9,14}}{(N_{d1} + N_{d2})/\eta_{1,2}} = \frac{\eta_{1,2}(\eta_{3,8} + 2\eta_{9,14})}{3}$$

$$= 0.95^3 \times 0.92 = 0.79$$

12.6 机械的自锁

只要给机械加上足够大的驱动力,似乎就应该使该机械在有效驱动力作用的方向上运动。而在实际工程中,由于摩擦的存在,却会出现无论如何增大这个驱动力,机械都无法运动的现象,称此现象为机械的自锁。

自锁现象具有十分重要的意义。当我们设计机械时,为实现预期的运动,应避免自锁现象的发生。但是有些机械在工作中却需要自锁这种特性。例如,螺旋千斤顶,机床加工用的夹具,牛头刨床的工作台和进给机构等都需要自锁特性。下面分析一下自锁发生的原因。

如图 12.15 所示,滑块 1 与平台 2 构成移动副。设 P 为作用在滑块 1 上的驱动力,它与导轨法线夹 β 角,φ 为摩擦角。将力 P 分解成沿接触面切向和法向两个分力 P_t 和 P_n,$P_t=P\sin\beta=P_n\tan\beta$ 是推动滑块运动的有效分力。P_n 垂直接触面,只能产生正压力和摩擦力,由 P_n 引起的最大摩擦力 $F_{\max}=fP_n=P_n\tan\varphi$。

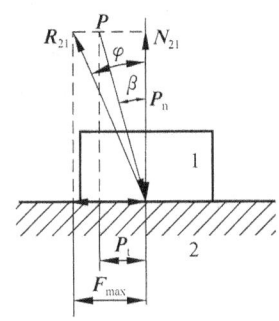

图 12.15 移动副中的自锁

当 $\beta\leqslant\varphi$ 时,$P_t\leqslant F_{\max}$。此时不管驱动力 P 如何增大,有效分力 P_t 总小于由 P 力引起的最大摩擦力,滑块 1 不能运动,这就是发生了所谓的自锁现象。

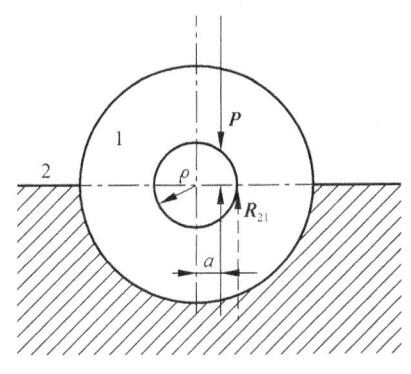

图 12.16 回转副中的自锁

由上述分析可知,移动副发生自锁的条件是:$\beta\leqslant\varphi$,即驱动力作用在摩擦角之内。

在图 12.16 所示的转动副中,设轴颈上作用单一外载荷 P,其到轴线的距离为 a。当 $a<\rho$ 时,因为使轴颈转动的驱动力矩 $M=Pa$ 总小于由 P 力引起的最大摩擦力矩 $M_{f\max}=P\rho$,所以转动副发生自锁。由上述分析可知,转动副发生自锁的条件为:作用在轴颈上的驱动力作用在摩擦圆之内。

还可以通过生产阻力的情况判断机械能否自锁。当自锁时,机械已不能运动,这时克服的生产阻力 $Q\leqslant 0$。因此可利用当驱动力任意增大时,生产阻力 $Q<0$ 的条件来判断机械是否自锁。

另外还可以从效率的观点来分析自锁条件。在机械自锁时,机械已不能运动,输入的功不足以克服由其引起的最大损耗功,此时机械无输出功,按效率计算公式,即 $\eta\leqslant 0$。机械发生自锁,已无输出功,机械效率的定义已发生变化。在 $\eta<0$ 时,其绝对值越大,表示自锁可靠性越高,而 $\eta=0$ 是自锁的临界状态。

下面介绍机械工程中应用自锁的几个实例,通过分析来确定它们自锁发生的条件。

(1) 螺旋千斤顶，螺旋千斤顶在物体重力 Q 作用下运动的阻力矩是 M'，则

$$M' = \frac{d_2}{2}Q\tan(\alpha - \varphi_v)$$

若发生自锁，$M' \leqslant 0$，得 $\tan\alpha - \varphi_v \leqslant 0$，即 $\alpha \leqslant \varphi_v$，这就是螺旋千斤顶在物体重力作用下，不致反转的自锁条件。

(2) 斜面压榨机，图 12.17 为斜面压榨机的简化模型，已知各接触面的摩擦系数为 f，斜面倾角 α，求在外力 Q 作用下机构自锁条件。

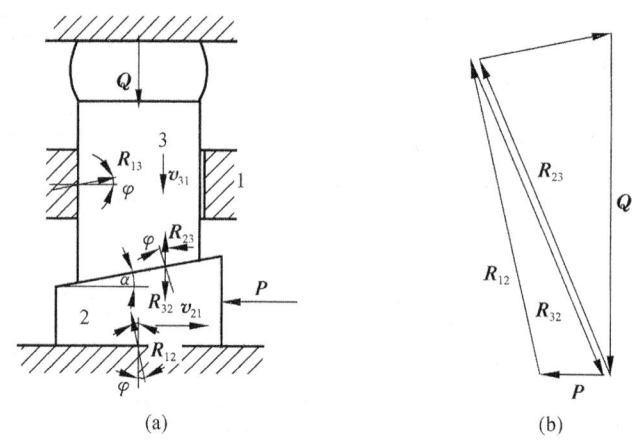

图 12.17 斜面压榨机的自锁分析

设在外力 Q 作用下，机构产生运动。先作出各运动副反力如图 12.17(a) 所示，然后分别取物体 2、3 为分离体，建立力平衡方程式 $\boldsymbol{P} + \boldsymbol{R}_{12} + \boldsymbol{R}_{32} = \boldsymbol{0}$ 和 $\boldsymbol{Q} + \boldsymbol{R}_{13} + \boldsymbol{R}_{23} = \boldsymbol{0}$，最后作力多边形求解，如图 12.17(b) 所示。由正弦定理得

$$P = R_{32}\sin(\alpha - 2\varphi)/\cos\varphi$$
$$Q = R_{23}\cos(\alpha - 2\varphi)/\cos\varphi$$

因为 $R_{32} = R_{23}$，则可得 $P = Q\tan(\alpha - 2\varphi)$。

令 $P \leqslant 0$，得 $\tan(\alpha - 2\varphi) \leqslant 0$，即 $\alpha \leqslant 2\varphi$。此时无论如何增大 Q 力，始终有 $F \leqslant 0$，因此该机构的反行程自锁条件为 $\alpha \leqslant 2\varphi$。

第 13 章　机械系统运动方案设计

13.1　概　　述

机械系统运动方案的设计是机械设计过程重要的组成部分,也是最富有创造性的设计工作,运动方案设计的优劣,对提高机械的性能和质量,降低制造成本与维护费用等影响很大。有研究表明,一个机械产品成本的 70% 是由运动方案设计决定的,故应认真对待。

机械系统运动方案设计的内容如绪论中所述。其一般过程可用如图 13.1 所示的框图来表示。

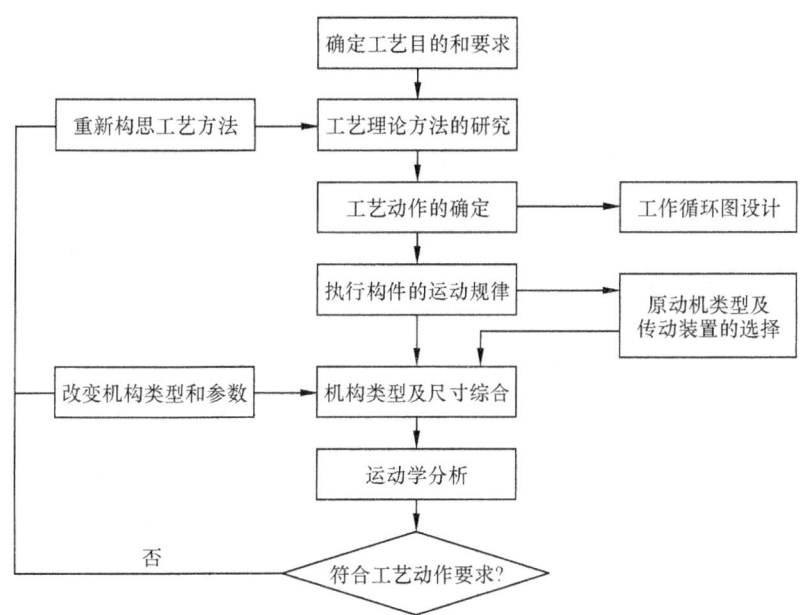

图 13.1　机械运动系统方案设计流程

机械系统运动方案设计重点要解决好以下几个问题。

1. 确定执行构件的运动及相互协调配合关系

当机器的工艺方法确定后,执行构件的运动形式和运动规律即可确定。一部复杂的机器,通常有多个执行构件,必须使这些构件的运动以一定的次序协调配合,使其统一于一个整体,才能保证其工作的完成。机械运动的协调设计是机械系统运动方案设计的重要内容之一。

2. 原动机选择

大多数机械是由原动机驱动的,常用的原动机如电动机、内燃机、液压油缸等,原动机的选择是否得当,对整个机械的性能及成本、对机械传动系统的组成及其繁简程度将有直接影响。

3. 传动系统的设计

传动机构在机械系统中所起的作用主要有调速、改变运动方向及传动距离等。常用的传动机构有齿轮传动、带传动和链传动等,传动系统的设计直接影响着执行机构的工作性能,同时在很大程度上决定着整个机器的成本和费用。

4. 机构的选型与机构的创新设计

执行机构的选型是方案设计中最关键,也是最活跃的一步。为了选择合理的机构类型设计者必须善于运用发散思维,并在熟悉各种不同类型的常用机构运动特性基础上,根据执行构件的运动形式及运动功能要求,首先在基本机构中进行类比选取适合的机构。当所选机构不能完全满足预期要求,或虽能实现功能要求但存在较多缺点,或设计者希望尝试突破得到新机构,可考虑对基本机构运用变异、组合的方法构筑新的机构形式。

13.2 执行机构的运动及相互协调配合

13.2.1 执行构件的运动形式和运动参数

执行构件运动形式不同,其运动参数也不同。运动参数分两种,一种是设计要求明确提出的,另一种需要经过分析确定。执行构件常见的运动形式和运动参数有:

(1) 连续回转运动。连续回转运动多为匀速回转运动,如车床主轴的转动,球磨机筒体的转动等,其运动参数为转速或角速度。有些机器的转速是可调的,运动参数还有调速范围、调速级数、相邻两级速度的级比、级差等。

(2) 间歇回转运动。这种运动常用做分度运动或转位运动,如多工位机床的工作台转位,步进输送装置的送进轮运动等,其运动参数通常为每分钟的动作次数、运动系数、动停比等。

(3)往复直线或往复摆动运动。往复直线运动如牛头刨床刨头、冲压机冲头、内燃机活塞的运动;往复摆动运动如摆式喂料机料斗的运动。运动参数有行程长度或摆角、每分钟往复次数、行程速比系数等。

(4)单向间歇直线运动。如牛头刨床、插床工作台的送进运动,其运动参数为刀具往返一次工作台的送进量。

(5)平面复杂运动或轨迹运动。如复摆式颚式破碎机动颚的运动,搅拌机某点的运动。运动参数常用坐标来表示。

13.2.2 各执行构件运动的协调配合关系

在某些机械传动系统中,各执行构件的运动彼此独立,因此在设计中可不考虑运动的协调配合问题。例如起重机吊钩的起落、吊杆的摆动是各自独立的,并不存在协调配合的问题,将其设计成各自独立的运动链,而且可以采用不同的原动机。而在另一些机械传动系统中,各执行构件的运动之间必须保证严格的协调配合,才能实现机械的职能。它又可分为如下两种情况。

1. 各执行机构的动作在时间和空间上协调配合

有些机械要求各执行构件在运动时间的先后上和运动位置的安排上,必须准确协调地相互配合。

如图 13.2 所示,为一干粉料压片机。它有上冲头(六杆机构 8-9-10-11-12-13);下冲头(双凸轮机构 5-6-7-8);料筛传送机构(凸轮连杆机构 1-2-3-4-8)所组成。料筛由传送机构把它送至上、下冲头之间,通过上、下冲头加压把粉料压成片状。显然,在送料期间上冲头不能压到料筛,只有当料筛位于上、下冲头之间,冲头才能加压。所以送料以及上、下冲头之间的运动在时间顺序和空间位置上有严格的协调配合要求。

2. 各执行构件运动速度的协调配合

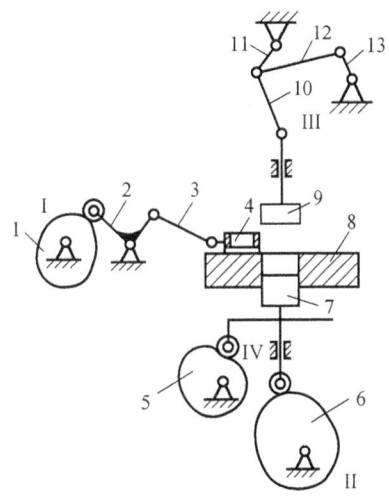

图 13.2 干粉料压片机

有些机械要求执行构件运动之间必须保持严格的速比关系。如范成法加工齿轮时,刀具和工件的范成运动必须保持某一恒定传动比;车床车制螺纹时,主轴的转速和刀架的走刀速度也必须保持严格的恒定速比关系。

对于有运动配合要求的执行构件,往往采用一个原动机,通过运动链将运动分配到各执行构件上去,借助机械传动系统实现运动的协调配合。但在一些现代机械中,也采用多个原动机分别驱动,借助控制系统实现运动的协调配合。

13.2.3 工作循环图

为保证机械工作时各执行构件间动作的协调配合关系,设计机械时,应编制以表明机械一个工作循环中各执行构件运动配合关系的工作循环图(或称运动循环图)。编制时应选定一个构件作为定标件,用它的运动位置(转角或位移)作为确定其他构件运动先后次序的基准。

机械运动循环图通常有三种表示方法:直线式、圆周式、直角坐标式。下面以图 13.2 所示的干粉料压片机为例,介绍这三种循环图。

干粉料压片机一个工作循环的工作过程如下(见图 13.3):

(1) 移动料筛 4,将粉料送至模具 8 的型腔上方准备装料,并将上一循环中成型的药片推开,同时下冲头 7 下移至装药位置。

(2) 振动料斗,将料筛入型腔。

(3) 料斗 4 移回,结束装料,下冲头再向下移一定的距离,以防止上冲头下压时,将粉料扑出。

(4) 上冲头向下压,下冲头向上顶,接着保压一段时间。

(5) 上冲头快速退回至起始位置,下冲头上升,将成品推出型腔,完成一个动作循环。

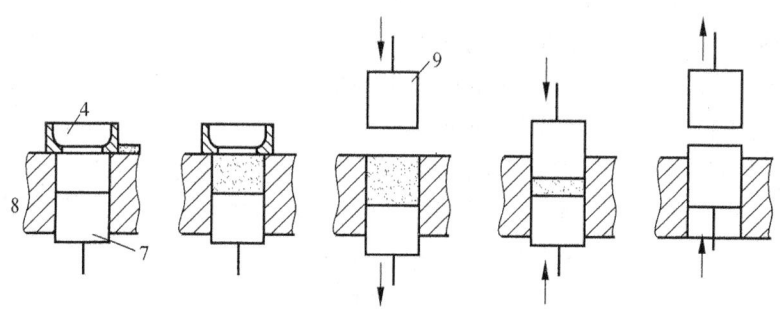

图 13.3 干粉压片机的工作过程

以曲柄为定标件,曲柄转一周为一个运动循环。实现上述运动的工作循环图如图 13.4 所示。其中图(a)是直线式循环图,图(b)表示的是圆周式循环图。这两种循环图能表示工艺动作的先后次序和动作持续时间的长短。图(c)是直角坐标式循环图。这种运动循环图不仅能表示出各执行构件动作的先后,而且能描述它们的运动规律及配合关系,是一种比较完善的循环图。

需要指出的是,虽然运动循环图的主要功用是表示机械中各执行构件间的相

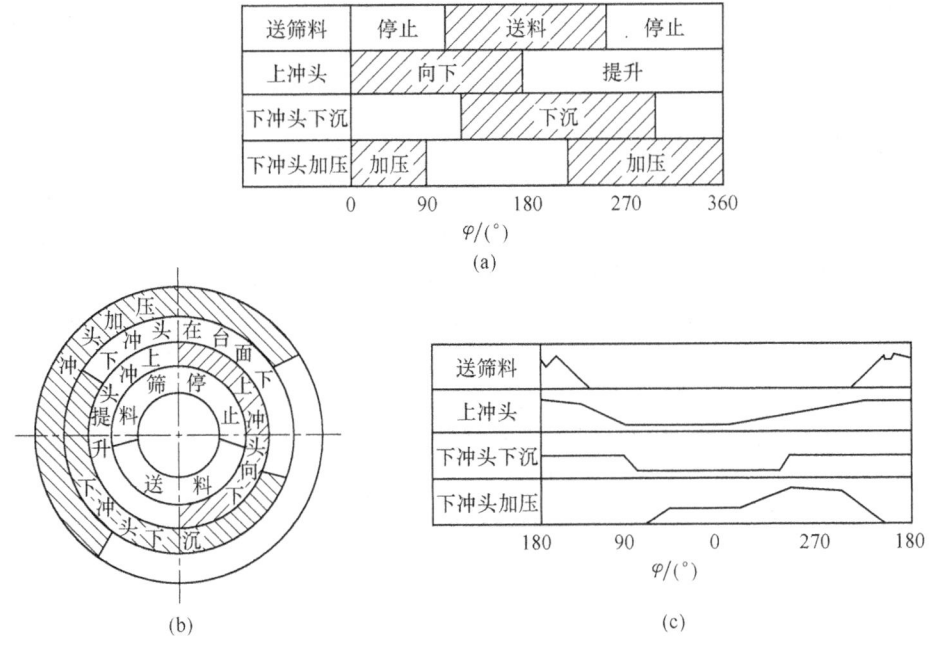

图 13.4 干粉压片机的三种运动循环图

互配合关系,以保证各执行机构动作的相互协调,使机械顺利实现预期的工艺动作,但同时它也为进一步设计各执行机构的运动尺寸以及机械系统的安装和调试提供了重要依据。因此,它在机械系统运动方案设计中占有重要地位。

13.3 原动机、传动机构的选择及应用

13.3.1 原动机的类型及应用

现代机械中应用的原动机类型规格较多,除了热机(蒸汽机、内燃机)主要用于经常变换工作场所的机械设备和运输车辆外,用于一般机械上的动力机为电动机、液压机和气动机。

电动机是最常用的一种原动机。电动机的类型有交流电动机、直流电动机、步进电动机和伺服电动机等,一般用得最多的是交流异步电动机。它价格低廉、功率范围宽,具有自调性,其机械性能能满足大多数机械设备的需要。交流异步电动机的同步转速有 3000r/min、1500r/min、1000r/min、750r/min 和 600r/min 五种,在输出同样的功率时,电动机的转速越高,其尺寸和重量也就越小,价格也就越低。因此在执行机构速度较高时应选用此类电动机。但当执行机构速度较低,若选用同步转速高的电动机,势必要增大减速装置,反而可能会造成机械设备总体成本的

增加,这时,就必须进行详细地分析和比较。一般说来执行机构都要求低转速或低的直线运动速度,因此应用交流异步电动机时都需要考虑减速环节,这一任务需要由传动机构的设计来完成。

其他类型的电动机由于造价高,多用于一些有特殊需求的场合。直流电动机用于调速范围大,且需连续平滑调速时使用。伺服电动机、步进电动机常用于数控设备中,需要精确控制执行构件位置或运动规律时使用。

液压机有输出旋转运动的液压马达和输出直线运动的液压油缸。液压机一般调速方便,易于实现速度和运动方向的控制,应用它往往可以使运动链简短,并能直接驱动执行构件。但须配备高压油供给系统,且制造、装配要求精度高,成本高。

气动机由于工作介质为空气,成本低、无污染、宜远距离输送、动作迅速、反应快;但其工作稳定性差、噪声大,用于要求实现简单运动的场合,如只要求从动件作位置移动,并不十分苛求运动规律时使用。

在具体条件下,选择哪种类型的原动机,要做技术和经济上的综合分析。原动机的不同选择对机械传动系统的设计、组成的繁简以及性能的优劣都有着重要的影响,应慎重对待。

13.3.2 传动机构的类型

传动装置的类型很多,按工作原理的不同,可分为机械传动、液压传动、气压传动、电气传动。根据本课程的教学范畴,我们仅讨论机械传动。

利用机构所实现的传动称为机械传动,其优点是工作稳定、可靠,对环境的干扰不敏感。缺点是响应速度较慢、控制欠灵活。

常见的机械传动类型及特点如表13.1。

此外,连杆机构、凸轮机构、螺旋机构、槽轮机构、棘轮机构、组合机构等既是执行机构,同时也是传动机构,在传动中起着改变运动形式的作用。

减速器是传动系统中常用的一种部件,常作为标准部件在工程设计中直接选取。减速器有很多类型和结构形式,如圆柱齿轮减速器、蜗轮蜗杆减速器、少齿差减速器、谐波齿轮减速器、摆线针轮减速器,选用时可参阅有关的设计手册。

表 13.1 常用机械传动的特性和应用

	带传动	链传动	齿轮传动	蜗杆传动
主要优点	中心距变化范围大,结构简单,传动平稳,能缓冲,可起安全装置作用(指摩擦型带传动),成本低,安装要求不高	中心距变化范围大,平均传动比较准确、恒定,对恶劣环境适应能力较强,工作可靠,与摩擦型传动相比在轴和轴承上的力较小	外廓尺寸小,效率高,传动比恒定准确,寿命长,适用的功率和速度范围广,采用行星传动时可获得很大传动比	外廓尺寸小,结构紧凑,传动比大而准确,传动平稳无噪声,可做成自锁传动

续表

	带传动	链传动	齿轮传动	蜗杆传动
主要缺点	外廓尺寸大,轴和轴承上受力大,摩擦型带传动由于静电效应不宜用于易燃、易爆场合,而且传动比不能严格保证,寿命较短	瞬时速度不均匀,高速时,不如带传动平稳(齿形链较好),在震动冲击负荷下寿命大为缩短	要求制造安装精度高,不能缓冲,高速传动精度不够时则有噪声,无过载保护作用	效率低,中速及高速传动需用价格昂贵的减摩材料(如青铜),制造精度高,刀具费用贵
功率 P(kW)	平带 $P_{max}=2000$ 普通V带 $P_{max}=1000$ (常用 50~100 以下) 同步带 $P_{max}=200$	$P_{max}=500$, 常用 100 以下	直齿圆柱齿轮 $P_{max}=750$ 斜齿和人字齿 $P_{max}=5000$ 直齿圆锥齿轮 $P_{max}=1000$	$P_{max}=750$,通常只用到 50 以下
速度 v(m/s)	平带 $v_{max}=100$ 普通V带 v_{max} 为 25~30 同步带 $v_{max}=50$	v_{max} 为 30~40 通常<20	6级精度 圆柱齿轮 $v \leqslant 18$~36 圆锥齿轮 $v \leqslant 5$~25	滑动速度 v_{max} 为 15~35
效率 η	平带 0.92~0.98 普通V带 0.92~0.94 同步带 0.96~0.98	滚子链 $v \leqslant 10$m/s η 为 0.95~0.97 滚子链 $v>10$m/s η 为 0.92~0.96 齿形链 η 为 0.97~0.99	开式传动 η 为 0.92~0.94 闭式传动 η 为 0.95~0.98	开式传动 η 为 0.6~0.7 闭式 η 为 0.7~0.92 自锁蜗杆 η 为 0.40~0.45
单级传动比 i	平型带 $i \leqslant 4$~5 普通V带 $i \leqslant 7$~10 同步带 $i \leqslant 10$	滚子链 $i \leqslant 6$~10 齿形链 $i \leqslant 15$ 通常 $i \leqslant 8$	圆柱齿轮 $i \leqslant 10$ 常用 $i \leqslant 5$ 圆锥齿轮 $i \leqslant 6$ 常用 $i \leqslant 3$	开式传动 $i \leqslant 100$ 常用 i 为 15~60 闭式传动 $8 \leqslant i \leqslant 80$ 常用 i 为 10~40
寿命	普通V带 3500~5000h (优质V带可达 20000h)	5000~15000h	取决于轮齿材料的接触和弯曲疲劳强度以及抗胶合和抗磨损能力	制造精确,润滑良好,寿命较长。低速传动磨损显著

13.3.3 传动系统设计的一般准则

1. 合理安排传动顺序

各种传动机构常常组合起来形成机械传动系统,它们的结构特点和传动作用各不相同,应按一定规律合理地安排传动顺序。一般将减速机安排在运动链的起始端,尽量靠近原动机,如采用带有减速装置的电动机。将变换运动形式的机构安排在运动链的末端,使其与执行构件靠近,如将凸轮机构、连杆机构、螺旋机构等靠近执行构件布置。将带传动类型的摩擦传动安排在运动链中的转速高的起始端,以减小传递的转矩、降低打滑的可能性。在传递同样转矩的条件下,与其他传动形式比较,摩擦传动机构尺寸比较大,为了减小其外部尺寸应将其布置在运动链的起始端。传动链中采用圆锥齿轮时,应考虑到圆锥齿轮制造较困难,造价高,避免用大尺寸的圆锥齿轮,而采用较小的圆锥齿轮也应布置在运动链中转速较高的位置。

上述顺序安排只是一般性的考虑,具体安排时需要同时考虑的因素较多,如充分利用空间、降低传动噪声和振动,以及装配维修的方便等,相关的各因素都要权衡利弊给予适当的考虑。

2. 采用简短的运动链

拟定机械的传动系统时,尽可能采用简单、紧凑的运动链。因为运动链越简短,组成传动系统所使用的机构和构件数目越少,这不仅降低制造费用、减小体积和重量,而且使机械的传动效率相对提高。传动环节的减少使传动中的积累误差也随之减小,结果将提高机械的传动精度和工作准确性。

3. 有较高的机械效率

传动系统的机械效率主要取决于组成机械的各基本机构的效率和它们之间的连接方式。因此,当机械中含有效率较低的机构时,如蜗杆蜗轮传动装置,这将降低机械的总效率。在机械传动中的大部分功率是由主传动链所传递,应力求使其具有较高的传动效率,而辅助传动链,如进给传动链、分度传动链、调速换向传动链等所传递的功率很小,其传动效率的高低对整个机械的效率影响较小。对辅助传动链主要着眼于简化机械、减小外部尺寸、力求操作方便、安全可靠等要求。

4. 合理分配传动比

运动链的总传动比应合理地分配到各级传动机构,既充分利用各种传动机构的优点,又能利于尺寸控制得到结构紧凑的机械。每一级传动机构的传动比应控制在其常用的范围内,如果某一级传动比过大,则对其性能和尺寸都将有不利的影响。所以当齿轮传动比大于8~10时,一般应设计为两级传动,当传动比在30以上时,常设计两级以上的齿轮传动。但是对于带传动来说,由于外部尺寸较大,实际很少采用多级带传动。如果传动比很大,尺寸要求较小时,可采用行星轮系机构。

电动机的转速一般都超过执行构件所需要的转速,从而需要采用减速传动系统。这时,对于减速运动链应按照"前小后大"的原则分配传动比,而且相邻两级传动比的差值不要相差太大。如有 K 级减速传动,其各级的传动比为 $i_1,i_2,\cdots,i_K$,取值应符合 $i_1<i_2<\cdots<i_K$ 的顺序,相邻两级差不得过大。安排这种逐级减速的运动链,可使各级中间轴有较高的转速及较小的转矩,因此可选用尺寸较小的轴径和轴承、油封等零件。

5. 保证机械安全运转

设计机械传动系统时,必须充分重视机械的安全运转,防止发生人身事故或损坏机械构件的现象出现。一般在传动系统或执行机构中设有安全装置、防过载装置、自动停机等装置。例如在起重机的起吊部分必须防止在载荷作用下发生倒转,造成起吊物件突然下落砸伤工人或损坏货物的后果,所以在传动链中应设置具有足够自锁能力的机构如蜗轮蜗杆机构,或设置有效的制动器。又如为防止机械因短时过载而损坏,可采用具有过载打滑的摩擦传动装置或设置安全联轴器和其他安全过载装置。

13.4 执行机构的选型及变异

13.4.1 机构的选型

机构的选型首先应满足执行构件运动形式的要求。由于对应执行构件的每一种运动形式,有很多机构都能实现,因而设计者必须根据工艺动作要求、受力大小、使用维修方便与否、制造成本高低、加工难易程度等各种因素进行分析比较,然后择优选取。

下面对实现各种运动形式的常用机构作一归纳总结,供机构选型时参考。

1. 实现连续回转运动的机构

能实现匀速转动的机构有各种齿轮、蜗杆、带或链传动、摩擦轮等,在以交流异步电动机作为原动机的机械中,这类机构是最常见的减速或增速机构,其性能指标、应用范围可参阅 13.3 节内容。

双曲柄机构、回转导杆机构和非圆齿轮等机构可以实现周期变速转动,但非圆齿轮机构的加工较为困难,应用较少。

2. 实现往复移动或摆动的机构

常见的能实现往复移动或摆动的机构有连杆机构、凸轮机构、螺旋机构、齿轮齿条机构及组合机构等。

连杆机构中用来实现往复移动的主要是曲柄滑块机构、正弦机构、正切机构、六连杆机构等。连杆机构是低副机构,制造容易,承载能力大,但连杆机构难以准确地实现任意指定的运动规律,故多用于无严格的运动规律要求的场合。

凸轮机构可以实现复杂的运动规律,也便于实现各执行构件间的运动协调配合。但因其为高副机构,因此多用在受力不很大的场合。

螺旋机构可获得大的减速比和较高的运动精度,常用作低速进给和精密微调机构。

齿轮齿条机构适用于移动速度较高的场合,但是,由于精密齿条制造困难,传动精度及平稳性不及螺旋机构,所以不宜用于精确传动及平稳性要求高的场合。

实现往复摆动的机构有曲柄摇杆机构、摆动导杆机构、曲柄摇块机构、摆杆凸轮机构等。

3. 实现间歇运动的机构

常用的间歇运动机构有槽轮机构、棘轮机构、不完全齿轮机构以及凸轮式间歇机构和连杆间歇机构等。除棘轮机构是把往复摆动变成间歇转动或移动外,其余机构均为把连续转动变成间歇式运动。各种机构的运动特点已在前面叙述,故不再重复。

4. 实现轨迹运动的机构

实现轨迹运动要求的机构有四杆机构及齿轮-连杆、凸轮-连杆组合机构等。四杆机构虽然结构简单,制造方便,但一般只能近似实现所预期的轨迹。多杆机构或组合机构能实现预期轨迹,但设计难度较大,制造成本较高。

5. 运动的合成与分解的机构

可以应用各种差动机构,它们是具有两个自由度的机构,由两个主动件输入运动,其输出运动是输入运动的合成。其中由齿轮组成的差动机构,其输入和输出运动是线性关系,设计比较简单,故应用广泛。

13.4.2　机构的变异

为了实现一定的传动要求,或为了使机构具有某些性能和特点,通过改变现有机构的结构,可演变发展成新的机构,这便是机构的变异。

机构变异的方法很多,下面介绍几种较常见的方法。

1. 机构倒置

所谓机构的倒置就是机架的变换。按照相对运动原理,机架变换后,机构内各构件的相对运动关系不变,而绝对运动却发生了改变。这种机构的倒置方法在前面所述连杆机构、凸轮机构设计及周转轮系传动比计算中已经为大家所掌握,这里无须再作赘述。

2. 变换运动副的形式

运动副是机构运动变换的主要元素,通过变换运动副的形式是机构创新的途径之一。常见的运动副变换有三种:一种是转动副与移动副之间的变换;一种是高副和低副之间的变换;还有一种是运动副的同性异形的变换。这些内容已在前面章节做过介绍。

3. 改变构件的形状和尺寸

如图 13.5 所示的双转块机构,通过连杆 2 将块 1 的转动传递到块 3,构件 4 为机架。按图 13.5(a)所示的机构结构形状,两个转块是无法实现整周回转的。若分别将构件 1、2、3 的形状改变成带有滑槽或凸榫的圆盘,其中连杆 2 变成图 13.5(b)所示的两面各有矩形条状凸榫的圆盘,且两凸榫的中心线互相垂直,垂足点位于圆盘轴心。转盘 1 和转盘 3 各开一个凹槽,转盘 2 上的凸榫分别嵌入 1 和 3 相应的凹槽内,形成图 13.5(c)所示的十字滑块联轴器。当转盘 1 转动时,转盘 3 以同样的角速度转动,从而克服了原机构无法整周转动的缺陷。

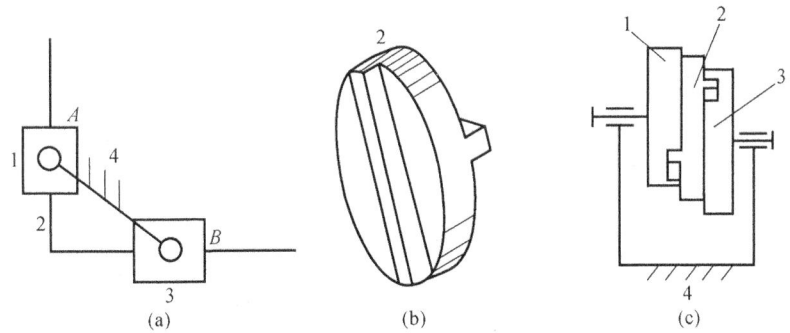

图 13.5 改变构件的形状(一)

在摆动导杆机构(见图 13.6(a))中,若在原直线导槽上设置一段圆弧槽,其圆弧半径与曲柄长度相等,则导杆在左极位时将做较长时间的停歇,即变为单侧停歇的导杆机构(见图 13.6(b))。如将导杆做成槽轮的形状,则演变为槽轮机构,如图 13.6(c)所示。

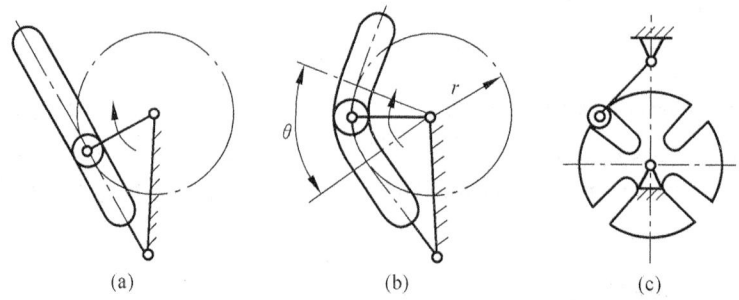

图 13.6　改变构件的形状(二)

13.5　机构的组合

13.5.1　机构的组合方式

组合机构形式繁多,常见的机构组合方式主要有以下几种。

1. 串联式组合机构

由两个或两个以上的单自由度基本机构相互串联,使前一机构的从动件恰为后一机构的主动件,以这种方式形成的组合机构称为串联式组合机构,以此改变单一机构的运动特性。如图 13.7(a)所示的机构就是这种组合方式的一个例子,可用图 13.7(b)所示的框图来表示。

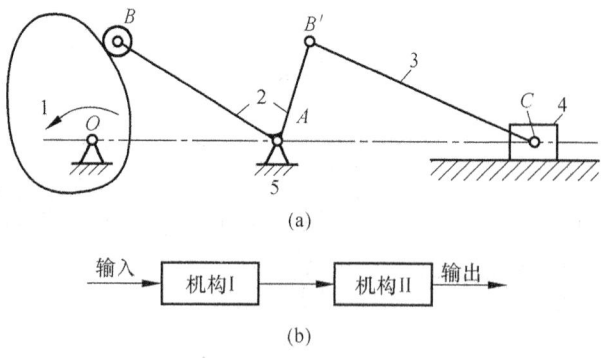

图 13.7　串联式组合机构

图中所示凸轮摆杆滑块机构是由凸轮机构 1-2-5(机构 I)和摆杆滑块机构 2-3-4-5(机构 II)串联组合而成。由于凸轮轮廓曲线可按任何运动规律进行设计,使执行构件滑块的运动规律充分满足生产工艺的要求。

可见,串联式组合机构主要是利用前置机构(如图中的凸轮机构)来改变后置机构(如图中的摆杆滑块机构)的输入构件的运动特性,以获得输出构件所期望的运动规律。

2. 并联式组合机构

主动件的一个运动同时输入给若干个并列布置的单自由度基本机构,而它们的输出运动又同时输入给一个多自由度的基本机构,从而形成一个自由度为1的机构系统,这种机构称为并联式组合机构。

如图13.8(a)所示的双色胶版印刷机中的接纸机构就是这种组合方式的一个实例。图中,凸轮$1,1'$为一个构件,当其转动时,同时带动四杆机构$ABCD$(机构I)和四杆机构$GHKM$(机构II)运动,而这两个四杆机构的输出运动又同时传给五杆机构$DEFNM$(机构III),从而使其连杆9上的P点描绘出一条工作所要求的运动轨迹。图13.8(b)所示为这种组合方式的框图。

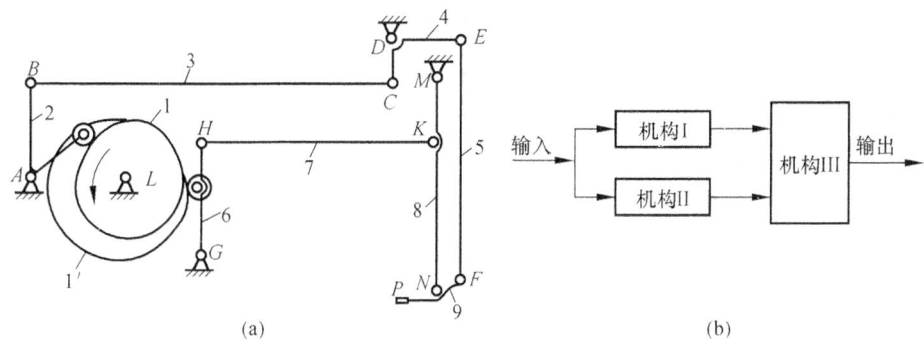

图 13.8 并联式组合机构

3. 复合式组合机构

如图13.9(a)所示的凸轮-连杆组合机构,即为复合式组合机构,它与串联及并

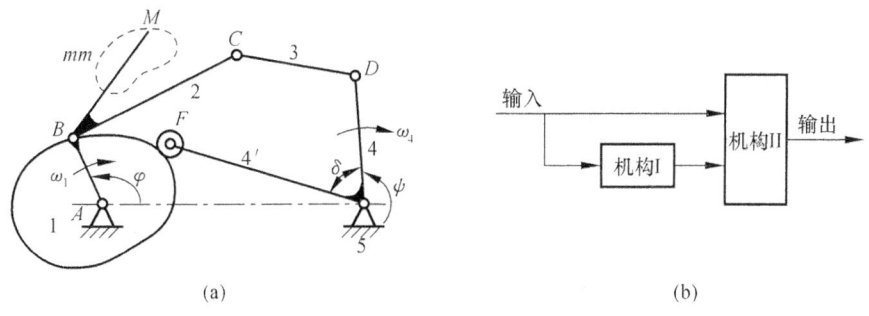

图 13.9 复合式组合机构

联组合机构既有联系又有区别。图中机构Ⅰ为由构件1、4′(4)、5组成的自由度为1的凸轮机构,机构Ⅱ为由构件1、2、3、4、5组成的自由度为2的五杆机构,这两种机构虽然也是串联关系,但机构Ⅱ的输入运动不全是机构Ⅰ的输出运动$\omega_4'(\omega_4)$,而与并联机构相比,虽然M点的输出运动也是两个输入运动的合成,但这两个输入运动一个来自机构Ⅰ的$\omega_4'(\omega_4)$,而另一个却来自主动件1的ω_1。这两种运动的合成使连杆上的M点能实现复杂的运动轨迹。如图13.9(b)为这种组合机构的框图。

4. 反馈式组合机构

一个多自由度的基本机构的一个输出运动,经过另一个单自由度的基本机构的转化后,又反过来传递给该多自由度的基本机构,这种组合机构称为反馈式组合机构。如图13.10(a)所示的滚齿机中的分度校正机构就是这种反馈式组合机构。

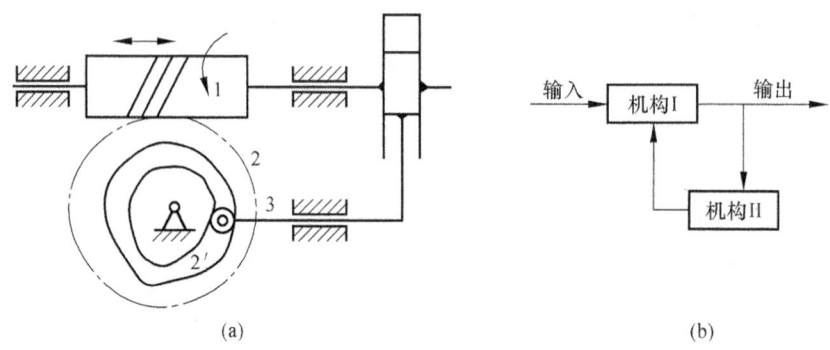

图13.10 反馈式组合机构

图中蜗杆1为主动件,蜗轮2和凸轮2′为一个构件,蜗杆在沿自身轴线转动的同时,又在凸轮机构中推杆3的带动下沿轴线移动,组成自由度为2的蜗轮蜗杆机构(机构Ⅰ)。因此,蜗杆有两个自由度,即一个转动和一个移动,其中蜗杆的一个输入运动即沿轴线的移动,就是它本身的输出运动通过自由度为1的凸轮机构(机构Ⅱ)转化后反过来又传递给它的。图13.10(b)为这种组合方式的框图。

13.5.2 常用组合机构的类型及应用

组合机构的类型多种多样,在此着重介绍几种常用组合机构的特点和功能。

1. 凸轮-连杆组合机构

凸轮-连杆组合机构通常是用自由度为1的凸轮机构去封闭自由度为2的连杆机构组合而成。通过凸轮轮廓的设计,可较容易和较准确地满足预期运动规律或运动轨迹的要求,因此在工程实际中得到广泛应用。

1) 实现复杂运动轨迹的凸轮-连杆组合机构

如图 13.11(a)所示为凸轮-连杆组合机构。构件 1、2、3、4、5 组成自由度为 2 的五杆机构,构件 1、4、5 组成凸轮机构,主动曲柄与凸轮固连在一起。在这种机构中,只要适当设计凸轮的廓线,就能使铰链点 C 实现预定的轨迹。设计过程如图 13.11(b)所示:

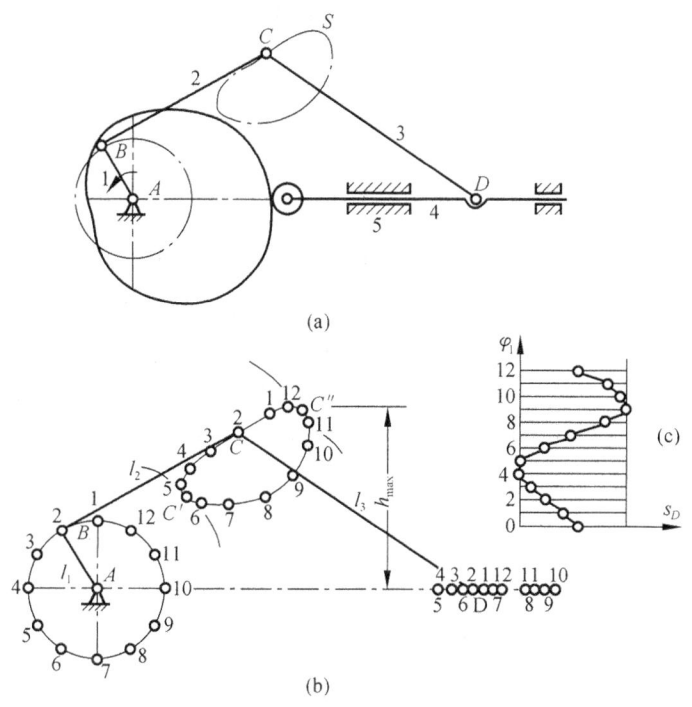

图 13.11 凸轮-连杆组合机构

(1) 根据结构要求,确定曲柄回转中心 A 相对于预定轨迹 S 的位置。

(2) 以 A 点为圆心,分别作圆弧与轨迹 S 内切、外切,切点分别为 C'、C'',则曲柄 1 和连杆 2 的长度分别为 $l_1=(l_{AC''}-l_{AC'})/2, l_2=(l_{AC''}+l_{AC'})/2$。

(3) 将铰链点 B 的轨迹圆任意等分(图中所示为 12 等分),以各等分点为圆心,以 l_2 为半径作圆弧,分别在给定轨迹 S 上得到相应的 12 个交点,再以这些交点为圆心,以选定的连杆 3 的杆长 l_3(应使 $l_3 > h_{max}$)为半径作圆弧,在 A、D 连线上得到相应的 12 个交点,这些点即为实现预定轨迹 S 时,D 点所占据的位置,选定一起始位置(图(c)中以 D_5 点为起始位置),则可求得与凸轮各转角 φ 相对应的杆 4 的位移 s_D,据此,可求得从动件 4 的运动规律 $s_D(\varphi_1)$ 的位移曲线,如图 13.11(c)。

(4) 选定凸轮的基圆半径,根据位移曲线 $s_D(\varphi_1)$ 即可作出盘形凸轮的理论廓线。

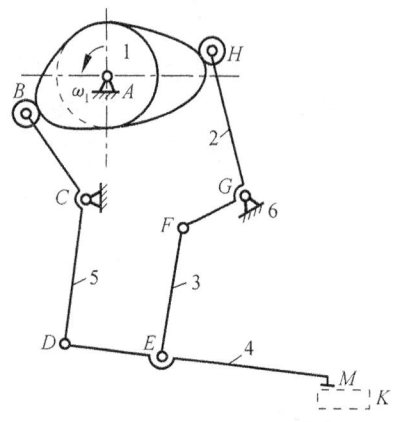

图 13.12 平板印刷机上吸纸机构

图 13.12 所示的另一凸轮-连杆机构为平板印刷机上吸纸机构的简图。是由单自由度的双联凸轮机构去封闭自由度为 2 的五杆机构而形成的组合机构。

主动凸轮 1-1′使摆动从动件 2 和 3 按一定的运动规律摆动，并将这两个运动输入五杆机构的两个连架杆，从而使固结在连杆 5 上的吸盘 P 走出一个矩形轨迹，来完成吸纸和送纸等工艺动作。设计这种机构时，与上述方法相似，先根据结构分析，确定各杆长度，然后根据 P 点走过的轨迹，求得从动件 2、5 的摆动规律，据此即可设计出双联凸轮的轮廓曲线。

2) 实现复杂运动规律的凸轮-连杆组合机构

图 13.13～图 13.15 所示为几种结构简单的能实现复杂运动规律的凸轮-连杆组合机构。图 13.13(a)及图 13.14 所示的凸轮-连杆组合机构，实际相当于连架杆长度可变的四杆机构；而图 13.15 所示机构，则相当于连杆长度可变的曲柄滑块机构。这些机构，实质上是利用凸轮机构来封闭具有两个自由度的五杆

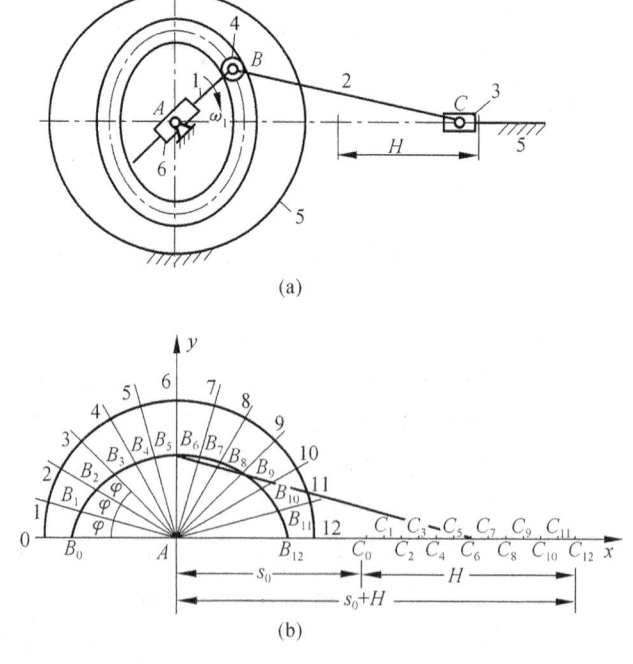

图 13.13 凸轮连杆组合机构之一

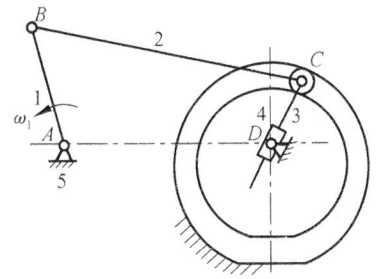
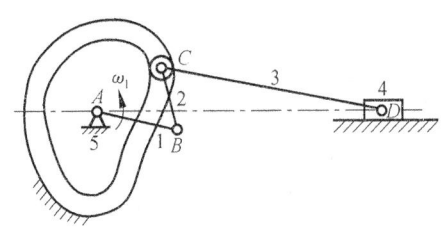

图 13.14 凸轮连杆组合机构之二　　　图 13.15 凸轮连杆组合机构之三

机构。只要适当地设计凸轮的轮廓曲线,就能实现预定的复杂运动规律。图 13.13(b)给出了这种组合机构的设计思路。与图 13.11(b)所述相似,只是此时滑块 3 的预期运动规律 $s_C(\varphi_1)$ 为已知,首先根据结构条件确定连杆的长度 l_{BC} 及滑块 3 的初始位置 s_0,然后,根据 $s_C(\varphi_1)$ 求得曲柄 1 在各等分角 $\varphi_{10},\varphi_{11},\cdots,\varphi_{1n}$ 时,滑块 3 的一系列对应位置 $C_0,C_1,\cdots,C_n$,最后,即可用作图法求得凸轮的理论廓线。

采用上述凸轮-连杆机构可以实现从动件行程(或摆角)较大而运动规律又较复杂的往复移动或摆动。在这种情况下,若使用单一的凸轮机构,会使盘形凸轮径向尺寸过大,甚至使机构受力情况恶化,而使用单一的四杆机构,又无法实现给定的较复杂的运动规律,而凸轮-连杆组合机构,既发挥了这两种基本机构的特长,又克服了它们各自的局限性。这是凸轮-连杆组合机构在工程实际中得到日益广泛应用的原因之一。

2. 齿轮-连杆组合机构

这类组合机构由定传动比的齿轮机构和变传动比的连杆机构组合而成,这种机构可以实现复杂的运动规律或运动轨迹,在工程实际中应用广泛、种类最多,而且便于加工,精度较高、运转可靠。

1) 实现复杂运动轨迹的齿轮-连杆组合机构

这类组合机构一般是由自由度为 1 的齿轮机构去封闭自由度为 2 的连杆机构所组成,可方便地实现复杂的预定轨迹。图 13.16(a)所示为工程实际中常用来实现复杂运动轨迹的一种齿轮-连杆组合机构。它由一对定轴齿轮机构 1、4 封闭双自由度的五杆机构 1-2-3-4-5 所组成。其中五杆机构的两个连架杆分别和两个齿轮固连在一起。当改变两轮的传动比、相对相位角和各杆长度时,连杆上 C 点即可描绘出不同的轨迹。其连杆曲线要比单纯四杆机构的连杆曲线丰富、复杂得多。当连杆尺寸确定后,C 点的轨迹取决于齿轮的传动比和两曲柄 1 和 4 间的相位。

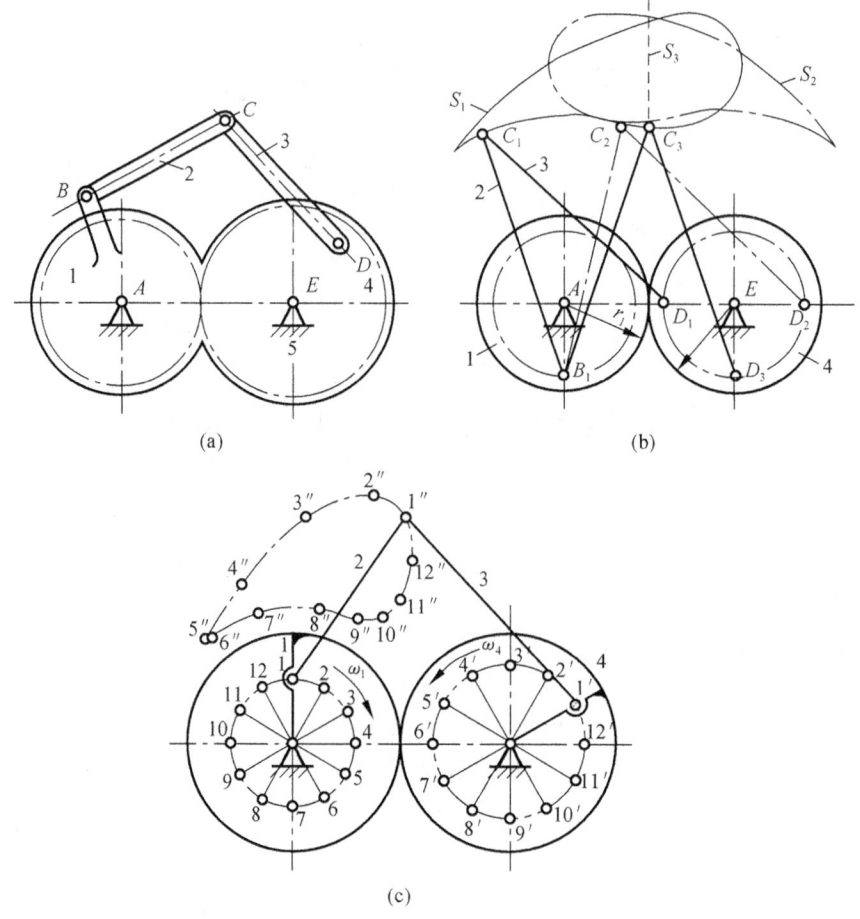

图 13.16 齿轮-连杆组合机构

如图 13.16(b)所示为齿轮传动比 $i_{14}=-1$,曲柄 1 处于 AB_1 位置,而曲柄 4 分别处于 ED_1、ED_2、ED_3 时,相应地 C 点所经过的轨迹分别为实线 S_1、点划线 S_2 和虚直线 S_3。此时,当主动轮 1 转过一整周时,C 点的运动轨迹完成一个循环,而当传动比 $|i_{14}|=\dfrac{z_4}{z_1}=\dfrac{m}{n}\neq 1$ 时,如果 m 与 n 为不可约分的整数,则当齿轮 1 转过 m 转、齿轮 4 转过 n 转时,C 点的运动轨迹才能完成一个循环。

图 13.16(c)给出了这种组合机构的设计思路。选取 $i_{14}=-1$,因此,两齿轮在相同的时间内转过的角度相等,只是转角方向相反,首先将两曲柄的转角分成 n 等份(图中分为 12 等份),再根据结构条件,适当选取各杆杆长及两曲柄的初始相位,与设计凸轮-连杆组合机构(见图 13.11(b))实现预定轨迹的方法类似,就可用作图法设计出能够满足预定轨迹 $1''$,$2''$,…,n'' 的齿轮-连杆组合机构。

如图 13.17 所示为由四杆机构封闭差动轮系组成的齿轮-连杆组合机构。图 (a) 中,主动轮 a 与曲柄 1 在 B 点铰接,从动轮 b 与连杆 2 在 E 点铰接;图 (b) 中,主动轮在 B 点与连杆 2 铰接,从动轮在 E 点与曲柄 1 铰接。当曲柄 1 等速转动时,从动轮 b 上的 M 点即可实现复杂的运动轨迹 mm,其形状取决于各杆长度、齿轮传动比及 M 点在从动轮 b 上的位置,它比连杆曲线更多样复杂。

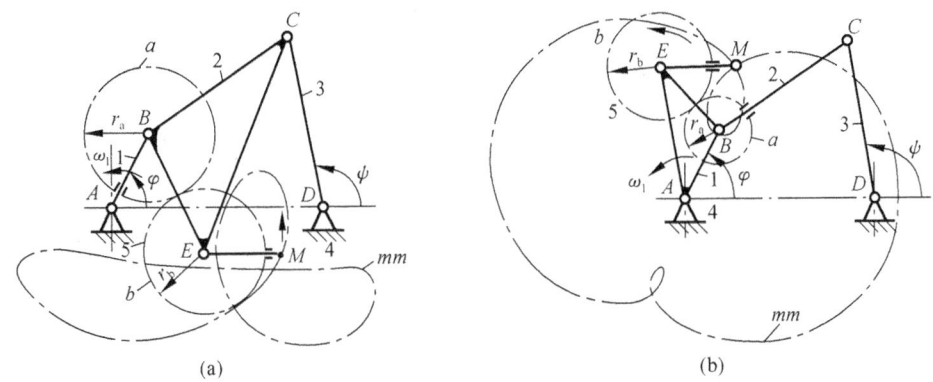

图 13.17 实现复杂轨迹的齿轮-连杆组合机构

2) 实现复杂运动规律的齿轮-连杆组合机构

应用齿轮-连杆组合机构可以实现多种运动规律,比较典型的是用曲柄摇杆机构来封闭自由度为 2 的差动轮系而形成的齿轮-连杆组合机构。如图 13.18 所示为常用的齿轮-连杆组合机构。其中图 13.18(a) 为两轮式的齿轮-连杆组合机构。在曲柄摇杆机构 1-2-3-4 的连杆 2 上固连着行星轮 $2'$,而齿轮 5 空套在曲柄 1 的轴上,可分别转动,齿轮 5,$2'$ 和系杆 1 组成自由度为 2 的差动轮系,曲柄 1 同时充当差动轮系的系杆。

由于

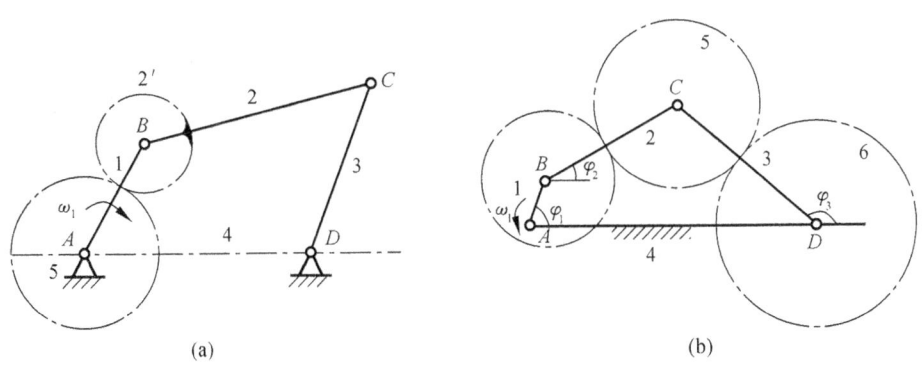

图 13.18 实现复杂运动规律的齿轮-连杆组合机构

$$i_{52'}^1 = \frac{\omega_5 - \omega_1}{\omega_{2'} - \omega_1} = \frac{\omega_5 - \omega_1}{\omega_2 - \omega_1} = -\frac{z_{2'}}{z_5}$$

故

$$\omega_5 = \frac{z_5 + z_{2'}}{z_5}\omega_1 - \frac{z_{2'}}{z_5}\omega_2$$

由上式知：从动齿轮 5 的角速度 ω_5 由两部分组成：一部分为 $\frac{z_5 + z_{2'}}{z_5}\omega_1$，另一部分为 $-\frac{z_{2'}}{z_5}\omega_2$。当曲柄 1 等角速度转动时，$\frac{z_5 + z_{2'}}{z_5}\omega_1$ 为常量，而连杆的角速度 ω_2 为各杆长度、机构位置的函数，是周期性变化的，因此，ω_5 也是周期性变化的，是齿数、杆长和机构位置的函数，改变四杆机构各构件的尺寸和两轮的齿数，就可使从动轮 5 获得各种不同的运动规律。若使 $\frac{z_5 + z_{2'}}{z_5}\omega_1 = \frac{z_{2'}}{z_5}\omega_2$，即 $\omega_5 = 0$ 时，从动轮可以实现瞬时停歇。

图 13.18(b)所示为三轮式齿轮-连杆组合机构，由相互啮合的齿轮 1-5-6 及曲柄摇杆机构 1-2-3-4 组成，可看成是由曲柄上固连着齿轮 1 的曲柄摇杆机构封闭由齿轮 5、6 及系杆 3 组成的双自由度的差动轮系所组成。当偏心安置的主动齿轮 1 绕 A 点转动时，带动行星轮 5 转动，同时，又通过连杆 2 带动系杆 3 转动。因此，行星轮 5 与系杆 3 的运动关系由曲柄摇杆机构及齿轮 1 所确定，从而齿轮 1 和 6 就有了确定的运动关系，其中从动齿轮 6 按一定规律做变速运动。

由构件 1、5、2 可得到

$$i_{15}^2 = \frac{\omega_1 - \omega_2}{\omega_5 - \omega_2} = -\frac{z_5}{z_1}$$

由构件 5、3、6 可得到

$$i_{56}^3 = \frac{\omega_5 - \omega_3}{\omega_6 - \omega_3} = -\frac{z_6}{z_5}$$

将以上两式联立得

$$\omega_6 = \frac{z_1}{z_6}\omega_1 - \frac{z_1 + z_5}{z_6}\omega_2 + \frac{z_5 + z_6}{z_6}\omega_3$$

因此，当齿轮 1、5、6 的齿数一定时，ω_6 是周期变化的，因为 ω_2、ω_3 都是与曲柄摇杆机构尺寸及位置有关的函数。

分析表明，适当选取杆长尺寸，可使从动轮的转向发生改变，做有瞬时停歇(此时 $\omega_6 = 0$)的变速运动，可将其用作停歇时间很短的步进机构。

3. 凸轮-齿轮组合机构

凸轮-齿轮组合机构一般是由自由度为 2 的差动轮系和自由度为 1 的凸轮机构组合而成的。通常是用凸轮机构去封闭差动轮系，即用凸轮机构将差动轮系的两个自由度约束掉一个,从而形成自由度为1的机构系统,可实现有任意停歇时间或复杂运动规律的停歇运动。

如图13.19所示的凸轮-齿轮组合机构,由差动轮系1-2-H和摆动从动件凸轮机构2-3组成,凸轮3固定不动,系杆H为主动件,中心轮1为从动件,装有滚子4的行星轮2同时为凸轮机构的摆动从动件,滚子4在固定凸轮3的槽中滚动,当系杆H转动时,带动行星轮2的轴线做周转运动,同时,凸轮廓线迫使行星轮2相对于系杆H转动,从而使从动轮1实现预期的运动规律,包括具有停歇的非匀速转动。

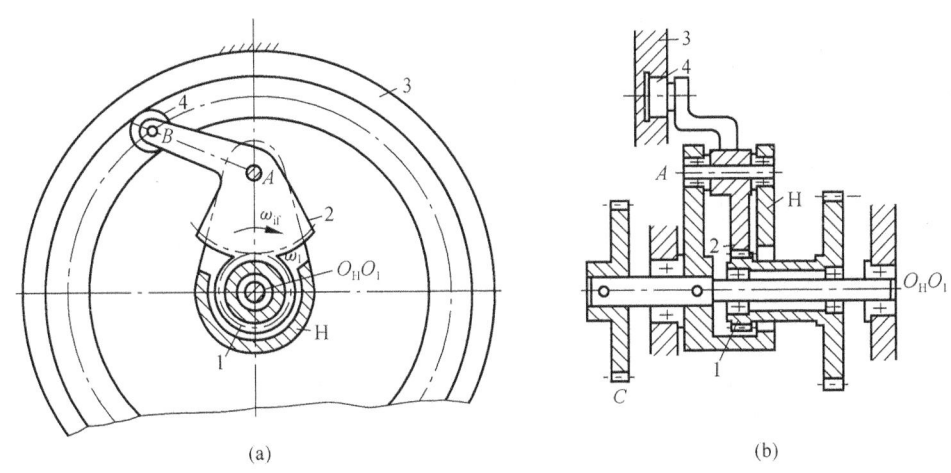

图13.19 凸轮-齿轮组合机构

因为

$$i_{12}^{H} = \frac{\omega_1 - \omega_H}{\omega_2 - \omega_H} = -\frac{z_2}{z_1}$$

则

$$\omega_1 = -\frac{z_2}{z_1}(\omega_2 - \omega_H) + \omega_H$$

因此,在主动件系杆H的角速度一定的情况下,设计不同的凸轮廓线形状,可得到不同规律的 ω_1,当 $\omega_1 = 0$ 时,从动轮1处于停歇状态,所以该机构可以实现具有任意停歇时间的间歇运动。

附　　录

附录Ⅰ　机构运动分析 C 语言主程序

```c
# include "subk.c"
# include "draw.c"
main()
{
    static double p[20][2],vp[20][2],ap[20][2],del;
    static double t[10],w[10],e[10],pdraw[370],vpdraw[370],
        apdraw[370];
    static int ic;
    double r13,r34,r24,r56,r37,r25,gam1,r28;
    double gam2,r59;
    double pi,dr,gam5,gam8;
    double r2,vr2,ar2;
    char *m[]={"p","vp","ap"};
    int i;
    FILE *fp;
    r13=1.0; r34=0.7; r24=1.2;
    r56=2.0; r37=0.35; r25=0.5;
    gam1=-30.0; r28=0.7; gam2=-10.0;
    r59=0.8; t[6]=-90.0; w[6]=0.0; e[6]=0.0;
    w[1]=10.0; e[1]=0.0; del=15.0;
    pi=4.0*atan(1.0);
    dr=pi/180.0;
    t[6]=t[6]*dr;
    gam5=gam1*dr;
    gam8=gam2*dr;
    p[2][1]=0.15;
    p[2][2]=-0.26;
    printf("\n    The Kinematic Parameters of Point 6\n");
```

```
printf("No        THETA1        S6        V6        A6\n");
printf("          deg           m         m/s       m/s/s\n");
if((fp=fopen("file1","w"))==NULL)
    {
    printf(" Can't open this file. \n");
    exit(0);
    }
fprintf(fp," \n  The Kinematic Parameters  of Point 6\n");
fprintf(fp,"No     THETA1        S6        V6        A6\n");
fprintf(fp,"deg           m         m/s       m/s/s");
ic=(int)(360.0/del);
for(i=0;i< =ic;i+ + )
{
    t[1]=(i) * del * dr;
    bark(1,3,0,1,r13,0.0,0.0,t,w,e,p,vp,ap);
    rrrk(1,3,2,4,2,3,r34,r24,t,w,e,p,vp,ap);
    bark(3,0,7,2,0.0,r37,0.0,t,w,e,p,vp,ap);
    bark(2,0,8,3,0.0,r28,gam8,t,w,e,p,vp,ap);
    bark(2,0,5,3,0.0,r25,gam5,t,w,e,p,vp,ap);
    rrpk(1,5,2,6,4,5,6,r56,&r2,&vr2,&ar2,t,w,e,p,vp,ap);
    bark(5,0,9,4,0.0,r59,0.0,t,w,e,p,vp,ap);
    printf("\n% 2d % 12.3f% 12.3f% 12.3f% 12.3f",i+ 1,t[1]/dr,
        p[6][2],vp[6][2],ap[6][2]);
    fprintf(fp,"\n% 2d % 12.3f% 12.3f% 12.3f% 12.3f",i+ 1,
        t[1]/dr,p[6][2],vp[6][2],ap[6][2]);
    pdraw[i]=p[6][2];
    vpdraw[i]=vp[6][2];
    apdraw[i]=ap[6][2];
       if((i% 16)==0){getch();}
    }
fclose(fp);
getch();
draw1(del,pdraw,vpdraw,apdraw,ic,m);
}
```

附录 II 机构动态静力分析 C 语言主程序

```c
# include "subk.c"
# include "subf.c"
# include "extf.c"
# include "draw.c"
main()
{
    static double p[20][2],vp[20][2],ap[20][2],del;
    static double t[10],w[10],e[10],tbdraw[370],tb1draw[370];
    static double sita1[370],fr1draw[370],sita2[370],fr2draw
        [370],sita3[370],fr3draw[370],fr3,bt3;
    static double fr[20][2],fe[20][2];
    static int ic;
    double r13,r34,r24,r56,r37,r25,r28,r59;
    double gam1,gam2,r2,vr2,ar2,tb,we4;
    char *m[]={"tb","tb1","fr1","fr2","fr2"};
    int i;
    double pi,dr,gam5,gam8,fr1,bt1,fr2,bt2,we1,we2,we3,we5,
        tb1;
    FILE *fp;
    sm[1]=50.0; sm[2]=14.0; sm[3]=35.0; sm[4]=40.0; sm[5]=120.0;
    sj[1]=1.3; sj[2]=0.55; sj[3]=0.7; sj[4]=10.5;
    r13=1.0; r34=0.7; r24=1.2; r56=2.0;
    r37=0.35; r25=0.5; gam1=-30.0;
    r28=0.7; gam2=-10.0; r59=0.8;
    w[1]=10.0; e[1]=0.0; del=10.0;
    t[6]=-90.;
    pi=4.0*atan(1.0);
    dr=pi/180.0;
    t[6]=t[6]*dr;
    gam5=gam1*dr;
    gam8=gam2*dr;
    p[2][1]=0.15;
```

```c
p[2][2]=-0.26;
printf("\n The Kineto-static Analysis of a Six-bar Linkase\
  n");
printf("  NO  THETA1    FR1       BT1       FR2       BT2\
    TB       TB1\n");
printf("      (deg.)    (N)     (deg.)     (N)     (deg.)     (N.m)\
     (N.m)\n");
if((fp=fopen("file","w"))==NULL)
  {
    printf("Can't open this file.\n");
    exit(0);
  }
fprintf(fp,"\n  The Kineto-static Analysis of a Six-bar\
   Linkase\n");
fprintf(fp,"  NO  THETA1    FR1       BT1       FR2       BT2\
    TB       TB1\n");
fprintf(fp,"         (deg.)    (N)   (deg.)    (N)     (deg.)    (N.m)\
     (N.m)\n");
ic=(int)(360.0/del);
for(i=0;i<=ic;i++)
  {
    t[1]=(double)(i)*del*dr;
    bark(1,3,0,1,r13,0.0,0.0,t,w,e,p,vp,ap);
    rrrk(1,3,2,4,2,3,r34,r24,t,w,e,p,vp,ap);
    bark(3,0,7,2,0.0,r37,0.0,t,w,e,p,vp,ap);
    bark(2,0,8,3,0.0,r28,gam8,t,w,e,p,vp,ap);
    bark(2,0,5,3,0.0,r25,gam5,t,w,e,p,vp,ap);
    rrpk(1,5,2,6,4,5,6,r56,&r2,&vr2,&ar2,t,w,e,p,vp,ap);
    bark(5,0,9,4,0.0,r59,0.0,t,w,e,p,vp,ap);
    rrpf(5,10,6,9,6,0,6,6,4,5,p,vp,ap,t,w,e,fr);
    rrrf(3,2,4,7,8,0,5,0,2,3,p,vp,ap,t,w,e,fr);
    barf(1,1,3,1,p,ap,e,fr,&tb);
    fr1=sqrt(fr[1][1]*fr[1][1]+fr[1][2]*fr[1][2]);
    bt1=atan2(fr[1][2],fr[1][1]);
    fr2=sqrt(fr[2][1]*fr[2][1]+fr[2][2]*fr[2][2]);
```

```
bt2=atan2(fr[2][2],fr[2][1]);
we 1=-(ap[1][1]*vp[1][1]+(ap[1][2]+9.81)*vp[1][2])*
    sm[1]-e[1]*w[1]*sj[1];
we 2=-(ap[7][1]*vp[7][1]+(ap[7][2]+9.81)*vp[7][2])*
    sm[2]-e[2]*w[2]*sj[2];
we 3=-(ap[8][1]*vp[8][1]+(ap[8][2]+9.81)*vp[8][2])*
    sm[3]-e[3]*w[3]*sj[3];
we 4=-(ap[9][1]*vp[9][1]+(ap[9][2]+9.81)*vp[9][2])*
    sm[4]-e[4]*w[4]*sj[4];
extf(p,vp,ap,t,w,e,6,fe);
we 5=-(ap[6][2]+9.81)*vp[6][2]*sm[5]+fe[6][1]*vp[6]
    [1]+fe[6][2]*vp[6][2];
tb1=-(we1+we2+we3+we4+we5)/w[1];
printf("%3d%6.0f%11.3f%11.3f%11.3f%11.3f%11.3f%
    11.3f\n",i,t[1]/dr,fr1,bt1/dr,fr2,bt2/dr,tb,tb1);
fprintf(fp,"%3d%6.0f%11.3f%11.3f%11.3f%11.3f%
    11.3f%11.3f\n",i,t[1]/dr,fr1,bt1/dr,fr2,bt2/dr,tb,
    tb1);
tbdraw[i]=tb;
tb1draw[i]=tb1;
fr1draw[i]=fr1;
sita1[i]=bt1;
fr2draw[i]=fr2;
sita2[i]=bt2;
fr3draw[i]=fr2;
sita3[i]=bt2;
if(i%16==0) getch();
  }
    fclose(fp);
    getch();
    draw2(del,tbdraw,tb1draw,ic,m);
}
```

工艺阻力子程序如下：

```
extf(p,vp,ap,t,w,e,nexf,fe)
double p[20][2],vp[20][2],ap[20][2],t[10],w[10],e[10],fe[20][2];
```

```
int nexf;
{
  fe[nexf][1]=0.0;
  if(vp[nexf][2]< 0){
  fe[nexf][2]=1000.0;}
  else{
  fe[nexf][2]=0.0;}
    }
```

附录 III 渐开线函数（$inv\alpha_K = tan\alpha_K - \alpha_K$）表

渐开线函数（$inv\alpha_K = tan\alpha_K - \alpha_K$）表

次		0′	5′	10′	15′	20′	25′	30′	35′	40′	45′	50′	55′
1°	0.000	00177	00225	00281	00346	00420	00504	00598	00704	00821	00950	01092	01248
2°	0.000	01418	01603	01804	02020	02253	02503	02771	03058	03364	03689	04035	04402
3°	0.000	04790	05201	05634	06091	06573	07078	07610	08167	08751	09362	10000	10668
4°	0.000	11364	12090	12847	13634	14453	15305	16189	17107	18059	19045	20067	21125
5°	0.000	22220	23352	24522	25731	26978	28266	29594	30963	32374	33827	35324	36864
6°	0.00	03845	04008	04175	04347	04524	04706	04892	05083	05280	05481	05687	05898
7°	0.00	06115	06337	06564	06797	07035	07279	07528	07783	08044	08310	08582	08861
8°	0.00	09145	09435	09732	10034	10343	10659	10980	11308	11643	11984	12332	12687
9°	0.00	13048	13416	13792	14174	14563	14960	15363	15774	16193	16618	17051	17492
10°	0.00	17941	18397	18860	19332	19812	20299	20795	21299	21810	22330	22859	23396
11°	0.00	23941	24495	25057	25628	26208	26797	27394	28001	28616	29241	29875	30518
12°	0.00	31171	31832	32504	33185	33875	34575	35285	36005	36735	37474	38224	38984
13°	0.00	39754	40534	41325	42126	42938	43760	44593	45437	46291	47157	48033	48921
14°	0.00	49819	50729	51650	52582	53526	54482	55448	56427	57417	58420	59434	60460
15°	0.00	61498	62548	63611	64686	65773	66873	67985	69110	70248	71398	72561	73738
16°	0.0	07493	07613	07735	07857	07982	08107	08234	08362	08192	08623	08756	08889
17°	0.0	09025	09161	09299	09439	09580	09722	09866	10012	10158	10307	10456	10608
18°	0.0	10760	10915	11071	11228	11387	11547	11709	11873	12038	12205	12373	12543
19°	0.0	12715	12888	13063	13240	13418	13598	13779	13963	14148	14334	14523	14713
20°	0.0	14904	15098	15293	15490	15689	15890	16092	16296	16502	16710	16920	17132
21°	0.0	17345	17560	17777	17996	18217	18440	18665	18891	19120	19350	19583	19817
22°	0.0	20054	20292	20533	20775	21019	21266	21514	21765	22018	22272	22529	22788
23°	0.0	23049	23312	23577	23845	24114	24386	24660	24936	25214	25495	25778	26062
24°	0.0	26350	26639	26931	27225	27521	27820	28121	28424	28729	29037	29348	29660
25°	0.0	29975	30293	30613	30935	31260	31587	31917	32249	32583	32920	33260	33602
26°	0.0	33947	34294	34644	34997	35352	35709	36069	36432	36798	37166	37537	37910
27°	0.0	38287	38666	39047	39432	39819	40209	40602	40997	41395	41797	42210	42607
28°	0.0	43017	43430	43845	44264	44685	45110	45537	45967	46400	46837	47276	47718
29°	0.0	48164	48612	49064	49518	49976	50437	50901	51368	51838	52312	52788	53268
30°	0.0	53751	54238	54728	55221	55717	56217	56720	57226	57736	58249	58765	59285

续表

	次	0′	5′	10′	15′	20′	25′	30′	35′	40′	45′	50′	55′
31°	0.0	59809	60335	60866	61400	61937	62478	63022	63570	64122	64677	65236	65798
32°	0.0	66364	66934	67507	68084	68665	69250	69838	70430	71026	71626	72230	72838
33°	0.0	73449	74064	74684	75307	75934	76565	77200	77839	78483	79130	79781	80437
34°	0.0	81097	81760	82428	83101	83777	84457	85142	85832	86525	87223	87925	88631
35°	0.0	89342	90058	90777	91502	92230	92963	93701	94443	95190	95942	96698	97459
36°	0.	09822	09899	0997	10055	10133	10212	10292	10371	10452	10533	10614	10696
37°	0.	10778	10861	10944	11028	11113	11197	11283	11369	11455	11542	11630	11718
38°	0.	11806	11895	11985	12075	12165	12257	12348	12441	12534	12627	12721	12815
39°	0.	12911	13006	13102	13199	13297	13395	13493	13592	13692	13792	13893	13995
40°	0.	14097	14200	14303	14407	14511	14616	14722	14829	14936	15043	15152	15261
41°	0.	15370	15480	15591	15703	15815	15928	16041	16156	16270	16386	16502	16619
42°	0.	16737	16855	16974	17093	17214	17335	17457	17579	17702	17826	17951	18076
43°	0.	18202	18329	18457	18585	18714	18844	18975	19106	19238	19371	19505	19639
44°	0.	19774	19910	20047	20185	20323	20463	20603	20743	20885	21028	21171	21315
45°	0.	21460	21606	21753	21900	22049	22198	22348	22499	22651	22804	22958	23112
46°	0.	23268	23424	23582	23740	23899	24059	24220	24382	24545	24709	24874	25040
47°	0.	25206	25374	25543	25713	25883	26055	26228	26401	26576	26752	26929	27107
48°	0.	27285	27465	27646	27828	28012	28196	28381	28567	28755	28943	29133	29324
49°	0.	29516	29709	29903	30098	30295	30492	30691	30891	31092	31295	31498	31703
50°	0.	31909	32116	32324	32534	32745	32957	33171	33385	33601	33818	34037	34257
51°	0.	34478	34700	34924	35149	35376	35604	35833	36063	36295	36529	36763	36999
52°	0.	37237	37476	37716	37958	38202	38446	38693	38941	39190	39441	39693	39947
53°	0.	40202	40459	40717	40977	41239	41502	41767	42034	42302	42571	42843	43116
54°	0.	43390	43667	43945	44225	44506	44789	45074	45361	45650	45940	46232	46526
55°	0.	46822	47119	47419	47720	48023	48328	48635	48944	49255	49568	49882	50199
56°	0.	50518	50838	51161	51486	51813	52141	52472	52805	53141	53478	53817	54159
57°	0.	54503	54849	55197	55547	55900	56255	56612	56972	57333	57698	58064	58433
58°	0.	58804	59178	59554	59933	60314	60697	61083	61472	61863	62257	62653	63052
59°	0.	63454	63858	64265	64674	65086	65501	65919	66340	66763	67189	67618	68050

参 考 文 献

李树军.2001.机械原理.沈阳:东北大学出版社
刘会英,杨志强.2005.机械原理.北京:机械工业出版社
刘跃南.2005.机械基础.北京:高等教育出版社
刘政昆.1991.间歇运动机构.大连:大连理工大学出版社
濮良贵.2005.机械设计.北京:高等教育出版社
申永胜.1999.机械原理教程.北京:清华大学出版社
孙桓,陈作模.2002.机械原理.第6版.北京:高等教育出版社
王三民.2004.机械原理与设计课程设计.北京:机械工业出版社
王淑仁等.2006.机械原理课程设计.北京:科学出版社
王知行,邓宗全.2006.机械原理.北京:高等教育出版社
杨昂岳.2002.机械原理.长沙:国防科技大学出版社
张策.2004.机械原理与机械设计(上册).北京:机械工业出版社
张春林.2006.机械原理.北京:高等教育出版社
张永安.1995.机械原理课程设计指导.北京:高等教育出版社
郑文纬,吴克坚.1997.机械原理.第7版.北京:高等教育出版社
邹慧君等.1999.机械原理.北京:高等教育出版社
朱理.2005.机械原理.北京:高等教育出版社
Erdman A G,Sandor G N. 1997. Mechanism Design:Analysis and Synthesis (Volume I). 3rd ed. Prentice-Hall,Inc
Hall Jr A S. 1953. Mechanisms and their classification. Transactions of the First Conference on Mechanisms,Machine Design,Dec